阅读成就思想……

Read to Achieve

CRITICAL THINKING

Tools for Taking Charge of
Your Professional and Personal Life

2nd Edition
第2版

思辨与立场

生活中无处不在的批判性思维工具

第2版·经典珍藏版

[美] 理查德·保罗 琳达·埃尔德 ◎ 著
（Richard Paul） （Linda Elder）

李小平 ◎ 译

中国人民大学出版社
· 北京 ·

图书在版编目（ＣＩＰ）数据

思辨与立场：生活中无处不在的批判性思维工具 ：
第2版：经典珍藏版 /（美）理查德•保罗
(Richard Paul)，（美）琳达•埃尔德 (Linda Elder)
著 ；李小平译. -- 北京 ：中国人民大学出版社，2024.
8. -- ISBN 978-7-300-33065-5

Ⅰ. B80

中国国家版本馆CIP数据核字第20242TJ418号

思辨与立场：生活中无处不在的批判性思维工具（第 2 版•经典珍藏版）

[美] 理查德•保罗（Richard Paul）
     琳达•埃尔德（Linda Elder）   著

李小平   译

SIBIAN YU LICHANG : SHENGHUO ZHONG WUCHU BUZAI DE PIPANXING SIWEI GONGJU
(DI 2 BAN • JINGDIAN ZHENCANG BAN)

出版发行	中国人民大学出版社		
社　　址	北京中关村大街 31 号	邮政编码	100080
电　　话	010-62511242（总编室）	010-62511770（质管部）	
	010-82501766（邮购部）	010-62514148（门市部）	
	010-62515195（发行公司）	010-62515275（盗版举报）	
网　　址	http：//www.crup.com.cn		
经　　销	新华书店		
印　　刷	北京联兴盛业印刷股份有限公司		
开　　本	720 mm×1000 mm　1/16	版　次	2024 年 8 月第 1 版
印　　张	23.75　插页 2	印　次	2025 年 10 月第 10 次印刷
字　　数	367 000	定　价	89.90 元

我把手头《思辨与立场》这本书称为"人类大脑使用手册"，当我阅读它的时候，我的大脑（或心灵）获得了一丝宽慰，就好像它对这方面的东西等了数年之久。这是我的父母以及其他人应该教而没有教给我的人生课程。我在三个研究中心以及五所大学教过书，它们都宣称要培养学生的批判性思维，但是没有人提供这些原则和极具根本性且有力的观念。

弗雷德·梅

肯塔基东部大学，国土安全计划成员

我们现在所生活的世界是一个新信息不断泛滥的世界，为了从我们日常生活的决策和思维中获益，这种泛滥的数据需要得到整理并对它们的有效性、价值以及关联性进行评估。在《思辨与立场》这本书中，理查德·保罗和琳达·埃尔德为商务与个人决策提供了一种系统、理性和有效的方式。这种方式恰是充满风险的生活所必需的，日常思维的各个要素、用来评估这些思维的标准以及培养批判性思维特质等都得到了系统描述。

鲍勃·斯其林

耶稣会，牧师

真实可信的批判性思维者可以成为一个改变世界的人！理查德·保罗和琳达·埃尔德为培养批判性思维提供了一种清晰而实用的方法，这种方法激励我们不仅是去单纯提升自己的思维能力，还应该将其作为极大地提高我们个人生活质量的终生旅程。简而言之，《思辨与立场》这本书引人入胜、令人深思且能启迪灵感！

托德·迪辛格

公共安全官员

由理查德·保罗博士和琳达·埃尔德博士所著的《思

辨与立场》一书可作为极具价值的教育工具，它鼓励人运用策略性思维、加深自我理解以及具有公平心，作者为培养批判性思维、促进认知发展以及终身学习提供了一系列策略。

劳伦·奎尔

英语教授

《思辨与立场》一书的独特之处在于，它为人们在职业生涯和个人生活中进行批判性思维提供了一种综合性的方法。重要的是，作者为提升思维的品质提供了工具。这一工具能带你经历思维过程中的重要步骤，并以一种超越整体之外的视角来看待问题。这就是人生发生改变的过程。

珍妮特·杜兰博士

澳克伍德大学，教育学教授

在日常生活中，作为个人、专业人士以及全世界社会中的一员，我们被大量的媒体、见解以及数据包围着。现在有一个向导来帮助我们组织和评估所有这些信息。在《思辨与立场》这本极具价值的书中，理查德·保罗博士和琳达·埃尔德博士为我们提供了一种反思自己思维的工具，而这一工具是以丰富的批判性思维观念为基础的。它告诉我们，我们的思维往往是自我中心性的和有文化偏向的，而批判性思维则激励我们去回顾自己的这种思维。

梅尔·曼森

迪寇特大学，社会学与心理学教授

一如既往，只要一个新的版本出现，这两位作者就会留给我们更多值得咀嚼的东西。他们作为批判性思维者，带来值得我们关注的新的发展是他们的专长。

乔·希尔瓦

诺福克州立大学，生物系教授

当今是拼脑力的时代，时代对人类思维提出了各种要求，变化的世界需要批判式思维，未知的世界需要审辩式思维，复杂的世界需要审慎式思维。但是，当今更是考量人格的时代，道德认同、道德恐慌、道德推脱等都反映出知行不一的问题。认知与人格的结合是完美心理的体现。通读此书，作者让我们知道如何达成心理完美、致良知。

此书的第一个亮点是，它从认知技巧层面告诉人们如何来区分什么是好思维和坏思维。例如，作者让人们从三个方面来区分好坏信息。一是僵化信息，坏思维者会出现很多空洞的说辞，因为他们使用的是头脑中存放的未理解的知识；而好思维者则会将僵化信息转化为有意义的东西，或者将其清除。二是活跃谬知，坏思维者会不断使用错误信息却不自知。三是活性信息，好思维者会积极使用有效的知识，继而产生理智行为。

此书的第二个亮点，也是最让我欣赏的是书中"认知美德"的观点。作者告知人们批判性思维是具有人格品性的，高品位批判性思维的特征是公正无偏、兼容并蓄、信赖推理、认知谦逊、思维自主、认知勇气、认知坚毅、知行合一等；做一名高境界的批判性思维者需要有良知，不可为私利服务，要公允，不可误用心理学知识。

此书的第三个亮点是，作者指出了思维的"病理"倾向，包括自我中心性思维和社会中心性思维，它们会导致认知偏差和行为偏差。同时，作者还提出了矫正方法，主张建立道德思维，消除伦理盲点，形成良知。作者在这里提升了人类思维的境界。

如果此书的书名为《批判性思维工具》，我觉得它涵盖不了书中对思维的丰富解析，我更愿意给它另一个名字——《人类思维的品格》。我认为此书的魅力在于它告诉人们，人生中有两种力量最具魅力：思想的力量和人格的力量，而心理完美就是将人格与思想力量有机结合，以道德良知升华思维的品格。

许　燕

中国社会心理学会原会长、北京师范大学心理学部教授中国人民大学出版社的经典书《思辨与立场》，邀请我写一个推荐序。我对如何提高大学生思辨能力一直在思考和寻找方法，当我一口气读完本书，似乎有了答案。在此，我特别希望和读者分享本书和我的读后感。全球化正快速且深刻地改变着我们生存的世界，我们进行自我剖析的能力将决定着我们的工作、生活和命运。传统和固化的思维方式会禁锢我们的发展，这就需要我们运用批判性思维不断学习、经常反思，定期评估自己的工作和生活方式。

批判性思维可以理解为进行深刻反思和独立思考的能力。这种能力关系到人类如何在观察、体验、沟通、思考和推理过程中不断获取信息，并对其进行积极而巧妙的运用、分析、评估、整合和建构，从而指导自己的思想和行动。思辨能力无处不在，决定着人类行为和思想的清晰性、关联性、逻辑性、准确性、深度、重要性、精确性、广度及公平性等维度。

CRITICAL
THINKING
推荐序2

本书是两位批判性思维研究领域专家理查德·保罗、琳达·埃尔德的权威力作，他们把通俗易懂和实用的批判性思维方法与实际情景和问题相结合，并举出了丰富而真实的案例。

比如，书中指出，人的心灵有三个基本功能，即思维、情感和欲求。思维让我们弄懂生活的意义；情感监控或评估思维所能产生的意义；欲求引发行动。三者之间存在着密切和动态的关系，其中任何一者都在不断地影响着另外两者。

再如，书中强调，思维的提升是个渐进的过程，需要克服学习的高原现象和忍受单调，不断努力。改变一个人的思维习惯需要经历无思维反思意识、有思维反思意识、起点上的思维提升、行进中的思维提升、有所成的思考、集大成的思考六个层次，日积月累方可见成效。

又如，我们在做决策时，逻辑由决策目标及主要问题决定。合理决策需要经过四个关键点：认识到你面对的是一项重要决策；准确地界定各个备选项；理性地评估各个备选项；自我训练做出最佳选择。以上每个关键点都对思考者提出了挑战。

纵观国内的教育理念，常常会出现杰出人才专业能力突出，而思维方式却很偏执或僵化的现象。从幼儿园到小学、中学、大学采用的一贯的考试式学习、填鸭式教育，使我们只注重吸收知识，却忽略了思辨的训练。养成讨论问题时听到任何观点都能主动去怀疑、审视，以及去证明这个观点是否存在逻辑上、事实上或数据上的问题。这种看似简单的习惯，对培养独立的思辨能力和立场至关重要。

本书清楚地介绍了发展推理技能和认知特质的原则与方法，鼓励读者不断开展反思，为那些愿意自我培养思辨能力的人提供了科学的指南，也为广大师生和朋友提供了极有价值的参考。

王立非

北京语言大学国际语言服务研究院院长、高级翻译学院教授、博士生导师目前有关批判性思维的书籍已有不少，也各有特色。理查德·保罗博士和琳达·埃尔德博士写的这本《思辨与立场：生活中无处不在的批判性思维工具》（第2版·经典珍藏版）有三大鲜明的特色：第一，以深厚的心理学原理为支撑，但没有过多地着墨于此，更多的则是实践的指导；第二，将抽象的批判性思维原则与具体的工作、生活情境相结合；第三，不是简单地将批判性思维当成一种工具来看待，而是将其当成现代人应该具备的特质来看待。

批判性思维的养成是受其自身特有的规律制约的，其中根本性的规律就是心理规律。目前市面上的一些有关批判性思维方面的书对此做了不少介绍。但是我想，大多数关注批判性思维的读者真正需要的不是这些，他们需要的是专家根据这些规律为其制定有关批判性思维的提升方案。这就好比使用电脑，大多数电脑使用者需要的不是电脑的构造原理和编程技术，而是能实现其使用电脑的目的且操作简单的软件。本书在这一方面处理得很好，比如本书"观念检核与实践"模块，其背后的设计是以心理学有关元认知的丰富研究为支撑的。但作者并未对元认知的研究做介绍，他们只是要求读者按照设计的步骤去实践。在此我也呼吁本书的读者，正如作者在前言中所强调的，在阅读本书时，一定要实践书上的这些模块，不要轻易地跳过，否则可能错过了书中对你而言最宝贵的部分。

此外，批判性思维原则的运用是需要和具体情景相结合的。有不少读者可能和我一样，都有过这样的经历。当发现某本书提供了多少条思考和行事的法则时，便会迫不及待地将其收入囊中，并开始怀着欣喜的心情阅读。但是数月之后，却会发现了解甚至记住这些"法则"并没有令我们发生多少改变。我们在思考和行事时，根本就不会想起这些"法则"。究其原因，就是这些书籍并没有在各种具体的情景中传授这些法则，使得我们无法将法则与具体的情景联系起来。这就好比赵括熟读兵书却不会打仗，小学生有强大的计算和推理能力却不会解应用题一样。本书在这方面做得很好，它介绍的各种批判性思维原理都结合了我们的日常生活和工作场景，其中广泛地涉及了对个人的道德判断、情感与家庭问题的解决、工作中上下级关系的处理、企业组织对生存挑战的应对等。

最后，本书并没有简单地将批判性思维当成工具来介绍，而是将其当成一种特质来介绍，这是很符合时代潮流的。作为处于急剧变化世界中的个体，批判性思维不是一种应对特定问题的工具，而是应对所有问题都需要的心智技能和特质。

本书的翻译分工如下：封面、赞誉、前言、作者简介、第 1 章~第 11 章、第 14 章、第 15 章以及对应的目录均由李小平翻译；第 12 章和第 13 章以及对应的目录由陈明榴翻译；有关批判性思维的术语与概念的词语汇编由江莉婕翻译；全书由李小平进行审校和统稿。在统稿过程中，陈明榴、西明、王晓露分别对部分译稿进行了试读并对一些字词的翻译提出了建议。本书的出版要感谢出版社相关编辑辛勤、细致而专业的工作，也要感谢我的妻子允许我在翻译本书的数月中做个纯粹的米蠹。

由于能力有限，本书的翻译错误在所难免，敬请各位专家读者批评指正。

李小平

于安徽师范大学赭山校区

> 心灵自主，天堂地狱皆其定。
>
> 约翰·弥尔顿，《失乐园》

思维塑造了你，无论你在做什么，无论你有怎样的感受，也无论你想要什么——一切都由你的思维品质决定。如果你的思维结果与现实不符，你就会有诸多失望；如果你的思维倾向过于悲观，你就会难以找到人生乐趣，甚至会在应该高兴时还反复掂量自己是否应该高兴。

你可以检验一下上述观点。先明确你经常体验到的最强烈的情绪、情感，并回忆一些在你生活中产生过这一情绪、情感的场景，然后分析与这些场景关联的思维。如果你为将要去工作而感到兴奋，那是因为你想到如果你工作的话，很多积极的事情就会发生，或者你将能够完成很多重要的任务；反之，如果你为将要去工作而感到恐惧，那是因为你想到工作可能带来的槽糕体验。

类似地，如果你的生活品质与你期待的不符，问题很可能出在你看待生活的方式上。如果你积极地看待生活，你就会发现生活的美好；如果你消极地看待生活，你就会感到生活的灰暗。

假设，你最近在一座新的城市找到了一份工作。你接受它是因为你认为自己已准备改变，你想要体验不同地方的生活，你想要交一群新朋友。总之，在生活的方方面面你都想要开始新的生活。我们同样可以进一步假设，之后你所期待的新工作给你带来的改变并未实现，并且这与你的预想是不一致的，那么你将感到失望甚至沮丧（这取决于你看待自己境遇时消极的程度）。

大多数人的大部分思维都是处在潜意识水平的，没有将思考的细节提升到词语水平。比如，大多数持消极思考方式的人都不会对自己说："我选择了用非常消极的方式进行思考，我不想快乐。"如果人们允许自己习惯性地让思维处于无意识水平或自动思维水平，他就很难控制自己的思维。他们很难充分地分析和评估自己的思维，缺乏对自己思维所存在问题的洞察，缺乏任何对自己的思维进行显著改变的动力。

因为鲜有人意识到思维在生活中所起的重要作用，也很少有人获得对自己思维的明显操控力，因此很多人在诸多方面都是他们自己思维的"牺牲品"——为其所害而非因其获助。大多数人都是他们自己最大的敌人，他们的思维是问题的涓涓之源，妨碍他们认识到机会，阻碍他们表现出自己最佳的一面，使其陷入困境。

如果对相关内容进行仔细阅读和透彻理解，那么本书将提升你的思维素质。同样，它也将帮助你信心满满地实现自己的目标，做出更佳的决策以及洞悉别人试图在什么地方影响你的思维。它可以帮你掌控自己的职业生涯和个人生活、帮助你和别人构建关系，甚至帮助你了解是什么激起了你的情绪、情感体验。

然而，实现这一目标殊非易事。如果你能认真对待本书的观点，那么你将发现思维在生活中所起的作用和拥有的力量。和我们一样，你也能够实现更宏伟的职业目标，成为更佳的问题解决者。你可以明智地运用自己的力量，你可以更客观地面对操纵，你可以过上更充实、快乐和有安全感的生活，决定权在你手上。我们邀请你稳健地跟随这些步骤，让你的个人生活和职业生涯越来越处于你的掌控之中。

阅读本书有两种方法：按章节顺序阅读和跟随兴趣的引导。这两种方法都是运用本书材料的合理方法。你可能有兴趣从后面的某些章节开始阅读，这没问题，因为所有章节基本上自成体系。当然，所有章节也存在一种逐步递进的关系，所以如果你按照章节顺序阅读，你就可以在最大程度上减少叙事逻辑导致的困扰。无论如何，如果你因兴趣而从后面某一章节开始阅读，我们推荐你先熟悉一下前六章的内容。我们建议你浏览一下这些章节，以便你无论想从后面的哪一章开始阅读都有一个推断框架，并且在你认定自己了解本书的价值之前，请确保返回前面章节进行更深入的阅读。阅读每一章都会有助于明晰其他章节的内容，且它们都指向并逐步深入地揭示着一个中心主题。我们强烈建议你花点时间去做全书中"观念检核与实践"模块的活动，它们是本书核心观点内在思想的重要体现。人们倾向于跳过这些步骤以避免"额外工作"，这种做法是不被推荐的。如果你想最大限度地提升自己的批判性思维，通过书写的方式来表达观点是必要的步骤。

CRITICAL
THINKING

目 录

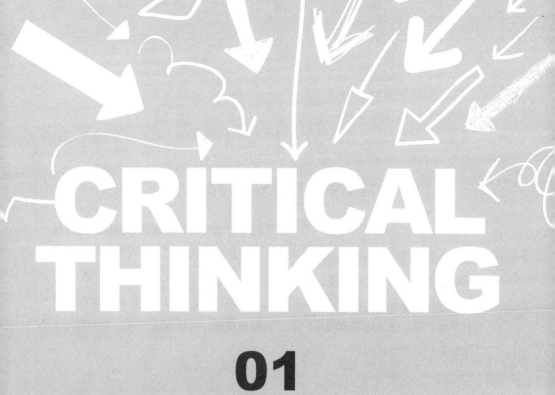

CRITICAL THINKING

01

变化与危险加剧的世界中的思维

TOOLS FOR TAKING CHARGE
OF YOUR PROFESSIONAL
AND
PERSONAL LIFE

后工业时代世界秩序的性质

世界正急速地改变。每过一天，生活的节奏和变化的幅度都在加快，面对的压力也在增加。全球化这一新的现实正以其自有的方式快速且强有力地改变着我们生存最深层的结构——经济、社会、文化、政治乃至环境的现状。全球化对人类的思维与学习、商业与政治、人权乃至人类冲突都有着深远的影响。这些影响正变得越来越复杂，很多都明显预示着危险和威胁。所有的这一切都成为我们要快速改变的强大推动力。

急速变化中的复杂世界

为了应对这些持续加速的变化和复杂性，我们的思维方式不进行彻底的改变是否可行呢？一般而言，我们的思维是有定式的、固化的、机械的。我们学习如何工作后，便会在工作中一遍遍地重复我们所学的东西。但是我们现在面对的问题以及我们将要更加频繁面对的问题都需要一种完全不同的思维方式——一种更复杂、更有适应性以及对不同观点更敏感的思维。当前我们所生活的世界要求我们不断地重新学习、经常性地反思我们的决策以及定期地重新评估自己的工作和生活方式。简而言之，我们正在面对一个新的世界，对这个世界中的个体而言，其精神中自我召唤的力量、定期进行自我剖析的能力将越来越能决定他的工作质量、生活品质，甚至有可能决定他在特定情况下的生存。

请思考一下日常生活中从水龙头取水饮用这个小问题。随着污染日益严重，地下水正在被污染，由许多尽管剂量很小但不符合要求的化学物质所造成的间接而长期的恶果正在积聚，我们该如何判定我们饮用的水是否安全呢？由此，政府就需要根据财力决定是加大医疗投入以拯救更多面临威胁的生命，还是加大资金投入以改善水质。在人们的健康日益面临威胁的情况下，我们怎么知道政府是否愿意承担风险的程度与我们对风险的接受程度保持一致？面对发生巨大变化的世界，上述例子只是成百上千个涉及批判性思维决策中的一例。

考虑一下发生在全球范围内的通信革命。从电子邮件到手机短信，从复杂的电子市场系统到那些吸引我们并融入我们个人生活的其他系统，它们不仅仅是为人们更有效地处理自己的时间提供了良好的机会，这些系统同时也令我们更脆弱并对我们施加了影响力。一方面，我们通过互联网在全世界自由交换商品、提供服务乃至交流观点；另一方面，我们面对遍布世界的监控系统，它令人们的隐私保护成为奢谈。我们该如何应对这些革命性的变革？我们抵制什么？我们又支持什么？什么时候一个新的系统会降低效率？应由谁来控制它？它应该采用怎样的终端？谁来监测它对人们的生活和幸福带来的影响？在国内和国外，我们该如何保障自己应有的自由？我们该如何保护我们的家庭和我们自己？我们该如何保障自己的人权并自主、安全和真实地生活？当我们追求更大的便利和更自在的沟通时，我们愿意放弃哪些东西？

而当我们思考技术进步带来的许多相关话题时，我们也应该审视我们的工作、对孩子的抚养、效率、拥堵的交通系统、昂贵的汽车、局促的办公空间、日趋严重的社会分化、日渐退化的器官、日益增长的国家权力和日益减少的公民自由。

一个充满威胁的世界

我们不仅被日趋令人眩晕的挑战与决策所累，也同样处在一个威胁日益加剧的世界。

- 在这个世界中，我们无法预测将来工作中所需的知识和资料，因为无法预测将来我们从事什么工作。

- 这个世界中强大的技术与用过分简单化的思维处理复杂课题对接在一起："坚决打击犯罪！""事不过三！""零容忍！""迈进成人门槛就是成人犯罪！"

- 这个世界中大众传媒对人们思想的影响越来越大。

- 这个世界中随着监禁的人越来越多，犯人被监禁的时间也越来越长，与监禁人相关的职业已构成了当前最大的行业之一。雇用成千上万与之息息相关的专业人士，如建造工人、建筑师、律师、警察、联邦调查员、检察官、社会工作者、法律顾问、心理学家、狱警等，以维持一个庞大的关押人数。

- 这个世界中的个人隐私正被五花八门的入侵技术所侵蚀，如人脸识别软件、DNA 检测、电子邮件审查制度、信用卡追踪以及自动追踪系统。

- 这个世界中全球性力量——实际上容易失控——所做的许多有深远影响的决策对我们生活的影响非常大。

- 这个世界中那些自我循证的思想体系正通过花费巨大的宣传推广才得以发展。

- 这个世界中越来越多的人诉诸暴力来应对现实的或感知到的不公。

- 这个世界中越来越多的人愿意接受个体权利的明显削减和自由的明显受限，以换取警察和政府的监管和拘留权的增加。

- 这个世界中越来越多的平民百姓发现自己陷入了好战分子和空谈者的前后夹攻之中。

- 这个世界中越来越多的人发现他们的自由和安全都日渐堪虞。

观念检核与实践 **用证据支持观点**

　　对于上述所列每一点，看看你能否用你自己的证据来支撑它们，或者证明这些观点是错的？

变革、危险以及复杂性：相互交织

急速地变革、危险以及复杂性不是单独起作用的，它们相互交织、相互作用并变换形式出现。

请考虑固体废料管理的问题。这个问题涉及每个政府层级的每个部门，从能源到水质、计划、税收、公共健康等各个部门都有涉及。没有税收部门的配合、没有桥梁领域、没有我们当下操作时采用的克服潜在对抗的程序，美国政府中相关的职能部门解决这些问题时甚至都无法启动。当他们进行交流时，他们经常站在自身固有利益的立场上进行阐述，关心公共利益的程度远不及推进某项服务自身部门的议程。

请考虑臭氧层耗尽、世界性的饥饿、人口爆炸以及艾滋病等问题。没有看透这些纷繁复杂问题的智慧，不能对这些问题内部各个层面进行分析，不知道如何界定和获取我们解决这些问题所需要的信息，我们就会像漂浮于茫茫大海般晕头转向。不能把握政治现实、经济脉搏和科学数据（物理环境及其变化方面的数据）——所有的一切都同步变化——我们便不能逆转生存质量恶化的趋势，因为所有人都共享一个地球。

最后，考虑恐怖主义以及与之关联的自由受限的问题，可知的和不可知的"敌人"对越来越多的无辜民众构成威胁。尽管恐怖主义的形成几乎都有其复杂的根源，但是恐怖主义却常常被简单化地对待。我们习惯性地、不加批判地接受我们国家媒体对国际事务的叙述。但是每个国家的媒体一般大都曲解他们国家"敌人"的思维并照此行事。当我们自己的国家或盟友攻击或杀戮平民，这样的行为便被政府（以及代表政府的媒体）定义为正当防卫。不道德的行为被我们的政府所掩盖、轻描淡写或者说成是最后的防卫手段。类似的行为发生在我们的敌人身上就被突出渲染或者大肆宣扬，并常常煽动民众的愤怒情绪。暴徒行为、种族复仇以及政治迫害通常就这样产生了。"良善的"与"邪恶的"这样的词汇被随意地用于对暴力行为和恐怖行为（强加给敌人的，不管是真实的敌人还是想象的敌人）做出解释。

但是恐怖主义的问题与保障重要的人权和自由是分不开的，"解决"了一个问题，我们很容易又产生一个新的问题。让我们不妨考虑一下大量支持本观点的证据中的很少一部分证据。国情监控——一个欧洲公共利益的"看门狗"团体，报告了一份美国前总统小布什提出的要求欧盟在反恐措施上予以配合且长度超过40项要求的信件。大多数要求几乎都毫无例外地包括"犯罪调查、数据监控、边境控制和移民政策"。托尼·布尼安这位国情监控的主编评论道："很多要求都与反恐毫无关系……"与此同时，英国议会联合人权委员会，包括部长和贵族起草了一份报告，严厉批判英国政府提出的反恐、罪案与安全清单。报告指出这一清单违反了《欧洲人权公约》（European Convention on Human Rights，ECHR），并质疑清单中对恐怖主义的定义以及其中所隐藏的扩大警察权力的做法。

实际上，全世界的政府似乎都准备放弃对传统公民权利的保护及对公民权利本身的保护，以适应正在全面扩张的警察和政府权力——这些都是在搜寻那些所谓恐怖分子的旗号下进行的。据2011年11月22日的《纽约时报》（The New York Times）报道："随着美国在辩论反恐战争有多么无情，印度的领导人抓住了美国遭'9·11'袭击所提供的机会，推动了一项更加严苛的反恐法。这一法案激起了民众强烈的反对……"新的法令允许当局"监听电话、监控电子邮件、拘留嫌疑人长达六个月而无需负责、在监狱实施秘密审讯，以及让证人身份保持隐秘"。根据《泰晤士报》（The Times）报道，"在一项先前类似的印度法律下，超过75 000名人士被捕，但是只有1%的人犯罪，很多被告在监狱中遭受了数年的折磨且没有保释的可能"。

当然，很少有政府会长期宣扬它们自己是侮辱自由且拒绝基本人身自由的政体。这些受到关注的人权事件提醒我们，区分自由社会和警察国家对政府的制约是有限的。取而代之，我们需要最好的法律思维以提供合适的警力和政府权力，并同时还保留对这些权力的制约，这是人类基本自由的基础。

这只是我们以及我们的后代对所面对的世界的管窥一豹或极不全面的分析。

成为批判性思考者的挑战

如果有人问在当前世界中如何生存这样的问题，那么答案就是坚持不懈地自我调整。急速地变革、越来越严重的复杂性以及正在增加的危险，为传统的学习方法敲响了丧钟。当现实不给我们时间在其变化之前让我们把握它时，我们如何适应现实？一次又一次，我们能采用但是又有限的方法只能是期待吗？不幸的是，大多数文化和大多数学校都忽视了一个重要需求，即用不断更新的思维模式和新的人性化的方式适应新的问题和情景，

> **批判性思维**
>
> 大多数批判性思维的根本性概念都简单而直观，即所有的人都会思考。思考是我们的本性。但是我们大多数人的思维，留给自己的都是有偏差的、扭曲的、不全面的、信息不足的或者完全怀有偏见的。当我们抱着一种提升自己思维的想法思考自己的思维时，批判性思维就启动了。

引导人们快速锁定问题，"解决方案"的短期思维依旧是当下主要遵循的思维法则。诡辩的思想对这个世界施加重大的影响。一般而言，批判性思维并没有在任何社会里成为一种社会价值。如果我们开始着手接受成为一个批判性思维者的挑战，我们就将面对一组到目前为止还没有答案的问题。本书就是围绕这些问题的细节而展开的。这种以问题为中心的叙事程序为重塑自己的世界观提供了动力。通过本书，我们将用一些基础性的方法识别出自己在哪些智力性工作中的思维需要改变。通过本书，我们将产生定期重新审视自己无知程度的需要。通过本书，我们将产生定期练习以训练思维的需要。通过本书，我们将懂得智慧发展、社会变化以及个人成长和转变的长期性。

本书的每一章都将突出我们需要思考的重要问题以及我们在思维中要处理和面对的问题的重要维度，所有这些都向我们的意志与勇气发起了挑战。最后，我们需要诚实而坦率地面对自己。

▶ **内省时刻**

总结你从本章中学到的核心思想，然后按照以下方式写下你的答案。

❶ 通过本章我已经在工作中内化了的主要思想是_____。

❷ 这些思想很重要，因为_____。

❸ 按照如下方式，我的人生将会不同，因为我已经将这些思想内化并在思考过程中运用这些思维。注意在你思考过程中经常使用的给定观念所需内化的深度：

_____

_____

▶ 生活中的批判性思维

罗伯特·海尔布隆纳（Robert Heilbroner）所著的《21世纪的资本主义》（*Twenty-First Century Capitalism*）。

罗伯特·赖克（Robert Reich）所著的《国家的工作：准备应对21世纪的资本主义》（*The Work of Nations*）。

CRITICAL
THINKING

02

成为你自己思维的批判家

TOOLS FOR TAKING CHARGE
OF YOUR PROFESSIONAL
AND
PERSONAL LIFE

目前的思维技巧够娴熟吗

没有任何东西比可靠的思维更有用。无论你处在怎样的环境和有怎样的目标，也无论你在哪里或面对怎样的问题，如果你具备娴熟的思维技巧，你的景况都会变得更好。作为一个特定角色的人，如采购员、雇工、公民、情人、朋友和父母，在你生活的任何领域和情境中，良好的思维都会令你获益；相反，糟糕

> 心灵自主，天堂地狱皆其定。
>
> 约翰·弥尔顿，《失乐园》

的思维则明显导致问题的出现、时间和精力的浪费，并引发沮丧和痛苦的感受。

批判性思维是门艺术，它令你在任何情境中都能采取最恰当的思维。思维的基础性目标就是预测形势。我们都会面临复杂决策，此时我们就需要获取最佳的信息，做出最好的选择。

在这样或那样的情境中将会发生什么？别人会试图利用我们吗？他的所作所为是真的关心我们吗？当我们相信某件事的时候是一种自我蒙蔽吗？在某事上失败最可能的结果是什么？如果我想做某事，为之准备的最佳途径是什么？当我做某事时，如何能够进行得更顺利？这是我的最大问题所在或者我需要在某事上集中精力吗？思维的日常活动就是顺利地处理这些问题。这就是为什么我们是个"思考者"的原因。

当然，除非你能保证可以洞察任何事物，否则你将什么都做不了。尽管如此，如何实现它却有更好的方法。极佳的思维方式和技巧在现实中是可能的。但是，为了尽可能提升你的思维品质，你需要学会如何做一个自己思维的有效批判者。而做一个自己思维的批判者，你又得先了解思维本身。

请回答以下这些不常涉及的问题：你对自己的思维了解多少？你曾经研究过自己的思维吗？你都具备哪些思维的知识，比如发生在你头脑中的心智过程是怎样的？在如何分析、评估和重组自己的思维方面，你到底了解多少？你的思路从哪里来？它们有多少是高质量的？它们有多少是糟糕的？你的思维在多大程度上是模糊的、混乱的、前后不一致的、不准确的、无逻辑的或者肤浅的？哪怕是一点点，你切实地掌控自己的思维吗？你知道如何检验它吗？你对自己的思维时好时坏有自己意识到的标准吗？你曾经有没有发现过自己思维的某个重要问题，并通过自己的意志弥补了它？从小到大，如果有人请教你对思维有何了解，你真的确信那就是思维吗？如果是的话，你又如何了解这些的？

如果你像大多数人一样，那么对上述问题唯一诚实的回答应该是："好啦，我想我真的对自己的思维所知不多，对思维的一般规律亦是如此。"我真的不知道它是如何运行的，我也不曾研究过它，我不知道如何检验自己的思维，而即使我真的去检验它，它也仅仅是自动出现在我们大脑里的东西而已。换言之，对思维严肃的研究和认真的反思是很少的。它不是大多数学校的课程，也不是家庭教育的主题。但是如果你对思维在自己生活中所起的作用稍加关注的话，你会最终认识到，任何你所做、所求与所感都受到你思维的影响。而如果你承认这一点的话，你会惊讶地发现，人们很少对思维感兴趣。我们就像猴子一样，对发生了什么毫无兴趣，只是到处逛来逛去。

而且，如果你像一个植物学家观察植物一样开始并持续关注思维，那你将成为一个真正特别的人，你会开始关注很少有人关注的东西。你将成为那只知道为了什么东西而逛来逛去的罕见的猴子；你将成为那只知道如何逛来逛去以及为什么逛来逛去的罕见的猴子；你将成为那只娴熟于评估和提升自己逛来逛去方面能力的罕见的猴子。

下面是一些你最终会发现的事情：我们所有的人都已经或者正在养成一些坏的思维习惯。例如，我们所有的人都会在没有证据支持的情况下去归纳总结，允许背景信息影响我们的思维、形成某些错误信念、倾向于用不变的眼光看待世界、反对或忽视那些与我们观点冲突的观点、制造那些令我们下意识对什么是对、什么是真实感到混乱的错觉或迷思，并根据我们的经验进行自欺欺人的思考。如果你发现了这些问题，那么我希望你开始询问自己这些重要的问题："我有没有可能通过学习去避免坏的思维习惯？我有没有可能养成好的思维习惯？我有没有可能形成高水平，或至少形成更高水平的思维？"这些是鲜有人发掘和询问的问题。尽管如此，你对自己思维每次是好是坏的重要洞察都将显著地提升你的生活品质。

你可以开始提升你的决策质量。你能因此获得当下尚且缺乏的力量——非常重要的力量。你能为自己打开一扇新门，发现新的选择，少犯致命错误，扩大潜在的理解力。

观念检核与实践 开始审视你自己的思维

开始审视你自己的思维。列一个清单，将你认为自己现在思维中所存在的问题全部列在内，并尽可能地表达清楚。同时，界定的问题越清楚越好；然后，针对每一个你所界定的问题，将以下陈述补充完整：

1. 我的思维所存在的问题之一是＿＿＿＿＿＿＿＿＿＿＿＿＿＿＿＿＿＿＿；
2. 这个问题存在是因为＿＿＿＿＿＿＿＿＿＿＿＿＿＿＿＿＿＿＿＿＿＿。

好的思维和差的思维一样容易形成，但提升它需要付出

认识到思维本身并不困难很重要。人们无需耗费多少精力便可以自然地思考；人们也可以很自然地从事现实中的任何智力性工作。我们可以很轻易地发现思维存在的证据。比如，在具备很少心智技能的幼儿身上便可发现这一点：当儿童试图弄明白他们的世界，以及这个世界如何运转的时候，思维的存在都非常明显；当他们能够确定什么是他们能够摆脱的，什么是不能摆脱的时候；当他们区分哪些人喜欢他们，哪些人不喜欢他们的时候；当他们坚持什么是他们想要的，什么是他们不想要的东西的时候。类似地，成人也不断地思考他们所处的世界，试图弄清楚一些东西、做决定、做选择。因此，思维在本质上是人类的自然属性，它对我们而言很容易。不容易的是在生活的各个层面都保持高品质的思维，

也就是，发现我们不好的思维习惯并采取应对措施不容易。

为了在高品质的思维方面有重要收获，你就需要从事一种大多数人即使不感到痛苦，也至少是不喜欢的工作——智力性工作。但是这种思维一旦开始运行，将令你的思维品质提升至一个更高的水平，而且要将你的思维保持在那个水平也并不困难。但是，从一个水平提升至另一个水平时，付出一定的代价仍然是必须的。面对自己的思维，一个人不会一夜之间变成一个技能高超的批判者。这和一个人不会一夜之间变成一个技能高超的篮球运动员或舞蹈家是相似的。为了在思维上有更好的表现，你需要让工作处于只有思维技能不断提升才能完成的状态。当人们思考思维的提升需要什么硬性条件时，那就是人们所说的"没有付出，就没有收获"。从这个角度而言，说"没有智力的付出，就没有智力的收获"或许更准确一些。这意味着你必须愿意练习特殊的思维"活动"。这种活动至少一开始是令人不舒服的，甚至有时是具有挑战性和困难性的。你必须学着做"运动"。这种"运动"就像有成就的运动员学着锻炼自己的身体一样（通过练习与反馈）。换言之，思维的提升与其他领域中能力的提升是相似的。在这些领域，进步源于合理的理论、投入、辛勤的工作以及练习。这本书将为你成为一个有思维技能的人指明所需遵循的练习途径。当然，它无法为你提供内部动机去完成本书所要求的工作，内部动机这个东西必须来自你自己（见图 2–1）。

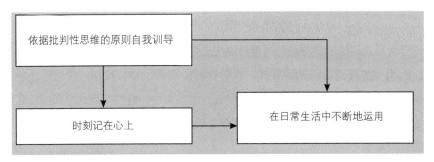

图 2–1　批判性思维者运用完善的理论解释他们的心智运作模式，并将这些理论用于指导他们的日常生活方式

现在，让我们将心理和身体的发展进行类比。我们相信，这一类比非常恰当，它提供了一个非常值得我们记住的正确蓝本。如果你想打网球，并且很想打

得更好，没有什么比看一些优秀网球运动员打球的录像，然后努力地比较你与他们击球有何不同更有利的了。你研究他们的动作，关注自己哪个方面没做到位，哪个方面做过头了，然后便是练习、练习再练习。通过多轮的练习、总结、练习，你的练习增强了你对这门艺术各方面细节的意识。你发展出了一套描述自己行为表现的词汇表，也许你还找了个教练，然后慢慢地、一点一点地，你提高了。类似的如跳芭蕾、长跑、弹钢琴、下棋、阅读、写作、采购、为人父母、教书育人、完成工作中的复杂任务等，进步的方式都与之相通。

然而，一个重要的问题是，我们通常熟悉的所有技能形成的过程都是看得见摸得着的，我们可以观看动作技能的录像。但是请想象一下一个人坐在椅子上思考的录像，这看起来与一个人无所事事坐在那儿没多大区别。但是，员工所得报酬越来越精确地与他们的思维能力挂钩，而不是与他们身体的力量和身体的活动相关。因此，尽管我们大多数的思维是看不见摸不着的，但是却成为我们生活中最重要的东西。它的品质将很可能决定我们未来是富裕还是贫穷、强大还是弱小。但是，通常我们在思考时却没有清楚地了解过我们是如何思考的。我们将思维当成不可变的。你可以将你学习如何思考的方式与学习如何讲母语的方式进行比较。比如我们知道，语言中是存在语法的，但是我们很少能清楚地描述这些语法，不知道它的原则、规则以及所允许的例外情况。但是如果我说"Where the up cow down？"你会立刻认识到，从语法上来讲，刚才的词序是不可理解的。你知道它违反了语法，尽管你也许不能指出它违反了哪条规则。

当然，我们除了学习我们的母语语法之外，我们还学习大量的"概念"——那些组织和解释我们经验的方式。我们的语法错误很容易被任何精通语法的人意识到。但是我们却很少注意到语言中概念的误用——特别是当这种误用在我们身边很普遍的时候。我们可以说，相对于语法逻辑而言，概念的规则更难被人知晓。

相对于概念错误而言，语法错误更容易被人们意识到。比如某人说"我爱你"，当她说成"我感觉被你的身体所吸引"，与后面这句则会有很大不同："我误用了爱的概念，令你认为我看中的是你的财产，然而其实我不是，实际上我只是想要与你上床。"在对方的行为举止明确显示他们不爱自己的情况下，人们很多时候仍然会与对方结婚。这种不一致的行为也许是被对方在生日中或其他重要事件中时而发生的语言表达所掩盖，如"我最爱你了"。重要的概念，如爱、友谊、正直、自由、民主以及道德等，在我们日常的生活或常见的思维中经常被曲解。我们的潜意识的倾向往往就是提供自己想要的，而不是用一种真实的方式描述我们自己或这个世界。

就是说，尽管很多概念会隐含在人们的言谈举止中，但是我们大多数时候都没有意识到它们的存在。这就是我们的思维。如果我们能够将我们的思维像电脑程序一样在一个大屏幕上显示出来，那么我们一定会大吃一惊，甚至有时会感到震惊。

但是为了能成长为一个思考者，你必须开始反思自己的思维，因为它存在一个潜在的结构体系。比如概念就是其中最重要的体系之一。对概念的运用只有在你开始拿思维的工具认真当回事的时候才会有所提高。当你能外显地注意到自己的思维活动并致力于认识自己当下思维的力量和弱点时，你就已经成长为一个思考者。当你在心中建立起了一个能够观察自己思维的"大屏幕"时，也说明你已成长为一个思考者。

而批判性思维为你的大脑提供了所需的工具，这些工具令你在需要思索任何事或思考工作乃至生活所有方面的每一件需要思考的事情时（见图2-2与图2-3），你都能有良好的思维质量。随着你智力技能库的发展，你将获得一些处于意识当中的、掌控自如的工具。运用这些工具，你可以在自己的长期与短期目标所涉及的思维任务中表现出更棒的推理能力。无论你追求什么，都存在好坏两种方式，良好的思维能令你尽可能接近好的方式而远离坏的方式。

只有当我们把批判性思维的基本法则运用于人类所面临的广泛问题时，我们才会领略到它的力量和有用性。你可以这样想，如果我在教你打网球，那我可能需要一次次地提醒你用眼睛盯着球。你能想象你对教练这样讲："为什么我要老盯着球？我已经看了一眼了！"涉及思维技能的使用原则时的道理是相似的。如果你想达到精熟的程度，你就需要用你的心灵之眼一遍又一遍地关注那些基本法则。

观念检核与实践 理解概念的重要性

看看你能否想起某种这样的情景，在该情景中，你忽略某个重要概念。注意：所想的概念要是你思考时经常使用的一些概念，比如友谊、信任、诚实或尊敬。你是否曾经有过这样的经历，当你自认为是某人朋友时却做出某些针对他的行为，这些行为可以是类似背后说他们坏话或对他们撒谎之类的，想好后就写下你的答案。

如果你想不出上述任何例子，就请不要说你总是使用了合适的概念。换言之，你像其他人一样，经常犯一些概念性错误。而你现在之所以没想起它们，是由于自我蒙蔽机制导致的。

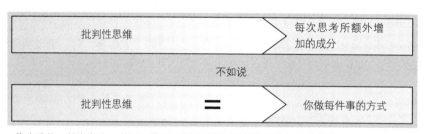

你在购物、教书育人、学习、投票、叙述故事以及评估等事务中的方式

图 2-2　我们应该让批判性思维融入生活的每一个方面

艰辛、冷酷的世界

在你成长为一个批判性思维者的过程中，你期待周围的世界能为你提供什么帮助？在一般情况下，几乎没有。家庭、学校、熟人以及老板，他们每个人日常所关心的事务中都不包含对批判性思维价值的关注。大多数人——家庭成员、教师、熟人、商业伙伴——自己的思维都存在众多问题：成见、偏见、概念错误以及僵化的思想体系。很少有人能直接而有效地帮助我们提高批判性思维。无论是在个人空间还是公共空间，无论是在私人场合还是商务场合，行动日程是一天

当中的秩序，但是这一点只被少部分维持这些日程的人所理解。一旦我们按此行事，一旦我们按日程所希望我们的方式行事，我们就有可能被导入"碰撞训练"。无论是否如此，我们都需要学着分析环境以及我们在现实中要面对的人。

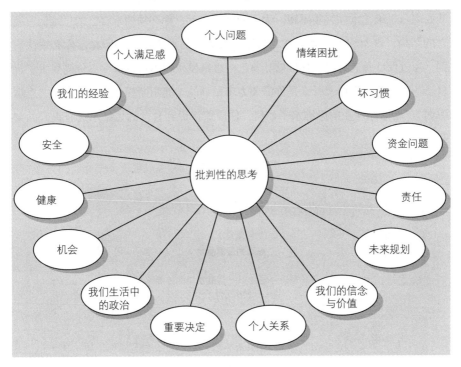

图 2-3　把批判性思维运用于我们生活的每个领域

比如，假设你在某个机构工作，你必须做好准备将组织的实际权力结构考虑进去，连带需要考虑的还有现实中团体的定义、官僚式思维以及其他众多可能在日复一日中限制思维质量的因素。然而，如果在没有考虑后果的情况下就赤裸裸地说出上面那些事实则是愚蠢的。批判性思维帮助我们从新的角度看问题。它不需要我们牺牲或压抑自己最喜欢的事物。我们必须整合三个方向的思维。我们必须变得理想主义（如此才能够想象一个更好的世界）；我们必须变得现实主义（只有这样我们才能看见事物本来的面貌）；同时我们还必须变得实用主义（这样我们才能采取有效的手段朝我们的理想前景前进）。

成为自我思维的批判家

让你自己成为自己思维的批评家这一程序得以启动，是你能为自己做的最重要的一件事。你之所以这样做不是为了否定或为自己推脱，而是为了自我提高、开始练习思维艺术并终生不辍。为了做到这一点，你必须探索自己的思维，审视它的结构，观察它的意外之意，认识它有偏差的地方和优势所在。你必须认识到，通过保证每天练习，你能够让自己的思维发生根本性的改变。你需要去了解自己坏的思维习惯以及什么是你需要力求做到的（能不断提升你思维品质的思维习惯）。无论你现在的思维水平如何，你应该认识到自己的思维永远有提升的空间（见图2–4）。

思维的三个水平

水平 3
思维的最高层次

·反省外显化　　·最高水平的技能
·一贯的公平合理

水平 2
思维的高级层次

·选择性反省　　·高技能水平
·不具有一贯的公平合理性，可能
在诡辩方面很有技巧

水平 1
较低层次的思维

·无反省　　·低技能混合而成的水平
·常常依赖直觉
·具有很大程度上的自利特性/
自我蒙蔽性

图2–4　低层次的思维往往可以和高级层次的思维区分开来。但是高级层次的思维的质量会呈现一种不稳定的状态，它可以是合理的，也可以是不合理的。但是如果思维质量上升到最高层次，我们所需要的就不仅仅是智力技巧，还需要具备智慧特质

观念检核与实践 批判你的思维

请考虑你在生活的如下领域中自己思维的状况：工作领域、个人关系领域、运动、对待同性别的人、对待异性、作为一个读者、作为一名作家、规划你的人生、管理你的情绪以及解决复杂的处境，将以下陈述补充完整。

1. 现在，我相信我的思维在我生活的不同领域已经具备_____品质。我做出这一判断的依据为_____。

2. 在以下领域，我的思维质量很高：

   a)_____

   b)_____

   c)_____

3. 在以下领域，我的思维质量尚可，不算太棒，也不算糟糕：

   a)_____

   b)_____

   c)_____

4. 在以下领域，我的思维质量恐怕是相当差的：

   a)_____

   b)_____

   c)_____

▶ **内省时刻**

总结你在本章学到的关键思想。然后在下面写下你的答案：

❶本章的重要思想中，我已经通过工作实现了内化的有_____；

❷这些思维很重要，因为_____；

❸按照这条路走下去，我的生活在未来将会很不一样，因为我已经将这些思想内化到我的思维中并进行运用：

_____

_____

▶ 生活中的批判性思维

批判性思维注重实用性（见表 2–1）。它能令你更成功、更节省时间和精力，并体验到更多的积极情绪和满足感。作为一个雇员、专业人士、经理、学者、父母、消费者以及公民等，成为自己思维的批评家对你都很有利。如果你没能持续不断地提升自己的生活品质，你就不能领略到批判性思维的真正力量。

表 2–1　为什么要进行批判性思维	
问题	**一个定义**
每个人都在思考。思考是我们的本能。但是我们大多数人的思维是存在偏差和扭曲的，偏颇和不一致或彻头彻尾的思维是一种偏见。然而，我们生活的品质以及生活中我们所生产、制造或建造的东西都是与我们思维的质量密切相关的。劣质的思维令我们无论是在金钱上还是生活品质上都付出高昂的代价。因而，必须对良好的思维进行系统性的培训	批判性思维是一种与任何主题、任何内容以及任何问题都相关联的思维模式。在这种思维模式下，人们通过熟练地掌握隐含于思维当中的结构并将认知标准作为思维的硬性要求，以提高自身的思维质量
结果	
一个得到良好培训的思考者 • 提出至关重要的问题，并清楚、准确地予以界定 • 收集并评估相关信息，然后高效地做出解释 • 得到一个经过严密推敲的结论或解决方案，用相关的标准对其进行检验 • 通过发散性思维进行开放式思考，重新认识和评估这些假设、内涵和具有实用性的结果 • 在解决复杂问题时与他人保持有效的沟通 批判性思维，简而言之，就是一种自我引导、自我训练、自我监控以及自我矫正的思维。它事先假定应该采用严苛的标准以尽善尽美，并在运用它时注意训导。它包括高效的沟通和解决问题的能力	

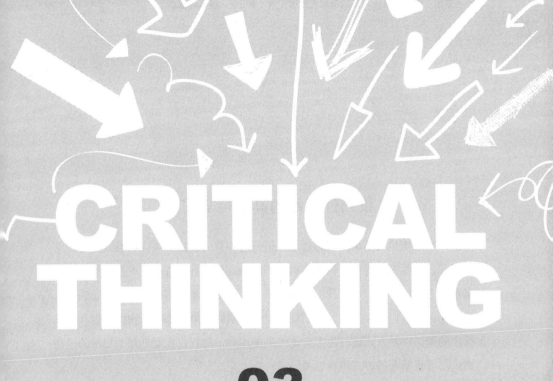

CRITICAL THINKING

03

成为一个公允无偏的思考者

TOOLS FOR TAKING CHARGE
OF YOUR PROFESSIONAL
AND
PERSONAL LIFE

批判性思维的高低境界对比

批判性思维包含基本的智力技能。但是这些智力技能却可以为自我中心的终极目标和公允无偏的终极目标两个截然不同的终极目标服务。批判性思维所必需的基本智力技能一旦形成，我们要么基于自利的立场运用它们，要么基于公允无偏的立场运用它们。换言之，我们既可以采用同时了解他人思维中的错误和自己思维中的错误这种方式进行思考，也可以采用另一种仅仅在贬低对手思维的一些方面表现得很精通的方式进行思考。

一般而言，人们往往能看到他人思维中的错误，却不能看到其对手观点的力量：自由党看到了保守党论断中的错误，保守党也看到了自由党论断中的错误；信奉某事物者看到了不信奉者思维中的错误，不信奉某事物者反过来又看到了信奉者思维中的错误；赞成堕胎的人一直看到反对堕胎者论断中的错误，反对堕胎者也一直看到赞成堕胎者论断中的错误。

我称上述这种思考者为低境界的批判性思考者。我之所以认为这类思考者"境界低"，原因是尽管这些思考者有时也在一些方面表现良好，但是他们不具备某些高层次批判性思考者的技能和价值观。最重要的是，他们不能真诚地考虑那些与他们观点相冲突的观点。总而言之，这种思维缺乏一种公允无偏性。

低境界的思考者的另外一个传统的名称就是诡辩家。诡辩术是一种赢得辩论的花招，在辩论中它不考虑所运用的思维是否存在明显的问题，而是运用一系列卑劣的辩论技巧或论调，通过它们让糟糕的思维看起来像良好的思维，或让良好的思维看起来像糟糕的思维。诡辩术往往被看成无良律师和政客身上存在的东西，他们只关心是否能赢，他们往往打感情牌或者在智力技能上耍一些花招取胜。

> **低境界的批判性思维者**：那些运用一些技能和在某种程度上所拥有的批判性思维特质谋取私利的人，同时他们也是无良且不公允的批判性思考者。
>
> 低境界或无良的批判性思维者具备如下显著的倾向：
>
> 1. 他们不会采用相同的论证标准对待自己与他们的对手，也不会采用相同的论证标准对待他们认同的人以及他们所认同者的对手；
> 2. 他们不会站在自己所反对的一方的角度来推敲某个观点或采用对方的推断框架进行推理；
> 3. 他们倾向于单向度（从一种狭隘的视角）思维；
> 4. 尽管他们会在口头上表示拥护，但是他们并不真诚地接受公正无偏的批判性思维的价值；
> 5. 他们采取选择性的和自我蒙蔽式的方式运用智力技能，并不惜牺牲真相为自己谋取和扩张个人利益；
> 6. 他们采用批判性思维技能辨认他人思维当中的缺陷，并且在不给予他人的论断应有的考虑的情况下，运用复杂的论断来否定他人的论证；
> 7. 他们常常通过精巧的纹饰让自己的非理性的思维合理化；
> 8. 他们非常善于操纵。

只要没有碰上我们所说的高境界的批判性思考者，采用诡辩术的思考者往往能够成功。高境界的批判性思考者不那么容易被华丽的论断所欺骗。正如W.G.萨姆纳（1906 年）在近一个世纪前所言：

> 他们难以被动摇……赢得他们的信任需要时间……能在最大可能程度上掌握一切，不见兔子不撒鹰……能等待和衡量证据……能抗拒他们自己最难放弃的偏见所产生的吸引……

也许更重要的是，高境界的批判性思维者力求做到公允。他们用一种道德的和负责任的方式进行思考，他们以一种理解和欣赏他人观点的方式处事。尽管有些观点他们并不赞同，但还是愿意倾听。当发现他人的观点有更严密的推理基础时，他们便改变自己的观点，而不是用他们的思维操纵别人以掩盖真相（低境界的人往往这样做），他们以一种道德、理性的方式进行思维。

我们相信，这个世界已经有太多具备思维技巧却自私自利的思考者、太多诡辩者和花言巧语的骗子、太多没有节操的律师和政客，这些人用扭曲的信息和证据服务于他们的私利，并用这种方式保护那些给予他们好处者的私利，这是他们的专长。我们希望读者能够成为一个具有高度思维技能且公允的思考者。我们也希望读者能够揭穿那些擅长玩弄心计却让无辜者付出代价的人。我们同样还希望读者能成为一个具有才智和勇气并公开反驳那些不道德者的逻辑的人。我们写这本书是基于这样一个假定：你会严肃认真地对待高境界批判性思维所蕴含的公正性。

> **高境界的思考者：公允的批判性思考者**
>
> 高境界的思考者或有良知的批判性思考者具有如下显著的倾向：
>
> 1．他们从内心深处质疑自己的观点；
> 2．他们能站在客观的角度看待最有说服力的观点以及与他们视角不一致的观点；
> 3．他们能用一种辩证的方式进行思考：什么条件下他们的观点最有可能是站不住脚的，而什么条件下与自己对立者的观点却又是最有道理的；
> 4．当证据显示自己的观点站不住脚时，他们就改变自己的观点，而不考虑自己的利益或与之相关的人的利益；
> 5．他们能做到不因自己的权力和需求而牺牲他人的权力和需求。

作为一名高境界的批判性思考者，不仅需要我们养成一种公允的思想，还需要学习一些批判性思维的基本技能，并在自己思考时"练习"这种公允的思想。如果我们真的这样做，我们就能避免以牺牲别人的权力和需求为代价去满足自己的所欲所求。我们也能做到用同一个标准对待所有的思维。我们更会期待良好的思维，而不管它来自支持我们的人还是反对我们的人。我们还会对自己的推理和我们不同情的人的推理提出相同的标准。我们将像质疑他人一样质疑自己的目的、论据、结论、隐含意义和观点。

正在成长当中的公允无偏的思考者，会试图考察经由他评估的任何推理实际是否有力。这正是本书希望帮助人们所成为的人。因而，从一开始，我们将要揭示一些思维的特点。这些特点是最强最公允的思维所需要的。随着你阅读本书剩余的部分，我们希望你能注意到我们是如何尝试培养高境界的批判性思维的。因而，除非有特别的说明，从现在开始我们每次用"批判性思维"这个词都指的是这个方面的含义，即我们的意思是具有高境界的批判性思维。

观念检核与实践 **区分高境界和低境界的批判性思维**

写下你对高低境界批判性思维间差异的理解，然后完成以下陈述。

1. 我对高境界批判性思维的理解是：＿＿＿＿＿＿＿＿＿＿＿＿＿＿＿＿。

2. 我对低境界批判性思维的理解是：＿＿＿＿＿＿＿＿＿＿＿＿＿＿＿＿。

3. 我将如下例证视为我思考和行动中的高境界批判性思维：

＿＿＿＿＿＿＿＿＿＿＿＿＿＿＿＿＿＿＿＿＿＿＿＿＿＿＿＿＿＿＿＿

4. 我承认如下例证是我思考和行动中的低境界批判性思维：

＿＿＿＿＿＿＿＿＿＿＿＿＿＿＿＿＿＿＿＿＿＿＿＿＿＿＿＿＿＿＿＿

5. 基于这一分析，我能用如下几种方式提升我的思维和行为：

＿＿＿＿＿＿＿＿＿＿＿＿＿＿＿＿＿＿＿＿＿＿＿＿＿＿＿＿＿＿＿＿

在本章剩余部分，我们将揭示公允的思维所要求的大量美德（见图 3–1）。现实中存在的公允性美德比人们能意识到的要多得多。公允性需要一组相互关联、相互依存的思维状态。

除公允性之外，高境界批判性思维意味着处在高级思维层次。随着你成长为一个思考者并将我们马上要讨论的心智特质内化，你将获得低境界思维者所不具备的一系列技能和洞察力。

随着我们考察大量的心智特质是如何有助于公允性的，我们也将看到这些特质给思维品质（一般性的思维）所带来的提升。除了高境界的批判性思维所蕴含的公允性之外，思维的深度和思维的高级品质亦是其应有之义。低境界批判性思维者发展出了很多心智技能（比如辩论的技巧），他们也许在获取自己所需方面能有一些成就，但是他们发展不出任何本章所突出强调的特质。

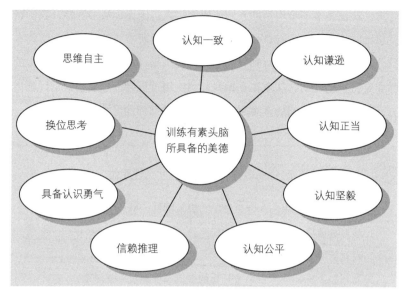

图 3-1　批判性思维者努力形成的重要心智特质或特征，它们是相互关联的认知习性，这些习性令人们具有良好的自制性

需要重视的一点是，很多人在商务或他们自己的专业方面思虑非常周全，但他们实际上却是自利的思考者。在一个自我放纵和唯物质的文化中，尽管没有过分地宣扬，但是"对自己好就是对每个人好"的思想成为一种不言自明的假定。以牺牲他人的权力和需求为代价追求金钱不仅被认为是可以接受的，而且是受到赞同的。然而，当对财富和权力的追求变得不受约束时，不公正就随之而生。人类的大脑对他们自己的私利是否得到公正对待很敏感，却对他人的利益不敏感。强势的一方可以找到很多理由忽视弱势方的利益（见图 3-2）。

真正的批判性思维者，在高境界思维的指导下，能够意识到大脑很容易忽视他人的权力和需求。他们认识到，若要理性和公正，就不能遵从自己的天性，而是要挑战它。他们认识到引进一个与自己观念不同的观点是困难的，但他们愿意为超越自私的思维而付出所需的努力。

现在让我们转向高境界批判性思维者特质的构成成分。在我们接受与公允性相关的每个单独特质后，我们需要强调它对高水平思维层次在一般发展意义上的贡献。

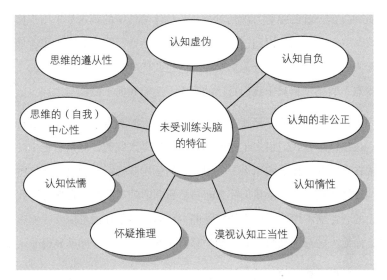

图 3–2　现实中存在认知恶习——与认知美德相反，它们是思维的自然产物且阻碍认知美德的养成

观念检核与实践　对认知美德进行一些超前思考

对于图 3–2（以及你前面阅读的内容）中每个认知美德而言，看看你能否给每个美德下一个简短而清晰的定义，并给每个美德举一到两个例子。

公正无偏的思维有何要求

首先，其基本概念如下：

公正性思维意味着能意识到需要用相同的方式对待所有的观点，在思维中不考虑个人的情感和私利，也不考虑我们朋友、公司、社团甚至国家的情感和私利。它是思维标准（例如准确性、逻辑合理性）中所必须坚持的，不受它对我们自己或自己所在群体是否有利这一点的影响。

要做到公正，就需要努力做到对每一个具体情景中的观点都采用不偏不倚的对待方式。它需要我们认识到这一事实：就天性而言，我们倾向于用有偏差的视角看待他人的观点，将它们分为喜欢的（同意我们的观点）和不喜欢的（不同意我们的观点）两类。相对于我们自己的观点，我们倾向于贬低与之冲突的观点。

有一点是非常清楚的，那就是当我们面对相反的观点时，我们会进行自利性的推断。比如，尽管我们很多年前就知道，石棉是致癌的，但是石棉生产商依旧鼓吹石棉在家庭和学校中的用途，并因石棉的运用获得巨大利益。他们将无辜使用者的福祉抛诸脑后。如果我们能忽略自己所制造的产品的潜在伤害，我们就能收获巨大的利益而不用遭受良心的阵阵谴责。因此当某种情景需要我们考虑他人的福祉，而他人的福祉又与我们短期的利益相冲突时，公正性就显得非常重要。

与公正性思维相反的就是自我中心思维。对具有自我中心思维的人而言，在对待与他们的观点有重大差异的观点时，他们做不到采用相同的标准予以对待。

要达到真正意义上的公正状态是困难的。它需要我们同时具有认知谦逊性、认知勇气、换位思考、认知正直、认知坚毅和信赖推理（作为发现和学习的工具）以及思维自主。

没有这一系列特质整合成一个完整的构象，就没有真正的公正性。但是无论是单个还是组合，这些特质在我们生活中讨论都不多。它们也很少被教授，不会在电视中被讨论，你的朋友和同事也不会问你这方面的问题。

真实的情况是，由于这些特质在很大程度上不被人意识到，它们的价值并没有被提及，尽管它们中的每一个特质对公正性和养成批判性思维而言都很重要，让我们一起来看看为什么会如此。

认知谦逊：知道自己无知

我们开始了解认知谦逊的特点：

认知谦逊使我们意识到自己知识的局限性；同时，由于我们天生的自我中心性，我们周围的一些环境会令我们陷入自我蒙蔽。认知谦逊亦可令我们对这些环境保持敏感。另外，认知谦逊还使得我们注意到自己观点中的偏差、成见、局限以及我们无知的程度。认知谦逊也意味着让我们认识到在任何情况下都不需要无知却假装渊博。当然这不需要我们表现得懦弱和唯唯诺诺，只需不要矫饰、自夸和自负，并对自己的信念是否具有逻辑基础具有洞察力。

认知谦逊的反面就是认知自负，一种不能意识到自己知识的局限性，不能或很少洞察自我蒙蔽和自己观点的局限性。认知自负的人往往美化自己的偏见和成绩，经常声称自己知道而实际上却不知道的东西。

当我们提及认知自负时，并不意味着某个人从外表看来就自命不凡、傲慢、张狂和华而不实。从外表来看，这个人可能表现得谦卑。比如，某个人不加批判地相信邪教头目，从

> **认知谦逊：** 意识到我们知识的局限性，包括对我们周围的环境保持敏感。在这些环境中，由于我们天生的自我中心性，我们很可能陷入自我蒙蔽。认知谦逊还使得我们能注意到自己观点的偏差、成见以及局限。
>
> **认知自负：** 人类固有的自我中心倾向。它令我们相信，自己懂得的东西比实际知道的东西更多，我们的思维几乎从不出错，我们不需要提升自己的思维；我们的所见所闻都是事实。

外表来看可能是自我贬低的（我什么都不是，你一切都行），但是从思维的角度来讲，他/她是在进行一种绝对化的归纳。尽管这个归纳并没有牢固的基础，但他/她却对这一归纳完全信任。

不幸的是，在人类的生活中，无论何种人格类型的人，他们都认为自己知道其实自己并不知道的很多事情。我们自己的错误信念、误解、成见、错觉、迷思、所接收的宣传以及无知都是明摆着的事实。更重要的是，当这些受到挑战的时候，我们拒绝承认我们的思维存在瑕疵。然后，我们就表现出认知自负，尽管我们也会感到谦卑。与其认识到我们知识中的这些缺陷，我们宁可忽视和掩盖这些缺陷。以这些自负为源头，苦难和浪费就产生了。

观念检核与实践　　清晰地表达你的初始理解

按照以下方式陈述你对认知谦逊和认知自负的理解。

1. 认知谦逊就是＿＿＿＿＿＿＿＿＿＿＿＿＿＿＿＿＿＿＿＿＿。

2. 换言之，就是＿＿＿＿＿＿＿＿＿＿＿＿＿＿＿＿＿＿＿＿＿＿。

3. 下面是一个认知谦逊的例子：＿＿＿＿＿＿＿＿＿＿＿＿＿＿。

4. 认知自负是＿＿＿＿＿＿＿＿＿＿＿＿＿＿＿＿＿＿＿＿＿＿。

5. 换言之，就是＿＿＿＿＿＿＿＿＿＿＿＿＿＿＿＿＿＿＿＿＿＿。

6. 下面是一个认知自负的例子：＿＿＿＿＿＿＿＿＿＿＿＿＿＿。

比如，一个警察仅仅根据一个男人的外表（比如这个男人是黑人，比如他戴了耳环，或再比如这个人看起来不修边幅）就判定他犯了罪是很不正常的。由于偏见的驱使，警察经常不能保持认知谦逊。出于类似的原因，有些检察官已经被发现会扣留能证明被告清白的证据，以让他们的案子胜诉。在他们看来他们在心里是理直气壮的，因为他们相信被告是有罪的。因而，他们为什么不能压下那些能证明罪犯无罪且会导致罪犯会被无罪释放的证据呢？认知自负与公正性是水火不容的。因为我们对判断对象抱有成见的时候是不可能做出公正判断的。如果我们对某个宗教抱有成见（比如说佛教），我们就不可能公平地评价它。如果我们对它有误解、成见和错觉，我们就会在判断中曲解（不公正地对待）它。我们会误解它，并让它看起来就像我们所想的那个样子。我们的错误认知、误解、成见和错觉往往令人觉得站在其自身的角度来看是公允的。或者我们就会表现出自负，我们会倾向于囫囵吞枣地做出判断，并对自己的判断表现出过分自信。很明显，这些思维倾向都与公平性水火不容，而我们正是为了公允才做判断的。

为什么认知谦逊对更高层级的思维很重要？除了帮助我们成为公允的思考者之外，对自己无知的了解也能帮助我们在很多方面提升自己的思维。它能令我们认识到成见、错误信念和大脑中导致错误学习的习惯。举个例子，考虑我们倾向于接受一知半解的学习结果这种现象，很多人对学习都是一知半解，我们学到一点然后就认为自己懂得很多。我们得到有限的信息，但是却做出草率的归纳。我们以其昏昏却欲使人昭昭。我们不加批判地接受我们的所见所闻，特别是当我们的所见所闻与我们或我们所属团体的信念产生强烈共鸣的时候则更是如此。

本章接下来的探讨将鼓励我们保持认知谦逊，也将帮助我们提升对自己认知自负的关注。看看你能否从此刻开始，不断地增加心中对自身知识局限性的关注，并让你对自己不经意间表现出来的认知自负性变得越来越敏感。如果你真的做到了，你可为自己具备了这方面的敏感性喝彩，也可以为你发现了自己思维中的缺陷而奖励自己。能认识到自己的缺陷是一种重要的力量，而不是弱小的表现。你可以将回答以下问题作为一个开端。

- 你能否列一个清单，上面写上自己最明显的成见？想想国家的哪些方面是你相信的，你的宗教信仰、公司、朋友、同事、媒体呢？将这些方面都表达出来。
- 当你自认为只掌握有限证据的时候，你是否曾经为某个观点辩护过或反对过某个观点？
- 你是否曾经非常确定自己所属的群体（如你的公司、家庭、宗教、国家以及朋友）是正确的，尽管你并没有站在不赞同方的角度思考过问题。

观念检核与实践 检验认知谦逊 1

写下一个你自认为相当了解的人，准备列两个方面的清单：第一个清单中列上这个人身上你确定知道的每一件事；第二个清单上列上你在这个人身上确定不了的每一件事。比如："我很确定我知道我的配偶喜欢去大型公共礼堂，但是我也很确定的是，我真的从来不知道我的配偶怕什么，她的个人追求是什么。我知道她身上很多特别的事情，但是对她内心的自我了解很少。"写下你对自己所思考的或所想到的内容的一种解释，并找到支持它的证据。

观念检核与实践 检验认知谦逊 2

回忆最近某个情景，在这个情景中你声称某件事是真实的，但实际上你并不确定它是否真实。然后用以下格式分析这一情景。

1. 这个情景是＿＿＿＿＿＿＿＿＿＿＿＿＿＿＿＿＿＿＿＿＿＿＿。

2. 在这个情景中，我说＿＿＿＿＿＿＿＿＿＿＿＿＿＿＿＿＿＿＿。

3. 我实际上应该说（那样说就会更准确）＿＿＿＿＿＿＿＿＿＿＿。

具备认知勇气：愿意挑战你的信念

接下来，我们探讨具备认知勇气的问题：

具备认知勇气的意思是我们能够意识到，对那些我们有强烈抵触情绪或从来不愿意认真倾听的思想、信念和观点，我们面对它们并公正地对待它们是有必要的。具备认知勇气的人能认识到，理想的社会认为，有些时候看似危险和荒唐的事（全部或部分的）其实是理性公正的；而反复向人们灌输的结论和信念有时却是错误的或误导性的。为了判定什么是有道理的，我们必须让自己不被动和不加批判地接受我们所了解的事情。具备认知勇气意味着认识到有些思想看起来是危险和荒唐的，但却可能是事实。而我们所属的社会群体所坚定捍卫的思想却有可能是扭曲和错误的。在当今人类的很多社会群体中，对不一致的惩罚可能是严厉的。

认知勇气：愿意面对和公正地评价思想、信仰或观点，我们对此有强烈的消极反应；我们珍视那些愿意进行批判性分析的信念。

认知怯懦：本能的自我中心倾向害怕我们自己的想法有着显著不同或矛盾；本能地倾向于害怕反省我们自己根深蒂固的信念，或我们害怕在思考问题时可能会面临的困难。

具备认知勇气的反面，即认知怯懦，它是指面对那种与我们的思想不一致的思想时会感到恐惧。如果我们缺乏认知勇气，我们可能会对我们看来是危险的思想、信念和观点感到害怕，不会认真地考虑它们。当某些思想与我们自己个人所认同的思想严重冲突的时候，我们会感到这是对自己的威胁。而当攻击某思想就感觉是在攻击我们自己的时候，所谓的认同冲突即产生了。

在某些人的心里，下面的所有思想可能都是令人恐惧的：成为一个保守的人，成为一个自由主义者；相信上帝，不相信上帝；相信资本主义，相信社会主义；允许堕胎，不允许堕胎；赞成死刑，不赞成死刑。无论我们站在哪一边，我们往往会对自己说："我是一个（在此填入令你害怕的信念，比如，我是一个基督徒，我是个保守的人，我是个社会主义者，我是个无神论者）。"

一旦我们通过一种情绪化的方式认同某种信念，并由此界定我们是谁，那么当那种思想和信念遭到质疑的时候，我们很可能也会体验到来自内心深处的恐惧。质疑那种信念似乎就是质疑我们自己。我们个人强烈的恐惧感挡住了我们通向公平（或对立信念）的道路。当我们确实去考虑这些与我们对立的思想的时候，我们便会下意识地诋毁它，用一种最没有道理的方式表征它，从而试图否定它。这就是认知怯懦的一种表现形式。然而，有些时候我们需要认知怯懦来克服从内心深处涌现的恐惧。这种恐惧的根源是我们将某种特殊的观念和我们的认同感联系在了一起。

具备认知勇气无论是在我们的职业生涯中，还是在我们的个人生活中都同样重要。比如，如果我们不能分析自己头脑中与工作相关的信念，我们可能就会深陷其中；我们就会没有勇气去质疑我们一直存在的固有安排；我们就不能去质疑同事间共同的信念。比如，我们不能去质疑我们的决定，以及我们工作中的行为是否符合道德。但是在通常被看成是禁忌或团体固有安排的事情被质疑时，具有公正思想的经理、雇主和雇员不会表现得支支吾吾。举一个并不少见的例子，雇员在反对日常管理时，其思维表现得就像一群"思想暴徒"。其中少不了交口传递有关管理政策的流言蜚语，特别是那些对他们产生实际影响的政策更是如此。而那些具有认知勇气的人则不会传递这种无意义的流言，相反他们会开始质疑流言的源头，他们会质疑群体的不良情绪是否有合理的原因，群体是否对管理存在不合理的期待。

我们另一个需要培养自己认知勇气的理由就是，当我们挑战别人的信念时，它有助于克服因怕被人拒绝而可能产生的恐惧感。这就是我们授予群体胁迫我们的权力的原因所在，这种权力是非建设性的。很多人看别人的眼色行事，除非别人赞扬他们，否则他们不可以赞扬自己。怕被人拒绝的恐惧经常潜藏在他们心灵的背后，很少有人会挑战他们群体所持有的信念和思想体系。这是第二种认知怯懦的表现，它使得我们不可能公平地对待与我们不一致或与我们群体认同不一致的思想。

要构建自己的个人认同有更好的方式——不是从特定思想（你实际上相信的思想）的内容中产生，而是从你推导它的过程中产生。这就是认同作为一个批判性思维者的意涵。请考虑以下解决方案：

> 我不会认同任何信念的具体内容，我将只认同我推导出信念的方式。我是一个批判性思维者，正因为如此，我准备抛弃任何不能获得证据支持和通过理性思考能得到的信念。我准备遵从证据和推理的指引，无论它把我们带入何处。我的真正认同就是成为一个批判性思维者、一个终身学习者以及一个一直通过让我的信念变得越来越理性以提升自己思维的人。

从这一认同出发，具备认知勇气对我们而言变得更加具有意义，而公正无偏性也变得更重要。我们不再害怕考虑与我们信念不一致的信念。我们不再害怕被证明是错误的。我们很轻松地承认曾经犯过的错误，很高兴纠正一些仍然在犯的错误。告诉我你相信什么，为什么相信，那么我将有可能了解你的思维。我已经放下很多早期的信念，我也准备在自己的信念中有多少信念违背了事物的本来面貌，就放弃多少信念。

观念检核与实践 具备认知的勇气 1

选择一个你所属的群体，完成以下陈述。

1. 属于群体中大多数人所持有的主要信念，但是值得怀疑的是（至少指出一个可能令群体表现出非理性行为的信念）_____。

2. 这一信念值得怀疑的原因是_____。

3. 我能或不能与我们的群体站在一边，指出这一信念存在的问题，原因是_____。

具备认知的勇气 2

试图找出这样一个环境。在这个环境中，你或其他你知道的人会去维护一个在你现在所属群体中不受欢迎的观点。描述一下这个团体，特别是这个团体中的行为模式。如果你想不出这样的一个例子，思考一下这告诉了你自己什么信息？

具备认知的勇气 3

现在开始想一个违背认知勇气、但符合认知怯懦的例子，这个例子应该来自你自己的生活，然后完成以下陈述。

1. 我对认知怯懦的理解是＿＿＿＿＿＿＿＿＿＿＿＿＿＿＿＿＿＿＿＿。

2. 换言之即是＿＿＿＿＿＿＿＿＿＿＿＿＿＿＿＿＿＿＿＿＿＿＿＿。

3. 在下面一些情景中，我缺乏认知勇气：

＿＿＿＿＿＿＿＿＿＿＿＿＿＿＿＿＿＿＿＿＿＿＿＿＿＿＿＿＿＿＿

4. 在上述情景中，从我的角度而言，认知怯懦的一些重要意涵是＿＿＿＿＿

＿＿＿＿＿＿＿＿＿＿＿＿＿＿＿＿＿＿＿＿＿＿＿＿＿＿＿＿＿＿。

换位思考：拥抱对立的观点

接下来让我们探讨换位思考的问题，它是公正无偏性所需要的另一种心智特质：

换位思考就是能够注意到自己需要设身处地站在他人的立场考虑问题，从而真诚地理解他人。具备换位思考的能力，就是我们能够准确地重构别人的观点和推理过程，并能够从别人的而不是自己的前提、假定条件和思想出发进行推理。另外，在以前的某些场合中我们会出现这种情况，那就是尽管我们当时深信自己是正确的，但我们确实错了。换位思考这种特质也和我们是否愿意记住自己的这类错误相关；还和我们是否能够想象到，自己正在面对的情境中也同样存在类似的自我蒙蔽相关。

换位思考的反面就是思维的自我中心性，也就是以自我为中心的思维。当我

> **换位思考：** 培养我们（想象）站在他人立场看问题和真诚地理解他人的欲求。
>
> **思维上的自我中心性：** 一种本能的倾向，从我们自己狭隘的角度出发了解世界，并因此忽略考虑他人观点的必要性。这种本能倾向趋向于避免设身处地站在别人的立场考虑问题，或者按照别人的逻辑思考问题。它是一种将我们自己的需求和欲望凌驾于他人或其他有感情的生灵的需求和欲望之上的本能倾向。

们以一种自我为中心的角度去思考，我们就无法理解别人的思想、情绪和情感。从这样一种本能的角度出发，我们就会把大部分时间用于关注自己。我们的痛苦、我们的欲望以及我们的希望都是第一位的。别人的需求在我们自己的需求和欲望得到很好满足之前是不会被重视的。我们不会考虑与我们观点不一致的课题、问题和疑惑。而一旦对这些问题进行考虑，可能会迫使我们改变看问题的角度。

如果我们没有学会从他人的角度看问题，如何做到公平？公正的判断需要一种非常忠实的努力去获得准确的知识。人类的思维形成于各种生活条件、各种不同的背景和情境。如果我们不能学会如何从别人的角度考虑问题，或不能准确地按照别人的思路进行思考，那么我们就不可能公平地判断他们的思想和信念。

然而，试图准确地从别人的观点出发进行思考是很困难的。这是最难掌握的一项技能，你能够换位思考的程度直接影响着你的生活质量。比如，如果你不能跟上主管的思维，你将很难在自己的工作中取得成功，并且很可能常常感到沮丧。如果你不能从下属的角度思考问题，你就很难理解为什么他们会我行我素。如果你不能猜透配偶的心思，婚姻的质量可能会受到严重影响。如果你不能站在孩子的角度看问题，他们可能会误解和疏远你。

观念检核与实践 换位思考 1

尝试重构你和其他人（你的主管、同事、朋友或者其他亲近的人）最近发生的一次争论，分别从你和他人的角度重构这一争论，并将下列陈述补充完整。在进行重构的过程中，注意不要扭曲他人的观点。尝试忠实于事情的原貌，即使这意味着你犯错了（记住，批判性思维者希望看到真实的情景）。在你完成本次任务后，将这一结果呈现给与你争论的那一方看，看看你是否准确地表征了对方的观点。

1. 我的观点如下（详细陈述你的观点）：＿＿＿＿＿＿＿＿＿＿＿。
2. 对方的观点如下（详细陈述他的观点）：＿＿＿＿＿＿＿＿＿＿＿。

观念检核与实践 换位思考 2

研制一份在你的生活中实践换位思考的计划。这要求你认真地想出自己不会采取换位思考的独特情况。无论什么时候你所面对的议题或问题需要你考虑不止一个观点时，请问你自己：

1. 在这个主题中，真正的问题是什么？
2. 什么观点与这个问题相关？
3. 我在多大程度上忠实地考虑了这个问题？
4. 我在多大程度上回避这个问题，我为什么要这样做？如果我考虑这些观点，我需要放弃什么？

认知一致：对自己和别人持相同标准

接下来，让我们考虑认知一致的问题：

认知一致的意思是，认识到我们需要确保自己思维的理性，并对自己和别人持相同的标准。它使得我们需要对自己和对我们的对手在证据和证人方面都持相同严格程度的标准——要求别人做到，自己也要做到。它的意思是也包括诚实地承认在我们的思想和行动中存在缺口和不一致的地方，并积极探寻我们自己思维中不一致的地方。

认知一致的反面就是认知虚伪性。认知虚伪性是指不关心真正的一致性，它以根深蒂固的矛盾性和不一致性为其标志。从表面来看，一致性存在诸多意涵，因为它影响着我们对他人的想象。因此，虚伪常常意味着在思维和行为背后起作

> **认知的一致性**：认识到我们思维中真正的需要，这与我们所申请的知识标准是一致的，要坚持我们自己所持的证据和证明我们与对手一样有着严格的标准，实践我们所提倡的其他标准，并诚实地承认我们自己的思想和行动的差异和不一致。
>
> **认知的虚伪性**：本性的自我中心倾向于向他人运用一套比我们自己应用更严格的标准，希望其他人处在一个比我们自己的期盼更高的诚信水平上，并"承诺"自身存在反对性和一致性的信仰。

用的是自我中心思维。我们的虚伪性是隐藏在我们身上的。我们常常希望别人坚持的标准自己却拒绝坚持，而且我们认为这没什么不公平的。尽管我们公开承认特定观点，但是我们的行为表现却与我们的信念往往不一致。

我们认知一致的程度决定了我们信念与行动间一致性的程度。正所谓言行一致，我们不能说一套做一套。

假定我曾经说我们的关系对我而言非常重要。但是你发现我在某些重要的事情上对你说谎了，我的言行缺乏一致性，我就显得很虚伪。

观念检核与实践 认知上的一致性 1

你肯定会存在这种情况，那就是你为自己设定了某个合理的标准，但是却没能做到。请回想出你最近出现的这样一种情况，然后将下列陈述补充完整：

1. 这一情景如下：_____。
2. 我为自己设定的标准是（例如不对你所爱的人撒谎）_____。
3. 我违背这一标准的方式如下：_____。
4. 这一虚伪性在我生活中意味着_____。

显然，如果我们在思维和行动上用一种不一致的方式进行说明的话，那么我们对他人就不公平。虚伪的一种最天然的形式就是不公正。另外，如果我们对我们的思维和行为中的相互矛盾及不一致不敏感的话，我们就不能很好地思考涉及我们道德的问题。

思考一下这样一个政治上的例子。不时地，美国媒体会深度揭露美国中情局的许多令人质疑的行动。根据相关文献，他们的行动无所不包。从刺杀外国政要（比如说，试图刺杀古巴领导人卡斯特罗），到教导警察和部队如何折磨囚犯以令犯人招供他们同伙的信息，并冒充其他国家（比如中美洲和南美洲国家）的警察和部队行事。为了识别这种行动暴露出认知的一致性缺乏到怎样的程度，我们只需要想象一下，如果其他国家试图刺杀美国总统，或训练美国的警察或军队采用虐待的方式对待美国的公民，美国政府和公民会如何反应。一旦我们作此想象，我们就会认识到人类的行为中存在一种普遍的基本不一致性，而且我们的部分规划、从事的事务或赞成的活动都缺乏认知上的一致性。

所有的人在一定的时候都会陷入认知的不一致性。当我们做事时，我们从自己的一方出发揭示公正性的匮乏，却不能通过良好的思维抓住我们自己思维和生活中的内在矛盾性。

观念检核与实践　**认知上的一致性 2**

写下你生活中的某个方面。在这个方面你怀疑自己存在一些不一致和相互矛盾的地方（你可能存在对自己和对自己不喜欢或不赞同的人持不同标准的地方），想出一个情景。在这个情景中，你的行为和你所说、所信相互矛盾。比如，这可能存在于你和你的雇员或你和你的配偶的关系中，解释你的行为中存在怎样的不一致性。

观念检核与实践　**认知上的一致性 3**

想象一下这样的一个未来世界：人们和组织要定期地进行严格的自我分析，并且他们很高兴能了解自己身上的不一致性，因为这使得他们能成长和发展成理性的人。这样一个世界将是怎样的？人们之间将怎么进行互动和交流？它与我们习以为常的世界（我们人类所创造的世界）有何不同？

认知坚毅：消解复杂性和沮丧

现在我们来考虑一下认知坚毅的问题：

> 认知坚毅是指尽管任务中存在令人沮丧的因素，但是仍然坚持闯过认知上的复杂性这一倾向。有些问题很复杂，这使得它不能轻易地得到解决。当复杂性深植于我们面临的认知任务中却不放弃时，我们就具备认知坚毅。具备认知坚毅的人，即使面对他人非理性的反对也能坚定地遵循理性的原则。他们非常清晰地认识到，为了实现理解和领悟，长期与令人困惑和悬而未决的问题作斗争是有必要的。

> **认知坚毅**：尽管存在困难、障碍且令人沮丧，但是却使得人们有意识地注意到并愿意追求知识上的洞见和真理；尽管遭受到他人非理性的对待，但是依旧坚定地遵从理性的原则；可以非常清晰地认识到，为了实现理解和领悟，长期与令人困惑和悬而未决的问题作斗争是有必要的。
>
> **认知惰性**：一种天生的自我中心倾向。当所追求的知识明显令人困惑和存在困难时，这种倾向令人避免这些追求。当某个问题需要持续很长的时间方能解决时，这种倾向令人变得自我不耐烦。

认知坚毅的反面是认知惰性。它是一种一旦面对具有挑战性的认知任务就迅速放弃的倾向。认知上不活跃或懒惰的人对认知活动上的痛苦和沮丧的容忍度很低。

缺乏认知坚毅是如何妨碍公平性的呢？理解他人的观点需要我们进行认知活动以实现对他人的理解。这便涉及认知坚毅——因为在这里，别人的观点可能与我们不同，或者别人的观点本质就很复杂。比如你是一个基督徒，你想平等地看待一个无神论者的观点，除非你阅读并理解了很多睿智且富有深刻见解的无神论者的推理过程，否则你无法公平地对待他们的观点。一些睿智且富有深刻见解的无神论者写了不少书来阐述他们的思想以及为何会有这样一些思想，他们其中的一些论证是复杂的，或者他们探讨的一些课题是复杂的。这便意味着对那些基督徒而言，只有具备认知坚毅的人在阅读和理解无神论者的观点后才有可能公平对待它。当然，要求无神论者理解睿智的且具有深刻见解的基督徒时，情况也是类似的。

最后，需要清楚的是，认知坚毅为何在所有高级层次的思维中都显得非常重要。实际上，所有的高级层次的思维都需要一定程度的认知坚毅。认知坚毅有助于人们在工作中对复杂问题进行良好的推理，有助于解决亲密人际关系中的复杂问题，有助于解决为人父母过程中所面临的问题。在解决工作中所面临的问题时，很多人在问题解决的早期阶段就放弃了。很多问题只有站在问题结构的深层次上进行思考才能产生洞见，但是因为缺乏认知坚毅，很多人无法让自己获得那样的洞见。尽管他们避免了认知上的沮丧，心中也没有疑问，但是他们却会因没能解决深层次的问题而终日沮丧。

观念检核与实践 **认知坚毅**

大多数人体力上的坚持性比认知上的坚持性更好。当讨论身体力行的问题时，大多数人都愿意接受"没有付出就没有收获"这样的论断。然而在另一方面，当我们面对某个令人沮丧的智力问题时，很多人很快就坚持不下去。想想你自己在工作或生活中的反应，你会怎样评价自己的认知坚毅（在一个 0 ~ 10 的尺度范围内评定）？完成以下陈述。

1. 就认知坚毅而言，我给自己的评分如下：＿＿＿＿＿＿＿＿＿＿＿＿＿。
2. 我之所以这样评定是因为（为自己的评定提供证据支持）＿＿＿＿＿＿。
3. 我可以通过定期地做如下事情来提升自己的认知坚毅：＿＿＿＿＿＿。

信赖推理：认识到好的推理以证明自身的价值

现在让我们来关注信赖推理这一特质：

对推理的信赖建立在这样一个信念之上，即我们自己乃至全人类的高级层面的利益通过最自由的推理，都将得到最充分的保障。推理促使我们通过自己的理性能力得出自己的结论。它使得这样一个观点成立，即通过恰当的激励和培养，我们能够学会自我（批判性地）思考。依靠推理，我们能够形成有深刻见解的观点，得到合理的结论，形成清晰、准确、中肯且符合逻辑的思路。相应地，我们还可以通过良好的推理和充分的证据说服其他人；尽管在人类的天性和社会生活中，理性思维的障碍根深蒂固，但是我们通过这样做，可以成为理智的人。当我们信赖推理的时候，我们其实是被合适的推理方式所"打动"。正是合情合理的观念变成了我们生活中最重要的价值观和关注点之一。简而言之，信赖推理就是将推理好坏与否作为判断是否接受和拒绝任何信念或态度的基本标准。

> **信赖推理**：在内心深处持有一种信念，即从长远来讲，在充分推理的情况下，我们自己乃至人类的高级层面的利益将得到最好的满足。推理促使我们通过自己的理性能力得出自己的结论。这也是批判性社会形成的最佳途径。
>
> **怀疑推理**：一种自我中心的本质倾向。它令我们不是忠实于证据和良好的推理，而是忠实于自己的观点与信念；尽管它是无力和扭曲的，或者有可能是自我蒙蔽的，但仍然将自己的观点和信念看成一种正确和真实的固有倾向。

考虑到推理和理性分析会对未经训练的思考者造成威胁，信赖推理的反面就是怀疑推理。他们会倾向于情绪化的反应，而这种情绪化的反应则使得他们所展现的（畸形）思维的效力得到确认。自我中心的思考者往往很少信赖推理。他们不懂得忠实于推理是什么意思。相反，他们信赖自己信念系统中的事实，但是这些事实往往在其信念系统中是存在瑕疵的。

从很多方面来说，我们都生活在一个非理性的世界，身边到处被各种形式的非理性信念和行为包围。比如，尽管科学已经对自然界的体系成功地给出了合理的解释，并且这些解释建立在严谨的研究基础上，同时在这些研究中，证据的收集都是从训练有素的观察中获得的，但是很多人依旧会相信那些未经证实的体系，比如占星术。很多人在面临问题时，都依赖他们本能的指引。很多人都会跟随这样的领导者，他们唯一可信的宣言其实是对群众灵巧地操纵和对宗教狂热巧妙地煽动。似乎很少有人能认识到，合理的思维能帮助我们解决问题，并让我们过上满意的生活。简而言之，很少有人真正地信赖推理。在推理当中，要说信赖或忠实的地方，人们倾向于不加批判地或盲目地忠实于以下一个或多个方面（经常是非理性驱使或情绪化的结果）。

1. 常常忠实于本国有魅力的领导者（想想类似希特勒的领导，他能够煽动成千上万的人，并操纵这些人去支持自己对整个宗教群体的种族灭绝行为）。

2. 忠实于魅力型的邪教头目。

3. 忠实于传统上作为族长的父辈（由宗教或社会传统所指定）。

4. 忠实于机构中的当权者（雇主、"公司"、警察、社工、法官、神父、福音派牧师等）。

5. 忠实于精神力量（例如由现存的宗教信念体系所界定的某种神圣的精神）。

6. 忠实于某个社会群体［忠实于某个帮派、某个自己的部门、某人所属的小圈子（某人流言蜚语的圈子）等］。

7. 忠实于某个政治或经济的思想体系（比如资本主义、法西斯主义）。

8. 忠实于某人自己的偏见（依直觉而无视某些东西）。

9. 忠实于某人非理性的情绪。

10. 忠实于自己本能的冲动。

11. 忠实于命运（被认为规定我们所有人天生命运的某些莫名的力量）。

12. 忠实于社会机构（法庭、学校、慈善机构、商务协会乃至政府）的行政官员。

13. 忠实于社会习俗或社会和文化群体的道德观念。

14. 忠实于某人自己在未加分析的经验基础上形成的认识。

15. 忠实于拥有某种身份或地位的人（富人、名人以及掌权者）。

在一定条件下，忠实于推理也包含上述一些情况，关键影响因素是任何形式的忠诚在多大程度上是建立在合理的推理基础之上的。接下来严峻的考验是：在忠诚于某个特定群体或思想时，是否存在良好的土壤。例如，如果一个朋友一直以来都持之以恒地表现出了一个朋友应有的行为，那么忠实于朋友是可以理解的。但是从另一个角度而言，我们忠诚于一个刚认识的人是讲不通的，即使你发现你自己在情感上被那个人所吸引，而且那个人公开声明他对你的友谊也是如此。

忠诚存在着不同的本质。在你从它的不同的本质出发、检查和评估自己的思维，并考察了自己在多大程度上信赖推理和证据的时候，问问你自己在多大程度上会被良好的推理要求所打动。设想你碰到一个人，这个人对你重要的"那个他"表现出了过分的兴趣，而这使得你感到深深的妒忌，因此你对此人没有好感。当你从第三方的朋友口中获得证据，证明这个你没有好感的人实际上非常好心、有思想而且有绅士风度，你会改变自己的观点吗？尽管在你内心深处，你希望你重要的"那个他"拒绝这个人并转而喜欢你，你想你能否转换你的观点？

你是否曾经放弃过某个你深信不疑的信念。之所以放弃这个信念是因为你通过阅读、体验、反思，你被说服这一信念并不像你所想的那样合理。你是否已经准备好，或者愿意承认，一些你最容易为之激动的信念（比如，你的宗教或政治信仰）实际上是错的或不合逻辑的。

观念检核与实践　**信赖推理**

想出最近发生的一个情景，在这个情景中，你感觉自己处在一种防卫状态之中。你现在意识到，你当时没能接受一个你不认同的论断其实是有其价值的。在这种情景中，你显然无法被良好的推理所打动（需要意识到的是，每个人都会如此，也许这种事还会常常发生）。简短地写下在这个情景中所发生的事，然后写下那个与你的立场冲突但是有道理、而你当时不愿意接受的那个观点。为什么当时不能相信别人的观点？在回答这个问题时，看看你通常会依赖哪些人，将他们的名字列成一个表，将其作为你所忠实的对象来源，看看在回答上述问题时是否用得上。然后完成以下陈述。

1. 那个情景是_____。
2. 那个我曾经不想接受的论断是_____。
3. 我当时不想接受这一论断，原因是_____。
4. 看着忠实对象列表中我所相信的那些人，我很可能被列表中某个对象所欺骗的程度是（返回看看前文中第 1 个到第 15 个"忠实"）。

思维自主：成为一个独立的思考者

最后，考虑一下思维自主的问题：

> 思维自主要求我们在思考时坚持相应的标准，这需要对自己的信念、价值以及思考方式进行理性的自我管理。它不依赖于他人的目的和方向，那些具备思维自主的人对自己的思维有完全的训导力。

思维自主者掌控着自己的生活。他们不会去非理性地依赖他人，他们也不被孩子气的情绪所控制。他们是具有胜任力的，他们有始有终。在信念的形成过程中，批判性思考者并不会被动地接受他人的观点和信念；相反，他们通过自己看清情境和问题，并拒绝不公正的权威，但同时也认识到权威在合理推理中的贡献。他们在形成思维原则时很慎重，同时不会一不留神就接受呈现在面前的思想。他

> **思维自主**：要独立、合理地控制我们的信念、价值观、假设和推论，就必须愿意独自对抗那些反对证据和合理的推理要求的人群。
>
> **思维从众**：本质的社会中心倾向于不加批判地接受社会所接收的观点，并将其作为一种正确的思考和行为方式，而不管这些意见是否合理；寻求验证来自我们组织成员的内在倾向，本质倾向于接受他人对自己的思考。

们做事的方式不会局限在许可的范围内。当别人对传统和惯例不加质疑地接受时，他们要事先评估才会接受。独立的思考者努力将知识和自己的见解糅合在自己的思维中，且不关心知识和见解提供者的身份地位。他们不任性、不固执或对其他人合理的建议不负责任。他们在思考过程中会监控自己的思维，以发现自己思维中的错误。他们自由地选择自己信奉的价值并使之发挥作用。

当然，思维自主不应当被孤立地理解；相反，我们应该将它和心理其他层面的问题结合起来思考，并受到其他认知美德的调节。

思维自主的反面是思维从众或认知（情感）的依赖性。思维自主很难形成。因为不管是认识领域的、政治领域的还是经济领域的社会机构，从它们的角度而言，非常需要人们顺从于现状，按自己的方式思考几乎确定无疑将导致不受欢迎，且不被强势群体所接受，在压力下思想和行动上简单的从众者往往会获得丰

厚的回报。

最终，大多数都是思想和行动上的从众者。他们就像镜子一样简单地反映身边人的信念和价值体系。他们缺乏认知驱力和技巧去按照自己的方式思考。他们是思维上顺从的思考者。

即使有人花数年获得博士学位，他依然有可能在学术和个人生活上是个思维墨守成规的人。他们可能在他们的学术训练过程中不加批判地接受错误的惯例，不理智地维护学术训练并反对合理的批评，这往往导致无缘无故的伤害和莫须有的遭遇（请考虑这样一个事实，医疗革新在实践中往往被不加批判地拒绝，因为其不符合医疗的主流思想——比如，医院中医生和护士的手可能导致患者感染的观点在20世纪初期曾被医疗行业所否决。最近，"皮肤溃疡与其说是细菌感染所致，不如说是情绪和肠胃紊乱所致"的观点，一开始也被医疗行业所否决）。

我们不可能在缺乏思维自主性的情况下维护公正，具备思维的独立性是从不同角度思考问题的先决条件。当我们在思维上从众时，我们只能在被接受的观点中进行思考。但是要做到公正就需要拒绝这样一种做法，即在自己没有思考的情况下，就要不加批判地接受对一些价值的认定或否定。

观念检核与实践 **思维自主**

简要地回顾一些在你生活中出现的各个方面所存在的影响（文化的影响，公司、宗教、同侪、媒体以及个人关系的影响），看看你能否鉴别出在这些方面的思想和行为中，哪些方面你思考得最少，哪些方面你思考得最多。导致这项活动困难的因素在于，我们经常认为我们的思维是自己产生的，实际上却是思维从众的结果。因此你需要寻找的是一些例证，这些例证是活跃于你所怀疑的信念、价值和常规中的。同时你所属的群体中的其他人对这些信念、价值观和常规在思维上是从众的，用以下格式解决问题：

1. 在我生活的以下领域，我做到了公平地指出对我思维有重要影响的因素：_____。

2. 我用以下证据支持我的观点：_____。

3. 然而，在我生活的以下领域，我没能真正做到批判性地思考对我思想和行动的影响因素：_____。

4.在我生活的这些领域不能做到批判性的思考，我得到的意涵是_____

_____。

认识各认知美德间的相互依存性

批判性思维重要的精神特质之间是相互依存的。考虑一下认知谦逊，为了能够对自己知识的局限性有所认识，我们需要认知勇气去面对自己的偏见和无知。相应地，为了发现自己的偏见，我们必须经常换位思考，考虑那些我们基本上不认同的观点，或在那些我们根本不认同的观点之间进行推理。为了能实现最终的结果，我们一般都需要认知坚毅，因为我们学着感同身受地接受一个与我们的偏见相冲突的观点是需要耗费时间和巨大精力的。那种努力看起来会是不合理的，除非我们具备必要的推理信赖，以使得我们相信我们不会被对立观点中的任何错误和误导所感染或欺骗。

进一步来说，人们往往认为考虑那些同自己的观点相异的观点会受到伤害，因此仅仅让人们相信自己不会因此而受到伤害，并不足以激励大多数人认真地对待同自己的观点相异的观点，我们还需要认知上公正感的激励。我们必须认识到公平地对待与我们观点相对立的观点是一种认识责任。当与我们观点对立的观点以一种最有说服力的方式呈现时，我们必须感到有责任去倾听它，以确保我们不会因自己处于无知和偏见中而指责与我们对立的观点。到此为止，我们回到了我们的出发点——认知谦逊，并在其中涉及了所有的要素。

让我们从另一个角度出发，考虑认知一致或良好的忠实性的问题。认知一致很显然是很难形成的特质。我们经常被驱使——一般很少承认或很少注意到这种动机——在思维中建立不一致的标准。比如，我们的自我中心倾向和社会中心倾向会使我们习惯于相信自己喜欢对象的积极信息，以及我们不喜欢对象的消极信息。我们同样强烈地倾向于相信能为我们的私利辩护和能令我们最强烈的欲望合法化的信息。因此，所有人都有一些玩弄双重标准的固有心理倾向，这种双重标准是典型的认知上不诚实的表现。这种思维模式有时与在世界上争取领先地位、将自己的权力和利益最大化以及满足更多的私欲高度相关。

然而，公然地或明显地玩弄这种令人质疑的标准是困难的。因此，我们就需要避免太过仔细地检视这些证据，也需要避免太过认真地审视自己的推断和解释。就这一点而言，一定程度的认知自负是非常有用的。比如我假定，我能在你说话的前一刻知道你将要说什么，精确而真实地知道你接下来要说什么（在展示证据之前），以及切实地知道后续的内容（在我仔细研究当时的情景之前），那么我的认知自负性便会使我提前避开关注我在对待你时的标准和对待自己时的标准之间所存在的公正性方面的差异，不用站在你的角度看到问题，使得我可以更容易避免让自己看到我是在欺骗自己。如果我不需要公平地对待你的观点的话，我将同样处在一个有利的地位。同样地，如果认真思考的话，我将会发现自己的判断是前后矛盾的，而此时对自己的认真思考感到担心害怕就非常有用了。因为在这种情况下，我对自己的认知的不一致性就会因知识上的傲慢、自我中心以及不公平性而被掩盖。

换个角度看问题，如果我感到有责任公平地对待你的观点的话，就会发现使用令人质疑的标准是困难的。这种责任要求我站在你的角度进行换位思考，而做到这一点需要一定程度的认知谦逊，并认识到我可能是错误的，而你可能是正确的。我个人越不喜欢你或越对你以及其他与你有相似思维模式的人没有好感，我的个人性格中的认知一致性以及认知忠实性这些特质就越明显，这样才能强迫自己做到公平。

让我们来关注一下自己在工作场合的反应，开始分析多大程度上形成了这些相互依存的精神特质。想象一下，你的公司决定重组你的部门，这就意味着一些人要失去工作岗位。此时，你在多大程度上能做到换位思考？你不仅要对你失去工作的同事进行换位思考，对做出这一决定的公司管理层也要如此。你在多大程度上发现自己的认知谦逊在你的思维中起作用，让你认识到在这一情景下，哪些是你确实知道的，而哪些其实你不知道？你在多大程度上能做到独立自主地思考，从而避免陷入这一情景的群体反应中去（即让集体的反应代替了你的反应）？你的思维在多大程度上是由对所有涉及其中的各方保持公平感的认知所驱动？你在多大程度上能保证认知一致，以使得你能用同一的标准对待涉及其中的当事各方？

观念检核与实践 说清楚各认知美德间的关系

从其中某个认知美德出发，看看你能否说清楚这些认知美德间的一些重要关系，并挑一个本书中已清楚阐述的困难点为出发点。

▶ 生活中的批判性思维

真正良好的思维不是由某个认知技巧单独起作用而形成的，不知道这一点，缺乏认知美德的人的思维就会存在明显的问题。这些人常常表现出未经训练的特质。在这种程度上，我们被无意识所驱使，去相信我们想相信的、相信让我们感到最舒服的、相信让我们感到飘飘然的、相信能满足我们个人私利的，我们就不能成为一个理性的人。如果你按照本书的方式行事，那我希望你能发现自己将这些重要的特质内化了。我们希望你能抵制自己周围的思维从众者和以自我为中心的思考者的影响。我们希望你能认识到，好的思维技巧可以用来行善，也可以用来作恶。我们希望你能认识到这些认知上的美德最终会引导你成为一个公正的思考者。这些美德能够使我们忠实地考虑某个复杂议题中的所有相关观点，也能够让我们在得出最终结论之前，去不断地探查自己思维的弱点；还能让我们被优于自己的推理所打动。我们会支持任何立场的人，只要他有道理，同时相应地反对自己思维中可能存在的瑕疵。

自然性思维与批判性思维对比

- 作为普通人，我们思考；作为批判性思考者，我们分析自己的思维。
- 作为普通人，我们以自我为中心进行思考；作为批判性思考者，我们仔细认真地剖析自己自我中心思维的根源。
- 作为普通人，我们以社会为中心进行思考；作为批判性思考者，我们剖析社会对自己思维的影响，并主动裁决我们允许什么思想、权威、宗教团体、信念体系等影响我们的思维。

- 作为普通人，评判我们思维的标准与我们的信念不符；作为批判性思维者，我们揭露不合适的标准，并用一个合理的标准来替代它。

- 作为普通人，我们所生活的意义体系常常令我们陷入陷阱；作为批判性思考者，我们学着将思维提升到意识层面，从而有助于我们仔细地检查这些体系，让自己摆脱那些未经训练所致的陷阱和直觉思维。

- 作为普通人，我们在对深层的逻辑系统不了解的情况下就会运用它，我们生活在特定的逻辑体系并影响着它；作为批判性思考者，我们发展工具，以详细解释和评估自己在逻辑体系中的介入情况。

- 作为普通人，我们被自己的思维所统治；作为批判性思考者，我们学着如何统治那些统治我们的思维。

▶ **内省时刻**

总结你在本章中学到的关键理念，然后在下面写下答案。

❶ 通过消化本章的内容，我已将一些重要的理念内化，它们是＿＿＿＿＿
＿＿＿＿＿＿＿＿＿＿＿＿＿＿＿＿＿＿＿＿＿＿＿＿＿＿＿＿＿＿＿。

❷ 这些理念之所以很重要，是因为＿＿＿＿＿＿＿＿＿＿＿＿＿＿＿＿＿。

❸ 按照如下方式行事，我的人生将会不同，因为我已将它们内化并正在思维过程中运用这些理念：＿＿＿＿＿＿＿＿＿＿＿＿＿＿＿＿＿。

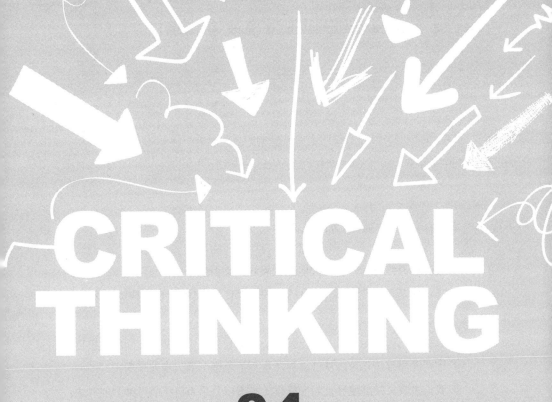

CRITICAL THINKING

04

自我理解

TOOLS FOR TAKING CHARGE
OF YOUR PROFESSIONAL
AND
PERSONAL LIFE

本书的前几章中强调了如下几点：

- 批判性思维有赖于智力技能的发展和洞察力的形成；
- 思维技巧娴熟者的养成，与篮球运动员、芭蕾舞演员和萨克斯演奏家的养成是类似的；
- 思维技巧可以用来服务于自我中心主义和公平主义两个不同的终极目标；
- 批判性思维技巧可以从低境界（自利的思维）的人身上学到；
- 我们主要关注高境界批判性思维（或者以公平为目标的思维）的养成；
- 各种相互关联的心智特质构成了一种特质网络，而公平性需要我们形成这种网络；
- 发展成为一个思想者充满挑战且需要内部动力。

这一章是为了更好地理解人们的心智是为运作方式做铺垫的。我们先从进一步了解人们的自我中心主义以及由此导致的障碍开始，然后再进一步介绍一些能用来实现更强大的自我训导力的特质。

人们的自我中心主义是通过心智的每一个基本功能而得以维护的。由于这些心智功能相互影响、相互作用，因此理解这些心智功能便显得很重要。

只有实际地深入了解我们的各种心智操作，我们才有可能了解它们，并改变我们自己。

监控你的思维和生活中的自我中心主义

我们的生活趋向于由自我中心思维以及与此相关的情绪所主导，这成为大多数人成长中面临的一个根本性挑战。我们的生活深植于自己即刻欲望、痛苦、思虑和情感中。我们追求即刻的满足或一种本质上以自私自利为出发点的长远满足。我们一般不关

> **自我中心**：将每件事都与自己联系起来考虑、混淆即刻的感知（事情看起来是怎样的）与现实、凡事只考虑自己或自己利益的倾向，自私自利、扭曲现实以求维持自己特定观点或认识的倾向。

心或根本不关心我们认识或所认识到的意义是否准确，尽管我们认为自己是关心的。我们明显不关心个人的成长、自我的洞察力以及真正的正直，尽管我们认为自己是关心的。我们没有深层次的动力去揭示自己的弱点、偏见以及自我蒙蔽；相反，我们追逐自己的欲求、逃避他人的非难并从自己的角度出发评判自己。

人们自我中心思维的倾向意味着，一般来讲，我们很少甚至没有真正深入理解过自己的思维和情绪情感的本性。比如，大多数人都下意识地相信，我们可以不经思索便获得知识、不付出认知努力就读懂东西，以及写作是一个人生而拥有的天赋——而不是来自后天的努力和练习。最终，我们便逃避自我成长的责任。我们停止寻求探究看问题的新方式。我们的大多数思维都是程式固定且简单化的。因此，自我中心主义阻止我们了解这些。我们制造了一个让自己成为奴隶的无形的枷锁。

这些无形的枷锁对我们自己的人际关系、成功、成长以及快乐都产生了负面影响，它使得我们不能摆脱自我中心主义。这种自我中心主义是人与生俱来的，它使得我们假装看不见自我，并让我们看起来是正派的人。我们唯有发展外在的能够让我们抑制自己自我中心主义的习性，才能限制自我中心主义。我们不是通过否认自己曾经用自我中心的情绪化反应行事来超越它，而是当这些反应发生的时候，我们接受它，并重建自己的思维，以使得自己的思维不会强化它。

比如，我们所有人都希望把自己看成符合道德的人。然而，在自我中心主义

的影响下，我们经常以露骨的非道德形式行事。例如，很多工厂往往习惯性地涉及过度污染的行为。如果让它们解释自己的行为，它们会用一种看似合理的方式进行辩解。它们可能给出类似如下言辞："我们控制污染的力度符合甚至超过联邦政府的规定。而且实际上，我们对于大多数公司而言，在控制污染方面都要做得更好。"这些公司将自己隐藏在"联邦规定"之后。它们不关心自己的行为是否真正产生了污染，它们也不特别重视其行为中道德和非道德的成分究竟占多少。它们甚至不知道自己的行为对环境造成了伤害，大多数情况下是它们自己不想知道。通过它们世界观中天生的自我中心和社会中心定向，它们回避自我审查。它们可以在参与商业活动时，屈服于最高的金钱回报而无视其行为对环境的影响。

我们接下来将回到对待自我中心主义的问题上来。行文至此，请意识到上述例子中的思索包含着"我们所有人常常都沦为受害者"这样一种思维。我们在多大程度上受我们本能的自我中心倾向的掌控，在很大程度上取决于我们的理性水平。

观念检核与实践 开始理解自我中心主义1

想出你所知道的最自我中心的人，从根本上来讲，他可能是个自私和傲慢的人，尽可能详细地描述这个人。基于这个人的行为，你会怎样刻画他的思维？他展现出来的是怎样的一种情感？这个人对做什么最积极？这个人在多大程度上表现出对他人的思想和情感的真诚关注？请完成如下陈述。

1. 我将对这个人自我中心的行为按如下方式进行描述：＿＿＿＿＿＿。

2. 这个人似乎常常展现出这样一种情感：＿＿＿＿＿＿＿。

3. 这个人似乎对做如下的事情最有积极性（描述他是怎样行动的）：＿＿

＿＿＿＿＿＿＿＿＿＿＿＿＿＿＿＿＿＿＿＿＿。

4. 这些人用这样一些方式利用别人获取他们想要的：＿＿＿＿＿。

观念检核与实践 开始理解自我中心主义 2

现在来考虑你自己的生活。你自己的思维和行动在多大程度上受自我中心主义所驱使？如果你和大多数人一样的话，那么你在生活中的某些方面表现出的自我中心倾向要多于在生活中的其他方面。但是，你仍然很有可能从许多方面找到自己的自我中心倾向。与面对他人的练习类似，看看你能否找到任何自己生活中自我中心倾向的例子，将它作为你自我蒙蔽的证据，而不去为自己辩护。请完成以下陈述。

1. 我将自己自我中心主义的行为以如下主要方式进行描述：_____。
2. 伴随着我的自我中心主义行为的情感似乎是（愤怒、沮丧、焦虑、自我防卫……或当我得到所想要的东西时的满足感）：_____。
3. 从自我中心的角度出发，我最想做的是_____。
4. 以自我为中心，我通过如下方式得到我想要的：_____。

对公平性做出承诺

尽管没有人会把自己界定为自我中心的人，但是我们每个人都应该认识到，自我中心倾向是我们了解自己心智结构时所必须理解的一个重要方面，开始面对我们自我中心主义的一种方式，就是揭示我们在多大程度上允许自我中心主义对自己的认同进行塑造。比如，如同前面所强调的，我们都生在一个特定的文化、国家和家庭中。我们的父母会向我们灌输特定的信念（有关家庭、个人关系、婚姻、童年、服从、宗教、政治、学校教育等）。我们同有特定信念的人产生联系，这些信念是他们鼓励或希望我们接受的。最初，我们都是受这些影响的产物，只有通过自我理解才能开始变得越来越超越这样一个被影响的产物。

如果我们不加批判地相信我们要被教育去相信的信念，这种信念就有可能变成我们自我中心认同的一部分。当这些信念变成我们认同的一部分时，它们便影响我们相信事物的方式。比如考虑以下这些自我中心的准则，这是人们经常用来决定接受什么、拒绝什么的准则。

1. "这是真实的，因为我相信它。"我们并不会把这句话说出声，但是我们往往假定，当他人的观点与我们一致时，他们的观点便是正确的；当他人的观点与我们的观点不一致时，他们的观点便是错误的。我们对别人的这种反应方式说明，我们自我中心地认为自己对真相有独特的洞察力。

2. "这是真实的，因为我们相信它。"我们的行为说明，我们自我中心地认为我们所属的群体对真相有独特的洞察力。我们的宗教、公司、国家以及朋友都是特别的——同时也是更好的。

3. "这是真实的，因为我想相信它。"我们的行为提示，我们更倾向于自我中心地相信与自己所想相信的东西一致的事物，即使其达到荒谬的程度也是如此。

4. "这是真实的，因为我一直相信它。"我们的行为说明，我们更倾向于相信与自己长期坚持的信念一致的观点。我们自我中心地认定，我们早期的信念是正确的。

5. "这是真实的，因为从我个人的利益出发我相信它。"我们的行为说明，当我们所坚持的信念与促进我们的财富、权力或地位的提升的方向一致时，我们更倾向于相信它，即使这些信念与我们所持的道德准则相冲突亦是如此。

如果我们认识到自己身上的这些倾向，并深思熟虑且系统地寻求公正思维以战胜它们，我们对自己的定义可以帮助我们发展成为一个思想家。我们接下来把我们的思想分成以下两类：

● 服务于提升我们的自我中心天性的思想；
● 服务于发展我们理性的、公正性的思想。

为了有效地做到这些，我们需要与我们的心灵形成特殊关系。我们必须成为操作我们心智的学生，特别是注意心智的异常状态。

观念检核与实践 自我中心思维的标准

考虑前面所列的五个自我中心的标准，能否举些例子说明你的思维在什么时候运用了这些准则？你可能需要花点时间撕开自我蒙蔽这层膜去寻找例子。当我们思考别人身上的这些例子时，也有可能会更容易些。

认识心智的三个基本功能

人类心智有三个基本功能，即思维、情感和欲求（见图 4–1 和图 4–2）。

1.**思维的功能是产生意义**。思维让我们弄懂生活中的各种事件的意义。思维将事件按照已命名的类别进行整理，并为我们找出这个类别中的样例。它继续告诉我们："这就是事物发展的趋势，这就是将要发生的事情，注意这里或那里，这就是思维如何清楚地理解某个情景。"这是我们的心灵反映事物的一种功能。

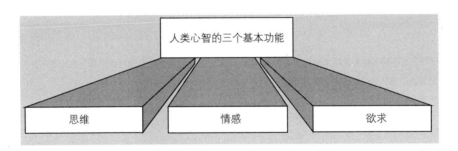

图 4–1　人类心灵的三个基本功能间复杂地相互关联着

2.**情感的功能是监控或评估思维所能产生的意义——评估各类事件对我们的生活有多积极或有多消极，给出我们赋予它们的意义**。它持续地告诉我们：对你生活中发生的某件事，你需要有怎样的体验，你真的做得很好；或者相反，小心——你正陷入麻烦当中！

3.**欲求的功能是激活能量以发起行动，并在方向上与我们所认定的渴求什么和可能得到什么保持一致**。它不断地告诉我们：这正是值得得到的！为之行动！或者相反，它告诉我们：这不值得争取，不要为之劳神。

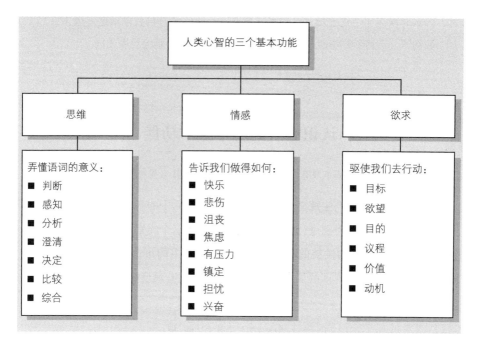

图4-2　思维是心智中指明事物发展趋势的部分；情感告知我们事情的发展对我们来说是好是坏；心灵的欲求这一部分让我们推进或放弃行动

从这一角度来看，我们的心智不断地在以下三个方面与我们交流信息：

● 我们生活的变化趋势将是怎样的；

● 对这些事件所持的情感（积极或消极）；

● 所要追求的目标，应该把自己的精力投放在哪里（依照上述第1点和第2点的结果）。

此外，在思维、情感和欲求之间存在着密切的动态联系（见图4-3）。其中的任何一者都不断地影响着另外两者。例如，当我们想到正遭受威胁，我们便会感到恐惧，并且明显地想要逃离或攻击任何我们认为对自己形成威胁的东西。当我们认为参加一个会议将会浪费时间，那么我们就会想避免参加这个会议，而且如果被迫参加的话就会感到厌烦。

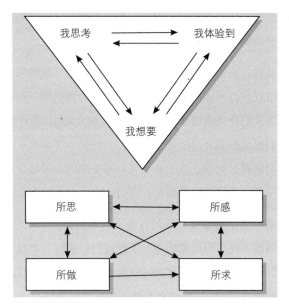

图 4-3 所思、所感以及所想是相互交织在一起的，当其中一者出现时，另外两者也相应出现，这三者的功能在一种不间断的动态过程中相互作用且相互影响

理解你和自己的心智存在的特殊关系

现在有一点应该非常清楚了，每个人都生活在与自己心智的特殊而亲密的关系当中——至少是无意识的，其中的诀窍就是将这种无意识的关系转成有意识的和深思熟虑的关系。我们所有的活动都源自我们的内部观念，这些观念是关于自己是谁、自己是什么、自己体验到什么（从此刻到彼刻）、自己将到哪里去（我们的未来）、自己从哪里来（自己的过去）。另外，所有的这些观念都处在一个与我们的情绪和情感不断相互作用的状态，情绪和情感在我们的生存质量和生存环境中充当着思维运行过程评估员的角色。

对每一个我们的心智"相信"属于积极的思想，我们的心智都倾向于自然地产生一个积极的情绪与之匹配；反之，对每个消极思想，我们的心智都倾向于产生一个消极情绪。如果我们外显地认识到我们心智的三个功能之间持续不断地相互关系，我们将产生一个中心见解，即我们可以利用自己的优势，那样就可以练习训导自己的心智功能。请让我们更细致地来看看这一观点。

我们体验到愉悦、快乐、沮丧、痛苦、困惑、欲望、激情以及冷淡，这是因为我们赋予每个情景我们所体验到的意义，也是因为我们用一种特定的方式思考它；同时，还因为我们将当前情景与我们以往认为的类似情景中所产生的情绪联系起来，其中我们形成的意义可能是基于深刻的洞见、客观现实、幻想甚至对现实的认知失调性的解释。比如，两个处于同一环境中的人可能会有完全不同的反应。其中一个人可能体验到沮丧和痛苦，而另一个人却可能体验到好奇和兴奋。

请想象一下两个员工都面临相同的任务——改进办公流程以提升工作效率。其中一个人感到愤懑不满，因为他感觉"工作进行得很好"却被要求改变。这个人赋予了"提升"这个概念以负面意义，认为它没有必要且浪费时间（当如此之多的其他事情显得更重要时）。在这个人处于负面思维的情况下，他在这一过程中将体验到负面情绪。

在相同的情景中，另一个人可能会欢迎提升机会的到来，将这一情景界定为一个变得有创造性的机会，以及在自己的独立思考下探索流程提升方式的机会。他用一种发展的眼光看待这个过程，积极的而非消极的情绪便产生于这样一个定义。

尽管面临的实际任务非常相似，但是，一个人应付这个挑战是容易还是困难，是决定接受挑战还是彻底地回避它，最终是成功还是失败，从根本上都取决于这个人的思维如何解释这一情景（见图4-4），不同的思维和行动产生不同的情绪。

当我们理解了思维、情感、欲求之间相互影响的关系，当我们看到体验到的每一种情感状态都会有一个相应的思维出现，这一思维又驱动着我们去采取某些行动，那么我们便能开始分析处于我们情绪和欲求影响下的思维。当我开会时感到沮丧，我便能问自己：我实际上是对什么感到沮丧？是什么思维导致我沮丧？（见图4-5和图4-6）

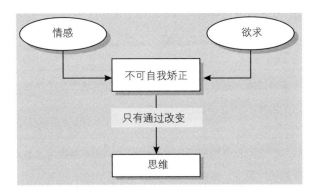

图 4-4　我们通过改变导致不良情感和欲求的思维来改变不良情感和欲求

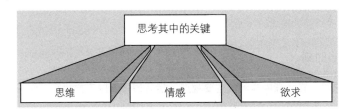

图 4-5　我们通过训导我们自己的思维来掌控心智的三大功能

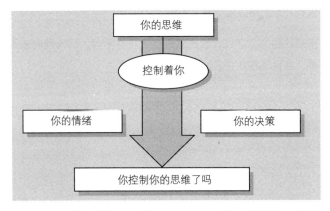

图 4-6　你的思维控制着你生活的每一个方面，但是你控制你的思维了吗

观念检核与实践 理解人类心智三大基本功能间的相互关系

想出一个最近发生的情景，在这个情景中你体验到了负面情绪，比如

愤怒、沮丧、无安全感或害怕。

1. 详细写下这个情景后来的发展以及你在这个情境中的感受。

———————————————————————————————————

2. 现在请尝试指出在这个情景中导致你消极情感产生的思维，详细写下这一思维。

———————————————————————————————————

3. 然后写下你的思维和情感如何影响你的行为。换言之，在那种思维和情感的作用下，你被驱使去做的事情是什么？

———————————————————————————————————

▶ **内省时刻**

总结你在本章中学到的主要观点，然后请按照以下方式写下你的答案。

❶ 通过本章的阅读我内化的主要观点是———————————————————。

❷ 这些观点之所以很重要是因为———————————————————。

❸ 按照这种方式下去，我的未来生活将会不同，因为我内化了这些思想，并且现在就在思维中运用这些思想———————————————————。

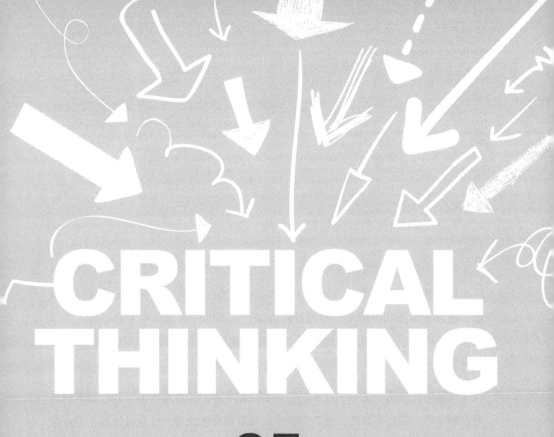

CRITICAL THINKING

05

批判性思维发展的前四个层级

TOOLS FOR TAKING CHARGE
OF YOUR PROFESSIONAL
AND
PERSONAL LIFE

我们大多数人都没能成为我们可以成为的人，我们都还有提升空间。我们有巨大的潜能，但是大部分潜能处于休眠状态或有待开发。思维的提升与提升篮球、芭蕾舞以及吹奏萨克斯管的技能类似，它不太可能在没有全身心投入学习的情况下发生。如果我们把思维看成天生如此的东西，我们就不需要做改进的工作。

思维的提升是个渐进的过程，它需要克服学习的"高原现象"和忍受单调而艰苦的工作。我们不可能通过参加简单的初级课程便成为一个卓越的思考者。改变一个人的思维习惯是一项长期工程，只有积年累月才有可能见成效，而非数周或数月之功所成。我们在第 3 章中已经简要考察过的批判性思考者所具备的重要特质——"成为公正无偏的思考者"便需要数年才能养成。

如果我们期待发展为一个思想者的话，下面是我们会经历的各个层级（见图5-1）：

- 层级一：无思维反思意识者（我们注意不到自己思维中的重要问题）；
- 层级二：有思维反思意识者（变得注意到自己思维中的问题）；
- 层级三：起点上的思维提升者（我们试图提高，但是缺乏定期的练习）；
- 层级四：行进中的思维提升者（我们认识到定期练习的必要性）；
- 层级五：有所成的思考者（随着我们的练习而日益精进）；
- 层级六：集大成的思考者（灵巧和具有深刻见解的思维成为我们的第二天性）。

在这一章中，我们将介绍前四个层级。我们希望你能理解这些层级。如果你想成为一个思想者的话，理解了这四个层级，即使你还处在准备阶段，也将对你掌握其中的要领有所帮助。不过，只有通过积年累月的渐进练习，一个人才能够成为有所成的思考者或最终成为思想者。

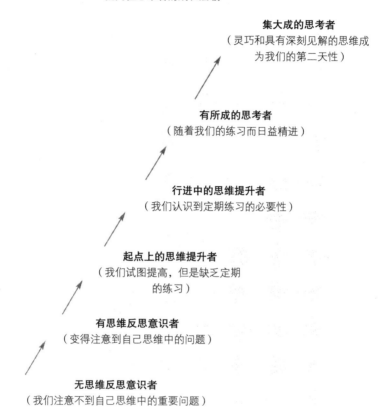

批判性思维者的成长层级

集大成的思考者
（灵巧和具有深刻见解的思维成
为我们的第二天性）

有所成的思考者
（随着我们的练习而日益精进）

行进中的思维提升者
（我们认识到定期练习的必要性）

起点上的思维提升者
（我们试图提高，但是缺乏定期
的练习）

有思维反思意识者
（变得注意到自己思维中的问题）

无思维反思意识者
（我们注意不到自己思维中的重要问题）

图 5–1　大多数人终其一生都是不懂反思自己思维的人，成为一个思想者需要理
解心智的各种功能、成长过程的长期性以及全身心地投入练习的重要性

层级一：无思维反思意识者

我们从一出生就是个无思维反思意识的人，从根本上忽视思维在我们生活中扮演的角色，绝大多数人至死都未改变这种状态。在这个不懂反思的阶段，我们没有思维所需的有用概念。比如，作为一个无思维反思意识的人，我们不会注意

到我们在不断地做假设、构建概念以及在不同的观点间思辨。在这个层级，我们不懂得如何分析和评估自己的思维。我们不知道如何断定我们的目的是否被清楚地阐述、我们的假设如何去证明或者我们所得出的结论是否符合逻辑。我们无视认知特质，因此我们便不会为拥有这些特质而努力。

在这一层级，糟糕的思维在我们的生活中造成诸多问题，但我们却无视这些问题。我们认为我们的信念就是事实，我们认为自己的决策是明智的。我们缺乏评判认知的标准，我们也对这些标准是什么毫无概念。我们缺乏认知特质，但是我们发现不了自己缺乏它们。我们无意识中采用多种方式进行自我蒙蔽。我们制造和维持令人愉悦的错觉。我们的信念在我们看来是合理的，所以我们相信它们，并对其报以信任。我们昂首阔步地走在这个世界上，因为我们相信事情的真相就是它呈现给我们的那个样子。我们断定某些人"好"以及某些人"坏"。我们拥护某些行动，又反对另外一些行动。我们做决策，对他人予以回应，在生活中按自己的方式行事，并且不会去认真地质疑自己所做的思考或其意涵。

在这一层级，我们的自我中心倾向在自己的思维中起主导作用，然而我们却认识不到这一点。我们缺乏技能和动力去关注自己的自我中心或偏见有多么严重，也缺乏技能和动力去关注我们有多么频繁地在用刻板印象看待他人。因为我们不想改变自己的行为或者改变我们看待事物的习惯方式，所以我们缺乏动力去关注自己有多么频繁地在用非理性的方式反驳一些观念。

观念检核与实践 反思你具备思维的哪些方面的知识

你是否还处在发展过程中的无思维反思意识层级？通过回答下面的问题以检测你自己，并将其写出来。

1. 你能否描述出思维在你生活中所扮演的角色（尽可能地详尽）？

2. 你最近做出过什么假设（但那是你不应该做出的）？

3. 你最近形成了什么观念（这是你先前缺乏的）？

4. 列出你最近一个小时所做的五个推断。

5. 说出并解释某个你曾经用来维护自己思维的观点。

6. 简要地描述你如何分析和评估自己的思维。

7. 对你运用的一些评判认知的标准命名，并说明你是如何运用它们的。

8. 说明自我中心思维在生活中所扮演的角色。

9. 选择一到两个认知特质，并说明你正在做什么事情以期拥有它们。

如果你在回答这些问题的时候存在困难，那么在成长为一个集大成的思考者的道路上，你可能正处在无思维反思意识者的层级。不过如果你确实如此，也不需要为之感到抱歉或为之感觉不安，大多数人都处在这个层级且不自知。一般的学校以及人们所接受的一般抚养方式都不能帮助一个人成长为一个有思维技巧的人，而且教师和父母自身也是不懂反思的人，这其实是恶性循环的产物。不反思的父母教育出不反思的小孩，这些小孩然后变成不反思的成人，大多数人最终又成为他人父母。然而，一旦你清楚地认识到你处在这个层级，那么你已经开始在向第二个层级前进了，也许你已快要打破这个不反思的恶性循环了。这需要你诚实地反思，即需要开始注意到自己思维中所存在的一些问题，还需要开始认识到自己的思维常常是自我中心的和非理性的，在你的思维中做这些改变是至关重要的。

诚实的反思会产生良好的改变动力，它具备多种用途且富有成效。你不仅需要看到自己思维中的一些问题，还需要了解这些问题是如何形成的。你还必须适度地讲清楚，为了提升自己的思维必须做的事情。其中动机很重要，没有改变的动力，任何重要的事情也不会发生。

层级二：有思维反思意识者

我们不可能解决一个不存在的问题，同理我们也不能处理一个我们拒绝承认它存在的状况。缺乏对我们自己自负的了解，我们就不能发现自己所缺乏的知识。缺乏对我们所需发展的技能的了解，我们也就不会发展出这些技能。

随着我们开始能够注意到，普通的思考者的思维常常都很糟糕，我们就向发展成为批判性思维者迈进了一步。我们时常会对以下问题有所思考：

- 给出的质疑存在问题；

- 使用错误的、不完整的或误导性的信息；

- 不根据我们所掌握的证据做推断；

- 没能认识到我们自己思想中的重要意涵；

- 没能认识到我们所存在的问题；

- 构建错误的概念；

- 基于有偏见的观点进行推理；

- 自我中心和非理性的思考。

当我们认识到，我们的思维方式塑造着自己的生活，包括认识到我们思维中的问题会导致我们的生活中也出现问题，那么我们就朝思维被挑战的第二层级迈进了。我们开始认识到，糟糕的思维会威胁我们的生活，它会导致确确实实的死亡、永久的伤害，它也会对他人产生类似于我们自己对自己的伤害。比如，我们可能会进行以下反思：

- 他是一个做事拖拉的人；

- 作为一名非理性的经理，他不能理解下属为何无法领悟他的意图；

- 他对世界抱有普遍愤怒的情绪；

- 他是个自认为抽烟很酷的青少年；

- 她对宫颈癌检查不重视；

- 因戴头盔会遮挡视线，因此他认为骑摩托车不戴它反而更安全；

- 他认为自己酒驾不会出事；

- 由于相信婚后对方会改变，因而他决定要与一个自我中心者结婚。

观念检核与实践 为我们的糟糕思维清单添加新例证

前面我们列了一个自己的糟糕思维清单，请对它重新进行考虑并为之增加来自自身的新例证。是什么具体思维导致了这个问题？什么是可能导致它发生的因素？

我们也认识到，提升自己的思维是存在困难的。如果你的思维处在这一层级，那么你能认识到，改变自己的思维习惯所面临的问题是一项重要的挑战，它要求对一般的常规状态做出广泛而艰难的改变。

这样一来，以下这些反思性的信号就会呈现出来。

- 发现自己致力于分析和评估自己的思维。
- 发现自己喜欢研究心智结构，为这些心智结构产生思维或为思维的操作提供要素，如概念、假设、推断、意涵以及观点。
- 发现自己思索良好思维所需的品质——清晰、准确、精细、中肯以及逻辑性——即使你只是初步地掌握如何具备这些品质。
- 发现自己对思维中自我蒙蔽所扮演的角色感兴趣，即使你的理解相对来说有点"抽象"，且你不能举出多少自己生活中这方面的例子。

观念检核与实践 检测自己思维中日渐增强的反思性信号

请考虑前面给出的关于反思性信号呈现的清单，你在自己的思维中检测到任何有关这方面的信号了吗？

在你思维发展的这个点上，存在着一种显著的由自我蒙蔽所导致的危险。很多人拒绝接受天然存在的真实挑战——他们的思维在他们的生活中确实且明显是个问题。如果你和大多数人一样行事，在这一发展点上，你可能回到不懂无思维反思意识者这一层级上。通过反思你自己的思维，所获得的体验将会消失，你通常的思维习惯将依然被原样保留。比如你会发现自己通过以下方式进行合理化：

我的思维不至于那么糟糕。实际上，很长时间以来我的思维都很良好。我质疑过很多事情，我没有偏见。另外，我很具有批判性，并且我与很多我所知的自我蒙蔽者是不一样的。

如果你按这种方式推理，你将不会变得特殊，你将成为大多数人中的一员。

"如果每个人都像我这么思考，这个世界将变得更美好"这样的观点是主流观点，拥有这种思维的人无论是在没怎么上过学的人中还是在受过高等教育的人中都普遍存在。没有证据表明人们的反思性与受教育程度相关。千真万确的是，由于他们受过教育，很多大学生在认知上表现出自负。不懂反思自己思维的人中有没读完小学的，但是也有正在念研究生且现在已经获得高等学位的人。不反思的人在上层人士、中产阶级以及低收入阶层中都存在，他们当中有心理学家、社会学家、哲学家、数学家、医生、参议员、法官、政府官员、律师以及其他所有职业的人。

让我们换个方式来阐述它。缺乏认知谦逊在所有阶层、各行各业以及不同年龄的人身上都很普遍。与之相随的是，积极或消极抵制批判性思维的人也很普遍，并不鲜见。不管是漫不经心地耸耸肩，还是直率地愤怒反对，大多数人都抗拒批判性思维所带来的挑战。这也就是为什么在批判性思维培养过程的这个节点上，显著的自我反省是重要的。

观念检核与实践 开始挑战你的思维

列出你所生活的各个领域，看看哪里是你清晰地认识到自己的思维存在问题，然后聚焦于你所持有的一些特定信念，尽可能地详尽。你做这些就已经开始在挑战自己的思维了。请注意自我中心倾向的本性，它使得人们相信他们的思维没有问题。请按以下方式思考：你从自己的思维中发现的问题越多，以及你越愿意清楚地详述这些弱点，你就越有可能接受挑战来提升自己的思维。

层级三：起点上的思维提升者

当一个人积极地决定接受挑战以期成长和发展为一个集大成的思考者时，那么他便进入了我们所称的"起点上的思维提升者"的层级。

这是个人开始认真对待思维的层级。这个层级是后续层级的前提，它使得我们能外显地训导自己的思维。"起点上的思维提升者"这个层级是领会的开端，它是形成意志力的层级。这个层级的目的不是自我谴责，而是让问题浮现到意识层面。这就好像是一个酗酒的人意识到并完全接受他是个酗酒者这样一个层级。请想象一个酗酒者说："我是个酗酒者，对此我唯有做些什么了。"现在请你想象自己说："我是个弱者，一个未经训练的思考者，对此我唯有做些什么了。"

一旦一个人认识到他是个具有糟糕思维的"上瘾者"，他就必须开始认识到问题根植之深和问题之顽固。作为站在起点上的思考者，我们应该认识到自己的思维有时候是以自我为中心的。比如，我们会注意到，我们对他人需求的考虑是多么地少，而我们又是多么地关注自己个人所想要的东西。我们在吸收他人观点的时候是多么地少，而认定自己是正确的时候又是多么地多。我们有些时候甚至会驱使自己尝试去主导他人以获取我们所需，或者过分地顺从他人（以图获得顺从行为所带来的好处）。我们会开始注意到我们在多大程度上是自己思维的尊奉者。

作为这一层级的思考者，我们很少以如下的思维进行思考：

- 分析情境和问题背后的逻辑；
- 清楚准确地表述问题；
- 检验信息的准确性和关联性；
- 区分原始信息和某人对原始信息的解读；
- 认识到假设引导着推断；
- 识别有偏见和偏差的信念、不公正的结论、无用的语词以及消失的意涵；
- 注意到我们的私利让自己的观点有偏差。

观念检核与实践 评定自己的分析技能

请考虑刚刚提到的清单中的初始技能。你在每一个方面会怎样给自己评分？比如，你在分析问题和情境背后的逻辑时做得有多好？你在多大程度上清楚而准确地表述了问题？如此等等。

作为一个站在起点上的思考者，我们变得能注意到如何处理那些在所有推理中都起作用的各种思维要素，如目的、问题、信息、解释等。我们也开始欣赏反思自己思维的价值，因为对思维的反思会产生清晰性、准确性、关联性、精细性、逻辑性、公平性、广泛性、深度以及公正性等。但是我们在这些反思活动中的精熟水平还很低，对我们来说处理它们还不顺手，我们必须强迫自己用训练的方式思维。我们就像一个初学芭蕾的人，在练习基本踩点时感觉笨拙，我们体验不到成就感。我们跌跌撞撞且会犯诸多错误，没有人会付费观看我们的表演。我们并不像自己心中的那个镜像的我。

为了达到思维中的这个初始层级，我们的价值观需要转换。我们必须开始探索我们思维的基础，并且发现我们是如何思考又如何相信自己的思考的。让我们将这一目标考虑得更细致些。现在请反思以下这些塑造你的（以及我们的）思维的主要影响因素：

● 你一出生就处在特定文化中（欧洲、美洲、非洲、亚洲）；
● 你一出生就处在某个特定的时间点（在某世纪的某年）；
● 你一出生就在某个特定的地方（在乡村或在城市、在北方或在南方、在东部或在西部）；
● 你由你的父母抚养，而你父母有着特定的信念（关于家庭、个人关系、婚姻、童年、服从、宗教、政治以及教育）；
● 你与外界产生了大量联系（绝大部分都是你身边的人——而这些与你发生联系的人有着特定的观点、价值观以及禁忌）。

观念检核与实践 **什么力量塑造了你的思维**

反思前面的观点，你如何将这些要点与你自己的生活联系起来？你的思维又如何被这些力量所塑造？

如果你曾经改变这些主要影响因素中的任何一个，你的信念系统将会不同。

假定你作为奴隶出生在中世纪法国的某个地区，你能否理解你所拥有的信念与你现在所持有的信念实际上全然不同？你又能想象这样的情景吗？看看你自己能否进行类似的反思性实验。比如想象上述因素中的某个重要的因素发生改变，并在想象中比较你在想象的情景中可能拥有的信念与实际上拥有的信念间的相似程度。你将在多大程度上欣赏自己以及其他每一个人，这些都是施加在你身上以及他人身上的影响所导致的，对此，你和他人很少或没有控制力。无论是你还是我们都不能主导这些影响。很明显，它们的影响天生就是积极的或消极的。

比如，如果我们假定这些影响给我们灌输的信念是错误的，随之而来的就是我们心智中的信念目前都是错误的，而我们却要奉行它们。然而，请注意，我们的大脑没能显示出错误信念的机制，我们所有人的大脑中都装载着从文化中学到的偏见。这些偏见来自生我们养我们的地方，这些偏见来自父母、朋友以及社会关系。寻找一个方法探测出这些错误信念，并用更合理的信念替代它们，便是批判性思维既有程序中的一部分。

考察这些塑造我们思维的力量是理性还是非理性的另一个方式来自"影响模式"。

比如我们在一系列领域中思考，如社会学的领域、哲学的领域、伦理学的领域、智力的领域、人类学的领域、意识形态的领域、政治的领域、经济的领域、历史的领域、生物学的领域、神学的领域，以及心理学的领域，我们最后以特定的信念结束，因为我们受到影响去按以下方式行事。

- 职业的：我们的心智受到我们工作环境的影响。
- 社会的：我们的心智受到我们所属社会群体的影响。
- 哲学的：我们的心智受到我们个人哲学的影响。
- 伦理的：我们的心智既受到我们的行为所要遵从的契约的一致程度的影响，也受到我们遵从自己所定契约方式的影响。
- 智力的：我们的心智受到了我们所持观念的影响，也受到我们推理以及对待抽象概念和抽象化体系的方式的影响。
- 人类学的：我们的心智受到了文化实践、道德以及禁忌的影响。

- 意识形态的和政治的：我们的心智受到了权力结构以及利益集团在我们身边的权力运用所产生的影响。

- 经济的：我们的心智受到了我们所生活的经济条件的影响。

- 历史的：我们的心智受到了我们的历史以及我们讲述历史的方式的影响。

- 生物学的：我们的心智受到了我们的生物学和神经学的影响。

- 神学的：我们的心智受到了我们的宗教信仰和态度的影响。

- 心理学的：我们的心智受到了我们个体人格和个人心理状态的影响。

- 生理学的：我们的心智受到我们身体条件、结构以及体重的影响。

观念检核与实践 **进一步思考影响你思维的因素**

看着前面的清单，然后看看你能否给出一些例子，这些例子应是上述领域中影响你思维因素方面的例子。看看你能否也对自己生命中的"重要的他"或另一个重要的人做出类似的分析。

上述的反思需要你在心中激活一种感觉，这种感觉告诉你，你对自己的心智实在了解太少。我们的心智是个巨大的未被探索的世界，这个内部世界塑造着我们的整个人生，这个内部世界中的事实对我们而言是最重要的，因为我们就生活在其中，它决定着我们是快乐还是沮丧，它规制着我们的所见所想，它突出强调我们的所见。它可以令我们疯狂，它可以为我们提供安慰、平和、安宁。如果我们能欣赏自己身上的这些事实，我们就能找到掌控自己思维的动力，也能找到避免成为他人手中摆弄之物的动力，更能找到实际上成为自己生命中支配力量的动力。

观念检核与实践 **迈向站在起点上的思维者这一层级**

尝试指出你的思维受以下因素影响的程度和方式：

1. 你所处的文化；

2. 你的家庭；

3. 你的个人经历；

4. 你的同事；

5. 你的监护人。

在你做这些事情时，尝试想象如果你出生在一个不同文化中，这种文化所产生的与你现在所处文化的不同影响会导致你的思维有何不同。显然，你无法精确地知道你将有何不同，但是你可以以一个旁观者的视角看待自己，并想象如果这些影响因素不同，你的思维就会相应地不同。

现在，让我们来考虑一下两个可以让站在起点的思考者偏离轨道的潜在陷阱。

- 陷阱 1：刻板的教条主义的诱惑——相信真相不是通过推理得到的，而是通过一些预设的非智力的忠诚得到的。
- 陷阱 2：主观的相对主义的诱惑——相信不存在判定任何事情是真是假的思维标准。

两个陷阱都给人以快速获得答案的希望。要想成为迈向站在起点的思考者且不落入上述其中任何一个陷阱，需要养成对通过推理这种方式获取合理的知识和见解的信任。这两条道路其实互为事物的两个不同方面。如果你成为一个主观的相对主义者或一个刻板的教条主义者，我们将失去成为一个批判性思维者的动力。作为一个主观的相对主义者，我们将会相信每个人都能以一种无法解释的方法自动地得到"他们自己眼中的真相"。作为一个刻板的教条主义者，我们不会跟随我们"忠诚"的指引去任何地方。在这两种情况下，都没有智力作为的空间和训练批判性思维的空间，两者都令智力活动和批判性思维训练成为多余，同时让我们可以不负任何认知责任。

如果我们能避开陷阱，如果我们能认识到自己是如何被我们无法掌控的力量所塑造的，如果我们发现存在帮助我们掌握自己心智的技巧，如果我们形成了对推理的初步信任，如果我们养成了认知上的谦卑和坚持性，那么我们已做好了开始创造真诚的基础，这一基础可以让我们重构自己作为一个思考者和正直的人的认同和性格。

其中的关键便是"如何"。我们怎样能真正地做到这些？这些问题将贯穿本章。从某种意义上而言，它是我们整本书最重要的目标。

层级四：行进中的思维提升者

你准备好进行定期的练习了吗？当人们清楚地认识到思维的提升需要定期的练习，并且他们采用某些练习的常规制度时，他们便成了我们所谓的"行进中的思维提升者"。

在设计练习制度的过程中没有所谓的正确方式。现实中存在着多种潜在的方式，有些适合你，有些则不适合你。比如，你可以快速翻阅一下本书的其他章节，每一章都提供了一些提升你思维的建议，你可以利用其中的任何一个建议作为你的出发点。

你可以回顾"观念检核与实践"活动。你可以学习思维的要素、思维的准则以及心智特质。你可以分析第9章，你也可以分析第14章和第15章。你可以这样想：从本书你所阅读的任何东西都可以看成你用来设计一个系统计划以提升自己思维的资源，带着特定的目的阅读本书是个不错的做法。

如果你和大多数人一样，你将找到一些用于练习的出发点。而你无论从哪一点开始，你所面临的问题都是如何坚持。这是大多数技能发展领域都存在的问题：通常情况下人们都不能坚持，他们不能养成定期练习的习惯。他们在初期时可能会急于求成，却又被紧绷而笨拙的表现所打击。

你需要做个决定，这个决定确定是对你自己而言，怎样的一个计划是可行的。这里的意思是，在这个计划中你依然可以正常地生活，它不至于让你崩溃或者占据你绝大多数精力。最终，能够坚持并为自己寻找出适合自己策略的人才会成功。

在这个层级，你可能仍然不太确切知道什么对你有用，而只是觉得一些东西可能会起作用，你需要实地检验自己的想法。现实的方法是，你需要实验你的各种计划，以期找到一个适合自己的计划。

你需要对抗的是你所感受到的打击。你避免遭受打击的最好方式就是通过告知自己，你正在对计划进行实地实验，你需要让自己做好面对暂时失败的准备。成功都被理解为努力地做事，以战胜一系列失败，背后的逻辑便是需要做不同的尝试。很多尝试可能并不适合你，或者对你来讲不够好，但是无论你行进得有多缓慢，你应该对最终找到某个适合自己或对你而言不错的方式抱有信心。

请看看另一个类比。如果你想在打网球上变得技术娴熟。你不会因一开始就希望自己成为专业选手而有所提高，你也不会因期望赢得每场球，或者期望通过简单的练习就想掌握新的击球方法而有所提高。当你发现修正某些方面能让你的球打得更好时，你便制订一个计划去练，这样才能提高。今天你可能会决定集中练习如何保证击球时用眼看球，明天你可能会练习如何在挥拍和看球间进行协调。每天你都在反思你的策略以期有所提高。人类心智的提升与人类身体技能的提升非常相似。好的理论、练习以及反馈都非常重要。

一个提升的策略

既然你开始认真对待自己的思维，那么为了提高自己的思维，你需要考虑有什么是自己能每天坚持不懈做的东西。而要在思维方面有极佳的表现，需要一系列独立的技能和特质相互作用，所以你在任何给定的时刻都可以在众多的批判性思维技能中找到用以提升的对象。其中的要领是聚焦于基本的东西，并确保不要试图贪求太多，找到自己的进攻方向，但也要限定于此。如果你试图贪求太多，你最终可能会整个放弃。但是如果你不去聚焦于一些基本的东西，你又永远不可能拥有这些基本的东西以作为自己思维的基础。

开始的节奏不要太快，并突出基本的东西。这是一项乌龟级速度的比赛，而不是兔子级速度的比赛。作为一只优良睿智的乌龟，你所采取的每天稳固的步骤决定了你最终能走多远。

设计活动规划的策略

我们放在一起拟合你思维的策略并没有什么神奇之处。它们当中没有任何一项特别重要，然而，它们当中的每一项都代表着一个似乎可能的突破点、一种开始按部就班做一些可能有效的事情以提升自己思维的方式。不过，我们不可能同时做所有的这些事情。我们建议你采用一种试验的方式尝试所有的这些策略。你可以添加任何你在本书中找到的或者你自己发现的其他策略。在你对这些选项中的某些选项熟悉后，我们将解释为什么这样会有效。

1. **利用"浪费的"时间**。所有的人都会浪费一些时间。我们无法高效和愉悦地利用我们所有的时间。我们的注意力有时从一个对象跳转到另一个对象，其间却无法享受其中的任何一者。有时我们让自己对一些自己无法掌控的事情烦恼。有时我们没有计划好，导致本来可以轻易避免的消极后果（例如，我们浪费时间陷入一场没必要的交通拥堵中，尽管我们可以轻易地提前半个小时离开从而避免高峰期）。有时我们担心成果产出力不高。有时我们将时间浪费在对一些已经过去的事件的后悔上。有时我们仅仅两眼盯着某个地方发呆。

关键的是这些时间被用掉了。而如果我们考虑到了这一点，并考虑我们的一些策略方面的选项，那么我们就不会安之若素地用那种方式消耗掉我们的时间。因此，我们的建议是：我们为什么不利用那些通常会被浪费的时间来训练我们良好的思维呢？比如，经过一天的忙碌后，与其坐在电视机前从一个频道切换到另一个频道，试图搜索值得一看的节目，不如利用这些时间或至少利用其中的部分时间回顾一下你的这一天，并评价自己的强项和弱项。你可以问自己类似如下的问题。

- 我这一天中最糟糕的思维是什么？
- 我这一天中最棒的思维是什么？
- 我这一天中都思考了哪些事情？
- 我弄懂所有事情了吗？
- 我们是否允许了一些不必要的消极思维，从而让自己陷入沮丧？
- 如果这一天我要重头来过，我所做的会有什么不同？为什么？

- 我做了任何能推进自己长远目标的事情了吗？
- 我做了我着手要做的事情了吗？为什么？或为什么没有？
- 我的所作所为符合自己表达的价值观吗？
- 如果我未来 10 年的每天都这样度过，我最终能获得对得起这段时间的成就吗？

花点时间思考这些问题很重要。记录下自己的观察（也许可以在你的日历上），强迫自己将之叙述得更细致和外显来表达出自己的认识将非常有用。随着时间的流逝，你将能够在你的日常思维以及你对自己思维的评价和观察中反思并搜寻出自己思维的类型。

2. **一天处理一个问题**。在每天的开始（也许可以在开车去工作的路上），选择一个你有短暂空闲时间去面对的问题，通过确认问题中的要素以弄清楚它背后的逻辑，系统透彻地思考这个问题：这个问题准确来讲是什么？我为何会将之当成一个问题？

3. **将思维标准内化**。每个星期，请对第 7 章中给出的普遍性思维标准中的某个标准给予重点关注。一个星期聚焦于清晰性，另一个星期聚焦于准确性，如此等等。比如，你这个星期准备聚焦于清晰性，尝试关注自己在什么时候与他人交流时会思维不清，也关注别人在阐述他的观点时何时思维不清。当你在阅读时，关注你是否清楚你所阅读的内容。当你在写电子邮件时，问问自己是否清楚想要说什么，并是否将思维转换成写作。通过做这些，你将训练到自己思维清晰性方面的四项技能：

- 在你开始说之前略作考虑以便能对用词进行选择；
- 换一些词语详细阐述自己的意思；
- 从你所拥有的经验中为你所表达的意思举一些例子；
- 运用类比、比喻、图片或者表格来表达你的意思。你将陈述、精细阐释、解释并放大你的观点，且你也将经常要求别人也做类似的事情。

4. **保留一份思维日志**。每个星期写下一定数量的日志条目，步骤如下。

- 仅仅描述那种明显激起你情绪的情景（那种你会深度关注的情景）。

- 一次只描述一个情景。

- 讲述你在这种情景中的反应（请具体且精确）。

- 分析你所写下的东西：这个情景中精确来讲会发生什么（挖掘表象之下的东西）？

- 评估你所分析东西的意涵：你自己从中学到了什么？如果这个情景可以重现的话，你所做的将有什么不同？

5. **训练认知策略**。从第 15 章中选择一个策略作为训练对象。在你运用该策略的同时，在自己的日志中记录下你对自己的观察，包括自己从中学到了什么以及如何应用这个策略来提升自己的思维。

6. **重塑你的性格**。每个月选择一个你想为之奋斗的认知特质，然后让自己聚焦于如何能养成这种特质的问题。比如，聚焦于认知谦逊，开始关注你在什么时候会承认自己错了；关注什么时候你会拒绝承认自己错了，而且即使面对能证明你错了的明显证据也是如此；关注当别人指出你工作或思维中的某个缺陷时，你什么时候会产生自我防卫；关注你什么时候会变得自负，从而阻止自己学习。比如当你对自己说，"我已经懂得了我与需要了解的主题相关的所有事情"，或者"我和她懂得一样多，她认为她是谁呀，她想将她的观点强加给我？"

7. **面对你的"自我"**。每一天，通过按照如下方式思虑以下问题，开始观察自己的自我中心思维：

- 随着我反思自己今天的行为，我是否因小事而变得容易发怒？
- 我是否按照我的方式做了或说了任何非理性的事？
- 我是否试图将自己的意志强加给他人？
- 当我感觉某事非常坚定的时候，我是否没能表达出自己内心的想法，然而随后却为之感到愤懑？

一旦你确认认知操作中的自我中心思维，你可以通过在系统的反思之后着手用更理性的思维替换它。一个理性的人在这样或那样的情景中会有怎样的感受？一个理性的人将会怎么做？（提示：如果你发现自己一直认为一个理性者的行为恰恰就是自己的行为，那么你可能正处在自我蒙蔽中。请见第 10 章，其中有"更多确认自我中心思维的方法"。）

8. 重新鉴别自己看待问题的方式。 我们所生活的这个世界，既是个人的，也是社会的。在这个世界中，每一种情景都是被识别的结果，它提供了一种根本性上的意义。一个情景如何被识别不仅决定了我们面对它时有何感受，而且决定了我们在这个情景中会如何行动，以及这个情景对我们而言的意涵。然而，实际上每个情景被识别的方式都不止一种。这一事实承载了一种巨大的可能，那就是令我们所有人的生活看起来更像我们想要的生活。原则上，它令我们在自己力所能及的范围内，让自己看起来比实际上过得更快乐和更满足。

我们对自己所生活情景的识别很多可以在原则上转换成积极的识别。这样一来，当我们认为自己失去的时候，我们可能得到了；当我们可能应该伤感的时候，我们能变得快乐；当我们应该沮丧的时候，我们能变得满足。在这一策略中，我们练习重新鉴别自己看待问题的方式，将消极的事件转换成积极的。死亡的终点转成新的开始，错误转成学习的机会。通过实际的练习这一策略，我们可以为自己创造出一些特殊的指引。比如，列出关于自己的 5 ~ 10 个不断发生的情景，在这些情景中我们感到沮丧、愤怒、不高兴以及担心。在此之后，我们可以识别每一个情景中对消极情绪根源的定义，然后我们可以为每一种情景选择一个可能的替代性的定义，之后为我们自己规划出一种新的反应和随之而来的新情绪。

比如，假定你不是一个百灵鸟型的人。也就是说，你不喜欢在早晨早起，反而喜欢睡得很晚。但是让我们进一步假定你的工作需要你早起，你是否在早起这方面没得选择。但是你却有重新界定你境况的选择。你要么日复一日地抱怨要早起，要么重新鉴别看待自己境况的方式。比如，你可以提醒自己，如果你早起，你将能多做很多事情，与其在那里发脾气，不如注意到自己的精神力量因早起而更有效率。也许你起得够早可以看见日出，如果这样的话，你将发现每天日出而起其实很美好。或者让我们讨论，你在某公司服务多年，这份工作也干了多年，现在你却被公司开除了，因此你感到很愤怒，并沉浸在这样的情景当中消沉而不可自拔。但是你却有一个选择，要么沉湎于愤懑当中，要么重新识别你的情景。

你可以将被解雇这件事看成一个机会，可以去做一些新的事情、一些有趣的事、一些你为了保住以前的工作而不会去做的事。也许你可以选择重回大学深造，也许你可以决定进入一个新的工作领域。其中的要点就是你的选择不要被自己的思维所局限。这就像从柠檬中挤柠檬汁，你要将自己能发现的每一点、每一滴都当成机会。

或者让我们来想象一下，你感到工作陷入持续的困境当中，你日复一日地发现工作太多而时间太少。当你利用自己的思维去彻底整理自己优先要做的事情，并在如何做工作方面变得有创造性，你就能开始掌控这种情景，而不是被它掌控。与其感到沮丧和焦虑，你可以拒绝成为特定情景的牺牲品。换言之，你可以在心中对这一情景做出一种不同的鉴别。与其聚焦于你还有什么做不了，不如聚焦于你已经完成的东西。与其你自己做所有的事情，不如委托或利用外界力量。换言之，通过你的思维，你能够重新界定情景，因此重新界定你体验情境的方式（我们并不认为做到这一点会很容易，你可以希望用小步骤的方式进行训练）。

- 与你的情绪取得联系。无论你在什么时候体验到消极情绪，都要有条不紊地问自己这些问题："准确地讲，导致你情绪的思维是什么？这种思维有可能存在什么瑕疵？我的假定是什么？我应该做出这种假定吗？我的思维建立在怎样的信息基础上？这些信息可信吗？"等（请见第 6 章）。
- 分析群体对你生活的影响。深入其中去分析你所属群体中哪些行为是被鼓励的，哪些行为是不被鼓励的。对一个特定群体而言，你被要求或期望相信什么？你被"禁止"做什么？如果你认为你的群体不要求你相信任何事或不存在任何禁忌，你可以认定自己没能深入分析其中的行为和群体的思维。为了获得对社会化过程以及群体成员间关系的洞见，你应该回顾一下社会心理学的导论性内容（请见第 11 章）。

你在设计策略的时候，其中的关键点是，你要参与到某项实验中去。你正在测试自己的职业和个人日常生活中的策略。你就在整合它们、建立在它们的基础之上，突出你自己的实际体验。所有的策略都有有利的一面和不利的一面，一种可行的方式就是对列出的所有策略，按照你所选定的任何顺序去做实验并运用它们。

- 利用"浪费"的时间；

- 一天只处理一个问题；

- 将思维标准内化；

- 保留一份认知日志；

- 练习思维策略；

- 重塑你的性格；

- 面对你的自我；

- 重新鉴别自己看事情的方式；

- 与你的情绪取得联系；

- 分析生活中的群体影响。

假使你发现"重新鉴别自己看问题的方式"对你来讲很符合自己的直觉，所以你选择从它的运用开始，你很快会发现自己能注意到，生活中的很多情景在社会中的定义变得非常明显。你认识到自己的行为是如何被这些情景中所蕴含的定义塑造和控制的：

- "我将参加一个晚会。"

- "我将参加一个会议。"

- "你为什么不参加竞选？"

- "出殡的时间是星期二。"

- "杰克是个熟人，不是真正的朋友。"

观念检核与实践 改变你生活中某个情景的定义

想出你现在正在面对的某种情景。在这种情景中，你愿意改变对这个情景的定义。这个情景可以是这样，在其中你采用了一个自己现在看来是错误的特定定义。比如，你如何界定由"你的婚姻"所产生的关系？你的配偶又如何定义它，这种定义如何影响你在这种关系中的行为方式？你能够对这一定义作何改变？如果你从不同的角度思考自己的婚姻，你将会发生什么改变？或者它真的会发生吗？你是否更接近这一定义，还是变得离它更远？在新的定义下，你将如何弄清楚这一情景的意涵？

———————————————

如果你遵从自己给社会情境所下定义的命令，你将开始看到那些定义的重要性和说服力。你会开始用一种与通常情况下的定义不一致的定义来重新界定这些情境，然后你注意到这些被重新定义的情境和关系会使得你能够"与你的情绪取得联系"。你会认识到，体验到的情绪产生于自己的思考方式（也就是说你定义问题的方式）。当你认为遭遇到了威胁（你将某种情境景定为"威胁"），你便感到害怕。如果你定义某个情景是"失败的"，你将感到郁闷。在另一方面，当你定义某个情景是"一堂课或某个学习的机会"，你便感到充满学习的力量。当你认识到这种控制是你能够练习的，那么两种策略便同时起作用并相互增强。

接下来请考虑你如何能够在实践中整合前面所述的策略中的"分析生活中的群体影响"。群体控制我们的主要方式之一就是对我们认可且在使用的定义进行操纵。当群体将某些事定义为"酷"，将另外一些事情定义为"口齿不清的"，群体的成员便试图表现得很"酷"，而尽量不要表现得"口齿不清"。当一家企业的老板说"那些存在着诸多含义"，他们的下属便知道他们不应该说"不，这很荒唐"。他们知道这些是因为当某人被称为老板时给了他们特权以定义情境和关系。

现在请你考虑有三个策略交织在一起的情况。这三个策略分别是：你"重新鉴别自己看问题的方式""与你的情绪取得联系"以及"分析群体对你生活的影响"，它们被整合为一体。现在请你实验如下的策略，寻找机会将它们整合到你的思维和生活中来：

- 利用"浪费"的时间；
- 一天只处理一个问题；
- 将思维标准内化；
- 保留一份认知日志；
- 练习思维策略；
- 重塑你的性格；

● 面对你的自我。

如果你按照某个计划进行，你就开始超越站在起点上的思维提升者，正成长为练习中的思考者。祝你在追寻一个适合自己的计划方面有好运。

▶ **内省时刻**

总结你从本章中学到的关键思想。**按照如下方式写下答案。**

❶ 通过对本章的理解，我所内化的主要思想是＿＿＿＿＿＿＿＿＿＿＿。

❷ 这些观点很重要，因为＿＿＿＿＿＿＿＿＿＿＿＿＿＿＿＿＿＿＿。

❸ 按这种方式下去，我的将来的生活将会很不同，因为我内化了并开始在我的思维中运用这些观点：＿＿＿＿＿＿＿＿＿＿＿＿＿＿＿。

CRITICAL THINKING

06

思维的要素

TOOLS FOR TAKING CHARGE
OF YOUR PROFESSIONAL
AND
PERSONAL LIFE

思维者对自身思维要素的理解可以发展为思维中最重要的一项技能组合。换言之，当我们将自己的思维看成一个个要素时，我们便能更好地发现自己思维中存在的问题。在本章中，我们会集中讨论这些要素。在下一章中，我们将集中探讨思维的标准，它们都是思维评估的关键。

通过对思维进行分析和评估可以引发批判性思维，所以一旦你理解了本章和下一章的内容，你将开始懂得一些批判性思维者在日常事务中所运用的一些根本性的概念。为了进行思维分析，我们必须将思维分解成各个要素，并仔细审视我们是如何运用其中每一个要素的。一旦我们做到了这些，那么我们就能将认知标准运用于这些要素上（类似清晰、准确、中肯、逻辑性、公平性等标准）。当我们清楚地理解了思维的各个要素（或者推理要素）和认知标准后，我们就可以开始在涉及日常事务的思维中有意识地运用它们。我们的生活质量也会随之显著地提高。

在此我们以对推理的简要讨论作为开头。所谓推理，即大脑用来弄懂任何我们想理解的东西的思维过程。

推理在人类生活中无处不在

思维和推理在日常生活中实际上是作为同义词来使用的。但是推理有着一种更正式的意味，因为它使得思维的认知维度显得更突出。

任何时候我们想弄懂一些事情，都要下结论。大脑在任何时候想在论据的基础上得出结论，推理便发生了，但是通常我们在生活中并未窥得推理的全貌（见图 6–1）。

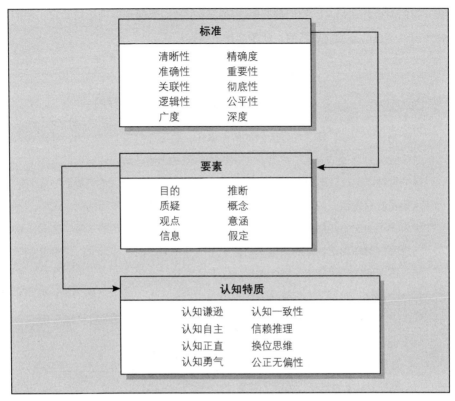

图 6-1　批判性思维通常将认知标准运用于推理的各个要素以养成认知特质

我们从早晨起来开始便在推理。当我们在决定早餐吃什么、出门穿什么、是否在去学校路上的某个商店驻足、是否与这个或那个朋友共进午餐的时候，其实我们就在推理。当我们解释车流将要到来的时候，当我们对其他司机的决策予以回馈的时候，当我们在加速或减速的时候，我们也在推理。当我们指出问题的解决之道的时候在推理，当我们界定问题的时候在推理，当我们在与人争吵的时候在推理。

我们会给每一天的事件下结论，或者更确切地说，我们会给每一天所遇到的任何具体的或抽象的事物下结论：规划策略、报纸文章、诗词、微生物、人类、数量、历史事件、社会规定、心理状态、性格特征、过去、现在、将来。

为了更好地推理，我们必须审视自己所采用的推理过程。我们想弄清楚什么？我们需要什么信息？我们拥有那些信息吗？我们如何来准确地检验它？我们越意识不到自己是如何思考的，就越容易犯错误。

观念检核与实践 能更好地注意到推理在生活中所起的作用

列一个清单，写上你今天做的所有事情。然后针对每一个行为，弄清楚导致你那样做的思维，或者你正在做的时候的思维（请记住，我们大多数的思维都是意识不到的）。比如你今天早晨离开家的时候，你可能会在商店停留吃点东西。如果你不是下意识地认定自己需要吃点东西的话，这一行为便不会发生。然后，在商店中的时候，你买了一些特定的东西。这一行为暗含的结论是，你到这里来是为了这些特定的东西而非其他。请意识到，每次你做一个决定，这个决定便代表了你通过推理得来的一个观点或者一个结论。对每一个你确认发生的行为，问自己以下两个问题：（1）准确来讲，我做了什么？（2）我的行为是以什么思维为前提的？你可以采用以下格式进行回答。

1. 我今天做的事情包括_____。
2. 导致这些情景中行为的思维是_____。

推理可以再细分吗

思维的要素也可以被称为推理的要素或者思维的基本结构，我们在使用这些表述时是可以互换的。推理的要素或组成部分是无论什么时候发生或在什么地方发生都存在的重要维度，它们并不依赖于推理的质量（见图6-2）。通过这些要素的相互作用，才形成了推理，并为思维的运用提供了基本逻辑。

当我们能够接受对自己推理的要素进行识别的时候（见图6-3），通过探测自己思维中这个或那个组成部分的问题，对认识自己思维的缺陷而言，我们就处在一个更佳位置。换句话讲，就是能分析思维中的错误（或者他人思维中的错误）。

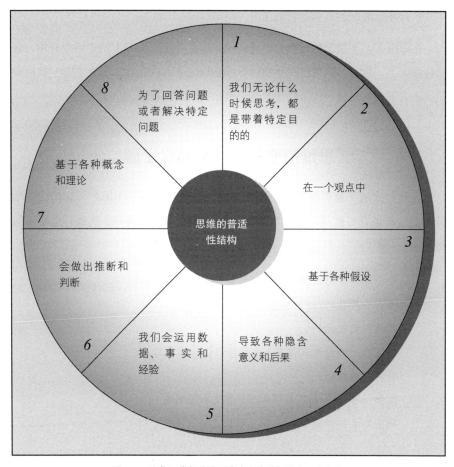

图 6-2　这些组成部分或要素在人类的思维中一直存在

图 6-3　批判性思维者懂得将思维分成不同部分以对其缺陷进行分析的重要性

开始思考你自己的推理

推理是人们基于各种论据得出结论的过程。从表面上来看，推理似乎稍显简单，好像它不是由各个部分组成的。然而，当对其进行深入分析时，它则涉及启用一系列相互关联的认知过程的能力。

在思维中，下结论的过程是下意识的，因此外显的练习下结论将很有用。在这种情况下，你将可以理解发生在你思维表层之下的会是什么。在本章，我们介绍了诸多重要的思维，你可以用这些思维来完成这类任务。

思维的要素：一个初步了解

让我们先从了解思维的各个要素开始。这些要素相互作用在一起构成一个组合，它们是有可能放在一起命名为一个名称的，并组成一个稍微有点复杂的句子。

> 无论你什么时候推理，你都处在特定的环境中，
> 为了一些目的，
> 在特定的观点内，
> 建立在一些论据或信息（也包括假设）的基础上，
> 采用某些概念，
> 做出一些推断（存在一些隐含意义和后果），
> 试图解决一些问题。

如果你喜欢，你可以把它分解成两个句子（见图6-4）：

> 无论你什么时候推理，
> 你都试图完成特定的目的，
> 在特定的观点中，
> 采用特定的观点和理念。
> 你聚焦于一些问题，
> 利用一些信息，
> 得出一些结论，
> 建立在特定假设上，
> 所有这些都有隐含意义。

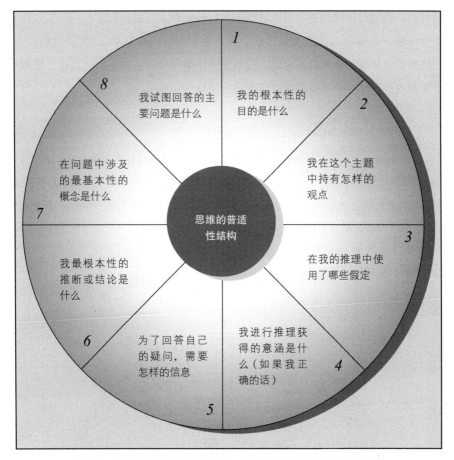

图 6-4　如果你理解思维的各个要素，你可以询问蕴含其中的重要问题

现在让我们至少暂时考察一下这些关键概念。我们在本书中将从头至尾地运用这些概念，所以让它们变成你词汇中舒适的一部分是很重要的。在你阅读这些解释的时候，看看你能否写下对这些概念的解释，并基于你自己的经验给出一个例证。

通过推理，我们的意思是在心中通过赋予某事物意义以弄清一些事情。实际上，所有的思维都是一种赋予事物意义的活动。我们听到门边的摩擦声，便会想"那是一只狗"。我们看到天空中乌云堆积，便会想"快要下雨了"。这些思维活动的运行有些是处在潜意识水平的。比如，我们会对所有见到的和听到的事物赋予意义，但是我们很难外显地注意到它们的过程。我们大多数的推理都是不引人注目的。我们的推理只有在被人挑战而我们必须捍卫它时，它才对我们变得外显可知（如：你为什么说杰克讨厌呢，我认为他很讨人喜欢啊）。贯穿我们一生，我们都是从某个目标或目的出发，然后弄清楚做什么能实现我们的目标。推理正是能使我们利用一些观念和意义实现这一决策的东西。

所有的思维都由组成它的八大要素所界定

思维的八个基本结构出现在所有的思维中：无论我们什么时候思考，我们是因特定目的在一定观点支持下，基于特定假设引申出特定意涵和产生特定结果。我们运用概念、观念以及理论解释数据、事实和经验，以图回答疑问、解决问题、解析特定主题（见图6-5）。

思考，然后：

■ 产生目的　　　■ 提出问题　　　■ 利用信息　　　■ 利用概念
■ 做出推断　　　■ 形成假设　　　■ 产生意涵　　　■ 表达观点

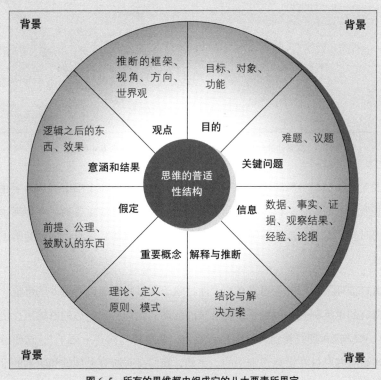

图6-5　所有的思维都由组成它的八大要素所界定

思维是有目的的。我们的意思是，当我们思考这个世界的时候，并不是漫无目的的，而是会与我们的目标、欲望、需要以及价值保持一致的。我们在这个世界上有很多活动形式，思维则是这一整体中的一部分。而我们的活动，哪怕是在非常简单的情况下，看起来也是有一些目标的。为了理解某人的思维——包括这个人自己的——我们必须理解它所提供的功能，它是关于什么的、它的发展方向，以及它的意义所在。然而，我们在思考中所追求的大部分东西对我们来说并不明显。将人们的目标和欲望提升到有意识实现的水平是批判性思维的重要组成部分。

言及在限定观点内推理，意味着我们的思维有着一些总体上的聚焦和方向，是从某个角度聚焦于特定事物的。我们能够改变的不是聚焦的对象，就是聚焦的角度。我们经常对我们思考事物的角度进行命名。比如，我们可以从政治的角度、科学的角度、诗学的角度或哲学的角度看待某事物。我们可以保守地、开明地、虔诚地或世俗地看待某些事情。我们可以从文化或财经的角度看待某些事，或者同时从这两个角度看待那些事。一旦我们理解，人们是如何触碰某个问题或主题的（其总体角度是什么），我们就能够更好地理解其整体思路。

言及推理中运用概念，是指我们思维中用以解释、分类或组织信息的一般类别或观念。比如，在本书中，批判性思维和非批判性思维很重要。本书所写的任何东西都被归为试图用来解释这两个重要概念中的一个；反之，这两者中的任何一者也可以看成是通过各种其他的观念来解释的。因此，批判性思维的概念是通过类似"思维中的认知标准"这样的概念的推导来解释的。每一个专业和学科（商业、心理学、科学、地理学、文学乃至历史学）都通过发展自己的概念体系或专业词汇来促进自己的思维。所有的运动都需要一个表达概念的词汇表来使得那些试图理解或掌握运动的人能够理解它。我们必须用诸如此类的概念所代表的意义来解释运动中我们做的所有事情，如果没有它们来加以解释，那么运动中的规则便无法被理解，运动本身也便不可理解。

言及对一些疑问、议题或难题的推理，意味着当我们在思考这个与我们的目标、欲望、需要以及价值相关的世界时，经常遇到疑问需要解答、遇到难题需要解决以及遇到议题需要我们表决。因此，当我们发现自己面对困难时，可以很明智地讲，"什么是我们要解答的疑问？""什么是我们要解决的难题？""什么是我们要表决的议题？"为了提高能力，使得我们能运用良好思维去学习如何用清晰确切的方式处理疑难问题和议题，这很重要。如果改变疑问，我们便需要改变与之相匹配的标准。如果修改难题，我们就需要修正如何解决这个难题的方法。如果转换议题，我们就必须重新思考以使得有关议题的表决是适宜的。

言及在推理中运用信息，意味着我们用一些事实、数据或经验来支持结论。某人无论在任何时候思考，这样问都是明智的："你的推理所基于的信息和事实是什么？"推理的事实基础是很重要的。比如让我们来关注一下以下信息在推理中的作用，它们是一则报纸广告中被用来支持反对死刑的信息：

- 自从 1976 年最高法院恢复死刑，每执行 7 个囚犯的死刑，就会在待执行的人中发现 1 个无辜者并将之释放；
- 从 1963 年以来，至少有 381 例谋杀罪被推翻，原因是检察官隐匿能证明嫌疑人是无辜的证据，或提交他们明知是错误的证据；
- 一项由美国审计总署进行的研究发现，种族偏见在死刑判决中……杀死白人的凶手相对于杀死黑人的凶手而言，更有可能被判处死刑；
- 从 1984 年以来，34 名有精神障碍的人被执行死刑（《纽约时报》，1999 年 11 月 22 日 ）。

你能否发现类似这样的信息——如果信息真实的话——如何为推理加持力量？当然，相反的立场也可以是加强信息本身，以图挑战或反对这类信息。批判性思维的两个重要原则便是核对事实与核对数据。

就得出结论而言，意味着在认定某事物（我们认为我们知道的事物）的基础上，得出其他事物。当我们在做这件事时，我们就是在推断。比如，如果我的老板径直从我身边走过却没有和我打招呼，我可能会得出这样的结论（做出这样的推论）：他在生我的气；如果市场连续 6 个月上扬，我可能会做出推断，下个月市场还将继续上扬；如果我的生意去年因采取某策略而取得成功，我会推断这一策略在来年依旧有效。在每天的生活中，我们持续不断地就有关的人、事、场合以及生活事件做出推断（得出结论）。

言及基于各种假定进行推理，意味着将任何假定的东西当成事实以弄清楚某事物。因而，如果你推断，既然某候选人是个共和党成员，他将支持预算平衡，那由此你就假定所有的共和党成员都支持平衡预算。如果你推断，新闻所报道的外国领导人是美国的敌人或是美国的朋友，那么他实际上就是美国的敌人或美国的朋友。其中你假定了美国的媒体在陈述外国领导人的特征时一直是准确的。如果你推断，一个邀请你到他公寓参加晚会的男人，在晚会后邀请你继续进行"有趣的对话"，是真的对你的浪漫和性感感兴趣，那你便假定晚会后的深夜在别人的公寓里只有追求浪漫和性关系这样的理由。所有的推理中都存在我们所设的基本假定，但是通常不会宣之于口。

言及推理的意涵，意味着那些跟随在我们思维之后的东西，也意味着我们的思维要为我们引申的东西。如果你跟某人说你"爱"他，你就在暗示，你关心他的幸福。如果你做出一个承诺，你就在暗示，你将信守它。如果你称一个国家为"民主"国家，那就意味着其政治权力在大部分人手中（相对于在少数人手中）。如果你称自己为一个"男女平等主义者"，你就暗示你喜欢在政治、社会和经济上性别平等。我们经常通过看别人的语词所暗含的意义是否真实，以测试人们的可信度。"按你的意思说，你所说的就是你的意思"是批判性思维的一项合理的原则（那种情况也是正直的个体所需要的）。

一个日常生活中的例子：杰克和吉尔

现在让我们来看一个可能出自日常生活的争论，然后对其进行分析——在这个案例中，情人间就他们共同体验的同一种情景得出了不同的结论。

假定杰克和吉尔一起参加晚会，他们正保持着一种浪漫的关系。晚会期间，杰克将晚上大部分时间花在与苏珊聊天上。在杰克和吉尔回家的路上，杰克感到吉尔有点不高兴，便问："怎么了？"

在少许迟疑后，吉尔说："你花整个晚上的时间与苏珊调情，令我无法接受！"

杰克：调情？我没在调情！

吉尔：那你称之为什么？

杰克：展现友好，我是在展现友好。

吉尔：当一个男人整个晚上都聚焦于一个女人，并与她坐得非常近，用一种浪漫的眼神看着她，用一种令人怀疑的、不经意的方式不时触摸她，我们只能将他的这种状态称之为调情。

杰克：而当一个女人整个晚上都花在监视她的男朋友的一举一动上，就像准备上法庭一样收集证据，而这个男朋友却是一个一直忠诚于她的男朋友，那么她就只能被称之为所谓的偏执狂。

吉尔：偏执狂？你怎么敢这样称呼我！

杰克：那么，我该怎么描述你的行为？你明显就是不信任我且缺乏安全感，你是在对我进行无理的指责。

吉尔：不要表现得好像你只有这一次和别人调情。我从你朋友口中了解到，在我们在一起之前，你是个非常受女人欢迎的人。

杰克：而我从你朋友口中了解到的是，你的控制欲和嫉妒心特别强。我认为你在攻击我之前应该先解决自己的问题。也许，你需要心理辅导。

吉尔：你什么都不是，你就是只典型的雄性动物。你认为女性只是战利品。你是如此专注于实现你的男性自尊，却看不见或不承认自己的所作所为。如果你自己看不到应该改变自己的行为，我必须质疑我们保持现在的关系是否明智。

杰克：我同意，我也质疑我们的关系。但我质疑是因为你的偏执，我认为我需要得到道歉！

现在让我们来分析这种被交替使用的思维要素。

- **目的**：无论是杰克还是吉尔都在追求一种成功的浪漫关系。这是他们隐含其中的共同目标。
- **问题**：在实现目标的过程中他们都注意到了一个问题或一个争议。对这个问题他们的界定是不同的。对杰克来说，问题是"吉尔什么时候能够去掉她身上的偏执？"对吉尔来说，问题是"什么时候杰克会为他的调情行为承担责任？"

- **结论：** 杰克和吉尔都是基于相同环境中的相同行为这样一个情境来进行推断（得出结论）的，但是他们对行为的解读明显不同。杰克看待自己的行为仅仅是"友好"，吉尔看待杰克的行为是"调情"。

- **事实：** 这一情景中的初步事实是杰克在晚会中所说和所做的所有事情；另一些关联性的事实是杰克以前对待其他女性的行为。除此之外的事实还包括吉尔对待以前男友的行为，以及她是否因为天生缺乏安全感和偏执而且是个行为冲动的人等方面的任何事实。

- **假定：** 杰克假定他不是因自我蒙蔽无法知晓自己存在欣赏苏珊和其他女性的驱动力。杰克也假定他有能力鉴别一个人的行为是否偏执。进一步地，他也假定女性不应该在行为上表现得像吉尔一样，女性应该是不偏执的。吉尔假定杰克的行为与纯正的友谊不一致。他们也都同时假定他们从对方朋友口中了解到的信息是准确的。他们还同时认为对方是在为在这一情景中的行为辩护。

- **概念：** 在这一情景中有四个关键概念：调情、友谊、偏执、男性自尊。

- **意涵：** 无论是杰克还是吉尔，他们的推理都暗含着，如果别人在有关杰克晚会上行为的看法与自己稍有不同，那么他就应该被责备。他们都暗含着他们之间的关系是没有希望的。

- **观点：** 无论是杰克还是吉尔，都会通过基于自身性别的偏颇观点来看待对方，都把自己看成对方的受害者，都认为自己无可指责。

在这个争论中，根据我们所知的信息，无法评估谁是正确的、正确到什么程度。为了确定谁对这一情景的解释更合理，我们需要了解更多事实。如果微妙但可观察的行为存在的话，比如我们核实杰克对苏珊的行为的话，那么我们就可以判断吉尔是对的，而杰克表现得像调情；如果我们听到第一手谈话，我们或许可以确定吉尔的反应有所偏颇。

关系中思维的要素

了解思维要素的谋略就是用一系列不同的方式来表达这些思想，直到这些要素间原本并不明了的关系对你来说开始变得仅凭直觉就能捕捉到。比如，你可以将推理的各个组成部分和人类身体的各个重要部位作类比思考。身体的各个部位能显示我们是否健康。和身体的各个部位类似，思维的各个组成部分以一种相互独立的方式发挥其功能。其中一种表达这种相互之间关系的方式就是：

- 我们的目的影响着我们提问题的方式；
- 提问题的方式影响着我们的信息收集；
- 我们所收集的信息影响着我们解释它的方式；
- 我们解释信息的方式影响着我们将之概念化的方式；
- 我们将信息概念化的方式影响着我们所做的假定；
- 我们所做的假定影响着由我们的思维所产生的意涵；
- 我们的思维所产生的意涵影响着我们看问题的方式和观点。

观念检核与实践 **透彻地思考你的推理要素**

选择一个你必须通过推理来得出的一个重要结论。比如，做一个关于买车、买房、获取新工作甚至结婚的决策。请鉴别你做决定时所处的环境，你在这一过程（有关有利和不利的可能性）中所做的一些推断。请陈述你的决定有可能存在的意涵、这一结果已经有的或将要有的意涵、你在做决定时所考虑的信息、你向自己表述问题的方式、（在通过推理解决这一问题时）你看待你当下的生活和未来的方式。看看你能否抓住自己的思维各要素相互之间的关系。不过如果你发现这个任务很困难的话，不要太过惊讶。

在本章的剩余部分，我们将对这些概念、假定、推断、暗示以及观点提供更详尽的解释。我们将对推断和假定间的区别给予特殊关注。我们发现人们常常在区分这两者之间存在困难。但是你一旦对区分这两个要素变得轻松，那么其他要素就更容易归入其相应的位置。在本书中对所有的要素都进行了解释。请不时地放下书，看看你能否用自己的语言并通过举出自己的例子对思维中的要素进行阐释。如果能将这些概念变成你自己的，那么你的这些积极的阐释活动便成功了。你必须在谈话时、书写时和思考时将观念引入自己的体系。

要素之间的关系

因为要素并不是孤立存在，而是两两之间相互关联的，因此不要用一种绝对的眼光对它们进行区分，这很重要。区分永远是在一种相互关联的情况下进行的。比如，如果我们的目的是弄清楚如何省钱，我们需要弄清楚的问题是"我做什么能确保我少花钱？"这个问题实际上是换种形式对我们的目的进行重复。更进一步，观点可以被解释为"看看自己的消费习惯，以决定怎样削减自己的消费"。这看起来实际上是对目的和问题的另一种形式的表述。要点是，认识到各要素间的实际关系是密切重叠在一起的。很多时候，外显而明确地表述一些要素可能看起来是多余的——不要让这种感觉大行其道。随着你不断地练习，你最终会认识到外显地进行这些区分所产生的分析性力量。

为了特定目的的思维

一位名叫苏珊·斯蒂宾（Susan Stebbing）的英国学者在 1939 年写了一本书。在这本书中，她强调了思维中目的的重要性。在书中她谈到，"是目的启动了思维。要令思维有逻辑，就需要按照特定的目的进行相关思考：所有有效的思维都指向特定的目标"。我们同意这个观点。所有的思维都含有特定的目的。当我们没有什么事想达成时、未怀有一些所期待的目标时、没有什么东西想要时，我们不会思考。当我们思考这个世界时，我们不是漫无目的的，而是与我们的目标、欲望、需求以及价值存在直接关联的。我们的思维是人在这个世界的活动方式中不可或缺的一部分。而我们的活动，即使在一种非常简单的情况下，也存在一些所期待的目标。为了理解他人的思维——包括理解某人自己的思维——我们必须理解目的所发挥的功能，它是什么、它的驱动方向，以及目的确定下的目标是什么。

> **目的：** 所期待的需求对象、短期目标、终极目标以及与手段相对的抽象目标；某人所希望得到的东西。

我们在思维中追求的是什么在多数时候是不明显的，因此，将我们的目标和欲求提升到意识水平是批判性思维能力很重要的组成部分。尽管我们在思维中总是存在目的性，但是我们并不总能完全注意到那些目的。我们可能会对目的存在一种模糊的感觉。也许我们与自己的目的之间没有清楚地达成协议。比如，你可能会召开一个会议，同你的小组成员讨论一个重要的议题。结果，会议期间的思维可能会分散到多个没有帮助的方向上去。没有清晰的感觉你要什么，你所做的思考可能会非常低效。

人类思维所存在的一个重要问题是，有些时候追求与目的相冲突。我们可能想成为一个有教养的人，但又想避免去做任何智力性的工作；我们可能希望别人爱我们，却不做出与人相爱的行为；我们可能希望别人信任我们，却按照破坏信任的方式行事；我们（做某事时）对外宣称的目的可能很简单，就是愿意相信自己，但是我们的实际目的可能是自己羞于承认的；我们可能想追求的是医学事业，以便能帮助和救治他人，然而我们的实际目的可能是挣很多钱、获得声望和地位以及被人钦佩。因此，我们必须很小心，不要认为我们的目标之间是一致的，或者我们所宣称的目标是真实的目标。

另外，我们所追求的目的影响着我们的观点，同时也受我们观点的影响。就像我们的目的受到我们看待世界方式的影响一样，我们的目的限定了我们看待事物的方式，而我们看待事物的方式塑造了我们的追求。每个人的目的形成于自己的特定观点，决定于自己所处的背景和他所拥有的经验。为了理解我们自己的目标和需求对象，我们应该考虑看待世界的角度或看待这个世界中一些情景的角度。

比如，一个美容师从她自己的角度出发，可能会比大多数门卫更加关注个人的外表。保持形象良好以及帮助别人有良好的形象，都与她对自己和对世界的看法密切相关。一名牙齿矫正医生，会很自然地比大多数人思考更多有关牙齿以及外表的问题。相比其他人，比如对牙齿矫正师来说，大多数足球运动员想拥有一口很整齐的牙齿就会很自然，拥有一口好的牙齿也会显得更重要。牙齿矫正师打造一口漂亮牙齿的目的就会引起自己的视角和观点的变化。

为了开始考察思维和目的之间有多密切的联系。我们建议了如下活动。首先，列出一个包含你五个基本目标的清单；然后，对你的思维如何受到这些目标的限定进行评判，并将下面空白填补完整："我的目的之一为_____，我实现这一目的的最佳手段是_____。"

其次，给出五件你做过很多思考的事情，然后评判这些事情如何与你的基本目标相联系。比如，如果你花了相当长的时间用来考虑如何提升你在工作中的表现，以求挣到更多的钱，其中的目的之一就是尽可能多地挣钱；或者你花了很长一段时间来考虑如何提升你的亲密关系，你的目的之一可能就是如何获得一段更有意义的亲密关系。

基于概念思考

概念就像我们所呼吸的空气。它们无处不在，对我们的生活来讲很重要，但是我们却很少关注它们。我们只有按照某种方式给某事物下了定义，才可能对它们进行思考。自然并没有给我们如何给事物下定义的指引，我们必须单独或与其他人一起创造概念。一旦下了定义，我们就将一个事物整合到了我们的观念网络中（因为没有概念是孤立存在的）。

实际上我们之所以能企及任何在我们经验中的事情，是因为我们能对事物进行"编码"。在我们心智力量的作用下，事物被赋予意义，并

> **概念：**一个观点或思想，特别是有关某事物的一般性观念或对某事物的分类。

在此基础上创造概念和做出推断。我们并因此又创造新的概念。我们做的这些事情是这么平常和自动化，以至于我们通常认识不到自己曾经进行过这些过程。在我们的日常生活中、在这个世界上，首先体验到的不是"概念缺乏"的状态，而是应该仔细地考虑将我们的经验置于什么类别的事物中，以使它变得可理解。

相反地，好像事物向我们提供了它们身上固有的名字一样，所以我们看到树木、云彩、青草、小路、人们、孩子、日落等。我们在一种直觉的状态下运用这些概念，好像这些名字天生就属于这些事物，好像没有在我们的大脑里创造这些概念。

如果你想成为一个思想者，你必须与人类的这种心智力量形成配合——通过我们在这个世界上的所见和体验去创造概念——因为它是这样一种能力，是你在对自己的思维进行训导时必须掌控的能力。你必须成为自己赋予事物概念过程中的主人。你必须发展这样的能力，以使你在心理上能够"移除"概念，或者从诸多被其他概念所命名的事物中形成新的概念，或者尝试替代性的观念。就像普通语义学家常说的："这个世界不是那么回事！这个世界不是那么回事！"如果你陷入一系列特定的概念（观念、词汇）中，你就只能按照唯一的方式去理解事物。世界和事物在你的头脑中变得很单调。

要想正确地运用词汇来赋予事物、事件、情境、情绪、抽象观念恰当概念的恰当方式，首先，真正掌握词汇的用法很重要。比如，如果你精通英语，能认识到英语中的需要和欲求、判断和判定、拥有信息和获得知识、谦逊的和卑躬屈膝的、倔强的和勇于坚持的之间的显著差异。在语言中掌握诸如此类的或者其他的区别，对你如何解释自己的经验有重要影响。没有这种分辨力的人，往往会混淆这些重要的区别和扭曲这些帮助我们进行区分的重要现实。

观念检核与实践　测试你对基本概念的理解

你的英语达到了能合理运用的程度，那么你必须能够阐释诸多虽然相关但存在区别的事实之间的重要差异。这些区别在我们的语言中是用词汇和短语标记的。如果你能做到，那么你在将这些词汇所标记的观念予以概念化时做到了与学校教授的运用方式保持一致。

在这个活动中，你将测试自己这样做的能力。接下来的是一系列相关的词汇，每一对词汇在英语中都阐释了重要的差异。对每一对词汇来讲，请写下你对它们之间那些重要差异的理解。

在你为每一对词汇写下它们的区别后，到词典中去找出这些词汇，看

看你写下的有关这些成对词汇所代表的观念间的重要差别，与词典的词条
中陈述或蕴涵的实际差别有多么接近：

- 聪明的 / 狡猾的；
- 自私的 / 自我激励的；
- 权力 / 控制；
- 朋友 / 熟人；
- 爱 / 浪漫；
- 生气 / 愤怒；
- 相信 / 知道；
- 妒忌 / 嫉妒；
- 社会化 / 教化。

在学习讲语言的时候，我们学了成千上万的概念。如果运用得当，这些概念可以令我们对自己的经验对象做出合理的推断。不幸的是，在我们初学一门语言时，没有任何东西会强迫我们审慎地运用概念，或阻止我们运用这些概念做出不合理的推断。

很多时候我们误用或混淆一些观念，是因为我们被一套社会体系所教化，导致我们的经验发生特定扭曲。作为一个行进中的思维提升者，我们必须不断地区分概念，区分概念中隐含的社会调节以及我们说的自然语言中所隐含的思想。比如，很多来自不同国家或文化的人们说着相同的自然语言。加拿大人、爱尔兰人、英国人、澳大利亚人以及美国人都说英语，就大的方面而言，他们毫无疑问地共享（如果他们对语言达到精通程度的话）着相同的概念集（《英语牛津词典》编纂成了 23 卷）。然而，在这些国家中的人的社会化方式却并不相同。

更重要的是，一个来自中国的人可能会流利地说英语，却不与上述那些人共享任何社会化的条件。因此，自然语言（法语、德语、英语、斯瓦希里语或印地语就是例子）是存放概念的仓库，但是从大的方面而言，并不等同于在任何社会或文化群体所说语言中隐含的概念。要透彻理解这一点很困难，但这是一个很重要且很有力量的东西。

比如说在美国，绝大多数人都被社会教化相信资本主义比其他任何经济制度都优越，这就是所谓的自由市场。很多美国人认定，除非采用资本主义经济制度，否则没有国家能真正地实现民主。通过电影、新闻、学校教育、政治演说以及其他众多的社会仪式，美国人被鼓励用这种方式看待世界。由于成长于美国，美国人将他们看待自己和这个世界的概念、信念以及假定以一种很不同于其他国家的人（如伊朗人）的方式进行内化。

虽然如此，在一本权威的英语词典里，词典的编纂者不能混淆这些词汇隐含的社会意义与心理层面的基本意义。

然而，由于美国人被社会教化成相信他们自己是一个自由、理智、公正和博爱的人，他们认为自己的行为与这些词的意涵是匹配的。在人类的生活中，词汇经常替代了以它们命名的现实，从根本上与我们的生活相冲突或不一致，且不被质疑。这就是人类大脑易于产生的自我蒙蔽倾向的一部分。

批判性思维者学着如何剔除表层的语言，然后考虑替代的方式讨论和思考事物。比如，当思维呈现社会中心化时，我们陷入了同伴群体和社会的观点之中，很少或不能意识到如果采用一种替代的方式来对这种情景、人或事进行概念化，并在此基础上决定什么才是理性的。大多数人都敬畏社会仪式，特别是在获得社会权力、地位和威望时更是如此，他们所过的生活是表层结构的生活。批判性思维者学着如何从社会科学的角度思考，他们因此认识到什么时候思想被社会仪式、社会期望和社会禁忌所控制。

观念检核与实践 关注人们如何使用词汇来服务于他们的日常事务

尝试集中你今天的认知精力，关注人们什么时候会误用词汇。也许在一次会议中，你习惯于变得愿意"合作"，但从你的理智来讲，你并不同意。概念"合作"就是被你的熟人所误用造成的，或者当他不愿意支持你的观点时，也许你习惯于某人变得"顽固"。在这种情况下，你就是在误用语言。关注你自己以及其他人是如何通过误用词汇来扭曲意义的，并将这种关注行为当成习惯来培养。

建立在信息基础上的思维

推理若不运用一些事实、数据或经验作为个体思维的组成部分是不可能实现的。找出可信的信息源，并批判性地提炼自己的经验，对批判性思

> **信息**：以任何形式，诸如通过阅读、观察和道听途说，以及收集的文字陈述、统计结果、数据、事实、图表。

维者而言是重要的目标。我们必须对我们所运用的信息源保持警惕。我们必须批判性地分析如何利用自己的经验。经验可以是最好的老师，但是带偏见的经验会强化偏见，歪曲的经验会支持失真的事实，自我欺骗式的经验会导致自我蒙骗。因此，我们不要在任何形式上把我们的经验看成神圣的，而是应该把它当作思维的一个重要方面，而这个方面必须和其他方面一样，接受批判性的分析和评价。

人类生活中存在的大量问题，都是因为人们没能理解信息在我们所做的每一件事中所起的作用导致的。比如，人们经常不能发现，他们在就一个复杂问题进行推理的时候，从自己的思维中排除掉了重要信息。人们突然要利用信息的时候，往往用"自动导航"进行操作。但是，当他们清楚地注意到信息的重要性时，就会更审慎地得出结论。他们会在别人忽略寻求信息这一环的必要性时去寻求信息。他们会像质疑其他人利用的信息一样质疑自己所拥有的信息。他们意识到自己思维的质量取决于他们用来得出结论的信息的质量。

区分僵化的信息、活跃的谬知和活性知识

大脑有三种接收信息的不同方式：（1）将僵化的信息内化；（2）形成活跃的谬知；（3）获取活性知识。

僵化的信息

言及僵化的信息，我们的意思是那些被吸收进大脑的信息，尽管它们被记住了，但是并没被我们理解——尽管事实上我们认为自己理解了。比如，在上学期间，很多美国人都吸收了大量有关民主的知识。这些知识让他们相信自己处在民

主之中。他们内化的很大一部分信息经常组成空洞的语言信息。比如，很多美国小孩从学校学到的是"民主国家就是政府和人民的，由人民组成，为了人民"。这种易使人接受的词汇往往印入他们的大脑，让他们认为自己懂得了民主的含

> **僵化的信息**：被吸收进大脑的信息，尽管大脑记住了这些信息，但是没有理解，因而也无法运用。

义。尽管他们当中的大多数人不会将这种知识转换成任何实际的标准，并用其评估任何特定国家民主的程度或者缺乏民主的程度。

因此，人们往往不能充分地思考他们在学校中记住的信息，并将其转换成一些对他们的大脑有真实意义的东西。很多信息都存储在对其进行加工处理的大脑之中，它们仅仅是空洞的说辞（在大脑中是惰性的或僵化的）。但批判性思维者会通过了解哪些信息是僵化的，然后试图将其从头脑中清除；或者通过分析，将之转化成某些有意义的东西。

观念检核与实践 搜寻僵化信息

回顾你在学校或家庭里掌握的信息，寻找那些你可能会经常用来反复训导自己的信息，看看它的性质是否属于我们所称的僵化信息。比如，回顾主观领域的口号、回顾少许的记忆、回顾一小段内容以及回顾你经常听到但可能没有弄懂的谚语，看看你能探测出多少僵化信息的候选对象。然后对这些候选对象中的每一个对象按以下标准进行甄别：如果你无法解释它或有效地运用它，那它可能在你的头脑中就属于僵化信息。如果很不巧，你没能找到这类信息，不要认为你的大脑中就没有这类信息，而应该这样认为：这是失败的临界，而不是成功的有效证明和常规情况。

活跃的谬知

活跃的谬知意味着那些被我们的大脑接受并被积极地使用但属于错误的信息，尽管我们错误地认为它是正确的。哲学家勒内·笛卡尔谈及动物时自信地认

定，动物没有情感，它们只是简单的
自动化的机器。在这一活跃的谬知的
基础上，他在动物身上开展了令人讨
厌的实验，并将动物痛苦的哀号只看
作简单的声音。

> **活跃的谬知**：我们的意思是那些被我们的大脑接受并被积极地使用但属于错误的信息，尽管我们错误地认为它是正确的。

有些人相信，通过活跃的谬知，他们能理解他们所不能理解的事物、事件、人以及各种情景。他们以错误的观念、假象和错误的概念为基础展开行动，常常导致不必要的浪费、痛苦和苦难。有时活跃的谬知是涉及上百万人大规模行动的基础（想想纳粹有关"德意志民族是优等民族，而犹太民族是劣等民族"的思想所造成的后果）。有时它是一个个体的错误概念，只被一个个体在有限的环境中所实践。无论活跃的谬知存在于哪里，它都是危险的。因而，质疑我们的信念，特别是当我们以它们为行动基础对其他人造成严重的伤害、损害和痛苦的潜在意涵时会显得尤其重要。假定每个人在事实上都有一些某种形式的活跃的谬知是合理的，尽我们所能去清除这样的信念是所有人的责任。请想想摩托车手，他们自信自己能在喝醉的情况下安全地驾驶摩托车。请想想吸烟对健康没有任何消极影响这样的信念。

要轻松地界定什么是活跃的谬知殊非易事。活跃的谬知这一概念很重要，其重要性与我们是否确定这样的信息被偶然发现是错误的或存在误导无关。我们需要牢记于心的就是明确活跃的谬知的情况，使得我们对它有一个清晰的认识，并从自身出发，警惕那些我们偶然发现的、有可能是错误的相关信息。绝大多数因活跃的谬知而导致对他人施加了伤害的人，可能没有意识到自己伤害了他人。谬知被当成了真理，而非一般问题。

观念检核与实践 搜寻活跃的谬知

回顾你在学校、工作和家庭中所接受的教导，找出你曾经相信是正确的，但是现在已经发现是错误的且是有害的那些观念。比如，在你的成长过程中，你可能会从你的同辈群体中学到一些活跃的谬知，想想你所学的东西是多么地"来之不易"。看看你思维中能检测到多少观念源于活跃的谬知，用以下标准来测试它们：在某段时间，我认为它是正确的，但是现在我知道它是错误的。如果很不巧，你没有找到任何这方面的观念，不要认为你就没有活跃的谬知，追问自己找到它们为什么有困难（导致这种情况有两种可能，分别是自我蒙蔽和批判性尚未形成）。

活性知识

活性知识意指被大脑所接受且被积极利用的信息。这些信息不但真实，而且当它被深刻地理解后，能通过其隐含意义带给我们越来越多的知识，并带给我们更深的理解和理智的行为。

> **活性知识**：被大脑所接受且被积极利用的信息。这些信息不仅真实，而且在它被深刻地理解后，能通过其隐含意义带给我们越来越多的知识，并带给我们更深的理解和理智的行为。

科学家通过科学手段获得活性知识。他们运用这些手段（假设、预测、严格控制的实验、观察以及暂时性的结论）以获得越来越多的知识。这些手段很强大，迫使人们的思维得到训练，并为对抗误用提供安全防护。

数学的基本原理代表了有关数量、形状、空间以及运动方面的活性知识。它使得审慎的思考者能在准确信息的基础上形成准确的结论。

批判性思维者的基本原则代表了有关思维的各个要素、能通过思维进行评估的标准以及思维得以提高的方式这三方面的活性知识。随着我们在现有知识的基础上发现新的知识和训练有素地思考新的信息，这些原则可以一遍遍地被运用。

观念检核与实践 **搜寻活性知识**

列一个清单，上面写出你毫无疑问地相信是真实的重要观念——这样的观念，当你认真对待它们时会形成活性知识。请用以下格式回答。

1. 我认为非常重要的一个观念是＿＿＿＿＿＿＿＿＿＿＿＿＿＿＿＿＿＿＿＿＿。

2. 这个观念在我的思维和生活中是以下面的方式被激活的。在以下方式下，我生活得很不一样，因为这些观念＿＿＿＿＿＿＿＿＿＿＿＿＿＿＿。

当寻求信息时该问的一些关键问题

批判性思维中的一项重要技能就是评估信息。这一技能的形成要从三个重要认知开始：第一，信息和事实不是一回事，信息和对信息的澄清也不是一回事；第二，每一件被报告为"事实"或"真理"的事情并非必然就是事实或真相；第三，发布自权威渠道和有特定背景渠道的信息，也包括有权威和特定背景的个人或群体所宣称的信息，都是没有准确性或可信性保证的。请考虑以下对你非常有帮助的格言：一个受过教育的人是这样一个人，他了解到，信息最终几乎总是不完整的，是非常有可能出错的、有误导性的、编造的和虚假的——也就是说，信息经常大错特错。

> **问题：** 开放讨论或探究的难题或麻烦；一些在追求学习或获得知识的过程中被问及的东西。

审慎的专业人士在他们的工作领域中会运用一个范围广泛的系列防护措施来保障信息的真实性，但是要从某个领域的某项实际研究中孤立地学习这些防护措施是不可能的。然而，对于一般信息，特别是对那些报告出来是为了支持某个个体或群体私利的信念这方面的信息，养成一种审慎的怀疑态度是可能的。通过对呈现给我们的信息按规则询问一些关键问题，可以体现出这种怀疑态度。

- 在多大程度上，我们能通过直接经验去检验所宣称内容的真实性？
- 我会在多大程度上相信某个自己认为属实或有判断信心的内容？
- 在评估这类说法时有没有一个明确的体系或过程？
- 接受这些信息是否增加了那些宣扬这些信息的个体或群体的既得利益？
- 宣扬这些信息的人是否在让这些信息遭到质疑而令他人感到难受？

这些问题（无论是其中的单个问题还是一整组问题）都不是万应灵丹。所有的事情都取决于我们如何把它们贯彻到底。配合好的判断使用，它们能帮助我们减少自己在评估信息时所犯的错误，但它们不能防止我们犯这类错误。在后面的章节中，我们对信息的这一关注将会用更深入的方式进行下去。但是，当呈现给你的信息被报告成一种正确而重要的信息时，你可以从现在开始练习询问前面的那些问题。

观念检核与实践 **评估信息**

想一想你认为下面的言论是对是错，然后对其进行评估，并阐释你的推理。

1. 你听一个男同事讲，女性在担任管理者角色时不如男性，因为她们面对员工时太"软"，而面对危机时太情绪化。

2. 你的一个朋友宣称他的占星术很准，因为他已经用它弄清楚了自己所熟悉的人为什么会有那种行为表现。他也声称，你能够用它预测人们最可能出现的行为，包括确定谁将理解婚姻（或不要婚姻）的意义。

3. 你听到某人说，"科学家应该利用《圣经》的陈述来评估科学发现，因为任何事情与《圣经》（或神的世界）相冲突都必然是错误的"。

4. 你读到一则报道，说一个人在心脏被撞击后死而复生。这个死而复生的人讲，阴间的确是存在的，因为在他死的时候碰到了一个灵魂。

5. 你的一个朋友宣称，宇宙是靠精神原则运行的，他引用事实说，曾经当他一个人独自在沙漠的时候，宇宙给了他一段颂歌（一段圣歌）。

6. 你听到一名妇女说，很明显，没有一个男人能理解一个女人，因为男人没有办法拥有成为一个女人的经验。

区分推断和假定

我们已经说过，推理的要素之间相互关联。它们中的任何一者都会不断地影响其他要素，又被其他要素所影响。我们现在将详细聚焦两个要素间的重要关系：推断和假定。学会区分推断和假定是批判性思维的一项重要技能，很多人混淆了二者间的区别，让我们从回顾它们的基本含义开始。

> **推断：**所有的推断都是心智活动的一个步骤，是一种智力活动，通过它，人们可以根据某事项的真实性断定另一事项的真实性。如果你手里拿着一把刀接近我，我可能会推断你的目的是想伤害我。推断可能准确，也可能不准确；可能符合逻辑，也可能不符合逻辑；可能有正当理据，也可能没有正当理据。
>
> **假定：**假定就是被我们当成理所当然的或前提的东西，它往往是我们事先了解且不予质疑的东西。它是我们信念体系中的一部分。我们认定我们的信念是正确的，并用它们来解释我们的世界。如果你相信深夜在一座大城市走路是危险的，而你现在身处芝加哥，你将推断出深夜外出是危险的。在这其中，你把"深夜在一座大城市走路是危险的"当成你理所当然的信念。如果你的信念是合理的，那么你的假定就是合理的。如果你的信念是不合理的，那么你的假定就是不合理的。信念以及其后的假定，可能是有正当理据的，也可能是没有正当理据的，这取决于我们是否能给它们提供良好的理据。请考虑这样一个例子，"我听到门边有窸窸窣窣的声音，我起身开门让猫进来"。我的推断是建立在这样一个假定（我的事先信念）基础之上的，即只有猫会弄出那种声音，并且只有当它想进来的时候才会弄出那种声音。

人类很自然地经常将自己的信念当成假定，并用这些假定进行推断。我们必须通过这样做来弄清楚我们在哪里，我们在追求什么，又发生了什么。假定和推断无处不在地渗透进我们的生活中，因为我们不能没有它们。我们做出判断、进行翻译以及得出结论都建立在自己所形成的信念的基础上（见图6–6）。

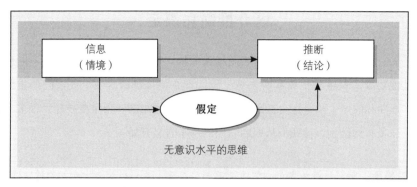

图6-6　人类经常在特定情景下得出结论，这些结论是建立在各种假定基础上的，而假定通常是在无意识水平下形成的

　　如果你把人放在任何一个特定情景中，那么他们就开始赋予事物这样或那样的意义。人们自动地做出推断，以获得对情景的基本理解和发展方向。我们做出推断是如此地迅速而自动化，不需要训练，我们都没有注意到它们的发生。我们看到乌云就推断要下雨，我们听到门铃声就推断有人到访。我们看到一张绷着的脸，就推断某人生气了。如果我们的朋友迟到了，就推断他不替别人着想。我们遇到一个高大的家伙，就推断他擅长打篮球。我们遇到一个亚洲人，就推断他擅长数学。我们遇到一个衣着光鲜的人，就推断他是个成功人士。我们想想我们将要开张的生意，就推断我们必将成功，因为我们渴望自己生意兴隆。

　　在我们写作的过程中，我们推断有关读者的构成以决定我要写什么。我们做出推断以澄清我们说什么，什么需要进一步的解释，什么需要或不需要举例说明或阐述。我们的很多推断都是有清楚理据和合理的，但是有些不是。

　　一如既往，批判性思维的一个重要组成部分是将我们思想中的潜意识带入到意识实现水平的艺术，这包括从众多推断方式中识别和重构我们所做推断的技能。通过推断塑造经验的各种方式对我们来说变得越来越明显。这项技能使得我们将自己的经验分成两类：我们学习区分经验的原始资料与我们对这些资料的解释，以及我们对这些资料所做的推断之间的区别。最终，我们需要认识到，我们所做的推断受到我们对人、对事的相关观点和假定的深刻影响，能认识到这一点，将令我们处在一个能够开阔自己的外部视野、能从多个观点来看待自己的处境以及由此变得思想更开放的有利位置。

不同的人往往会做出不同的推断，原因是尽管人们会处在相同的情境，却有着不同的观点，彼此看待资料的方式也会不同。从另外一个角度来说，人们对所看见的东西有着不同的假定。比如，假设两个人看见有个人躺在排水沟中，其中一人可能推断"那是个喝醉的流浪汉"，另一人可能会推断"那是个需要帮助的人"。这些推断建立在不同的假定的基础上。这些假定包括人们在什么条件下会落在排水沟中，而这些假定又与人们形成的每一个观点相关联。第一个人假定"只有醉汉才会躺在排水沟中"，第二个人假定"会在排水沟中的人都是需要帮助的人"。

第一个人可能形成了这样一个观点，那就是人们对发生在自己身上的事情负有最根本的责任，他们能够照顾好自己。第二个人可能形成了这样一个观点，那就是人们经常遭遇他们无法控制的力量或事件。这两个人的推理造成了他们的推断和假定不同，这一点可以被接下来的解释所刻画。

第一个人

情景：一个男人躺在排水沟中；

推断：那是个流浪汉；

假定：只有流浪汉才躺在排水沟中。

第二个人

情景：一个男人躺在排水沟中；

推断：那个人需要帮助；

假定：任何躺在排水沟的人都需要得到帮助。

只要大家关心自己思维的发展，就需要开始关注我们所做的推断，我们的推断所基于的假定以及正在形成的世界观。为了做到这一点，我们需要在关注自己的推断和弄清楚引导我们做出这些推断的假定方面进行大量的练习。

观念检核与实践 区分信息、推断和假定

作为一个思考者，具备区分信息、推断以及假定的能力很重要。当我们处在某个特定情景时，我们很自然地做出一些推断。我们对情景下结论、

通过我们的解释赋予情景意义，而这些推断则是我们所做过的或正在做的假定的结果。

比如，你在以下情况中会做出何种推断呢？

- 如果现在是中午 12:00 了（是吃午饭的时间了）。
- 如果天空中正乌云聚集（可能快要下雨了）。
- 如果杰克上班的时候眼睛是乌青的（他可能和人打了一架，并被人打了）。
- 如果屋顶的一角有网状物（可能是蜘蛛网）。
- 如果在高速公路上发生了严重的交通事故（我上班可能要迟到了）。
- 如果现在是中午 12:00，而你推断现在是吃午饭的时间了，那么你的假定是什么（无论是什么时候的中午 12:00，都是吃午饭的时间）？
- 如果现在天空乌云聚集，而你推断可能要下雨了，你的假定是什么（当天空乌云聚集的时候，通常都会下雨）？
- 如果杰克上班的时候眼睛是乌青的，而你推断他必定和人打架并被人打了。你的假定是什么（只有被人打了，眼睛才会被弄得乌青）？

在下面的活动中，我们将为你提供各种情景（信息）。我们希望你能指出在这个情景中的人将做出怎样的推断（正确还是错误）。基于不同的人存在大量不同的信念，通常不同的人会做出各种不同的推断。而在描述了你认为的那些情景中的人会如何推断以后，指出会导致人做出这种推断的假定是什么。作为建议，首先指出一个可能的推断（是否理性）。

然后，也只有在此之后，试图弄清楚那些情景中的假定。假定将会导致一个人做出一个特定推断的归纳，我们提供了两个例子供你作为起点。

信息	可能会有的推断	做出这一推断的人可能会有的假定
1.你看见一个坐在轮椅上的女人	她的生活必定过得悲惨	所有在轮椅上的人的生活都悲惨
2.一个警官跟踪你的车跟了几条街	他将逮捕我	当警官跟踪人的时候，这个警官就是想逮捕人
3.你看见小卖部旁一个小孩在他母亲身边哭		

续前表

信息	可能会有的推断	做出这一推断的人可能会有的假定
4. 与你同部门的其他人都加了薪，而你没获得加薪		
5. 你碰到了一个金发丽人		
6. 你看到一个男人在书店翻看一本卡尔·马克思的书		
7. 在饭店，你的朋友点了一份很生的牛排		
8. 一个同事告诉你，她怀孕了并且要去堕胎		
9. 你未成年的儿子某天迟至深夜才回家		
10. 你的配偶在一个深夜的晚会上迷上了一个有魅力的异性		
11. 午夜的时候，电话铃声响了		
12. 对你重要的人答应给你打电话却没打		

我们一旦注意到自己思维中所做的那些潜在的推断和假定，就会使得我们开始获得对自己思维的训导力。因为人类所有的思维在本质上都是推断性的，因此对自己思维的训导力取决于对深植于思维中推断的训导力，以及对潜藏于其中的假定的训导力。请想想制订计划的方式，以及通过自己的思维解决日常事情的方式。我们想到自己正准备吃早餐、准备上班，准时到达、参加会议、完成必要的任务，计划吃午饭、付账、参加小型会谈，等等。用另一种方式来说，就是我们在持续不断地解释自己的行动、赋予它们意义，并对我们生活中下一步将要做什么进行推断。

也就是说，我们必须在大量可能的意义之间进行选择。比如，我是在"放松"还是在"浪费时间"？我们是"坚决的"还是"倔强的"？我是"加入"一段谈话还是在一段谈话中"插嘴"？别人是"对我笑"还是"在嘲笑我"？我是在"帮助一个朋友"还是在"利用一个朋友"？每一次我们解释自己的行为，每

117

一次我们赋予它们意义，我们是在一个或更多假定的基础上进行一项或更多的推理。

作为人类，我们不断在对我们自己、自己的工作、我们的配偶、老师以及这世界的一切做出假定。我们把一些东西看成理所当然的，是因为我们无法质疑所有的事情。有时候我们把一些错误的事情当成理所当然的。比如，我们奔向商店（假定我们带足了钱），而当到达的时候才发现把钱落在家里了。我们认为车有足够的油，结果发现它没油了。我们认为一个东西打折了便值得去买，结果发现它在打折前提价了。我们认为将要或不会下雨。我们认为汽车在拧钥匙和踩下油门时就会发动。我们认为自己在处理与别人的关系方面做得很好。

尽管我们不知道，我们做了成千上万个假定——一点都没想到它们。它们大多数都是合理的和有理据支持的，但是有些则不是。接下来的问题便成为：我们如何开始意识到我们所做的推断和所做的假定，这些推断、观点和我们正在形成的世界观是我们思维的基础。

随着我们在鉴别自己的推断和假定方面变得娴熟，我们就在质疑自己对任意一个对象所做的假定在多大程度上拥有正当理由方面占据了有利位置。比如，我们是否认定"每个人是中午12:00吃午餐"这方面有理据呢？我们是否认定"在天空乌云聚集的时候将要下雨"这方面有理据呢？我们是否假定"一个人眼睛乌青就是因为被另一个人打了所致"这方面有理据呢？其中的要点是，在我们处理日常事务时，我们做了大量假定。我们必须意识到这一点并能合理质疑它们。

随着我们养成这些批判性的直觉，我们必须对自己的推断以及其他方面增加关注。我们必须增加对自己和其他人将什么作为理所当然的事物的关注。我们必须增加对"自己的观点如何塑造自己的经验"的关注。

观念检核与实践 **进一步练习区分推断和假定**

运用我们在前面的活动中采用的相同模式，请通过自己的思考提出10项有趣的事情，其中每一项都包括一个情景、一个在这个情景中可能会做出的推断以及导致做出这一推断的假定。

信息	可能会做出的推断	导致这一推断的假定
1.		
2.		
3.		
4.		
5.		
6.		
7.		
8.		
9.		
10.		

理解意涵

在所有的批判性思维技能中，最重要的能力就是去区分一个陈述或一个情景的实际意涵与意涵是什么，以及人们从中可能做出的唯一的（以及错误的）推断是什么。又一次，推断成为我们的大脑中得出结论的步骤之一。比如，如果太阳正在升起，我们能推断出现在是早晨。批判性思维者试图监控自己的思维，从而使得他们

> **意涵 / 暗示：**意涵就是其他论断或事实背后的特定的论断或事实。它们代表了观念之间或事物之间的逻辑关系。暗示就是间接的或间接提及的提示，一种隐含的提示、建议、秘密、限定。词语上的意涵就是思想、假定、观点以及信念等，交谈或交流中词语的暗示、由语言逻辑所赋予的东西。

的推断赋予一个情景所蕴含的唯一意义恰到好处。如果我感觉不舒服，并去请医生做诊断，那么我希望医生能准确地推断出我的症状的意涵。比如，在我实际上患有病毒性流感需要用抗生素的时候，我不希望医生推断我只是患有简单的伤风感冒，不需要用药。我的症状意味着我患有特定的疾病，也就意味着我需要特定的治疗。我希望医生准确地推断出我所患的疾病，以及由此准确地推断出这一疾

病需要的治疗方案。

在思维中，人们没能成功地想透情景背后的意涵是常有的事。没能想透一个问题或决策背后的意涵，常常导致消极的后果。

在任何情景中，都可能存在三种意涵：客观上潜在的可能意涵、基于几分根据猜测的可能意涵以及必定要有的意涵。比如，你每次开车，客观上潜在的可能意涵是你可能发生交通事故；如果你在一个雨天喝得很醉，又在一条拥堵的道路上把车开得很快，一个有几分根据的猜测的可能意涵是你将发生交通事故；如果你在一条高速公路的干道上把车开得很快，而液压制动中的液体全都排出了制动筒，此时另一辆车瞬间插到你的车前面并停车，一个不可避免的必定要有的意涵就是你将发生交通事故。

我们将词汇"结果"的意思预设为在特定情况下实际发生的事情。简而言之，结果就是在某情景中发生的事实。如果我们擅长鉴别（对之做出合理的推断）有可能的、有可能会发生的以及必然之间的意涵，我们就能采取措施，让积极的结果出现的可能最大化，而让消极的结果出现的可能最小化。另一方面，我们确实想了解潜在的积极意涵，我们需要去理解和利用情景中所蕴含的客观概率。

我们研究事物的逻辑，从而对认知事物的意涵以及相应的行动变得娴熟，做好这一点的艺术就是做出合理推断的艺术，其中对推断的要求是通过对事物发展逻辑的准确理解而做出有关特定情景的意涵的推断。作为一个思考者，我们想在做决策和行动之前弄清楚决策的所有潜在意涵（有可能的、有可能会发生的以及必然的）。

除了具体情景的意涵之外，还有就是我们所用词语背后的意涵，它们是根植于自然语言中的意义。当我们与人交流的时候，所用的词语总是存在意涵的。举例来说，如果我告诉我的女儿，她不能去她朋友家玩，因为她没能把自己的房间打扫干净。我的话语中就暗含了如果她想到朋友家玩的话，她就有责任打扫自己的房间。我对女儿的陈述以及我认为她应该为没有打扫房间而承担后果的观点是合理的，如果：

- 我事先与她交代了要她打扫干净自己房间的要求；
- 我已经充分阐释我的理由以及没能达成我所提要求的后果。

接下来，作为一个思考者，我需要注意到，当我说一些东西的时候，我所暗示的准确的东西是什么。我也需要将我所暗示的东西的合理性考虑在内。如果我们做到了，就符合了"说出我们的意思，并让说出的意思就是所要说的"这样一条原则——诚信是很重要的原则之一。

正如我们交流的时候语言存在隐含意义一样，我们谈论事物的方式也存在隐含意义。比如，"你为什么没打扫厨房"这样的话语，平静地问与大声咆哮地问，在意涵上是存在诸多不同的。在第一种情况下，我也许仅仅意指认为你已经打扫了厨房，除此之外没有其他任何意思；在第二种情况下，我意指你没打扫好厨房是一件严重的事情，需要被严厉地训斥。

还有，既然我们可能注意不到某个情景的意涵或我们所说话语的意涵，我们也可能注意不到别人对我们所说话语的意涵。人们往往不能准确地推断别人语言中的暗示是或不是什么（意思）。人们经常解读到的东西比别人实际说的多，推断的比所暗示的要远。比如，你的配偶希望你在做重大的购买决定时要咨询他的意见，并且没有其他别的意思。你不希望做出这样的推断，那就是他认为你不是一个明智的决策者，也不意味着他不希望你曾独自做任何重要的决定，或者也不意味着他认为在做决定这方面比你强。

总而言之，作为行进中的思维提升者，我们希望你认识到意涵在人类生活中扮演着重要角色。当我们在弄清楚一个难题、一个议题或一个疑问的时候，我们希望你弄清楚我们所做决策的所有重要意涵。我们只希望推断出特定情景中所暗示的东西。当我们在运用语言的时候，我们需要关注我们所暗示的东西。当别人与我们讲话的时候，无论是口头语还是书面语，我们需要从逻辑上弄清楚它们的意涵是什么。在每一种情况中，我们希望能精确地阐释实际可能发生的事物的逻辑，以及只推断出真正的暗示，不多也不少。

观念检核与实践　弄清楚你潜在决策的意涵

　　弄清楚你所面对的决策或你试图解决的难题背后的意涵是批判性思维者的重要技能。在这一项活动中，我们希望你想出一个需要解决的难题或一个需要做出的决策，并完成下面的陈述。

　　1. 那个我们所要面临的难题或决策是＿＿＿＿＿＿＿＿＿＿＿＿＿＿＿＿＿＿。

　　2. 对这一难题的一些潜在的解决方案或对这一决策的潜在选择是＿＿＿＿

　　＿＿＿＿＿＿＿＿＿＿＿＿＿＿＿＿＿＿＿＿＿＿＿＿＿＿＿＿＿＿＿＿＿＿。

　　3. 对每一种解决方案或决策项来说，我们的解决方案或决策上的行为背后合乎逻辑的意涵是＿＿＿＿＿＿＿＿＿＿＿＿＿＿＿＿＿＿＿＿＿＿。

在各观点内和各观点间思考

> 观点：你看待某事物的精确立场；事物被看待的心理角度；同时包括你所关注的和看待它的方式。

　　观点是需要把握的要素中最具挑战性的要素之一。一方面，对大多数人来说，在他们思考的时候观点是高度直觉化的东西。另一方面，当我们要求人们在对某事做出透彻推理的过程中去鉴别或阐释他们的观点，他们就很可能开始表达所想到的任何事。很显然，大多数人对如何识别某人的观点缺乏清晰的途径，其中也包括他们自己的观点。

　　让我们开始认识到，我们的观点是存在诸多潜在源头的：时间、文化、宗教、性别、学科、职业、同事群体、经济利益、情绪状态、社会角色或同辈群体——还可以罗列更多。比如，我们可以从以下角度看待世界：

● 一个时间点（16 世纪、17 世纪、18 世纪以及 19 世纪）；

● 一种文化（西方的、东方的、南美洲的、日本的、土耳其的以及法国的）；

- 一种宗教（佛教、基督教、伊斯兰教以及犹太教）；
- 一种性别（男性、女性）；
- 性别取向（同性恋、异性恋）；
- 一种职业（律师、经理、心理学家、教师）；
- 一种学科（生物学、化学、地理学、天文学、历史学、社会学、哲学、人类学、文学、艺术、音乐、舞蹈学、诗歌艺术）；
- 一个社会团体；
- 一个职业群体；
- 一种经济利益；
- 一种情绪状态；
- 一个同辈群体；
- 一种公司文化。

对一个个体而言，其主要观点反映的是上述这些维度中一些方面的组合。遗憾的是，我们大多数人对我们的观点受这些因素的影响程度很少关注。通常人们不会说"这反映了我从某方面来看待它是怎样的"。通常，人们说某些事情便暗含着"事情本来就该以这种方式看"。我们的大脑倾向于将我们的经验绝对化。我们很容易感觉不到我们看待事物方式的偏好。

这一论断不是一种认知上的相对性（一种自我反驳的观点，也就是任何事物都是相对的，没有任何事物可以被证实）。从某些观点出发看待事物，并不能否定我们区分准确陈述和不准确陈述的能力。医生从医疗健康的角度看待患者，并不会令他的诊断变得具有相对性或任意性。

运用批判性思维掌控看待事物的方式

在思维的所有要素都被考虑的情况下，我们可以通过练习将自己的观点带入外显开放的状态，以掌握自己的观点。我们越能认知到我们的思维中以及其他人的思维中观点所起的作用，我们就越能学着思考这些观点，也就越能在我们有效的思维中运用这些观点。

观念检核与实践 练习让我们的观点外显化

下面是我们在思维中可能涉及的思维对象的一个列表，从下面列表中选择七个可能的对象进行思考，然后从你自己的观点出发，看看你会如何看待所选的每一个对象。比如，你可以决定这样写，"当我看到某人时，我看到了一个为寻找快乐而奋斗的对象"，或"当我看到未来时，我看到自己作为一名律师正在打一个环境保护的案子"，或"当我看到医疗系统时，我看到了一个没有为穷人提供足够医疗保障的医疗系统"。你一旦写下你的句子，看看你能否进一步描述你所说的是如何阐释你的观点的。

人生	我的未来	终身学习
男人	我们作为一个国家所面临的问题	未来
女人	我们作为一个种族所面临的问题	财富
人类冲突	大规模运输	财富接受者
学习	环境	药物使用
过往	没有安全保障的人	科学
政治	我们的医疗系统	人类价值
力量	现代的生活方式	堕胎
艺术	现代的美国城市	警察
电视	新年龄段者的思想	选举
计算机	人类的性行为	素食者
新闻	婚姻	自由党人（美国两党政治中的一个党派成员）
我的经济前途	美国的生活	保守党人（美国两党政治中的另一个党派成员）
未来的教育	宗教	激进分子
	所得税	

根据你在前面所选定的七个考虑的对象完成如下句子：

1. 当我看待＿＿＿＿＿＿＿＿＿＿＿＿＿＿，（从我的观点出发）我看到＿＿＿＿＿＿＿＿＿＿＿＿＿＿＿＿＿＿＿＿＿＿＿。

2. 当我看待＿＿＿＿＿＿＿＿＿＿＿＿＿＿，（从我的观点出发）我看到＿＿＿＿＿＿＿＿＿＿＿＿＿＿＿＿＿＿＿＿＿＿＿。

3. 当我看待_____，（从我的观点出发）我看

　　到_____。

4. 当我看待_____，（从我的观点出发）我看

　　到_____。

5. 当我看待_____，（从我的观点出发）我看

　　到_____。

6. 当我看待_____，（从我的观点出发）我看

　　到_____。

7. 当我看待_____，（从我的观点出发）我看

　　到_____。

批判性思维者的观点

批判性思维者之间在批判性思维的价值上，怀有一个共同的核心目的。这个事实有着一系列的意涵。其中一个最重要的意涵就是，批判性思维者将外显地训导自己思维过程的能力看作控制自己行为的关键，具体到学习过程，那就是使得他们将听、说、读、写作为一种灵巧的思维模式看待。

他们阅读的时候，将文本内容看成作者的思维，其实不过是一种词汇表征的思维而已。他们努力吸收作者的观点，努力在自己的大脑中重构作者的思维。他们写作的时候，把它看成一种向大众外显地表达他们观点的事情。他们利用自己对潜在受众思维的透彻了解，将他们的思维用一种最容易接受的方式呈现出来。他们的演说反映了对双向交流的重视。他们利用谈话找出观点需要特别强调之处，并同时关注他们的谈话对象观点的特别强调之处。他们不把自己的观点强加于人。他们认识到人们应该用自己的方式去形成思想和信念。因此，相对于分享最后的结论，他们更多的是分享经验和信息。他们用一种换位的方式倾听别人的思考。相对于下断言，他们更多的是提问。

批判性思维者在有关他们自己的观念上存在一个与众不同之处。他们将自己看成一个有能力的学习者。他们对自己的学习存在一个"能做好"的想象。他们

不将对立的观点看作对他们自己信念的威胁。他们将所有的信念都看成主观的东西，一旦面对新的证据或更好的理据就需要改变。他们将自己看成终身学习者。

▶ 生活中的批判性思维

就像学习篮球、网球、橄榄球或者其他任何运动的第一步是去学习最基本的要领一样，初学批判性思维就是要去学思维最基本的要素。因为如果我们不能准确地对某人的思维组成部分进行分析，我们在评价它的时候就处于不利地位。

分析思维中的要素是思维评估的必要不充分条件。要评估思维，还需要认知标准方面的知识。这些标准使得思维质量的好坏凸显出来。比如，在推理中，清晰的就是好的，不清晰的就是坏；准确的就是好的，不准确的就是坏的。我们将在下一章聚焦于这些标准，阐释如何将它们运用于思维的要素之上（见图 6–7）。

▶ 内省时刻

总结你在本章和上一章中所学到的关键思想，然后按以下方式写下你的观点。

❶ 我弄懂本章内容的过程中，所内化的主要观念是＿＿＿＿＿＿＿＿＿＿
＿＿＿＿＿＿＿＿＿＿＿＿＿＿＿＿＿＿＿＿＿＿＿＿＿＿＿＿＿＿。

❷ 这些观点重要，因为＿＿＿＿＿＿＿＿＿＿＿＿＿＿＿＿＿＿＿＿。

❸ 因为我已经将这些观念内化并在思维中运用，所以我的未来将会很不同＿＿＿＿＿＿＿＿＿＿＿＿＿＿＿＿＿＿＿＿＿＿＿＿＿＿＿＿。

❹ 我把从这本书上所学的观念按照以下方式组合在一起＿＿＿＿＿＿＿＿
＿＿＿＿＿＿＿＿＿＿＿＿＿＿＿＿＿＿＿＿＿＿＿＿＿＿＿＿＿＿。

❺ 这很重要，因为＿＿＿＿＿＿＿＿＿＿＿＿＿＿＿＿＿＿＿＿＿＿＿。

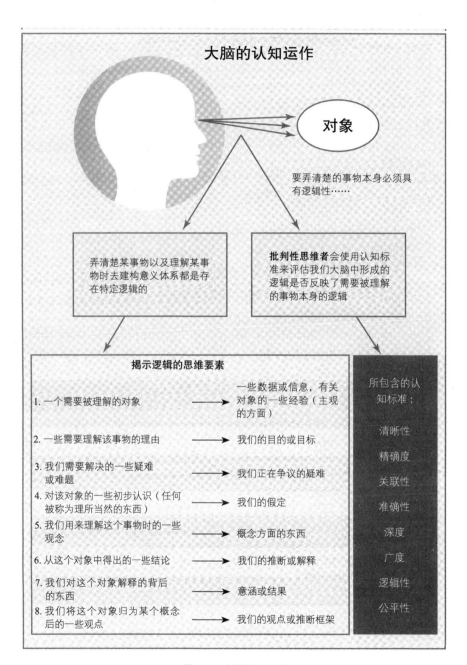

图 6-7　大脑的认知运作

CRITICAL THINKING

07

思维的标准

TOOLS FOR TAKING CHARGE
OF YOUR PROFESSIONAL
AND
PERSONAL LIFE

具备评估自己推理的能力，是批判性思维的一个基本要求。要在评估方面表现良好，则需要我们能一直介入自己的思维，并以思维质量标准为参考来考察思维的各个组成部分。我们做这些时会使用到的标准包括清晰性、准确性、精确性、关联性，以及深度、广度、逻辑性和重要性。批判性思维者认识到，无论他们什么时候推理，他们都是基于特定目的（推理要素中的一种）进行推理的。潜在的目标是深植于思维过程中的。但是当思维的目的和目标清晰（一种思维标准）的时候，他们的推理则能得到提升。同理，要进行良好的推理，他们需要知道，无论是否意识到了，他们的思维都运用了特定的信息（推理的要素）。如果他们能确定自己所运用的信息是准确（思维标准）的，他们的推理水平也将得到提升。

换言之，我们在评估自己推理的时候，希望知道自己在推理中做得有多好。我们通常不以识别推理中的各种要素来自娱自乐（除非我们只是在练习）。我们宁愿分析自己的推理，然后评估它，因为我们意识到不做这些工作时可能出现的消极后果。在评估我们的推理的过程中，以下是一些重要的思维标准：

- 清晰性；
- 关联性；
- 逻辑性；
- 准确性；
- 深度；
- 重要性；
- 精确性；
- 广度；

● 公平性。

一个人可能会用到的重要思维标准并不仅限于这些，它们只是一些最重要的基本原则而已。从这个角度来讲，相比这些思维的标准，思维的要素更具基本性，因为我们所界定的八大要素是普适性的——会出现在所有文化的所有主题下的所有推理中。在自然语言中会存在成百上千乃至更多的思维标准，所以，当我们思维的要素确定按照八个类别进行聚类的时候，会存在多种聚类的方式[①]。换言之，一方面，一个人不可能在没有信息、没有问题、没有观点和没有假定的情况下进行推理；另一方面，现实中存在着大量可供选择的思维标准以供我们提升自己的思维，诸如可信性、可预测性、可行性以及彻底性等。

那么，作为一个批判性思维者，我们心里应该揣着这些问题反思自己的思维：我的思维清晰吗？准确吗？精准吗？具有关联性吗？符合逻辑吗？在处理一个重要问题吗？在当下背景中可以被证明吗？对各个相关的观点公平吗？通常，我们会在一个或多个要素上使用这些标准。

观念检核与实践 **开始思考思维标准**

请考虑下面所列的思维标准。当你在工作时请有意识地关注它们，多次反复尝试识别它们。例如，你能否想象这样一个情景：在一个会议中你正在弄清楚某个人在说什么。你能否想象这样一个情景：你正在质疑某个人所说的话的关联性，如这与我们正在讨论的议题有什么关系？你能否想象这样一个情景：在你正在质疑一项将要做出的决策的公平性？

以下是需要考虑的标准：

• 清晰性；

• 关联性；

• 逻辑性；

[①] 要更深入地了解思维标准，请见理查德·保罗与琳达·埃尔德于 2008 年合著的《思想者的智力标准指南》(*The Thinker's Guide to Intellectual Standards*)，加州狄龙海滩、批判性思维基金会出版。——译者注

- 准确性；
- 深度；
- 重要性；
- 精确性；
- 广度；
- 公平性。

更深入地关注普适性的思维标准

要进行批判性思维需要以基本的思维标准为训导。批判性思维者通常会依据思维标准对思维进行提问。最终目标是让这些问题在思维中变得如此自然，以至于它成为我们内部心声很自然的部分，从而引导我们进行越来越好的推理。在本节中，我们聚焦那些适用于生活中诸多方面的标准和问题。

清晰性

围绕清晰性的问题包括：

- 你能就那一点作详细阐述吗？
- 你能换个方式来表述那一点吗？
- 你能给我一个解释说明吗？
- 你能给我举个例子吗？
- 请让我用自己的语言陈述我对你刚才所说内容的理解，我是否弄清了你的意思？

清晰性标准犹如一栋房屋的大门。如果一个陈述不清晰，那么我们就无从判断它是否准确或关联。实际上，我们甚至无法就此展开任何讨论，因为我们都不清楚所说的是什么。比如，"对美国的教育体制能做些什么"这样的问题就不清晰。为了充分界定这个问题，我们需要对提问者在问这个问题时所考虑的那个所谓"问题"是什么有一个更清楚的理解。一个更清楚的问题或许可以是"为了能保证学生所学的技能可以帮助他们在自己的工作和日常决策中获得成功，从事教育的人能做些什么"，这个问题的清晰性就明显增强了，便为思维提供了更好的引导。它在当下的智力任务中展现出了一种更好的限定方式。

观念检核与实践 将不清晰的思维转换成清晰的思维

你能将一种不清晰的思维转换成清晰思维的吗？请假定你参与了一个有关福利问题的讨论。一个人说，"请让我们面对它——福利已经堕落"，这是什么意思？它可能是什么意思？它可以意指一些非常不同的事情。它可以意指"给予人们并非他们自己挣得的商品或服务，等同于从其他那些能自己挣钱的人身上偷钱"这样一种真实的想法，或者它可能意指"（美国的）福利法案存在如此多的漏洞，利用这些漏洞的人正在享受的补助或服务是法律制定之初无法想象的（一种合乎法律的声明）"，或者它可能意指"享受福利的人通过撒谎和欺骗来对他们所签署的文件予以伪造的现象是非常普遍的，这些行为足以将他们投入监狱（一项关于接受者道德特征的声明）"。

现在考虑这样一个陈述，"她是一个好雇员"。这个陈述并不清晰，因为我们不清楚做出这样一个陈述所处的具体背景。我们不确定"她好"的方式是怎样的。请给出这个陈述三种可能的含义。现在来考虑另一个陈述，"他是一个蠢人"。同样地，请给出这个陈述可能存在的三种不同含义。当你娴熟地区分什么是清晰的、什么是不清晰的时候，你会发现大多数时候，我们既不清楚我们正在想什么，也不清楚我们正在说什么。

澄清你在工作中所面临的一个问题

现在请考虑你当下在工作中所面临的一个问题，尽可能清楚地写下这个问题。然后看看你能否重新阐述这个问题，使得它比原先的问题更清楚。不断地重新阐述这个问题，直到你非常清楚你所面临的问题为止。

准确性

围绕如何进行更准确思维的问题包括：

- 它真实吗？
- 我们该如何检查它是否准确？
- 我们该如何探寻它是否真实？

一个陈述可能很清晰但并不准确，诸如"大多数狗的重量都超过 300 磅[①]"。要准确地陈述就意味着要按照某事物本来的面貌呈现它。人们经常不按照与某事物本来面貌一致的方式呈现或描述一些事情或事件。人们频繁地错误呈现或错误描述事情，特别是当他们的描述涉及重大利益的时候更是如此。广告商便经常做这类事情，以便让购买者看不到某个产品的缺陷。如果一个广告说"我们的水100% 纯净"，而实际上，水中含有微量的氯和铅之类的化学物质，这个广告便是不准确的。当全麦粉已经被漂白和浓缩，并且用其做出的面包含多种添加剂的时候，如果广告商说"这种面包的成分为 100% 的全麦粉"，这个广告也是不准确的。

当有理由对他们所听到的事情是否真实和准确进行质疑的时候，好的思考者在听取陈述的时候会审慎。同样地，当某内容被声称为事实的时候，他们会质疑他们阅读的内容的正确程度。

同时，由于我们倾向于从一种狭隘的、自利的角度进行思考，要断言观念的准确性是困难的。我们很自然地倾向于相信自己的思维自然而然地准确，仅仅因为这些思想是我们的；而且基于类似理由，那些与我们思想不一致的思想就是不准确的。当别人做出的陈述是我们已经相信的思想时，我们也不会质疑别人所做出的那些陈述。同时，我们会倾向于质疑那些与我们观点相冲突的陈述。但是作为一个批判性思维者，我们强迫自己准确地评估自己的观点，并同样如此对待他人的观点，即使这意味着我们的思维中存在缺陷也要坚持这样做。

---

① 1 磅 ≈ 453.59 克。——译者注

识别不准确的陈述

你能否确认你最近听到的某个陈述属于清晰但不准确的陈述？你将在日常的陈述中发现大量这样的例子，这些例子中的陈述要么为人称道，要么被人批判。一般而言，人们倾向于做出两种不准确的陈述：对他们个人喜欢的人给予积极描述（而这些对他们喜欢的人的积极陈述有可能是不真实的），而对他们不喜欢的人给予消极描述（有关他们不喜欢的人不真实的消极事情）。政治驱动的陈述倾向于按照相似的方式进行。看看你能否从自己最近的经验中想出一个陈述不准确的例子，并写下你的答案。

寻找关联的事实

批判性思维的一个重要技能就是评估所宣称的"事实"（某人对诸如此类的事情是事实的断言）的准确性。

在《纽约时报》（1999 年 11 月 29 日）的一则广告中，一个由 60 个非营利组织组成的联合机构控告世界贸易组织（134 个国家的联合体）暗箱操作，暗地里破坏民主机构和环境。在做这一事情的过程中，该非营利机构联合体声称，劳工阶层和穷人并没有从最近 20 年的全球贸易快速增长中明显获益。

在诸多主张中，他们声称有以下事实：

1. 美国的 CEO 们现在获得的平均薪资超过一线劳工的 419 倍，而且这一数字还在增长；
2. 劳工的时薪在最近 10 年下降了 10%；
3. 美国最富有的 20% 的人占据了国家 84.6% 的财富；
4. 475 位资产在 10 亿美元以上的这些世界上最有钱的人的财富相当于世界上 50% 的人年收入的总和。

运用你能找到的任何资源（包括美国的 Turning Point Project 网站，一个非营利机构联合体，www.turningpoint.org），对所声称事实可能的准确性展开讨论。比如，访问世界贸易组织的网站（www.wto.org）。他们可能会挑战某些所声称的事实或者进一步提供他们自己的事实，从而将非营利机构联合体的指控推向不同的方向。

精确性

围绕让思维变得更精准的问题包括：

● 你能否提供进一步的细节？
● 你能够更具体一些？

一个陈述可以既清晰又准确，但是不够精准，"杰克他超重"这样的陈述便是如此（我们不知道杰克究竟有多重——是 1 磅还是 500 磅）。做到精确就是为某人准确地理解某段陈述是什么意思提供所需的细节。有些情景不需要提供细节。如果你问"冰箱里有牛奶吗？"而得到的回答是"是的"，在这种情景中无论是问题还是回答都可能足够精确（尽管它可能具体到冰箱里有多少牛奶）。或者想象你生病了，要去看医生，医生不会讲"每天服用 1.487 694 6 颗抗生素两次"，这种具体的程度或精确的水平可能超过该情景中所使用的程度。

然而，在很多情景中，详细具体对于良好的思维很重要。请让我们假设你的朋友存在财务问题，并问你"面对我的境况，我该怎么办"。在这种情况下，你想探寻一下他的具体想法。在不完全具体的情况下，你帮不到他。你可能会问类似这样的问题："确切来说，问题是什么？""与这个问题有关的准确变量是什么？""详细来说，这一问题的一些可能的解决方案是什么？"

观念检核与实践 识别什么时候需要精确性

你能否想出最近发生在自己工作中或家中的某个情景？在该情景中，你需要更多细节来弄懂一些事情，即存在一个环境，在这个环境中，因为你没有获得详细情况而体验到了消极后果。比如,你是否曾经对某人房屋的方向做过定位,在对这一方向进行定位时是否足够精确?然而当你试图找到那个人的房屋时,你迷路了,原因是在那个方向上你缺乏进一步的细节。

首先界定一个情景,在这个情景中,细节和具体程度是非常重要的(比如,在购买一栋房屋、一台计算机或一辆汽车时);其次界定在这一情景中若你没有获得进行良好思维所需的细节可能会产生怎样的消极后果。

关联性

围绕关联性的问题包括:

- 这一观念与问题产生联系的方式是什么?
- 那些问题如何与议题有关?
- 这一观念如何与其他观念相关?
- 你的问题如何与我们正在处理的议题相关?

一个陈述可能清晰、准确且精确,但是却和问题或议题无关。比如,学生经常认为他们在课程学习中的大量投入会导致成绩的提升。但是,努力程度往往不能用来衡量学生学习的质量,因而与学习成绩没有关联性。当某事物直接与当下的议题产生关联且对当下的议题产生影响时,那么该事物就具备关联性。当某事物与我们正在尝试解决的问题契合或具备可用性的话,该事物也就具备了关联性。非关联性思维诱导我们考虑那些应该放在一边的东西,关联性思维则让我们处在正确的轨道上。由于人们缺乏思维训练,因而往往表现出非关联性思维,他们不知道如何分析那些与议题切实相关的东西。所以,他们不能高效地分析所面临的问题或想清楚面临的议题。

观念检核与实践 识别不相关的陈述

你能否识别出自己最近听到的一段陈述，该陈述清晰、准确且充分精确，但是与环境、问题或议题没有关联？尽管我们在某些时候都会出现偏离某个问题或任务，但是当我们不能让思维聚焦于某些问题或任务而对我们产生重大消极意涵时，需要保持警惕。

请识别出那些人们讨论时倾向于做出非关联性考虑的环境（比如在一场会议中，在班级提问中、在日常对话中，当他们存在一个隐藏的议事日程时，或者由于特定目的仅仅想要掌控谈话）。

请开始探寻其间的关联性，在那里恰当地询问这个简单且不会令人紧张的问题，"你怎么看你刚刚说的和我们现在正在讨论的议题之间的关联性？"定期问自己同样的问题。

深度

围绕思想深度的问题如下所示：

- 你的回答与问题复杂性的对应程度如何？
- 你如何考虑问题中的各种难题？
- 你如何处理问题中最重要的各种因素？

当我们深入问题或议题的表面之下时，界定出隐藏在问题中的复杂性，并接着用一种思想上负责的方式处理这些复杂性，我们便做出了深入思考。不过，即使当我们深入思考且很好地处理了问题中的复杂性时，我们依然会发现问题很难界定。当我们能识别出复杂问题并指出问题每一个层面的复杂性时，我们才会思考得更好。

一段陈述可以清晰、准确、精确且具有关联性，但是却很肤浅，即缺乏深度。假设你被询问应该怎么应对美国毒品泛滥的问题时，你回答道："唯有对其说不。"这种被使用多年的旨在阻止青少年与儿童吸食毒品的口号无疑是清晰、准确、精确且具有关联性的。然而，它缺乏深度，因为它用一种肤浅的方式对待一个极其复杂的问题——也就是说，它很难与我们文化中普遍存在的毒品泛滥问题相匹配，它没有涉及问题的历史、经济、政治、心理学以及人们生理上的成瘾等方面的影响因素。

观念检核与实践 **识别肤浅的途径**

给出一个你在工作中经历过的问题。在这个问题中，你给出的解决方案实质上是肤浅的。如果决策以这样肤浅的思考为基础，跟随这一决策之后的后果是什么？如果有关这一议题的最终决策并未做出，尝试思考一些跟随在用来解决这一问题的肤浅思维的背后意涵是什么？

广度

围绕做出更具广度思维的问题包括：

- 我们是否需要考虑另一个观点？
- 是否存在看待这一问题的不同方式？
- 从保守的立场来看它会怎么样？
- 从某个立场来看会怎么样？

一条推理可能清晰、准确、精确、关联且有深度，但是缺乏广度。例如，无论是从保守主义或自由主义立场出发的论点，它们对议题的探讨都很深，却都只展现了这一问题之中一个立场的深刻见解。

当我们从每一个与当下议题关联的视角对议题予以考虑时，我们就用了一种宽广的方式进行思维。当多种观点都与议题相关，而我们却不能对这些视角给出公正考虑时，我们的思维就很短视或狭隘。我们不会试图理解替代的或相反的观点。

由于诸多原因，人们经常陷入思维的狭隘主义：有限的教育；先天的社会中心主义；天生的自私自利；自我蒙蔽以及认知傲慢。那些与我们持有的观点常常明显不一致的观点对我们来说是威胁。当我们知道在某种程度上，考虑一些观点将会迫使我们重新思考自己观点的时候，忽视那些与我们的角度不一致的观点会比考虑它们更容易。

比如，让我们假设，你喜欢在卧室看着／听着电视，将之作为催眠的方式。但是请让我们进一步假设，你的配偶在开着电视的时候睡不着。那么，现在需要讨论的问题是，"在你和你的配偶要睡觉的时候，你应该在卧室开电视吗？"在这种情况下，你很容易会将自己的"需求"合理化，以使得每天晚上在要睡觉的时候都能开着电视。其间你可能会对你的配偶说类似这样的事情："不开着电视我就睡不着，而且我毕竟真的对你没有提太过分的要求；另外，对你来说，开着电视睡觉似乎并不存在什么大问题。"然而，你的观点和你配偶的观点都与当下需要讨论的问题存在关联。你认识到你配偶的观点与当前问题的关联性，并接着从认知上强调它——当你接受他／她的思维方式，以便对它有真正的理解的时候——你将对这一议题有非常广泛的思考。你将意识到，从一种正常考虑问题的方式出发，将要求你把看待这一情景的两种不同方式都完全考虑在内。但是，如果你不强迫自己从他／她的观点考虑问题，就无需改变自己的自利行为。人类的大脑为了避免放弃它想要的东西，存在着一个首要机制，即它会无意识地拒绝从与它自己的观点不一致的角度出发看问题。

观念检核与实践 对相关议题进行广泛的思考

考虑这样的问题"堕胎有正当的道德理据吗？"有些论调认为堕胎是没有正当的道德理据的，而其他论调则认为有。尝试陈述并详细阐述每一方的观点，清晰客观地阐述每一个观点，并且不要考虑自己的个人观点，用这种方式呈现某个观点。在选择这个观点时，某个真正采纳这一立场的人可能会将之当成准确观点。观点中的每一条推理都应该清晰、准确、精确、关联且有深度，在议题中不要尝试采用你自己的立场。

逻辑性

围绕让思维更具逻辑性的问题包括：

- 所有的这些放在一起符合逻辑吗？
- 这些真的讲得通吗？
- 这些都能根据你所说的得出吗？
- 这些东西如何能根据证据推导得出？
- 之前你用的是这些，现在你说的是那些，我不能理解两者如何同时为真。

当我们思考的时候，我们将大量的思想按照某种秩序放在一起。当我们的思想组合是相互支持且有意义时，思维就是符合逻辑的。当这些组合并不相互支持且在某种意义上相互矛盾时，这种组合就是非逻辑的。由于我们往往持有相互冲突的信念且不自知，因此在人类的生活和思想中很少会发现这种不一致性。

请让我们假设，通过观察学校中学生的标准化测验以及这些测验实际能产生的作用，我们发现，大多数学生都缺乏基本的学术技能，例如阅读、写作、演讲以及核心课程训练（如数学、科学以及历史）。尽管这些都很显而易见，但是教师们往往认为要通过改变他们的授课来提升学生的学习能力是做不到的（而且，实际上他们教学的方式不存在根本性的错误）。鉴于这一证据，这一结论似乎既不符合逻辑，又与事实不符。

让我们来举另外一个例子。假设，你知道有个人有心脏病，而她的医生告诉她必须小心饮食。而这个患者自己断定她吃什么东西其实与病情并没什么关系。鉴于这一证据，她的断定是不符合逻辑、讲不通的。

观念检核与实践 **认同非逻辑思维**

识别出工作中的一个情景，在这个情景中的决策似乎是建立在不符合逻辑的思维基础上的——也就是那种让你难以理解的思维。

1. 那个情景是什么？

2. 在那一情景中，你认为不符合逻辑的思维是什么？为什么你认为它是不符合逻辑的？

3. 那个非逻辑的思维可能导致的一些后果是什么？

重要性

围绕做出更具重要性思维的问题包括：

- 针对这一议题，我们需要的最重要的信息是什么？
- 在某种背景下，为何那个事实显得很重要？
- 这些问题中哪些问题是最重要的？
- 这些观念或概念中哪些是最重要的？

当我们针对各种议题进行推理的时候，我们需要聚焦于我们推理中最重要的信息（与议题相关联），并考虑最重要的观念和概念。我们的思考失败，非常多的情况下都是因为我们认识不到，尽管有很多观念都与某个议题相关联，但是并不是所有的观念都是同等重要的。基于类似的原因，我们经常没能问出最重要的问题，而是仅仅局限于那些表面问题和无足轻重的问题，并从这些问题出发进行思考。比如，大学中很少有学生会围绕诸如此类的重要问题展开思考，"成为一个有教养的人是什么意思？成为一个有教养的人该怎么做？"反之，学生们倾向于对诸如这样的问题展开思考："要在这门课中得'A'我该怎么做？这篇论文该写多少页？我该做些什么以迎合这位教授？"

在我们的工作中，我们太频繁地围绕那些紧迫的事务展开，却因此不能围绕重要的事务开展工作，并为此付出代价。在个人生活中，我们也经常围绕那些微不足道的、世俗的细节展开，而不是围绕我们生活的重要蓝图展开。比如，很少有人会严肃地思考以下这些问题。

- 我在自己的生活中能做的最重要的事情是什么？
- 我这个星期、这个月、这一年要试图完成的最重要的事情是什么？
- 我该如何帮助自己的小孩成为一个心地善良、有爱心、对社会有贡献的人？

● 我该如何与自己的配偶进行最佳的互动，使她知道我对她深深的爱意？

● 我该如何集中精神解决对我产生最大麻烦的事情（而不是那些不重要的、微不足道的细节）？

观念检核与实践 **围绕重要的事情思考**

想一想你生活中的重要事项和细小事项所耗费的时间，将两者做个对比。做完以后，写出以下问题的答案。

1. 在你生活的这一节点上，你应该聚焦的最重要的目标或目的是什么？为什么这一目的很重要？你用了多少时间在这一目的上？

2. 耗费你时间最多的、细枝末节的事情或肤浅的事情是什么（诸如你的外表、给你的朋友或同事留下好印象、在你不需要的东西上花钱、在晚会上聊一些不重要的事情等）？

3. 你怎样做能减少用在这些微不足道的事情上的时间，并增加在那些重要事项上所花的时间？

公平性

围绕确保思维具有公平性的问题包括：

● 对于给出的证据，我的思维公平公正吗？

● 我将那些别人在这一情景中可能会增加其权重的证据考虑在内了吗？

● 这些预设公正吗？

● 鉴于我行为的意涵，我的目的公平吗？

● 我定位这一问题的方式公平吗？或者说我的私人利益是否导致我忽视了问题中的其他观点？

● 我所用的概念公平公正吗？或者说我有没有用一些不公平的概念以图操纵某些人（以及获取我想得到的私利）？

当我们想要弄清楚问题的时候，我们希望确保我们的思维是公正的。要做到公平公正就是在给定的情景中公平地思考。换言之，也就是依据理性进行思考。如果你心中绷着一根弦，时刻提醒自己去使用那些本章中目前已涵盖的其他思维标准，那么你就能（根据暗示）符合公平标准的要求。我们将公平性独立成节是因为人类思维中自我蒙蔽的天性力量太强大。比如，我们经常在思维中蒙蔽自己。实际上，我们正拒绝考虑重要的关联信息，而这一关联信息可能导致我们改变自己的观点（且因此不能追求自己的私利）的时候，我们认为自己在思维中是公平公正的。我们经常追求不公平的目的，以使得我们能得到我们想要的，即使我们得到它会伤害别人也是如此。我们经常用一种不公正的方式运用概念，以图操纵他人。而且我们经常做出不公正的假设，给出未获支持的事实。这些都将导致我们做出错误的推断。

请让我们聚焦这样一个例子。在这个例子中，由于忽视相关联的事实，其间的问题中的思维是不公正的。假设，克丽丝蒂和艾比在同一间办公室办公。克丽丝蒂天生怕冷，而艾比天生怕热。在冬天，艾比喜欢让办公室的窗户开着，而克丽丝蒂喜欢让窗户关着，但是艾比坚持说关着窗户令她极其不舒服。她的推理中所使用的信息是围绕自己的观点展开的——她怕热，如果她感到热，她就无法有效地工作，如果克丽丝蒂怕冷，她可以穿一件厚衣服。但是事实上，艾比的思维是不公正的，她拒绝接受克丽丝蒂的观点且拒绝考虑支持克丽丝蒂角度的信息，因为那样做意味着她将不得不放弃一些东西，她应该采取一种更合理或更公平的观点。

当我们通过推理以获取结论的时候，我们要去做检验，以确保我们用来得出那些结论的假设公正地给出了这一情景中的事实。比如，我们所有的偏见和老的套路被当成思维中的预设，而鉴于它们真实的本质，没有偏见和老的套路是公正的。比如，我们经常做出诸如此类广泛而彻底的概括：

- 自由主义者对犯罪软弱；
- 老年人对性不感兴趣；
- 年轻人只对性感兴趣；
- 大学运动员很酷；

- 金发碧眼的女人不爱说话；

- 啦啦队队长是头脑简单、四肢发达的人；

- 学究是令人讨厌的人。

类似这样的假定存在的问题是，它导致我们在思维中犯根本性的（而且往往是严重的）错误。因为它们是不公正的，以至于让我们陷入偏见的境地，成为有偏见的人，并对它们做出有瑕疵的推理或结论。比如，如果我们相信所有的学究都令人讨厌，当我们碰到一个学究的时候，我们就会推断他/她是个令人讨厌的人（并对那个人采取不公正的行为）。

总而言之，公正性或公平性是一个重要的思维标准。因为它强迫我们看到，我们是如何扭曲自己的思维，以图实现我们自利性的目标的（或看到他人是如何扭曲他们的思维，以实现他们自利的目标的）。

观念检核与实践 **你一直公平吗?**

我们所有人都想将自己看作近乎公平的人。然而，由于我们天生是自利的人，我们不能像考虑自己的权利和需要一样一直考虑其他人的权利和需要。对人们来说，要做的最困难的事情之一其实就是识别他们不公平的次数。然而，具有高度思维技能的人能意识到人类的这种倾向，并经常性地在他们的思维中寻找存在的问题。

请本着这种理念的精神，尝试想出几次最近几周你存在不公行为时的情景。在这些情景下，你的行为是自私自利的，并且最终导致你否定了另一个人的欲望和权利。你将自己的欲望放在第一位。请记住，你能想出的例子越多越好。同样请记住，由于我们属于天生的自我中心主义，我们被高度驱使去隐藏不公平的思想和行为，尝试不要陷入这种陷阱。

将推理中的各种要素和思维标准放在一起

我们已经考察了推理中的各种要素以及将它们分开分析，以便我们能够了解到具备认识自己思维中的瑕疵的能力的重要性。我们还介绍了作为评估工具的思维标准。现在，请让我们看看思维标准如何被用来评估推理的各个要素（见图7–1）。

- 清晰性

  − 你能详细阐述吗？

  − 你能阐释你是什么意思吗？

  − 你能给我举个例子吗？

- 准确性

  − 我们能如何检查那些？

  − 我们能如何识别那些是否正确？

  − 我们能如何澄清或检验那些？

- 精确性

  − 你能否更具体些？

  − 你能否给我进一步的细节？

  − 你能否更准确些？

- 深度

  − 是什么因素让这些变成一个难题？

  − 这个问题的某些复杂性是什么？

  − 我们需要处理的一些困难是什么？

- 关联性

  − 那些与问题如何关联在一起？

  − 那些对问题有什么影响？

  − 那些怎样对我们在议题上有所帮助？

- 逻辑性

  − 所有这些放在一起讲得通吗？

  − 你的第一节和后面的一节能衔接上吗？

  − 你所说的与相关的证据吻合吗？

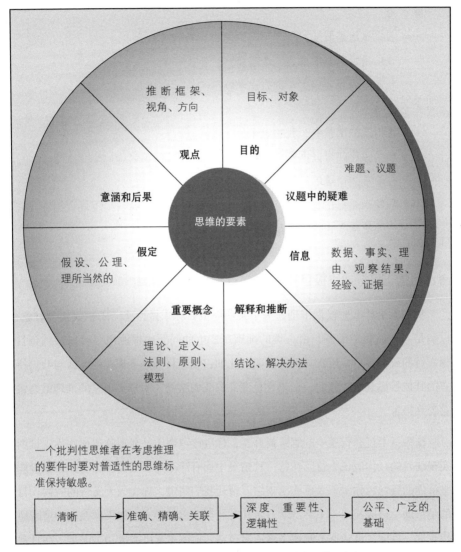

图 7-1　批判性思维者往往将思维标准运用在推理的要素上

● 重要性

　　- 这是需要考虑的最重要的问题吗?

　　- 这是需要聚焦的中心思想吗?

　　- 这些事实间哪些是最重要的?

- 广度
  - 我们是否需要从另一个不同的角度来看待它？
  - 我们是否需要考虑另一个观点？
  - 我们是否需要用另一种方式考察它？
- 公平性
  - 在给定的情景中，我的思维公正吗？
  - 我的假设获得证据支持了吗？
  - 在给定的情景中，我的目的公平吗？
  - 我使用自己的概念时与学校所教的使用方式一致吗？还是我扭曲了它们的使用方式以获得我想要的？

考虑目的、目标或终极目标

我们无论什么时候做推理，为了某些终极目标来做这些，来获取某个对象，以满足某些欲望或需要，由人类的推理所产生的问题的根源之一可以追踪到目标、目的或终极目标层次方面的缺陷。比如，如果目标是不现实的，或与我们持有的其他目标是相冲突的，如果它是混乱的或糊涂的，用来实现它的推理最终将会受到损害。

作为一个正在行进中的思维提升者，你应该习惯于外显地陈述那些你正试图实现的目的。你应该为自己在每一种情景中拥有清晰的目的而努力。如果你没能坚持你的目标，你就不太可能实现它。请让我们假定，你在为人父母的时候，目的是帮助小孩成长为一个终身学习者和对社会有贡献的人。如果你在心中清晰地持有这一目标，且坚持不懈地做事去实现它，你就更有可能成功。但是，在日常生活中处理有关孩子的事情时，你很容易忽略这样重要的目的，却太容易被牵扯到孩子的房间是否打扫干净了、她穿的衣服是否得体、她是否给自己的鼻子穿了孔或者她的肚子是否有文身等日常事务的争论中。为了达到你的目的，你必须一次又一次地重温什么是你试图完成的东西。你必须问自己一些基于日常的问题，比如"我今天做了什么来帮助自己的孩子成为一个理智而有爱心的人？"

作为一个雇员，你可以开始问那些能够帮助你更好地聚焦于自己工作目的的一些问题。比如，在这个会议中、在这个项目中、在处理议题时、在这次讨论中，我对自己的目的清楚吗？我能否精确且详细地指明自己的目的？我的目的是不是很重要的？现实的？公正的？我的多个目的相互间冲突吗？

观念检核与实践 **让思维标准对你的目的产生影响**

想出一个你自己人生中的重要问题。它可以是你个人关系中的一个问题，也可以是你工作场所中的一个问题，等等。现在请你清晰而精确地阐述你在这个情景中的目的。准确来讲，你试图达成什么？你的目的公平公正吗？它现实吗？

在议的问题或待解决的难题

无论你什么时候想通过推理弄懂某些事情，都至少存在一个需要回答的问题——一个涉及待解答的难题或待解决的议题的问题。因此，在对推理进行评估的过程中，所关注的范围是围绕当下在议的问题展开的。

能否进行良好思维的一个重要体现就是，你能否用一种清晰且相互关联的方式评估自己在构建一个问题方面的能力。这要求你确定所针对的问题是不是一个重要的议题，它是不是可以回答的，你是否理解整理和解决这个问题的条件。

作为一名雇员，你可以开始问这样一些问题，即那些有助于提升自己集中精力解决工作中重要问题能力的问题。你可以开始问：议题中最根本性的问题是什么（在这个会议、这个项目、这个讨论中）？精确来讲，问题是什么？问题是简单还是复杂？如果它是复杂的，是什么导致它那么复杂？（在这次讨论中，在这个项目里）我对这一问题足够坚持吗？在这里（在这个会议中等）是否不止一个重要问题需要考虑？

观念检核与实践 让思维标准对问题和议题产生影响

回到先前活动中的那个重要问题。现在请陈述你试图针对的问题，然后陈述导致这一问题的难题。请在陈述问题时保证清晰且准确。如果存在任何复杂性，那么潜藏在问题中的复杂性是什么？它是否存在多个问题是你需要通过有效的推理来解决的？

观点或推断框架

无论我们什么时候进行推理，都必须在特定的观点或推断框架内进行，观点或推断框架中的任何"缺陷"都可能是推理中问题的根源。

一个观点可能会太狭隘，可能会建立在错误的或具有误导性的信息基础上，可能包含矛盾，且可能会狭隘或不公平。批判性思维者努力采取对他人公平的观点，即使这一观点与自身的观点相反也是如此。他们希望自己的观点适用范围广、灵活且公正，同时能够被清晰地阐述和不懈地坚持。而优秀的思考者在他们针对议题展开推理的时候会考虑不同的观点。

作为一个雇员，你可以开始问那些有助于提升自己的集中力以解决工作中的观点问题的问题。这些问题可能是：我该从哪一个观点出发看待这个议题？我是否将自己限定在了某个观点中，以至于看不到议题中的其他观点？为了就当下的议题进行良好的推理，我是否需要考虑多种观点？我同事的观点是什么？为何他看待问题的方式与我不同？对于给定的情景中，哪个角度更合理？

观念检核与实践 让思维标准对观点产生影响

继续进行源自前面两个互动中的问题。现在请陈述与当下议题相关联的观点，陈述每个观点时要做到清晰、精确。请确保你全面考虑并了解所有相关的观点（就是说你要进行广泛的思考），并且你准确地表征了每一个观点（即使这意味着要换位表达一个你个人并不认同的观点）。

信息、数据、经验

无论我们什么时候推理，都存在一些我们的推断所针对的对象——"原材料"和现象。而一个人的推理所基于的经验、数据、证据或初步的材料存在的任何"缺陷"都可能导致问题。

推理者对所搜集到的证据进行呈现的能力，以及清晰、公平、准确地进行报告的能力都应该得到评估。因而作为一个成长中的思想者，你应该评估自己用来得出结论的信息，你是正在通过推理弄明白工作中的一个议题，还是正在通过推理弄明白个人生活中的难题。你应该评估自己在推理中所使用的信息是否与当前的议题存在关联，并且是否足以支持自己目标的实现。你应该评估自己对所有信息进行考虑时的态度是否前后一致，是否扭曲信息以让它符合自己的观点（往往是自利性质的）。

在工作中，你可以准备询问自己一些问题，问那些能提升自己在工作中对信息进行聚焦的能力方面的问题。这些问题可以是：为了通过推理弄清楚这个议题，我所需要的最重要的信息是什么？是否存在另一个渠道的信息需要考虑？我该如何检查，看看自己所使用的信息是否准确？我确定自己所使用的信息都与眼前的议题相关联吗？

观念检核与实践 让思维标准在你推理所使用的信息中产生影响

请继续你已经在着手问的问题。现在请你陈述在思维中所使用的信息，它可能是数据、事实或经验，且与你的假设共同作用来引导出你的结论。它可能源自你的经验、口头语、研究、媒体或其他渠道。请清楚地陈述信息。你如何能确定信息是否准确，又如何能确定其与议题中的问题相关联？

概念、理论、观念

所有的推理都使用某些观念或概念，毫无例外。这些概念包括理论、原则、原理以及准则，这些都是暗含在我们的推理过程之中的，概念或观念中存在的任何瑕疵都可能成为我们推理当中问题的根源。

作为一个有抱负的批判性思维者，你可以开始更深入地聚焦于自己对于概念的运用。请你开始评估你对概念认知的清晰程度，它们是否与当前的议题相关联？而且你的原则是否不恰当地向自己的观点有所倾斜？你开始引导自己的注意力是如何运用概念的，什么概念是最重要的，以及在概念网络中，概念之间是如何交织在一起的。

作为一个有志于提升心智的人，请你开始问一些问题。这些问题将有助于提升自己聚焦于人生中重要概念的能力。问题包括：在这一情景中，我必须聚焦的最根本性的概念是什么？这些概念是如何与我需要考虑的其他重要概念联系在一起的？我需要考虑的最重要的理论是什么？我对这次会议中概念的重要性清楚吗？为了弄清楚我们在讨论中所涉及的概念，我需要问什么问题？

观念检核与实践 让思维标准对所使用的概念产生影响

请继续你已经在着手问的问题。现在请你陈述，你正用来引导自己推理的最重要的概念是什么？比如，如果你在关注自己该如何保持体形，且与此同时还关注如何为家庭和工作奉献更多时间，你的关键概念可以是"身体健康""良好的家庭关系"以及"高效的工作"（通过考察自己的问题和目的，你通常可以发现自己在推理中正在使用的关键概念）。详细说明其中的每一个概念，以便准确地理解自己在如何运用它们。请在陈述这些概念时保证清晰且精确。

假设

所有的推理都必须有个起点，它必须将某些事情当成约定俗成的。推理以任何存在瑕疵的假设或前提为出发点，都可能成为推理中问题的来源。

推理中的评估技能涉及再次依据相关的标准评估我们在识别和清晰表达假设方面的能力。我们的假设可能清晰，也可能不清晰；可能公正，也可能不公正；可能前后一致，也可能相互矛盾。

作为一个有志于提升心智的人，你可以开始问自己这样一些问题。这些问题将有助于提升你在分析自己和他人的假设方面的能力。这些问题包括：我将什么当成约定俗成的东西？我将此作为约定俗成的东西公平公正吗？别人将什么当成约定俗成的东西？在这次会议中被假定成立的东西是什么？在这层关系中，被假定成立的东西是什么？在这次讨论中，被假定成立的东西是什么？这些假设公正吗？我该质疑这些假设吗？

观念检核与实践 让思维标准影响你的假设

请继续你已经在问的问题。现在请你陈述在推理中所做的最重要的假设是什么。你所认定为约定俗成的东西应该遭到质疑吗？使用前面那个例子，也就是你在保持形体的同时如何在家庭和工作中付出足够的时间。你的主要假设可能是：

1. 高品质的家庭关系比高效的工作效率更重要；

2. 我在如何做适当的练习，以便让身体更加健康；

3. 为了养家糊口，我必须花相当长的时间在工作上；

4. 我有充足的时间去做好上面所有的事情。

请清晰而精确地陈述你的假设，并请确保自己在相关议题的情景中保持公平公正。

意涵和后果

无论我们什么时候进行推理，意涵都会随之产生。当我们做决策的时候，这些决策就会产生各种后果。作为一个批判性思维者，我希望你明白，意涵无时不在、无处不在。我们希望能够预测出合乎逻辑的后果。我们想看到自己的行动将导致什么。我们希望在问题出现之前预测出可能出现的问题。

不论何时我们停止追踪意涵，都将一直有更进一步的意涵。无论我们切实看到的后果是什么，都将有其他和更进一步的后果。我们在捕捉自己推理意涵和后果的能力上存在的任何缺陷，都是我们推理中存在潜在问题的来源。

在你的工作和个人生活中，请你开始询问自己一些问题。这些问题将有助于你提升聚焦自己思维和他人思维中重要意涵的能力。比如，这些问题可能包括，这一决策最重要的意涵是什么？我做这些而不做那些，其间的意涵是什么？在这次会议中，我想透了决策背后的意涵了吗？我想清楚自己在抚养小孩问题上的行为意涵了吗？我想清楚自己在对待配偶的方式上的意涵了吗？

观念检核与实践 想清楚自己推理的意涵

请继续你正在问的问题。现在请你陈述可能要做的决策背后最重要的意涵，并请填写这些空白之处：如果我决定去做_____，那么_____就可能发生。如果我决定做_____以采取不同的行动，那么_____就可能发生。在这一活动中，需要强调每一潜在决策合乎逻辑的意涵和潜在的后果。请确保自己突出了每一个决策的重要意涵。为了进行进一步的练习，最可能的意涵可能是：（1）去结婚；（2）终此一生，待在家乡；（3）一辈子都做同一份工作；（4）决定离婚（如果你结婚了的话）。

推断

所有的推理都是分步进行的。在这些步骤中，我们的推理类似如下方式，"因为这些是这样的，所以那些也是这样的（或可能是这样的）"，或者"因为这样，所以那样"。大脑感知到一个情境或一系列事实，并且以那些事实为基础得出结论。当大脑的这一步发生时，一个推断就做出了。我们做出合乎逻辑的推断的能力存在任何缺陷，都可能是我们的推理中存在的一个问题。比如，如果你看见一个人坐在大街的角落，穿着破烂的衣服，一卷破损的铺盖放在他旁边，手中的褐色纸袋中卷着一个瓶子，你可能会推断他是一个流浪汉。这一推断是建立在你在这一情景中所感知的事实，以及你对这些事实所做的假定的基础上。然而，这一推断在这一情景中可能符合逻辑，也可能不符合逻辑。

批判性思维者需要在做出合理推断方面变得熟练。你需要学会界定你或其他人在什么时候做出推断。在这一次讨论中所做的关键推断是什么？这一推断以什么为基础？这些推断公平公正吗？在这次会议中我所做的关键推断（或结论）是什么？它们公平公正吗？在按照这种方式解决这一问题的过程中所进行的关键推断是什么？这一推断合乎逻辑吗？这一结论重要吗？这一解释公平公正吗？这些就是你要准备问的问题。

作为一个有志于提升心智的人，你应该问自己一些问题来提升自己从诸多推断中识别重要推断的能力，以使得自己无论在什么时候做推断都能识别出诸多推断中的重要推断。在这种情况下请假定这些都是事实，那么你能得出的合乎逻辑的推断（结论、解释）是否不止一个？你应该考虑的某些其他合乎逻辑的结论是什么？从这一点出发，开发出一种推断"探测器"，并形成一种能认识到自己所做推断的能力，以便对这些推断进行分析。

观念检核与实践 让思维标准影响你的推断

请继续你已经研究过的问题。现在请你陈述在解决自己所面临的问题时（根据你所拥有的信息）可能做出的推断或结论。你可能已经在先前的一些活动中做过这样的陈述。在通过推理弄明白议题中问题的过程中，一旦你想通了其中可能得出的潜在结论，请陈述一个可能的最终结论。在陈述每一个潜在的结论时请清晰且精确。基于你自己所运用的概念和信息，请确保你的推断具有良好的意义。

运用思维标准评估你的思维：简明的指导原则

正如我们所强调的，所有的推理都涉及八大要素。其中的每一个要素都存在一系列可能的错误。在这里我们汇总了一些你应该在推理中运用的主要检查要点。

1. 所有的推理都存在着一个目的：

● 请花点时间清晰地陈述你的目的；

● 选择重要且现实的目的；

● 从各种相关的目的中区分出自己的目的；

● 请确保在给定情景中你的目的是公平的（也就是说，不会涉及侵害他人的权利）；

● 请定期检查以确保你仍然在聚焦着你的目的，且没有徘徊于你的目标之外。

2. 所有的推理都试图弄清楚某些事情，解决某些问题或疑难：

● 请花点时间清晰而精确地陈述议题中的问题；

● 从多种角度表述这一问题，以便澄清它的意义和范围；

● （当你可能的时候）请将问题切分成不同的子问题；

● 界定你正在处理的问题类型（如历史学问题、经济学问题、生物学问题等），并确认问题是否只有一个正确答案，是否仅仅是一种观点，或是否需要从一个以上的观点中进行推理；

● 请弄清楚问题的复杂性（对问题做深入的思考）。

3. 所有的推理都建立在某些假设之上：

- 清楚地界定你的假设并确定它们是否公平公正；
- 请考虑你的假设如何塑造你的观点。

4. 所有的推理都是从特定的观点出发的：

- 请清楚地界定你的观点；
- 请寻找其他相关联的观点并鉴别这些观点是否有说服力；
- 在评估所有观点的时候努力做到公平。

5. 所有的推理都建立在特定的数据、信息以及证据之上：

- 请将你的声明限定在数据所支持的范围内；
- 同搜寻支持你立场的信息一样搜寻与你立场相反的信息；
- 请确保所有被使用的信息都清晰、准确且与议题中的问题相关联；
- 请确保你已经搜集到了充分的信息；
- 特别地，请确保你考虑到了所有与议题相关联的重要信息。

6. 所有的推理都通过概念和观念得以表达和塑造：

- 请清楚地界定核心概念；
- 请考虑替代的概念或概念的替代性定义；
- 请确保你在使用概念的过程中审慎且精确；
- 请公平公正地使用概念（不扭曲概念既有的意义）。

7. 所有的推理都包含推断或解释，我们正是通过它们才得出结论和赋予数据意义：

- 只做属于证据应有之义的推断；
- 检查每一个推断是否符合一致性；
- 鉴别出引导你得出推断的假设；
- 请确保你的推断是从信息中得出的符合逻辑的推断。

8.所有的推断都会将人们引至某个地方或存在特定的意涵和后果：

● 预测从你的推理中得出的符合逻辑的意涵和后果；

● 同搜寻推理的积极意涵一样搜寻它的消极意涵；

● 考虑所有可能的重要后果。

观念检核与实践　思维中的检查要点

　　鉴于八个类别都勾勒出来了，请将每个检查要点转换成一个问题或一系列问题，并给出一个或一个以上由检查要点引申出来的问题。当你完成了你的清单且积极地使用你所构想的问题的时候，你将拥有强大的思维工具。

　　比如，在第一个类别"所有的推理都存在一个目的"下面，第一个检查要点就是"花点时间清楚地陈述你的目的"。这一要点可以引申出的两个问题则是："精确地讲，我的目的是什么？"和"我对自己的目的清楚吗？"

▶ 内省时刻

　　总结你从本章以及前面章节中学到的关键思想。按照以下方式写下答案（见表 7–1 至表 7–8）。

❶ 通过对本章的理解，我所内化的主要思想是＿＿＿＿＿＿＿＿＿。

❷ 这些观点很重要，因为＿＿＿＿＿＿＿＿＿＿＿＿＿＿＿。

❸ 按这种方式下去，我未来的生活将会很不同，因为我内化了并开始在我的思维中运用这些观点＿＿＿＿＿＿＿＿＿＿＿＿＿＿＿。

❹ 我用这种方式将自己从本书中学到的思想汇集在一起。

❺ 这很重要，因为＿＿＿＿＿＿＿＿＿＿＿＿＿＿＿＿＿＿＿。

表 7–1　**本表聚焦于思维中的目的。这对理解用于目的方面的思维标准和区分娴熟与不娴熟的推理者在思维中对"目的"的运用是有用的**

目的
（所有的推理都存在目的）

首要标准：（1）清晰性；（2）重要性；（3）可行性；（4）一致性；（5）公平公正性

共同的问题：（1）不清晰的；（2）不重要的；（3）不现实；（4）相互矛盾；（5）不公平性

原则：为了做出良好的推理，你必须清楚地理解自己的目的，且你的目的必须公平

娴熟的推理者	不娴熟的推理者	批判性反思
花时间清楚地陈述他们的目的	往往不清楚他们的核心目的	我有没有让自己的推理目的变得清晰？准确来讲，我试图达成的目的是什么？我有没有采用多种方式陈述目的以便让它变得清晰
从诸多相关的目的中区分出自己的目的	有不同的目的，有时是在相互矛盾的目的之间摇摆	我的大脑中存在哪些不同的目的？我如何将它们联系起来看？我是否在一些不同的方向上行进？我该如何协调这些相互矛盾的目的
定期提醒自己他们的目的，以确定他们是否丢失了自己的目标	不能追踪他们的根本性的对象或目标	在写这一提议时，我是否迷失了自己的目的？我写的第三段和第四段是怎样与中心目标关联起来的
采纳现实的目的和目标	采纳不现实的目的，设定不现实的目标	在这个项目中，我是否试图实现太多的（目的）
选择重要的目的和目标	采纳微不足道的目的、目标，好像它们很重要一样	追求这一特定目的的过程中什么是重要的？存在我应该聚焦的更重要的目的吗
选择那些与他们已经选择的目标及目的一致的目标与目的	不经意地否决自己的目的。由于目标前后不一致，所以不监控他们自己的思维	我目的的一部分似乎无意间破坏了我试图完成的另一部分目的吗
根据目的定期调整他们的思维	不定期地调整他们自己的思维，以使得其与自己的目的相吻合	我的论断与议论聚焦于议题吗？我在自己目的下的行动前后一致吗
选择那些公平的目的，那些将他们自己的欲望和权利同他人的欲望和权利放在同等位置的目的	选择那些自利的目的，且以牺牲他人的需求为代价	我的目的是自利或只关心自己的欲望吗？我的目的考虑了其他人的权利和需求吗

> **表 7-2　本表聚焦于思维中的问题。这对理解用于问题方面的思维标准和区分娴熟与不娴熟的推理者在思维中"问题"的运用是有帮助的**
>
> **议题中的问题或核心难题**
> （所有的推理都试图弄明白某些事情、解决某些问题或难题）
> **首要标准：**（1）清晰性和精确性；（2）重要性；（3）有解；（4）关联
> **共同的问题：**（1）不清晰的和不精确的；（2）不重要；（3）无解；（4）无关联的
> **原则：**为了解决问题，问题必须有解。你必须弄清问题，且要完全了解解答它需要什么

娴熟的推理者	不娴熟的推理者	批判性反思
清楚他们尝试解决的问题	经常不清楚他们所问的问题	我清楚议题中的主要问题吗？我能精确地陈述这个问题吗
能用多种方式转述一个问题	模糊地表述问题，且发现为了让问题变得清晰而对问题进行的转述与原问题不一致	我能将自己的问题用多种不同的方式进行转换，以便使我认识到它的复杂性吗
能将一个问题划分为多个子问题	不能将他们所问的问题做进一步的划分	我是否将主要的问题划分成了多个子问题？嵌套在主要问题中的各个子问题分别是什么
常常将问题区分为不同类型的问题	混淆了各种不同类型的问题，因而经常对他们所问的问题做出不恰当的反应	我对自己所问问题的类型感到困惑吗？我将一个属于法律的问题混淆成了道德问题吗？我将一个偏好问题混淆成了一个判断问题吗
将重要问题与微不足道的问题区分开来	混淆微不足道的问题和重要问题	当其他重要的问题已经被确定的时候，我还聚焦于微不足道的问题吗
将不相关的问题与相关的问题区分开来	混淆无关联的问题和关联的问题	我在这次讨论中所提的问题与议题中的主要问题相关联吗
对建构他们所问问题的假设敏感	经常问过度的问题	我提问题的方式过度吗？我们误将约定俗成当成了从自己的立场来看明显正确的东西了吗
将他们能问的问题与不能问的问题区分开来	试图回答那些从他们的位置来说无法回答的问题	我是否处在回答问题的位置？在我能回答那个问题之前，我应该需要拥有什么信息

表 7–3　**本表聚焦于思维中的观点。这对理解用于观点方面的思维标准和区分娴熟与不娴熟的推理者在思维中对"观点"的运用是有帮助的**

观点 ①
（所有的推理都是从特定观点出发的）

首要标准：（1）灵活性；（2）公平性；（3）清晰性；（4）广度；（5）关联

共同的问题：（1）限定的；（2）有偏差的；（3）不清楚的；（4）狭隘的；（5）无关联的

原则：为了很好地进行推理，你必须确认哪些观点与议题相关联，并设身处地地将这些观点加入考虑范围

娴熟的推理者	不娴熟的推理者	批判性反思
人们存在不同的观点会在心里提醒自己，特别是在争议性的议题中更是如此	不能信任别的有道理的观点	我清晰明白地表达了自己解决议题的观点了吗？我考虑了与此议题相关联的相反观点了吗
一贯明确有力地表达其他观点，并依据那些观点进行推理以充分地理解它们	不能从一个与他们的观点有重大差异的角度出发看问题；不能以同理心从外人的观点出发进行推理	我也许已经描述了自己的观点，但是我是否考虑到从其他观点出发看待问题的最重要的视角了吗
寻求不同的观点，特别当议题是一个他们认为重要的议题时更是如此	当议题不被情绪掌控的时候，他们有时能给出其他的观点；但是当议题引发了强烈的情绪时，他们则不能给出其他的观点	我用了一种不公平的方式陈述 X 的观点了吗
限制自己对那些明确地属于不证自明的问题①进行相关的推理	将多重逻辑正确的议题与不证自明的议题相混淆；坚持认为只有一个推断框架，在这一推断框架中，一个给定的多重逻辑正确议题必须被确定	因为我情绪化地对待这一议题，导致我难以欣赏 X 的观点了吗
能认识到他们何时最有可能出现偏见	不能意识到他们自己的偏见	问题是不言自明的，还是多重逻辑正确的问题？我为何这样说？我推理时是否假定只有一个观点与议题相关，而实际上却有很多其他观点与之相关

---

①　不证自明的问题属于一种存在不言而喻的答案（无论正确或错误答案）的问题，并且这些问题解答的思路也是显而易见的。在多重逻辑正确的问题中，存在值得考虑的、相互竞争的思维

续前表

娴熟的推理者	不娴熟的推理者	批判性反思
用丰富的视野和合适而广博的观点实现问题和议题的解答	从不恰当的、狭隘的或特定的观点出发进行推理	这是个有偏见的还是合理的判断？如果是有偏见的，它是怎么形成的
		我解决这一问题的思路是否太狭窄？我是否考虑到其他观点以使得我能充分地界定问题

> **表 7-4　本表聚焦于思维中的信息。这对理解用于信息方面的思维标准和区分娴熟与不娴熟的推理者在思维中对"信息"的运用是有帮助的**
>
> **信息**
> （所有的推理都是建立在数据、信息、证据、经验乃至研究基础上的）
>
> **首要标准：**（1）清晰的；（2）关联的；（3）公平地收集和报告；（4）准确的；（5）充分的；（6）得到一致运用
> **共同的问题：**（1）不清楚晰的；（2）无关联的；（3）有偏向的；（4）不准确的；（5）不充分的；（6）得不到一致运用
> **原则：**推理的合理性是建立在信息的合理性基础之上的

娴熟的推理者	不娴熟的推理者	批判性反思
只有当有足够的证据支持的时候，才下断言	没有考虑所有的相关信息就下断言	我的断言得到证据的支持了吗
能够明确地表达和评估支持他们自己的断言背后的信息	不能清晰明白地表达他们在自己的推理中所使用的信息，而且不能让信息受到仔细的检查	我所清晰明白地表达的断言获得证据的支持了吗？我对自己所使用的信息的准确性和关联性做评估了吗
积极地搜寻信息，反对（不局限于此）他们自己的立场	只收集支持自己观点的信息	哪里是寻找对立方面证据的好地方？我对那里进行考察了吗？我诚实地考虑不支持自己立场的信息了吗
聚焦于同议题相关的信息并且不关心与议题无关的信息	不仔细地区分与议题相关联的信息和无关联的信息	我的数据和我所做的断言相关联吗？我遗漏了相关联的信息没考虑到吗
结论只下到数据和合理推理能够支持的程度	所做的推断超过数据支持的范围	我的断言超越我所引用的证据的支持范围了吗
清晰而公平地陈述证据	扭曲数据或不准确地陈述数据	我所呈现的相关信息清晰且连贯吗？我是怎样扭曲信息以支持自己的立场的

表 7–5　本表聚焦于思维中的概念。这对理解用于概念方面的思维标准和区分娴熟与不娴熟的推理者在思维中对"概念"的运用是有帮助的

概念

（所有的推理都通过概念和观念进行表达，也被它们所塑造）

首要标准：（1）清晰的；（2）关联的；（3）深度的；（4）准确的

共同的问题：（1）不清晰的；（2）无关联的；（3）肤浅的；（4）不准确的

原则：推理的清晰程度、关联性、现实性和深度不能超越形成它的概念在这些方面的程度

娴熟的推理者	不娴熟的推理者	批判性反思
能意识到他们和他人所使用的关键的概念和观念	不能意识到他们和他人所使用的关键概念和观念	我在自己的思维中所使用的主要概念是什么？其他人所使用的主要概念是什么
能解释他们所用的关键词汇和用语的基本意涵	不能解释他们所用的关键词汇和用语的基本意涵	我对重要概念的意涵清楚吗？比如，"狡猾的"这个词有"聪明"这个词所不具有的负面意涵吗
能区分对词汇的非标准化的、特殊化的使用和标准化的使用	当他们对词汇和成语的用法与所教的用法不一致时，无法意识到	我从哪里得到核心概念的定义？比如，我从哪里得到对……概念的定义？我将毫无根据的结论加进了定义中吗
能注意到关联的概念和观念，且采取一种与概念和观念的功能相关的方式使用它们	用一种不适合于主题或议题的方式使用概念	我对"爱"这个概念的使用是恰当的吗？比如：如果爱一个人就有权无礼地欺骗他，我下意识地做了这样的事吗
对他们所使用的概念深入思考	不能对他们所使用的概念做深入思考	我对这一概念的思考足够深入吗？比如：卫生保健这个概念，当我在描述它的时候，不考虑患者的权利和特权，我需要更深入地考虑卫生保健这个观念吗

表 7-6　本表聚焦于思维中的假设。这对理解用于假设方面的思维标准和区分娴熟与不娴熟的推理者在思维中对"假设"的运用是有帮助的

假设

（所有的推理都是建立在假设基础上的——被我们当成约定俗成的信念的东西）

首要标准：（1）清晰的；（2）公正的；（3）一致的

共同的问题：（1）不清晰的；（2）不公正的；（3）相互矛盾

原则：推理的合理性取决于它所依据的假设的合理性

娴熟的推理者	不娴熟的推理者	批判性反思
清楚他们所做的假设	经常不清楚他们所做的假设	我对自己的假设清楚吗？我清楚自己的假设建立在什么基础之上吗
在给定的情景和既有的证据中，所做的假设合理且公正	经常做出不公正或不合理的假设	我对未来的假设仅仅建立在我过去的某个经验基础之上吗？我能完全证明将什么当成了约定俗成的东西吗？我用来支持自己假设的证据是公正的吗
所做的假设相互之间具有一致性	所做的假设经常相互矛盾	我在论断的第一部分所做的假设与我现在所做的假设相互冲突吗
经常试图弄清楚他们所做的假设	忽视自己所做的假设	我在这一情景中所做的假设是什么？它们是能被证明的吗？我的假设是从哪里来的

表 7-7　本表聚焦于思维中的假设。这对理解用于假设方面的思维标准和区分娴熟与不娴熟的推理者在思维中对"假设"的运用是有帮助的

意涵和后果

（所有的推理都会引导至某些地方。它存在意涵，而且当以它为行动依据时，会导致后果）

首要标准：（1）重要性；（2）逻辑性；（3）清晰性；（4）精确性；（5）完整性

共同的问题：（1）不重要的；（2）不现实的；（3）不清晰的；（4）不精确的；（5）不完整的

原则：在一个议题中要做出良好的推理，你应该想清楚推理背后的意涵。你必须想清楚，自己的决定随之而来的可能后果

娴熟的推理者	不娴熟的推理者	批判性反思
追踪他们推理的一系列重要的潜在意涵和后果	很少或从不追踪坚持某一立场或做出某一决策的意涵或后果	在我发起的行动中存在的所有重要后果都被我清楚地说明了吗？如果我采取了这项行动，我没有考虑到的随之而来的其他可能后果是什么

续前表

娴熟的推理者	不娴熟的推理者	批判性反思
清晰、精确地表达可能的意涵和后果	他们所明确表达的可能后果是不清楚的和不精确的	我清楚且精确地描述了随自己所选择的行动而来的可能后果了吗
像探寻积极的后果一样探寻消极的后果	只追踪他们头脑中一开始存在的后果；要么是积极的后果，要么是消极的后果，但是通常不会同时追踪两者	我做了很好的工作以清晰地说明自己将要做的决策可能出现的积极意涵；但是，可能出现的一些消极意涵或后果是什么
预先考虑出乎意料的消极与积极意涵的可能性	当他们的决策出现出乎意料的后果时会感到很吃惊	如果我做出这一决策，可能出现的一些出乎意料的意涵是什么？一些可能导致消极后果且自己不能控制的变量是什么

> 表 7–8 **本表聚焦于思维中的推断。这对理解用于推断方面的思维标准和区分娴熟与不娴熟的推理者在思维中对"推断"的运用是有帮助的**
>
> **推断和解释**
> （所有的推理都包含推断；我们正是通过推断来得出结论并赋予数据和情境意义）
> **首要标准：**（1）清晰性；（2）逻辑性；（3）可辨明性；（4）深刻度；（5）合理性；（6）一致性
> **共同的问题：**（1）不清晰的；（2）不合逻辑的；（3）不可辨明的；（4）浅薄的；（5）不合理的；（6）相互矛盾的
> **原则：**推理的合理性只能和推断（或它所得的结论）的合理性一致

娴熟的推理者	不娴熟的推理者	批判性反思
清楚他们所做的推断，以使得他们能明确地表达它	经常不清楚自己所做的推断，不能清楚且明确地表达他们的推断	我清楚自己正在做的推断吗？我清晰且明确表达了自己的结论了吗
通常依据呈现的证据和理由做出推断	往往不依据所呈现的证据或理由做出推断	依据所呈现的证据和理由，我的结论合乎逻辑吗
往往做出的推断是深刻的，而非肤浅的	往往作出肤浅的推断	对问题而言，我的结论是表面化的吗
往往做出的推断或得出的结论是合理的	做出的推断或得出的结论往往不合理	我的结论合理吗
所做出的推断或得出的结论之间是相互一致的	做出的推断或得出的结论往往相互冲突	我分析的第一部分得出的结论似乎和我在最后得出的结论相互矛盾吗

续前表

娴熟的推理者	不娴熟的推理者	批判性反思
理解导致推断的假设	不寻求弄清楚引导出推断的假设	我的推断建立在错误的假设之上吗？如果我基于一个或多个不同且可以证明的假设作推断，我的推断可能产生怎样的改变

CRITICAL THINKING

08

设计你的人生

TOOLS FOR TAKING CHARGE
OF YOUR PROFESSIONAL
AND
PERSONAL LIFE

天数与自由：你选择哪一个

很多人在谈论他们的人生时，将发生在他们身上的事件当成好像是事先注定的，好像宇宙中的某种力量造成了永恒的天命。由于天命的存在，所有事物（包括他们的人生）的秩序都规定好了，而且所有事件都被不可逃避的必然性所控制。如果你认为自己的人生是你无法控制的力量所事先安排的注定结果，你就失去了掌控自己人生的机会。

> 独立思考与独立判断的一般能力的发展应该一直被放在首位，而不是特定知识的获得。
>
> 阿尔伯特·爱因斯坦

自由的观念

对自己的人生进行设计的观念源自两个根本性的深刻见解：（1）随波逐流的生活和尽可能精彩的生活两者之间存在巨大差异；（2）如果你不加分辨地让作用于自己身上的力量塑造你的思维，那么与此相比，通过谨慎地改变自己的思维，你能按照一种更接近自己想要的方式生活。

终身学习者是娴熟的思考者，他们认识到了学习在自己人生中所扮演的不同角色。被动的学习者和积极的学习者之间存在着重要区别。比如，被动的学习者首要的目标就是建立"有用"的习惯，能使个体"过得去"。被动的学习者倾向于变成一个迟钝的思维者，因为他们一旦发现某些事物使得他们过得下去，他们便缺乏改变的动力。他们在自己的学习中所追求的就是证实他们现有的信念、判断和行为模式。他们维持着自己的现状。

观念检核与实践 你在多大程度上是个被动学习者

回想一下你在自己人生中存在的学习经历，同样也回想一下你已经获得的学习机会，然后回答如下问题：你在多大程度上会说自己是个被动学习者？你在多大程度上会积极地寻求学习的机会？你在多大程度上对自己的学习是负责的？你在多大程度上将学习看成发生在自己身上的事，而不是你让它发生的事？你在多大程度上看到了学习的价值？

对批判性思维者来说，积极的学习是一种不断在现状与可能性之间所存在的鸿沟上架起桥梁的工作。批判性思维者认识到学习在他们生活中可以和应该扮演的角色。他们为此养成了不断提高的习惯，养成了不断达到下一技能水平、能力和洞见的习惯。批判性思维者是个终身学习者，并且掌控自己的经验、学习和行为模式，正是这些东西构成了他们的生活。从本质上来讲，他们设计自己如何思考、如何体验，而且因此打下了他们如何生活的基础。他们认识到，思维塑造着他们的情绪，而他们的情绪反过来又影响着他们的思维。他们将这种认识作为自我反思的工具使用（见图 8-1 ）。

终身学习者通过让自己的目标、问题以及选择变得清楚来设计他们的人生。他们审慎地审度决策。他们对选择给予充分的考虑。他们赋予目标外显的优先性。他们不是简单地对即刻的需求做出反应，也不会简单地应对发生在自己整个人生中可预测的和不可预测的灾难。取而代之的是，通过将根本性的目标作为自己思维和行动的核心，他们创造出自己的需求，也创造出自己的行动规划。

尽管我们的选择一直有限，但是与我们能认识到的选择相比，我们通常拥有一个非常大的选择范围。

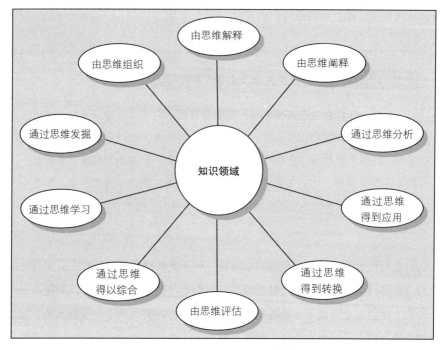

图 8-1 思维是形成一切知识的关键

认识经验的双重逻辑

对大多数人来说，经验被理解成"发生在他们身上"的某些事情，而不是某些他们为自己创造出来的事情。但是经验在原则上是一些我们所有人都能练习以获得显著控制的事情。请考虑经验的本质。经验是两个因素间相互作用的关系：一个是客观因素，而另一个是主观因素。

客观层面的经验是我们不能产生的那部分经验。它发生在我们身体之外，也就是说，发生在我们周围世界中的事情构成。很多事情发生在物质世界和社会世界，超越了我们所能控制的范围。我们"经历"某些事情，而我们对某些事情的体验与他人非常不同。我们无法直接控制他人怎么想、怎么体验以及怎么做。我们不能强行进入人们的大脑，并直接改变他们的思想。我们不能直接改变我们所生活和行动的物质与社会环境，这些环境存在着很多制约我们选择的因素。

然而，我们必须赋予我们经验中的所有客观因素一个意义、一个解释，这些意义变成了我们内部世界的一部分。只有通过我们自己有所行动才会使一件发生的事或一个事件成为"经验"。比如，很多发生在我们周围的事情我们都没能注意到，因此这些事实并没有成为我们"经验"的一部分。我们的大脑的运作就像一块屏幕，只对一部分发生在我们周围的事物做记录及赋予意义，并将剩下的忽略掉。更重要的是，我们赋予经验的那部分意义是由我们将什么确定为重要的、什么确定为不重要的结果来决定的。这些都是我们大脑的重要决定，它们对我们的幸福产生了极大的影响。比如，是我们的大脑决定什么是我们感兴趣的，或什么是我们反对的；我们该对什么感到欣喜，又该对什么感到恐惧；什么对我们会有所帮助，又是什么会对我们有所伤害。不幸的是，我们的大脑经常扭曲事实，经常让我们在这些情况下陷入麻烦。

观念检核与实践 反思一部分经验

我们倾向于将自己的经验看成客观事实，但这其实是一种错觉。我们人生中的所有事件如果要成为我们空白记忆中的"经验"，必须被我们感知到才行。但是我们的感知经常歪曲事实，让我们形成歪曲的记忆。请回想一下你的过去，重新检查一下某些产生于"记忆"中的系列事件。现在请回顾一下这些事件，你会发现你可能存在错误的解释，可能产生了一种错误的记忆。你可以聚焦于过去的某段关系。在这次活动中，不要去寻找其他人思维上的问题，请寻找自己思维中的问题，寻找自己记忆中被扭曲的事实。这是一种自我提升的方法。

自我欺骗、洞察力以及得到分析的经验

人类的大脑，无论它的意志如何强大，都属于强大的、自我欺骗的、自我中心的大脑。发展认知美德的主要障碍之一就是人们头脑中存在自我中心主义，也就是弗洛伊德所谓的"自我防御机制"。每一种防御机制都代表了一种歪曲、扭曲、误解、混淆和拒绝现实的方式。在经过批判性分析过的经验和未经过批判性

分析的经验之间的区别中，我们可以看到洞察力与自我欺骗的对立。

如前所述，我们很少让我们的经验得到批判性的分析。我们很少将我们的经验分离出来判断它们的真实性。我们很少将"鲜活的"整体经验按照它的构成成分进行整理——原始资料与我们内部加工后的资料相对比。我们很少问自己，我们赋予资料的兴趣、目标和欲望是如何塑造我们对这些资料的解释的。类似地，我们很少考虑到我们的解释可能会是有选择性的、有偏差的或误导性的。

这不是说我们未经分析的经验没有意义或不重要。恰恰相反，从某种意义上来说，我们将其当作我们经验的全部。我们往往根据我们以自我为中心的恐惧、欲求、偏见、陈词滥调、讽刺、希望、梦想以及经过整饰的非理性的驱动力来对我们的经验进行编码。我们未经分析的经验是一些理性的和非理性的思想以及行动的混合体。只有通过批判性的分析，我们才能隔离和压缩我们经验中非理性的方面，做这些事情的能力会随着批判性的分析、随着时间的推移以及我们经验积累得越来越多而得到提高。

面对矛盾性和不一致性

当然，对经验分析来说，与求数量相比，更重要的是求分析的质量并力图让重要的经验得到分析。而经验分析的质量以及得到分析的经验是否属于重要的经验，则又取决于我们的分析在多大程度上能够面对自己的不一致性和矛盾性。而作为一种经大脑分析之后的产品，将这些经验相互之间联结起来的则是洞察力，每一个经过批判性分析的经验在某种程度上都会产生一些有关我们是什么的洞察力。为了变得更加理性，又一次，我们不能只是赋予我们的经验以意义，而是要形成洞察力。如果只是赋予意义，那么很多经验都或多或少地被赋予了非理性的意义，陈词滥调、偏见、狭隘的心胸、错觉以及大量的幻觉有时会在我们的思维中蔓延。

形成洞察力的过程是将我们经验的一个个部分或一宗宗事件分成理性方面和非理性方面的过程。在这个过程中我们需要寻找元经验，换言之，就是通过那些理性的思考而得到高水平的经验。这些元经验对未来的思维而言成为标准或向导。它们让具有洞察力的思维方式得到采用成为可能，并因此让一种与大脑里非理性的思维绝缘的"体验"方式得到应用变得可能。当我们进行批判性思考时，我们第一层级的经验不会被认为是令人恐惧的，它们是大脑按照思维标准进行评估的材料。

我们只有在形成能分辨有偏见的推理标准时，才有可能在自己有偏见的领域做出良好的推理，并最终因此不再用有偏见的方式进行推理。当然，当我们存有偏见的时候，有偏向的推理对我们而言似乎反而没偏见了。相应地，那些不存有偏见的人在我们看来似乎（就像我们一样）反而存有偏见了（对一个存有偏见的人来说，一个没有偏见的人似乎反而存有偏见）。

对有些经验而言，我曾经强烈地确信自己是正确的，然而在一系列的挑战、重新审视和进行新的推理以后，结果却发现，实际上，我先前的确信是一种偏差。但是我只有在对这些经验分析过后，才会在这一范围内实现这种洞察力。我必须对自己大脑中的这种经验进行剖析，理解它们的构成要素以及它们相互结合在一起的方式（我是如何变得有偏见的？我是怎样在内心体验到这些偏见的？在那个时刻，偏见似乎是真实的或是洞见的感觉有多强烈？我是如何通过一系列反方向的思考从而逐步打破偏见的？我是如何慢慢地形成新的假设、获得新的信息以及最终形成新的概念的）。

只有通过工作和推理获得了如何让自己远离偏见的经验，并让自己在这方面的经验经过分析，我们才能获得忠于自己的本质的重要洞察力。一般来说，要形成重要的洞察力，我们必须创造出一系列经过分析的经验，而这些经过分析的经验要给我们指出各种直觉模式。它们不仅仅包括我们自己先前思维和经历中遭遇过的陷阱，还包括我们摆脱这些陷阱的推理过程或围绕它们进行推理的过程。这些经验模式必须承载着我们的意图，我们不能无差别地对待它们。正因为它们在思维中支撑和引导着我们，所以我们必须认识到它们的重要性，并将它们放在心头。

在分析经验的过程中，我们至少应该问自己以下三个问题。

- 初步的事实是什么？对这一情景最中肯的描述是怎样的？
- 我将自己的什么兴趣、什么态度、什么欲望、什么样的关注点带入了这一情景？

● 根据我的观点，我怎样才能概念化或描述这一情景？而这一情景又该怎么解释？

我们也必须探索这些部分间的相互关系：我的观点、价值观、欲望等如何影响自己在这个情景中关注的内容？它们如何阻止我们注意其他的事情？在我关注其他事情之后，我可以对情景给出怎样不同的解释？我的观点、欲望等怎样影响我的解释？我应该怎样解释这一情景？

观念检核与实践 在情景中问重要的问题 1

对你最近的经验进行回顾。它可以是你已经参加过的或主持过的一次会议；它可以是你与自己的配偶、孩子或父母的一次讨论。在回顾了那些经验之后请回答这些问题。

1. 在那一情景中，最原始的事实是怎样的？对这一情景最中肯的描述是怎样的？

2. 你将自己的什么兴趣、什么态度、什么欲望、什么样的关注点带入了这一情景？

3. 根据你的观点，怎样才能概念化或描述这一情景？而这一情景又该怎么解释？

当然，不是所有的经验都是直接且是第一手的，我们获得的很多经验是间接地通过大众传媒得到的。这种经验、影响对于我们理解自己很多思维的非逻辑本质很重要。

观念检核与实践 在情景中问重要的问题 2

每两周重复一次前面的练习，持续六个月。

社会力量、大众传媒和我们的经验

强大的社会力量通过大众传媒发挥作用来影响我们赋予事物"意义"的过程。举例来说，新媒体对我们如何建构世界产生了重要影响。它们影响着我们对全球——在欧洲、亚洲、非洲、美洲等——发生的事件所赋予的意义。它们影响着我们对身边发生的事件所赋予的意义。它们塑造着我们的世界观。它们有效地告诉我们，应该信任谁，应该对谁感到恐惧；什么给予我们安全，什么又在威胁着我们；我们应该尊敬谁，又该蔑视谁；什么在我们的人生中是重要的，什么又是不重要的。它们创造出朋友和敌人，告诉我们自己的问题是什么。而且，通常来讲，它们告诉我们如何解决生活中的问题。它们暗示什么是犯罪行为，而什么又不是。它们影响着我们对死刑、警察、监狱、囚犯、惩罚、社工、诗人、财富、医疗制度、学校等的看法。它们影响着我们在正常而健康的性事方面考虑什么是正当的，而考虑哪些又是不正当的；它们暗示什么时候暴力是有必要而且值得赞扬的，而什么时候又是不合适的、是应该受到谴责的。这些大众媒体对我们的很多影响是有偏差的、肤浅的而且是误导性的——如果不是彻底错误的话。

数以亿计的金钱被花掉以创造、塑造和影响这些过程。它们对人们的福祉所产生的影响后果是巨大的。我们因此成不了批判性思维者，并接受由大众传媒所持续培养的影响力。我们的观点是保守还是激进；是右倾、中立还是左倾？基督徒、犹太教徒、伊斯兰教徒、印度教徒、不可知论者或无神论者——我们需要抵抗大众传媒在我们生活中的影响力。我们必须为自己决定思考什么、体验什么以及想要什么。当我们成为大众传媒的奴隶时，我们是无法做到这些的。我们必须"体验"由自己所创造的世界，我们必须找出不同的观点，我们必须广泛地阅读，我们的思路必须开阔。

当然，只在抽象意义上知道这一点尚不足够，一个人必须努力知晓如何矫正它。我们必须学会如何不被拖入媒体塑造的经验当中。学会如何看穿它们，学会如何避开它们向我们大脑潜移默化地植入印象的方式，了解它们是如何在我们最容易受到影响的地方试图影响我们的。

贯彻终身学习的理念是培育成功人生的最佳手段，但是，在学习的过程中不批判地使用媒体会在我们身上产生大量被激活的傲慢、偏见、误解、半真半假以及过度简单化的因子。它使我们养成幼稚的自我中心主义和不加批判的社会中心主义。

为了抵消主流媒体向我们的生活施加的影响，我们需要从主流媒体以外的渠道搜寻信息，诸如《民族周刊》（*The Nation*）和《琼斯夫人》（*Mother Jones*）这样的渠道便是诸多这种渠道中的两个。

观念检核与实践 **思考媒体对我们思维的影响**

搜寻报纸上的文章，在这一文章中应该体现出新闻媒体正试图通过扭曲的观点来影响读者的观点。你可以通过寻找一篇被描述成道德错误的文章、一个很少成为社会常规的实践来做这些。然后去搜寻源自主流媒体以外的文章或书，而这些文章或书可能会解释它如何对这一议题给出最佳的认识。

回溯阅读

一种让我们的头脑向不同经验开放，并因此抵消社会条件和主流媒体影响的、非常有效的方式就是回溯阅读。换言之，阅读以前出版的书，如 10 年以前、20 年以前、50 年以前、100 年以前、200 年以前、300 年以前、400 年以前、500 年以前、700 年以前、800 年以前，甚至 2 000 年以前或更往前的书。这为我们提供了一个独特的视角，以及摆脱当今的预设立场和思想体系之外的能力。当我们只阅读现在的东西，无论范围多广，我们都会很容易广泛地吸收被共享的错误观念，而这些错误观念是今天被当成事实来教授的和使人相信的东西。

以下是部分作者所著的书籍，我们相信这些书能使我们反思当下，阅读它们中的每一个都能够加深和增强读者的批判性洞察力。

1. **（至少 2 000 年前）** 柏拉图（在苏格拉底时代）、色诺芬（在苏格拉底时代）、亚里士多德、埃斯库罗斯、阿里斯托芬的著作。

2. **13 世纪（超过 800 年前）** 托马斯·阿奎纳和但丁的著作。

3. **14 世纪（超过 700 年前）** 薄伽丘和乔叟的著作。

4. **15 世纪（超过 500 年前）** 伊拉斯谟的著作。

5. **16 世纪（超过 400 年前）** 马基雅维利、切利尼、塞万提斯、弗朗西斯·培根以及蒙田的著作。

6. **17 世纪（超过 300 年前）** 约翰·弥尔顿、帕斯卡、约翰·德莱顿、约翰·洛克以及约瑟夫·爱迪生的著作。

7. **18 世纪（超过 200 年前）** 托马斯·潘恩、托马斯·杰斐逊、亚当·斯密、本杰明·富兰克林、亚历山大·蒲柏、埃德蒙·伯克、爱德华·吉本、塞缪尔·约翰逊、丹尼尔·笛福、歌德、卢梭以及威廉·布莱克的著作。

8. **19 世纪（超过 100 年前）** 简·奥斯汀、查尔斯·狄更斯、爱弥尔·左拉、巴尔扎克、陀思妥耶夫斯基、西格蒙德·弗洛伊德、卡尔·马克思、查尔斯·达尔文、约翰·亨利·纽曼、列夫·托尔斯泰、勃朗特姐妹、乔治·艾略特、弗兰克·诺里斯、托马斯·哈代、埃米尔·杜尔凯姆、埃德蒙·罗斯丹、奥斯卡·王尔德、马克·吐温的著作。

9. **20 世纪（最近 100 年）** 安布罗斯·比尔斯、古斯塔夫·梅耶、亨利·路易斯·门肯、威廉·格雷厄姆·萨姆纳、威斯坦·休·奥登、贝尔托·布莱希特、约瑟夫·康拉德、马克斯·韦伯、阿道司·赫胥黎、弗兰兹·卡夫卡、辛克莱·刘易斯、亨利·詹姆斯、萧伯纳、让-保罗·萨特、弗吉尼亚·伍尔芙、威廉·亚伯曼·威廉斯、阿诺德·汤因比、查尔斯·赖特·米尔斯、阿尔贝·加缪、薇拉·凯瑟、伯特兰·罗素、卡尔·曼海姆、托马斯·曼、阿尔伯特·爱因斯坦、西蒙娜·德·波伏娃、温斯顿·丘吉尔、威廉·J.莱德勒、万斯·帕卡德、埃里克·霍弗、尔文·戈夫曼、菲利普·阿吉、约翰·斯坦贝克、路德维希·维特根斯坦、威廉·福克纳、塔尔科特·帕森斯、让·皮亚杰、莱斯特·瑟罗、罗伯特·莱奇、罗伯特·海尔布隆纳、诺姆·乔姆斯基、雅克·巴尔赞、拉尔夫·内德、玛格丽特·米德、布罗尼斯拉夫·马林诺夫斯基、卡尔·

波普尔、罗伯特·莫顿、皮特·伯格、米尔顿·弗里德曼、雅各布·布朗诺夫斯基以及阿尔伯特·艾利斯。

当我们回溯阅读的时候，我们开始认识到当前的一些陈词滥调和错误概念。我们也就对什么具有普遍性、什么是相关的、什么是重要的、什么是武断的形成了一个更好的认识。我们认识到很多社会价值观武断的本质，也同样认识到包括我们有多大可能会有错误的概念，而那些错误的概念对我们来说却不太明显——就像那些在过去存在的错误概念，现在看来只不过很明显罢了。

比如，广泛地阅读以前的作品会在我们的头脑里形成多种看问题的角度。多种看问题的角度能使我们更好地理解当下的复杂性。批判性的阅读创造了一个透视的镜头，通过它我们可以更好地理解历史在我们的生活中扮演的角色。

比如，从历史的角度思考，我们发现，尽管批判性思维的观念已经出现很久了，但在社会层面上却很明显从来没有将批判性思维作为社会基本价值进行过系统性教育。对当下而言，批判性思维的教育只对少数人开展，并且通常甚至处在有偏见的状态。批判性思维倾向于被当成用来攻击和维护观念的技能，或者在更普遍的情况下，被当成用来攻击那些与现状不一致的观念和用来维护现有观念的技能。在大多数时候，批判性思维与诡辩术不加区分。而诡辩术是用来操纵人们的思维，以使得人们的思维认为，处于主导地位的思想体系是这样一种一贯"正确和完整"的思维技能。一般而言，只有极少数人学习和使用了批判性思维，以质疑处于统治地位的思想体系。如果我们浏览了历史中的批判性思维的话，我们可以发现这一点。

历史中具有批判性思维的早期思想者之一——苏格拉底，是 2400 年前的古希腊某个时期的教师。苏格拉底发现了一种质疑的方法。当将这一方法运用于他那个时代的统治阶层时，他发现统治阶层的大多数人都不能理性地用知识证明他们的论断。他们傲慢地回答他初始的质疑，但是不能从知识上证明他们知道所思考的东西。由于当局这种肤浅思维的集体暴露，苏格拉底所得到的回报是被处死。

苏格拉底和他之后的柏拉图以及亚里士多德一样断定，人类通常在理解自己和自己周围的环境方面是无与伦比地肤浅。这一观点被接下来超过 2400 年的很多思想者表达过，包括弗朗西斯·培根、笛卡尔、帕斯卡、约翰·穆勒、西格蒙德·弗洛伊德以及威廉·格雷厄姆·萨姆纳。

直到苏格拉底之后的 1400 年，那些对信念进行质疑的观念才被接受——尽管只是发生在大学里面，并且只限于权威圈子内部这个层面。当然，在文艺复兴时代（15 世纪到 16 世纪），欧洲的一大批学者开始对宗教、艺术、社会、人类本质、法律以及自由进行批判性的思考。他们依据人类生活的大多数领域正需要寻求分析和批判这一假设展开。这些学者中有科勒特、伊拉斯谟以及更多的英格兰学者。他们追随了古希腊思想家的洞见。

弗朗西斯·培根明确地分析了人类大脑的活动方式，在大脑的正常状态下，它是深陷无知、偏见、自我欺骗以及既定利益中的。他明确地知道不应让大脑按照它的天然的倾向运作。在其所著的《学术的进展》（*The Advancement of Learning*）这本书中，他提出按经验的方式学习世界的重要性。他强调将科学模式的基础放在对信息收集过程上。他还呼吁注意这一事实，即如果让大多数人独立自主，他们将形成坏的思维习惯（他称之为"假象"），这些坏习惯将导致他们相信一些不值得相信的信念。他呼吁关注"种族假象"（我们的大脑自然地倾向于欺骗自己的方式）、"洞穴假象"（我们倾向于从我们个人的角度看待事物，而且往往是扭曲的角度）、"市场假象"（我们在与他人交往的过程中的概念误用）以及"剧场假象"（我们变得陷入常规和教条式的思想体系的倾向）。他的书籍可以被看成有关批判性思维最早的教科书之一，因为他讨论议题的过程同批判性思维一般情况下讨论议题的过程非常吻合。

培根身后 50 年的某年，笛卡尔写了可以被称之为批判性思维领域的第二本教材——《指导心灵的规则》（*Rules for the Direction of the Mind*）。在这本书中，笛卡尔提出，人们应该需要对大脑进行特别而系统的训练，以将其用来指导思维。他明确提出了思维需要达到清晰性和精确性，并竭力证明这一点。他基于系统的怀疑原则，发展了一套批判性思维的方法。他强调，思维需要建立在经过仔细推敲的假设上。他提出，思维的每一部分都应该受到质疑和检验。

在同一时期，托马斯爵士发展了一套新的社会秩序模型——乌托邦，这其中使当今世界的每一个领域都遭到批判，他暗示的命题是建立社会制度需要根本性地分析和批判。文艺复兴和文艺复兴之后的这些学者的批判性思维，开拓了萌生科学的道路以及发展了民主、人权和自由的思想。

在文艺复兴时期，霍布斯和洛克对马基雅维利身上体现出来的思想家的批判性头脑抱有信心。他们既不接受那个时代人们思维中的事物在主流想法中的因袭形象，也不将他们文化中被认为是"正常"的事物作为必要而合理的对象予以接受。他们都指望批判性的头脑能打开学习的新前景。霍布斯采取了一种自然主义的方式看待世界，在这种看待世界的方式下，每一件事都应该通过证据和推理来予以解释。洛克则为日常生活和思维中的常识分析进行辩护。他为批判性地思考基本人权和所有政府在接受有思想的公民提出的合理批评方面的责任建立了理论基础。

正是在这种认识自由和批判性思潮的激励下，人们中类似罗伯特·波义耳（在17世纪）以及艾萨克·牛顿爵士（在17世纪和18世纪）做出了他们的贡献。在《怀疑的化学家》（*The Sceptical Chymist*）一书中，波义耳严厉地批评了在他之前的化学理论。至于牛顿则发展出了一个影响深远的思想框架，这一框架严厉地批评了传统上被接受的看待世界的观点。他发展了诸如哥白尼、伽利略以及开普勒的批判性思想。在波义耳和牛顿之后，通过对自然世界的认真反思，人们认识到，自我中心的思想需要抛弃，建立在完整、严密的证据收集过程和合理推理基础之上的观点应该受到欢迎。

对批判性思维做出另一个重要贡献是由法国的启蒙思想家们做出的，他们是贝尔、孟德斯鸠、伏尔泰以及狄德罗。他们都从人类的头脑受过理性的训练以后，将能更好地弄清楚社会和政治世界的本质这一前提为出发点进行写作的。更重要的是，对这些思想家而言，为了确定思想是强还是弱，推理必须向内转向推理本身。他们很重视训练有素的知识交换，在这个过程中，所有的观点必须经过认真的分析和批判。他们相信，所有的权威都必须接受一种或另一种仔细且合理的批判性质疑。

18世纪的思想者甚至将批判性思想的概念做了进一步扩展，发展了我们对批判性思维及其工具力量的认识。当将批判性思维运用于经济问题时，就产生了亚当·斯密的《国富论》；在同一时代，当将批判性思维运用于传统皇室贵族的概念时，就产生了《独立宣言》；当将批判性思维运用于推理本身时，就产生了康德的《纯粹理性批判》。

在19世纪，批判性思维进一步被孔德、斯宾塞以及马克斯·韦伯扩展至人类的社会生活。将其运用于资本主义制度相关的问题时，就诞生了卡尔·马克思对社会和经济的批判；将其运用于社会决策和权力时，就产生了对官僚主义思想的深度分析，而且它倾向于用这样一种方式主导巨大的机构，以破坏他们原始的目的（马克斯·韦伯）；将其运用于人类文化的历史和生命基础时，就诞生了达尔文的《物种起源》；将其运用于无意识心理时，就反映在了西格蒙德·弗洛伊德的著作中；将其运用于文化中时，就促使了人类学研究领域的建立；将其运用于语言时，就促进了语言学领域以及对人类生活中符号和语言的很多深入的功能分析。

在20世纪，我们对批判性思维的力量和本质的理解出现了越来越明确的形式。1906年，威廉·格雷厄姆·萨姆纳出版了有关社会学和人类学的突破性研究《民俗论》（*Folkway*）。在这本书中，他提到了人类心智遵从社会中心主义倾向以及服务于学校（未加批判）的社会教化功能的相似倾向：

> 学校使所有人都变成一个类型，都一样正统。学校教育，除非用最先进的知识和良好的眼光进行管理，否则将让人，无论是男人还是女人，都变成一种类型的人，就好像由车床加工出来的一样……一套正统的说辞产生于同所有重大的人生教条相关的东西。它由群体中常见的、最无新意的和最普遍的观点组成。而大众的观点往往包含广泛的谬误、半真半假的东西以及巧舌如簧的概括。

与此同时，萨姆纳认识到在生活与教育中存在对批判性思维的深厚需求：

> 批判是对任何一种准备让人接受的命题的测试与检验，据此考察它们是否与现实相符。而批判性的才能则源自教育和训练，它是一种心理上的习性和精神力量。它是人类幸福的首要条件，无论男女都应该对此进行训练。它是我们对抗错觉、欺骗、迷信以及有关自己和我们对世俗环境误解的唯一保

证。教育的好坏只取决于它所产生的批判能力发展的良好程度……那些坚持准确性以及对所有过程和方法都进行一种理性控制的任一学科的教师们，以及那些让心中所持有的所有东西都面向不加限制的检验和修正的人，他们采取的都是培养学生才具备的习性的方法。在这里接受教育的人不能被动摇……要赢得他们的信任需要时间。他们能最大限度地掌握一切，不见兔子不撒鹰。他们能等待和权衡证据……他们能抗拒他们自己最难放弃的偏见所产生的吸引力……对批判能力的教育是唯一能被真正称为可以教育出好市民的教育。

约翰·杜威同意此观点。从他的著作中，我们已经提升了自己对人类思维的实用主义基础的认识（它的工具性本质），特别是提高了人类思维以人类的实际目标为基础的认识。在路德维希·维特根斯坦的著作中，我们不仅增强了对人类思维中概念的重要性的注意，也增强了对需要在特定背景下分析概念并评估它们的力量与局限性的注意，还增强了对需要优先用自然语言（而不是"技术术语"）进行表述的注意。从皮亚杰的著作中，我们既增强了自己对人类思维中自我中心和社会中心倾向的注意，也增强了对"形成从多个立场出发进行推理的批判性思维"这一特殊需求的注意，还增强了对需要将批判性思维提升至"意识可及"水平的注意。

从诸如赖特·米尔斯这样的学者的著作中，我们增强了对民主机构被削弱的方式的注意以及大众社会中发生社会剥削的方式的注意。从深度心理学和其他研究者的贡献中，我们了解到人类的大脑进行自我欺骗是多么地容易，它建构幻觉和错觉又是多么地容易，它产生合理化、刻板化、投射以及抑制是多么地容易。从尔文·戈夫曼和其他学者的著作中，我们增强了对有关"社会角色"如何能主导一个社会中的个体精神生活方面的认识。从很多社会学家的著作中，我们增强了对"标准的"社会化过程如何能使现有社会——它的思想体系、角色、标准以及价值——长期维系的认识，尽管这与社会自身所宣称的愿景可能是不一致的。通过诸如罗伯特·海尔布隆纳这样的经济学家的著作，我们增强了对不受约束的经济力量如何受既得利益群体影响的注意，也增强了对既得利益群体可能会试图通过影响经济来削弱或否定经济、政治、道德乃至人权的注意。

从所有物理和自然科学的巨大贡献中，我们了解了信息的力量、用极其细心和精确的过程收集信息的重要性，以及对信息可能存在的不准确性、扭曲和误用保持敏感的重要性。

总而言之，通过对历史中批判性思想的一次概览，增强了我们对批判性思维的力量与必要性的认识，也增强了我们对它在人类经验中稀缺性的认识。从我们所能发现的来看，没有一个由批判性思考者组成的社区存在。没有社会系统地向年轻人传授批判性思维技巧，每个社会都将其有关世界的看法作为真理来教授大众，并且耗费大量精力通过这些真理来证明自己的合理性。从目前来看，批判性思维者构成的群落只会存在于跨文化与跨学科、跨道德和跨区域以及跨信仰体系与生活方式的群落中。

观念检核与实践 **保证自己采取回溯阅读**

请努力保证你自己每个月读一本书。这些书必须是我们回溯阅读清单中作者所写的，或者是历史上不同时期其他非常著名的作者的书。选书的时候请注意选择代表不同视角和用不同的方式看待这个世界的书。如果你能做出这一保证，随着时间的推移，你将在用多元视角看待事物的能力方面有长足的进步，而你看待世界的视野也将十分开阔。

设计你人生方面的提示

如果我们下定决心要设计自己的人生，那么就会认识到，这样做意味着我们正在与社会力量对抗，而我们的行为或多或少都会违背我们所属的社会群体所期望的行为方式，我们也学会了只让自己知道的一些想法。我们了解到，作为一个批判性思维者，其他人必须经历他们自己的革新和发展。而当别人的思维是非传统思维的时候，在他人没有经历过我们所体验到的一个类似过程的情况下，我们不能给予别人我们思维的结果。

▶ **内省时刻**

总结你从本章以及前面章节中学到的关键思想，按照以下方式写下答案。

❶ 通过对本章的理解，我所内化的主要思想是＿＿＿＿＿＿＿＿＿。

❷ 这些观点很重要，因为＿＿＿＿＿＿＿＿＿＿＿＿＿＿＿＿＿。

❸ 按这种方式下去，我将来的生活将会很不同，因为我内化了并开始在我的思维中运用这些观点：＿＿＿＿＿＿＿＿＿＿＿＿＿＿＿。

❹ 我正通过以下方式来汇总我从本书中学到的观念：＿＿＿＿＿＿＿

＿＿＿＿＿＿＿＿＿＿＿＿＿＿＿＿＿＿＿＿＿＿＿＿＿。

❺ 这很重要，因为＿＿＿＿＿＿＿＿＿＿＿＿＿＿＿＿＿＿＿＿。

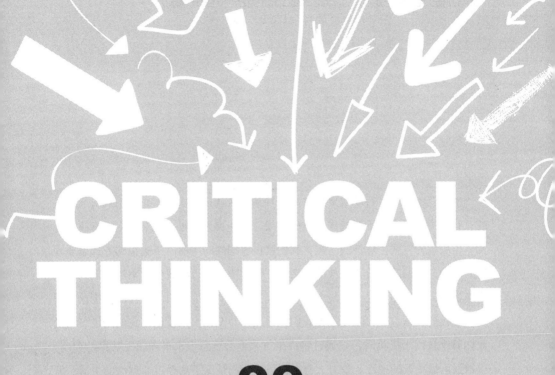

CRITICAL THINKING

09

做出明智决策的艺术

TOOLS FOR TAKING CHARGE
OF YOUR PROFESSIONAL
AND
PERSONAL LIFE

　　生活就要行动，行动就要做决定。日常生活就是由永不停止的系列决策构成的。有些决策很小且不会造成严重的后果，有些决策则很大且对人生具有决定意义。当决策的方式是理性的时候，我们就过着理性的生活。当决策的方式是非理性的时候，我们就过着非理性的生活。理性的决策可以使我们在不违背他人权利或损害他人福祉的情况下，最大限度地提升自己的生活品质。理性的决策最大限度地让我们快乐、最大限度地让我们生活成功乃至最大限度地让我们满足。当批判性思维被用于决策时，它通过将决策方式提升至意识水平和深思熟虑的程度，以增强所做决策的理性。没有人会在深思熟虑的情况下选择过非理性的生活。但是，很多人会在不知不觉中选择了过非理性或不道德的生活。他们这样做的结果是，将自己不快乐与沮丧的可能性放大了，也在追逐自己利益的时候将令他人受伤害的可能性放大了。

　　有多少个思维的领域就会有多少个决策的领域。确切地说，我们所能做的最重要的决策就是如何思考以及思考什么，因为我们如何思考与思考什么决定了我们怎样去体验和行动。当我们为人父母时我们要决定思考什么、体验什么和做什么；当我们对自己的职业生涯进行决策时，我们要决定思考什么、体验什么和做什么；当我们对自己所成长的社会环境以及所属的社会群体（家庭、专业、个人协会、国家等）进行决策时，我们要决定思考什么、体验什么和做什么；当我们就警察、政党、要支持的候选人去进行政治决策时，我们要决定思考什么、体验什么和做什么；当我们遵照道德就自己有义务做什么（或没有义务做什么）进行决策时，我们要决定思考什么、体验什么和做什么；当我们就自己生活的方式、友谊的本质和价值以及我们生活中最重要东西的本质进行决策时，我们要决定思考什么、体验什么和做什么；当我们从历史学的、社会学的、职业的、环境的和哲学的角度进行决策时，我们要决定思考什么、体验什么和做什么。不仅如此，我们在自己生活中的某个领域所做的思考，常常会受到我们在自己生活的另一个领域所做思考的影响，而且领域之间往往相互重叠。最终，我们在自己生活的一个领域所做的决策，会受到我们在自己生活的另一个领域所做决策的影响。

要成为一个有决策技巧的决策者，我们就必须成为一个娴熟的思考者，而且既要学会将人生作为一个整体进行思考，又要学会就人生的某个复杂的层面展开思考。我们所生活的最深层的世界出自我们的思想和行动，并由思想和行动所维系。要成为一个批判性思维者，我们必须成为一个自己内在世界的观察者，去观察我们构建自己内在世界的方式。我们必须理解自己是怎样被社会化的，而社会化过程有什么重要意涵。社会组织持续不断地对我们施加了直接或间接的影响，我们必须理解自己的社会化程度在社会组织中是如何被增强和反映的。我们必须知道自己何时行事突破了社会常规，何时又违背了自己惯于接受的仪式。我们必须在自己的世界中思考，又要跳出自己的世界思考，用新近的东西去批判以前的东西。

站在全局的高度思考自己的人生

我们在本章中所写的每一点都应该得到前面各章中我们所写的各个要点的阐释和补充，特别是第 8 章所提到的内容，更是如此。当你成为一个高效的决策者时，你就能完整地洞察自己的人生。由于你人生中最基本的思想和行为方式代表了你已经做过的最基本的决策，而这些决策则与你的生活质量存在着持续的意涵。如果你将要做出人生中最重要的决策，那么你需要反思与之相关的思维和行为方式，并对它们进行分析和评估。举例来说，如果你假定自己的生活中最基本的方式不需要评估，那么暗含在那些生活方式中的错误就会源源不断地产生消极的意涵和后果。

下面是一个全局性的关键问题："在多大程度上我质疑了或没能质疑自己的社会化条件？"

这一问题包含了诸多子问题："我在多大程度上过于简单地接受了自己从小

到大被要求相信的宗教、政策、哲学、价值观和生活方式？"当然，我们去认识下面一点是很重要的。那就是去质疑自己如何受到影响，并不是要我们不加批判地拒绝这些影响，而只意味着我们停止假定上述的那些东西，它们普遍都积极或必定代表了我们所能做的最佳选择。

评估决策的形式

我们如何能确定自己的决策在多大程度上是非理性的？首先，我们非理性的决策通常会属于那些我们做过的但自己没有意识到的决策。所以，请让我们从分析自己下意识的决策开始。

如果你问自己昨天做了多少决策，你可能会为如何确定这一数量感到为难。从某种意义上来说，这一绝对数量并不重要。重要的是你认识到所做的决策都有哪些类型，并找到一种方法开始对这些决策类型中的决策形式进行界定和评估。

我们所有人都有基本的需求。结果就是，我们要在如何满足那些需求中做出选择。另外，我们已经选择了价值观，也就做了与那些价值观有关的选择。我们假定自己的基本价值观支持着自己的幸福，并且认定它作为自己的一种一般存在的组成部分。没有人会对自己说："我选择按照一种会削减自己福祉且会伤害自己价值观的生活方式。"

而且，我们所有人做的决策都对他人的幸福存在着意涵。当我们所做的决策会削减或伤害别人幸福的时候，我们就做出了不道德的决策。当我们做出的决策或选择的价值观会削减或伤害我们自己的幸福的时候，我们就做出了非理性的决策。

一些非理性或不道德的决策的常见形式有：

- 决定按照会削减自己福祉的方式行动；
- 决定不参加对自己长期福祉有帮助的活动；
- 决定按照会削减他人福祉的方式行动；
- 决定与那些蛊惑我们抵制自己福祉或他人福祉的人保持联系。

这些分类看似奇怪，为什么有人会做出自我妨碍或自我伤害的决策呢？但是对这一问题存在一个普遍的回答：即刻的满足和短期的获得。当我们看看这些分类中更具体的分类时，这一点就会变得更加明显。比如，"决定按照会削减自己福祉的方式行动"则可以是：

- 决定吃那些不健康的食物，如那些会缩短我们寿命或导致疾病、消极生活质量的食品；
- 决定吸烟、酗酒或使用有害药物；
- 决定不进行锻炼或不从事充分的有氧运动。

很明显，在即刻的压力和我们大脑短期满足至上原则的作用下，我们做出了这些决策。确实，我们的大脑受到即时满足与短期满足这种"背后势力"的操纵，因此要让它做长远的考虑就要进行反思。而要反思，我们就必须如皮亚杰所讲的，将自己的行为提升至意识可及的水平。当然，仅仅如此还不够，因为我们可以认识到一个问题却不采取步骤纠正它。

如果要用我们对自己长远利益的洞察力来约束自己行动的话，则自我训练和意志力便不可或缺。当我们识别出了自己生活中的非理性决策时，我们就发现了某些被称之为坏习惯的东西。当我们用理性的决策方式替代非理性的决策方式时，我们就是用一种好习惯替代了坏习惯，这一替代发生在行为水平之上。

由于习惯可以归为在很长的时间跨度内的成百上千或成千上万个决策，因此我们能通过鉴别出坏习惯并进一步用好习惯来替代它，从而实现令我们的决策明显改善的目的。比如，我们能通过在很长的时间跨度内吃健康的食物而非不健康的食物，从而做出成百上千个理性的决策。一旦决策在很长的时间跨度内显现于行为当中，那么它就产生了一种富有成效的行为。

观念检核与实践 评估你的决策方式

我们在多大程度上刚刚得出的一般性要点与自己的思维和生活是相关的？你在多大程度上能看到自己决策中所存在的问题的形式？请给出一些例子，并运用前面两个分项的清单作为起点。当你自己的分类或子分类涉

及其中时，请将其添加进去。如果你想不出任何例子，请认识到那是你的
自我中心倾向成功地掩盖了它们，而不要做出它们不存在的结论。

"大"的决策

你的人生中有两类大的决策值得关注。

● 那些或多或少明显有长期后果的决策，如基本职业的选择、配偶的选择、
  价值观的选择、哲学的选择以及为人父母的一些基本决策；
● 那些长期后果必须得到揭示的决策，诸如我们日常习惯的意涵，包括那
  些我们饮食和锻炼习惯中的隐含意义。

一般来讲，最危险的决策是那些"不加思考"的决策——那些潜藏在我们生
活中不被注意、不被评估的决策。很明显，不可能将所有的决策都提升至意识可
及的水平，因为那样的话，我们将没有任何习惯可言。然而，一方面我们可以聚
焦于评估决策的类型或决策群，另一方面（决策合集中大的决策）和个体决策中
大的决策也应该聚焦。

观念检核与实践 思考你人生中大的决策

在此时此刻回顾一下你的人生，识别出到目前为止你所做过的或正在
做的大的决策，然后请完成以下陈述。

1. 在我的人生中做过的一个大决策（无论是深思熟虑的还是潜藏的）
   是_____。
2. 这一决策现在对我的人生所造成的一些重大后果是_____。
3. 这一决策在未来可能存在的一些意涵是_____。
4. 通过以下方式改变我在这种情景中的思维，我可以改变我将来的历
   程_____。

决策的逻辑

决策的逻辑是由决策的目标和跟随这一目标后面的主要问题决定的。

- **目标：** 在一些备选项组合之间所要确定出来的对象——最符合我们的福祉以及他人福祉的一个。
- **问题：** 按提出的条件完成以下句子："在我人生的此时此刻，面对备选项（A、B、C 或 D），哪一个是最有可能提升我们的福祉和与之相关的他人的福祉的选项？"

合理决策的四个关键点是：

- 认识到你面对的是一项重要决策；
- 准确地界定各个备选项；
- 理性地评估各个备选项；
- 让自我训练在做出最佳选择中起作用。

上面的每一个因素都代表了对思考者的潜在挑战。

观念检核与实践 **认真地思考你的职业**

我们大多数人都没有认真地想清楚过，在多大程度上满意于自己的职业。然而很明显，追求特定职业的决策，是我们未来人生中将要做出的最重要的决策之一。请考虑以下问题：我应该寻求职业上的改变，还是继续集中精力追求暗含在现有职业境况中的机会？一旦你想清楚了这个决策，请考虑依据本章刚刚探讨过的决策的几个维度来评估自己的思维。

认识到一项重要决策所需的条件

很多糟糕的决策都源于对彼时彼刻正在做的决策认识不足，而这一情况的发生所导致的后果则是很多决策都是在下意识中做出的，更是基于自我中心主义或社会中心主义做出的。人们做出的很多有关朋友、合作伙伴、家庭作业、家庭、娱乐（包括酒精和药物的使用）以及与个人满足感有关的决策都是由"蒙着眼睛"所做的决策导致的（"它在我身上从来没发生过！""我只是没有意识到！"）。

准确地认识决策的各个备选项

请认识到一个客观事实，那就是手上的决策并不会以所有信息都明了的状态摆在那里。我们还必须认识到，我们所要面对的决策的各个备选项是什么。在这里，很多决策因为没能准确地界定各个备选项而被扭曲。这种失败以两种形式表现出来：（1）错误地认为某对象是备选项，其实并不是；（2）没能认识到某个备选项的存在（思维太狭隘）。

按照以下思维方式思考的决策就属于第一种常见的失败型决策。

- 我知道他犯了严重错误，但是他爱我，而我能帮助他改变！
- 我知道在我们的关系中存在很多问题，但是我们相互爱着对方，因此那不是问题！
- 我知道自己在工作中表现不好，但是我最终将获得认可！
- 我知道我应该学习这一知识点，但是我可以在考试前的晚上通过死记硬背来学习它！

第二种失败型决策（思维太狭隘）很难矫正，因为（当一个人思维太狭隘的时候）没有人会认为自己思维太狭隘。实际上，思考者的思维越狭隘，他们就越认为自己的思维是开阔的。一个很有用的经验法则是，如果你在做决策的时候只能得到一两个选项，你很可能就陷入了思维狭隘。

我们发现了如下两条规则很有用：

规则1：永远存在一条路；
规则2：永远存在另一条路。

观念检核与实践 反思某个最近的经历

想出一个最近发生的情景，在这个情景中你没有考虑到某个备选项，如果你考虑到了，你应该能将自己的思维品质提升至更高水平。请完成这些陈述。

1. 这一情景如下：_____。

2. 我能清楚地发现的各个备选项是_____。

3. 我错过的重要备选项是_____。

4. 我错过这一备选项的原因是_____。

5. 如果我考虑了所有相关且重要的备选项，那我应该按如下方式行动，而不是按我曾经的方式进行行动：

_____。

根据我们目前为止已经考虑过的问题，现在请让我们看一下成为一个更有技巧的决策者的程序。

在你的决策上花更多的时间

如果我们不花时间反思自己的决策，我们就无法提升它们。我们的行为要想真正发生改变，需要我们对自己现有的行为进行思考。其中，需要重点考虑的是，一个糟糕的决策将令我们浪费大量的时间。比如，一对夫妇在认识到他们的婚姻是场糟糕的婚姻之前花了 5 ~ 10 年的时间，并最终选择结束这场婚姻，各自去寻找一段更有效的关系。人们往往由于一个糟糕的职业选择而失去数年的发展机会。学生们往往由于他们选择（而且是低效的选择）的学习模式而浪费掉大量的时间。我们应该花更多的时间在我们的决策上，做出更棒的决策将为我们节省大量的时间，否则我们将花费大量时间来修正糟糕决策所带来的消极影响。

变得系统

人们需要弄清自己的主要习惯。他们需要给予自己时间，去围绕自己的主要需求和精力投放的主要区域做决策：饮食习惯、锻炼习惯、自由支配时间、社会相互作用以及这四项以外的决策。人们必须批判性地思考在生活的每个方面所形成的习惯如何影响整体的生活质量。比如，如果你每天花费多个小时玩电脑游戏，决定做这件事情的一些意涵是什么？你有没有什么重要的事情没时间去做？

一次处理一个主要的决策

快速地思考通常不能帮助我们很好地弄清楚自己的决策。我们越是试图同时做更多的事情，以及我们越是试图以更快的速度完成这些事情，我们就越有可能导致每件事都做不好。由于我们生活在一个快节奏的世界里，要让我们认同花时间弄清自己所面临的决策很重要是困难的。在做了一个糟糕的决策以后，我们有时会说我们没有足够的时间来弄清那个问题。但是问题的普遍情况是，我们有时间，但我们没有充分利用这些时间。一般来说，我们处理决策时越深思熟虑（花时间弄清问题的所有层面），我们的决策就越好。

形成对自己无知的认识

我们对自己绝大多数的决策都是无知的。我们对自己（决策）的无知越了解，我们的决策就越会深思熟虑。能够认识到和面对我们所不知道的事物，对我们去确定必须要将什么弄清楚是有帮助的。我们倾向于忽视进行有效决策需要知道什么，但这并非多数人决策中面临的首要问题。首要问题是，我们认为自己已经知道了所有与做决策相关的信息，但事实是我们在知识上是无知的。

决策的维度

通过运用思维的要素为导引，我们至少能够界定出决策的九个维度，而这九个维度分别代表了思维中有可能出问题的九个方面。给出这些维度并非界定了一个可以不加思考或机械遵从的问题的核查程序，它们只是预先假定好的判断和在每一个维度上的思维。

成为一个高效而理性的决策者需要做到以下几点。

1. 弄清并定期重新阐明你最根本性的目标、目的和需求。你的决策应该帮助你去除障碍和创造机会，从而接近你的目标，实现你的目的和满足你的需求。

2. 无论什么时候，只要有可能，就应该一次解决一个问题或一次完成一个决策，并请你尽可能清晰且精确地陈述决策的情景，并构建各种备选项。

3. 研究各种潜在的替代性决策的环境，以弄清你正在面对的决策类型，弄清你可能要面临的大量备选项背后的意涵是什么，区分那些具有某些控制力的决策与那些似乎是强加于你的决策，集中精力于最重要的决策和那些你能够施加最大影响力的决策。

4. 弄清你所需要的信息，并且积极地寻求信息。

5. 认真地分析和阐释你所搜集到的信息，以及你能从中得到什么合理的推断。

6. 弄清你可以采取的行动选项。什么是你在短期之内能做的？什么又是你在长期之内要做的？明确地认识你在金钱、时间和精力方面的限制。

7. 评估你在决策情景中的选项，考虑各个选项的有利面和不利面。

8. 采取策略性的方法实现决策，并坚持这一策略。这可能会涉及直接行动的策略或在想清楚之前要采取的审慎观望的策略。

9. 当你采取行动的时候，在你行动的意涵开始显现的时候就监控它。准备修正自己的策略，一旦环境需要，在意识到要修正的策略时，即刻便开始修正。随着你得到更多与决策有关的信息，准备转换你的策略、你的分析、你对决策类型的陈述或同时转换上述三者。

在这里我们将只详细阐述这些维度的第一个维度，以阐释该如何弄清它们。

定期地重新阐明和重新评估你的目标、目的和需求

我们所有的人都过着目标定向的生活。我们形成目标和产生目的，并试图去满足和实现它们。我们形成价值观并试图获得它们所暗示的东西。我们有需求并试图满足它们。如果我们能自动地实现自己的目标、目的并满足自己的需求，我们将没有问题或没有必要做挑战性的决策。我们对目标、目的和需求的敏锐常常可以让我们注意到做出一个决策的重要性。不进行批判性思维的人常常放走决策的机会，甚至都没有认识到决策机会的存在。比如，如果你和某人的关系很恶劣，而且既不下定决心结束这段关系，也不采取积极的行动来改善这段关系，那

么这便代表了"无解"的问题。你潜在的决策就是让事情保持现状。

娴熟的批判性思维者会定期地修正他们有关什么东西值得追求的概念。多数时候，我们做出糟糕的决策只是因为我们追求的东西不是我们需要去追求的。比如，如果你将快乐界定为来自对生活的控制和能左右你生活的重要他人，那么无论是对你自己还是对那些你试图控制的人而言，你做出的决策注定是糟糕的。

人类常常寻求过量的东西——过量的财富（贪婪）、过量的权力（独尊）、过量的食物（不健康的身体）等。而且人类常常对他人提出不合理的要求——假定每个人都相信他所相信的东西，看重他所看重的东西，而且应该按照他认为的方式行事。人类常常建立起不一致的标准——期待别人满足连他们自己都达不到的标准，或希望用一些准则判断他人却拒绝将这些准则运用于自己。

观念检核与实践　**从糟糕决策中提炼问题**

请考虑如下处理或做决策的策略，每一个都代表一个糟糕的决策。你能看出为什么吗？请你找出一个或多个在处理决策问题时，它的方法与下面这些例子处于同一水平的样例。

1. 以孩子为借口待在一种受虐待的关系中。

2. 由于面对不愉快的现实会带来痛苦，所以服用药物以短暂地逃离生活。

3. 拼命地吃东西以抵御抑郁情绪。

4. 对犯罪建立起一种不断升级的"强硬起来"的政策，导致越来越泛滥的监狱文化，制造出越来越顽固的犯罪分子。

5. 为在群体中赢得赞扬而吸烟。

6. 对恐怖分子建立起一种不断升级的"强硬起来"的政策，在人群中导致越来越强烈的怨恨和敌意，并将这些怀有怨恨和敌意的人又归类为"恐怖分子"，导致越来越激烈的暴力应对方式。

7. 变得愤怒并做出击打东西或攻击人、扔东西和向人咆哮等过激行为。

8. 在沮丧的时候为自己感到悲伤。

早期的决策

通过对那些曾经塑造了我们早期（2~11岁）生活的主要决策进行回顾，我们将对深植于决策过程中的问题有所洞察。比如，在我们的早期生活中，我们所处的环境无法让我们掌控自己的决策。尽管我们的父母通常会给我们一些机会来做决策，但在我们非常年幼的时候，我们缺乏长远打算的能力。我们会很自然地被眼前的东西所主导，并且我们看待世界的方式是高度自我中心的。另外，一些父母对孩子的决策进行了过度干预，而另一些父母则是关注不足。

当我们幼小的时候，我们需要限制按照自我中心或社会中心的方式行事，以使得这些消极的形式尽快得到修正，且尽可能地减少对我们自己以及与我们处在同时代的人的伤害。然而，即使是孩童，也需要行使生活中的权力，并开始学会接受自己做决策带来的消极后果。如果小孩们不能获得机会做出自己的决策，那么他们就不能学会对自己的行为负责。

小孩做决策的问题之一是这些决策常常是他们所属同伴群体"政党路线"的结果。青年文化——通过媒体、影视、音乐和偶像——在大多数孩子的决策中扮演了非常重要的角色。人类的不安全感驱使孩子们去寻求其他孩子的认同和接纳。他们的很多决策和行为反映了他们试图获得同伴群体的喜爱和接受的倾向，从这些决策中产生的行为方式往往成为滋生短期问题和长期问题的温床。

我们做决策的这种或那种方式，以及他人为我们做决策的这种或那种方式，都会对我们的人格与性格产生影响。各种决策影响着我们的信念和态度，影响着我们对自己的看法以及对自己所生活的这个世界的看法。

观念检核与实践 **评估孩童的决策**

每个人心中都有孩提时的生活记忆，请回顾你心中的这种早期记忆，看看你是否能记得或能否回忆起一些东西，这些东西要能证明某个决策的重要性，不管是你所做的决策还是别人为你做的决策，然后试着问自己以下问题。如果你不能回答某个问题，只要跳过去回答下一个问题即可。

1. 你的父母在多大程度上给予你自己做决策的机会？

2. 你什么时候开始或到什么时候还没开始对自己决策的后果进行长远考虑？

3. 你早期的决策在多大程度上是以高度自我为中心的？

4. 你的父母在多大程度上对你的决策采取了过度控制？

5. 你的父母在多大程度上对你的决策控制不足？

6. 你的父母在多大程度上限制你按照自我中心主义和社会中心主义行事？

7. 你在多大程度上能说你仍然是个自我中心主义或社会中心主义的决策者？

8. 在生活中你在多大程度上如同孩子般行使自己的权力，并且开始学习接受自己决策的后果？

9. 你认为你在多大程度上已经学会了通过忍受自己决策的后果，使得自己变成一个对自己行为负责的人？

青少年时期的决策

青少年时期（12~17岁）在生活中所做的决策对我们来说很重要。因为青少年时期，我们倾向于在决策中寻求更多的独立性，尽管有时不愿意为那些决策承担更多的责任。确实，一些青少年似乎会持有这样一种观点："我有权力去自己做决定，但是当那些决策产生消极后果时，你有责任帮我逃避那些后果。"

和幼童一样，青少年似乎在做长远考虑方面的能力也是不足的。他们对发生在自己身上事件的即时看法，往往会让他们普遍认为这些事件好像是一种终生存在的条件（自我中心性的即刻固化）。在他们实现独立的渴求中，他们往往会陷入与父母和其他权威人物的权力斗争当中。

和幼童一样，青少年所做的决策往往也是他们所属同伴群体"政党路线"的结果。青少年文化——同样，通过媒体、影视、音乐和偶像——在他们的绝大多数决策中扮演着核心角色。人类的不安全感也驱使青少年从其他青少年身上寻求认同和接纳。和幼童一样，很多青少年的决策和行为反映了一种试图实现目标的努力，由这些决策导致的行为方式往往成为滋生短期问题和长期问题的温床。

对青少年而言，爱、性以及对世界的一种综合看法变得重要了，尽管他们往往对这些都只有肤浅的理解。青少年持有这些观念的基础往往是从影视、音乐和针对青少年群体的电视节目中建立起来的，这些是为糟糕决策和坏习惯所做的标准裁剪。

比如，媒体创造的偶像在运用暴力打败那些邪恶者的代表时，往往被渲染为是成功的。在这种好人／坏人的世界里，每一件事都非黑即白。为恶者运用恐吓和力量去伤害和威胁弱小和良善，弱小和良善只有当某些具备极大勇气的人运用暴力对抗作恶者时才能得到解救。

在媒体所创造的浪漫关系中，爱一般都是自发的、非理性的而且是一见钟情的。而它不具备现实关系中人物的性格。青少年媒体中的偶像实际上没有一个是通过理性地运用自己的头脑和知识而获得他们的英雄地位的。

如果青少年的决策、行为方式和习惯的发展只是接续幼年时期而发生，并且伴随着少年时期的发展而发展的，那我们简单地等待就可以了。但实际情况并非如此。我们所有人都是在这个重要的时期被所形成的决策和习惯塑造的，而且这种塑造往往是终生的。既然如此，尽可能早地干预很有必要。

观念检核与实践 评估青少年的决策

回顾你头脑中有关青少年时期的记忆，你的哪一个决策被证明是最重要的？向自己提以下问题。如果你无法回答某个问题，请继续回答下一个问题即可。

1. 你能否识别出自己在青少年时期受到媒体影响的一些方式？
2. 你在青少年时期所做的各种决策在多大程度上反映了你在试图获得其他青少年的认同和接纳？
3. 其中的任何决策在多大程度上成了滋生短期问题或长期问题的温床？

4. 你有关浪漫关系的决策在多大程度上建立在你所受到的青年文化影响的基础上？

5. 你能否识别出自己形成的某个坏习惯是源自青少年时期所做的某个决策？

6. 你心中有关爱和友谊的概念在多大程度上反映了电影或歌词中对爱或友谊的处理方式？

如果你回答上面的问题存在任何困难（比如，由于似乎对你而言，你的决策都是独立的），那么这对你而言，某个人生活在一个文化中却竟然不受文化的显著影响，这合理吗？

成年初期的决策

成年初期（18 ～ 35 岁）所做的决策在我们的人生中极其重要。作为年轻的成年人，我们在决策中行使了更多的独立性，尽管有些时候不愿意承担那些决策的责任。

和青少年相似，年轻的成年人似乎在做长远考虑上也是能力有限。他们对发生在自己身上的事件的即时看法往往会让他们普遍认为这些事件好像是一种终生存在的条件（即时的自我中心主义）。在他们实现独立的渴求中，年轻的成年人往往在有关他们的婚姻、职业和未来上做出轻率的决策。

和青少年相似，年轻的成年人所做的决策往往也是他们所属同辈群体"政党路线"的结果。年轻的成年人倾向于寻找其他同龄人作为他们的指引，他们也强烈地受到大众传媒的影响。

人类安全感的匮乏驱使年轻的成年人去寻求其他同龄人的认同和接纳。和青少年相似，他们的很多决策和行为都反映了他们试图实现这一目标的努力，由这些决策所产生的行为方式往往也成为滋生短期问题和长期问题的温床。

对年轻的成年人而言，爱、性以及对世界的一种实用主义的看法变得重要了，他们往往对这些也只有肤浅的理解。年轻的成年人持有这些观念的基础往往是从影视、音乐和针对该群体的电视节目中建立起来的，这些同样是为糟糕决策和坏习惯所做的标准裁剪。

同样地，如果年轻的成年人的决策、行为方式和习惯的发展只是接着青少年时期而发生，并且伴随着成年初期的发展而发展的，那么他们只要简单地等待它们的出现就可以了，但是实际情况并非如此。对这个重要的时期所形成的决策和习惯的塑造也是相伴一生的，而且尽早干预也是有必要的。

▶ 生活中的批判性思维

我们都生活在一个由自己的决策所驱使的生活状态中。对本章来说，尽管没人完全掌控并决定他们生活品质的决策，但我们所有人都可以通过以下三种途径来提升自己的决策水平。

1. 对我们生活中决策的本质和决策进行批判性的反思。

2. 根据决策本质和扮演的角色，系统地采取那些能增强我们决策合理性的策略。

3. 常常将我们生活中的事实与我们的宏观哲学（或世界观）进行对比，试图找出自身自相矛盾及不一致的地方，并获得一种有关我们生活的方向和品质的综合看法。

在构建这些策略的过程中，对以下事项给予我们最大的注意力，并按照这种方式进行思考和行动是符合我们的利益的：

- 决策背后的行为方式；
- 我们的决策现在在多大程度上是建立在即时满足和短期目标的基础上的；
- 我们所面对的"大"的决策；
- 我们终极的、最紧要的目标；
- 我们能发现的各种备选项；
- 自我训练必须要在"最佳"的备选项上起作用；

- 给我们对决策做自我反思留足够的时间；
- 做到系统化的需要；
- 决策的九个维度；
- 有关我们童年时期主要决策的知识；
- 有关我们青少年时期主要决策的知识。

成为一个极佳的决策者与成为一个好的思考者是分不开的。决策嵌入我们的生活结构太过深刻，以至于我们不会将其作为独立的事件来处理，而是将其作为我们能"自动"掌控的事件。一个极佳的决策者能够做到自我理解，理解如何运用批判性思维的原则，对思维中的自我中心主义和社会中心主义有良好的认识，并且在知识上保持谦逊、坚韧以及公平公正。

▶ 内省时刻

总结你从本章以及前面章节中学到的关键思想，按照如下方式写下答案。

❶ 通过对本章的理解，我所内化的主要思想是＿＿＿＿＿＿＿＿＿。

❷ 这些观点很重要，因为＿＿＿＿＿＿＿＿＿＿＿＿。

❸ 按这种方式下去，我将来的生活会很不同，因为我内化了并开始在我的思维中运用这些观点：＿＿＿＿＿＿＿＿＿＿。

❹ 我正通过以下方式来汇总我从本书中学到的观念：＿＿＿＿＿＿
＿＿＿＿＿＿＿＿＿＿＿＿＿＿＿。

❺ 这很重要，因为＿＿＿＿＿＿＿＿＿＿＿＿＿＿。

CRITICAL THINKING

10

掌控你的非理性倾向

TOOLS FOR TAKING CHARGE
OF YOUR PROFESSIONAL
AND
PERSONAL LIFE

人类往往表现出非理性的行为：我们打架；我们发动战争；我们杀戮。我们是自我毁灭的；我们是卑鄙的且报复心强的；当我们找不到出路的时候，我们做出"出轨行为"；我们虐待自己的配偶；我们忽视自己的小孩；我们将自己的欲望合理化、投射给他人乃至刻板定型。我们存在数不清的自相矛盾和自我欺骗。我们的行为前后不一致，我们忽视相关的证据、直接跳到结论，并且我们所说和所信的东西连自己都没有完全弄懂；我们是自己最大的敌人。

我们相信，由于人类的自我中心主义，人类本质上倾向于"在一个与自己相关的世界里看待每一件事，是以自我为中心的"，这是对人类非理性背后最根本的驱动力的最佳理解。

自我中心思维

自我中心思维源自这一事实，就是人类不会自然地考虑其他人的权利和需求，我们既不会自然地欣赏别人的观点，也看不到自己观点的局限性。我们只有被专门地训练这样做时，才能明确地意识到自己的自我中心思维。我们并不会自然地认识到自己基于自我中心而做的假设、在以自我为中心使用信息、在以自我为中心的方式解释数据，也认识不到我们存在自我中心的概念和观念以及我们自我中心思维的来源。我们也不能认识到自己立场的自利性。

我们生活在不真实当中，但是却自信地认为我们从根本上弄清了事物的本来面貌，并且我们在做到这一点

> **自我中心：** 将任何事物都看成与自己相关的倾向，混淆即刻的感知（事物看起来是怎样的）和现实，凡事只考虑自己和自己的利益；自私的；扭曲现实以图维持特定的观点或认识。

时是客观的。我们很自然地相信自己源自直觉的感知——尽管它们可能是不准确的。与在思维中使用思维标准相比，人们更常用的是以自我中心的心理标准来决定什么应该相信，什么应该拒绝。下面是人类思维中常用的心理标准。

- "它是真实的，因为我相信它。"天生的自我中心主义：我认定，我所相信的就是真实的，即使我从来没有质疑过自己很多信念的基础也是如此。
- "它是真实的，因为我们相信它。"天生的社会中心主义：我认定，我所属群体内部的主导性信念是真实的，即使我从来没有质疑过其中很多信念的基础也是如此。
- "它是真实的，因为我想相信它。"天生的愿望满足：比如，我相信那些能将我（或我所属的群体）带入积极面而非消极面行为的解释，即使我从来没有认真考虑过支持消极面的解释的证据也是如此。我相信让我们"感觉良好"、支持我们其他信念的事物，相信不要求我们改变思维的任何方式都是重要的、相信那些我们不用承认自己错了的事物。
- "它是真实的，因为我一直相信它。"天生的自我验证：我有强烈的欲望维持我长期坚持的信念，即使我从来没有认真考虑过那些信念在多大程度上是公正的、得到证据支持的也是如此。
- "它是真实的，因为从我自身的利益出发要相信它。"天生的自利：如果某种信念能证明让自己获得更多的利益、金钱或个人权益是合理的，那么我会很快相信那些信念的正确性，即使这些信念并非建立在合理的论证或证据基础上也是如此。

观念检核与实践 识别一些你的非理性倾向

运用先前所描述的非理性信念的类型作为一个导引，每个类别中识别出一个你最近坚持的信念。

1. 它是真实的，因为我相信它。
2. 它是真实的，因为我所属的群体相信它。
3. 它是真实的，因为我想相信它。

4. 它是真实的，因为我一直相信它。

5. 它是真实的，因为从我自身的利益出发要相信它。

在一个1～10的量尺上（10等于"高度非理性"，1等于"高度理性"），看看自己属于哪个位置，为什么？

如果人类是自然地倾向于用这些标准来评估自己的思维，那也不奇怪，我们人类作为一个物种，在建立和培养合理的思维标准方面还没有形成明显的兴趣。我们的思维存在太多的领域是我们不想集体遭到质疑的。我们有太多的偏见是自己不想让它遭遇挑战的。我们致力于让自己的私利得到满足。我们通常不愿意牺牲自己的欲求来满足其他人的基本需要。我们不想发现自己所拥有的信念既不是不证自明的，也不是神圣的。如果忽视基本原则能使我们得以维持自己的权力，或去获得更多的权力，或对我们更有利的话，我们会忽略任何基本的原则。

幸运的是，人类并不一直由自我中心思维所引导。打个比方，每个人身上都有两个潜在大脑：一个大脑按天生的自我中心和自利的倾向行事；另一个大脑则按理智开化的、高级别的能力（如果得到开发的话）行事。

我们从这一章开始关注人类生活中自我中心倾向的问题（见图10-1）。然后我们将这一有缺陷的思维模式与它对立的思维模式做比较：理性而合理的思维。我们的探索意味着用我们的大脑去创造理性的信念、情绪以及价值观的东西——与自我中心相反的东西。然后我们关注对两个自我中心思维表现的区分：支配性行为和服从性行为。

理解自我中心思维

自我中心思维产生于一种人类天生的从狭隘且自利的角度去看待世界的倾向。我们自然地从一种世界如何能为我们服务的角度去看世界。我们的本能就是去不断地在世界中操作，以控制周围的情境和人，让它们与自己的私利相一致。

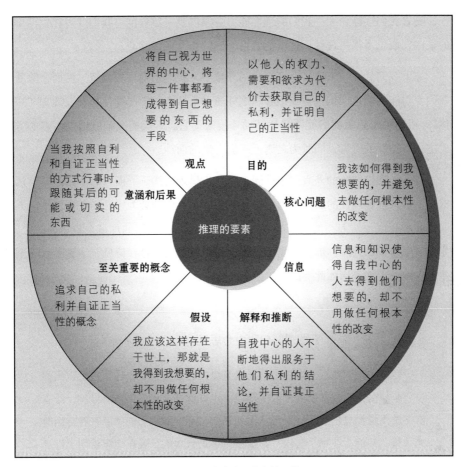

图 10-1 自我中心主义的逻辑

同时，我们自然地认定，我们的思维是理性的，无论我们的思维是多么地非理性或有害都是如此。当我们从自我中心的角度进行运作，我们会发现自己的思维是理性的。我们的思维对我们来讲是正确的、真实的、良好的、正当的。因此，我们的自我中心的本质也许为批判性思维制造了最难以对付的障碍。

我们从自己的孩童时期就继承了这样一种认识，那就是我们明白了这个世界的真理，我们自然地相信自己对关于他人是什么和自己是什么的认识。因此，从某种意义上来说，如果我们非理性地行事或思考，那么我们就是自己一辈子发展出来的信念和思维过程的牺牲品（因为自我中心思维支配着我们）。

随着我们逐渐长大，我们的理性能力会发展到一定程度。我们变得在生活中的某些领域思考得更理性，这可能源自明确的指导或经验。

如果我们处在一个崇尚合理行为的环境中，我们会变得更理智。然而，除非我们变得能明确地认识到自我中心思维并通过某些方式学习如何削弱或让它"短接"，否则很难想象我们能明显地撼动（侵入）它。人类的大脑能通过太多的方式进行非理性的思考，同时为之遮上一层合理的面纱。

当然，理性纯粹的外表并不等同于它真正呈现的样子。而且，不幸的是，从根本上讲，很多理性的成人行为是以自我为中心或以社会为中心的。这就造成人们在某种程度上对人类的头脑如何发挥作用没有一个清晰的理解。最重要的是，如果对思维不加控制，那人们是不能认识到思维是天生存在偏见、半真半假、偏差、含混、无知等诸如此类的缺陷的。

观念检核与实践 开始理解自我中心思维

尝试想出你最近一次提出的反对意见。在该情景中，你现在意识到你没能抱着公平心去倾听其他人的观点。也许你在交谈中为自己辩护，或者你在试图控制其他人。你不曾试图从那个与你互动的人的角度来看待当时的情景。然而，在那个时候，你相信自己是合理的。现在你意识到了你当时的心智闭塞。请完成以下陈述。

1. 那一情景如下：_____。

2. 我在那一情景中的行为/思维如下_____。

3. 我现在意识到我当时心智闭塞是因为_____。

如果你想不出一个例子，请想出一个情景，在这个情景中，最近有人表现出心智闭塞。也请问你自己，为什么你不能想出在自己身上发生的心智闭塞的例子。

将自我中心主义理解成"脑中脑"

自我中心思维是在潜意识水平起作用的，就像一个长在我们身上但我们却拒绝承认它存在的大脑。没人会说："我要按照自我中心的方式思考一会儿。"自我中心思维的目标是自我满足和自证正当性（见图 10–2）。它不关心他人的权利和需求——尽管它可能会保护那些与其有相同自我认同感的人。当我们进行以自我为中心的思考时，我们认为自己是正确和公正的。我们将那些不同意自己的人看成是错误的和不公正的。

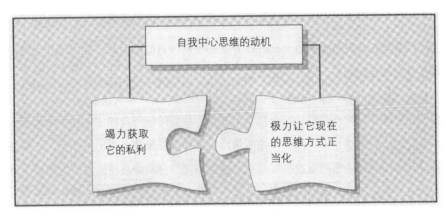

图 10–2　自我中心思维背后的两个根本性的动机

我们的家庭、我们的小孩、我们的国家、我们的宗教、我们的信仰、我们的情感、我们的价值观等，所有这些都是最容易让我们陷入自我中心思维的。在这一过程中，将自己的行为正当化对我们来说很重要，即使我们对其他人表现出不公正、不负责任或明目张胆的伤害，我们也会寻求正当化。我们对某事物感兴趣，实际上只是因为通过它能间接而曲折地支持自己。我们不喜欢或害怕那些指出我们前后不一致的人。如果我们批评自己，这并不是我们对自己做显著改变的契机，相反，我们是为了避免这种改变。比如，如果我说"我知道，我存在暂时的'短路'，但是我也没办法，我发脾气只是因为我父亲也爱发脾气"，那么我的这种批评只是为我继续发脾气找到正当理由而已。

既然如此，那我们运用自我中心思维的方式之一，就是将我们现在的信念系统正当化。当我们感觉到发自内心的正当时，我们面对自己时便能生活得舒服些，即使我们的所作所为不道德也是如此。比如，如果我从小就相信特定种族是低劣的，我的自我中心思维使得我能维持以下所有信念：（1）我并没有偏见（他们就是低劣的）；（2）我通过我碰到的一个人的出身来判断他的价值；（3）我是思想开放的人。

通过我思维中这些信念的运作，我没有发现自己直接通过成员的种族来得出结论。我甚至不认为自己在任何方面冤枉了他们。我认为自己只是按照他们的原始面貌来认识他们。尽管我忽视了那些揭示我所相信的东西是虚伪的证据。我不认为自己是个种族主义者，因为种族主义者是坏的，而我不是。

只有当我们发展出了对自己进行外显的理性分析的能力时，我们才开始发现自己身上的这些倾向。当我们去做这些外显的理性分析时（从来就不会恰恰在这一刻），我们的自我中心思维突然就处于控制地位（它需要艰苦的训练）。一旦自我中心思维开始控制我们，它会自动地开始将我们的行为合理化，并蒙蔽大脑去相信它的立场是唯一正当的。无论所描绘的事物的景象是多么地不准确，它都会将自己所体验到的东西看成事实真相。这种高超的自我蒙蔽技能有效地阻止了理性的思维去校正这种畸形的思维。而我们自我蒙蔽的技能越高超，我们就越难发现自己的非理性，也就越不可能注意到我们的自我中心性阻碍了自己获得理性观点这样的信息，而我们就越没有动力去形成真正理性的信念和观点。

观念检核与实践 **揭示你信念中的偏见**

作为一个自我中心的思考者，我们将自己看成经历着真实的人。同时，我们形成了很多没有获得证据证明的信念。我们形成了很多偏见（在没证据时就做出判断），如果这是真实的，我应该能够开始利用我们的理性能力去揭示自己的一些偏见。为了试图开始这一过程，请完成以下陈述：

    1. 我身上存在的一个偏见是_____（想出即使你没有证据证明它们，你也会倾向于做出归纳。它们可以是你报以积极情感的任何事物：一种宗教，一名运动员、男人、女人、同性恋、异性恋以及诸如此类。将你的偏见转换成这样的形式：所有的 X 都是 Y，就如所有的女人都是或者就如所有的男人都是。)。

2. 我应该用来替代这一错误信念的更理性的信念是_____。

3. 如果我在自己的思维中运用这一新的信念，我的行为将按照如下方式改变_____。

"成功的" 自我中心主义

尽管自我中心思维本质上是非理性的，但是它还是能够用它扭曲的逻辑发挥一定的作用。比如，它往往使我们去自私地获取我们想要的，不用为我们在获取自己想要的东西时侵害了他人的权利而担忧。这种类型的思维——尽管会湮灭证据要点、妨碍合理的推理、掩盖客观性并阻止公平的做法——从自我满足的角度来看却往往是成功的。因此，尽管自我中心思维在本质上是错误的，但是它能成功地实现人们渴望实现的东西。

我们会从很多有权力和有地位的人身上看到这一点——成功的政客、律师、商务人员以及其他人。他们往往能获取他们想要的，并能够用高超的诡辩将他们不道德的行为合理化。合理化可以简单理解成这样："这是一个艰难、冷酷的世界，每个人都应该面对现实。我必须认识到自己并非生活在一个完美的世界中，尽管我希望是。然而毕竟，我们做事情的方式也是他人一直在采取的行事方式。"在另一个极端，合理化也可能复杂到要用高度发达的哲学、思想体系或政党平台来进行蒙蔽的程度。

因此，尽管自我中心思维在合理化过程中可能会运用道德的形式，但是他们并非出于对道德责任的考虑。实际上，他们不关心道德准则。他们想起道德准则仅仅是当那些道德准则似乎能证明获得他们想要的东西的时候才会如此，而实际上他们是出于道德以外的其他原因想得到那些东西。

因此，自我中心思维在本质上是与道德准则或天生的良知不同的。在获取自己自私的需求和同时真诚地考虑他人的权利和需要之间，我们不能排他性地只关注其中一个。自我中心思维只有在一种情况下才会考虑其他人，那就是它被迫将他人考虑进来，以获取自己想要的东西的时候。因此，一个自我中心的政客，只有当他／她重新选举依赖于公共利益群体的支持时，才可能将某个公共利益群体考虑在内。他／她并不关注如何证明某个公共利益群体理由的正当性，但当他／她意识到如果没能将那些观点正当化时，那一群体将拒绝支持他／她连任。他／她所关心的只是什么符合自己的私利，只要那些关注是自私的，根据定义，他人的需求和权利就不能被看成是相关联的。

显著夸大其词的担保公司的那些声称能实现预期收益的经理们（为了能使他们在一个高的价位售出公司的股票），会使那些向表面看来正处于上升阶段（实际上不是）的公司投资的无辜者蒙受金钱的损失。大多数用这种方式操纵数据的首席执行官（CEO）们并不担心潜在投资者的福祉。他们正当化的理由必定是："请购买者谨慎！"他们通过使用这种正当化的理由，就不用面对自己所做的那些本质上属于不道德的行为。

技能高超的自我中心思维可以产生于每一种人类面临的境况。不管它攸关成千上万人的权利和需求，还是只与日常生活中有所交集的两个人有关。请想象一对夫妇——麦克斯和玛可欣，他们经常性地去影碟商店租赁电影。

不可避免地，麦克斯想租一部动作片，而玛可欣想租一部爱情片。尽管玛可欣往往愿意放弃自己的选择去迁就麦克斯的要求，但是麦克斯却从来不愿意迁就玛可欣的选择。麦克斯向玛可欣合理化他的立场，告诉她自己的选择更棒，因为这部影片充满了令人兴奋的动作片段，因为爱情片往往节奏缓慢且令人乏味，因为他选的电影主题一直是尊敬赢者的，因为"没有人会愿意看那些令自己哭泣的电影"，因为，因为，因为……很多理由产生了。然而，所有理由都掩盖了真实的理由：麦克斯只是想租自己喜欢的电影，这样他就不必去看不喜欢的电影。在他的心里，他应该去做这些，因为他想要做到，而且是周期性地重复这个过程。

麦克斯的自我中心主义甚至也蒙蔽了自己的眼睛。他不能掌握到玛可欣的观点。他不能看出他的自我中心思维如何严重地影响了玛可欣。随着他的思维起作用到能满足他的欲求的程度，以及他因此到了不能检测出自己推理中的任何错误的程度，他就自我中心地（认为自己）成功了。

观念检核与实践 认识行动中的自我中心思维

请想出某个情景，在这一情景中，你所认识的某个人曾经试图自私地操纵你去做某件事，却完全不顾及你的利益。请完成以下陈述。

1. 这一情景如下：_____。

2. 这个 X 曾经试图用以下方式操纵我（通过给予自己这些理由以迁就与她／他合作）：_____。

3. 在那个时候，这些理由似乎（确实／确实不）是理性的，因为_____
   _____。

4. 我现在相信这个人试图操纵我，因为_____。

5. 我认为他／她之所以想让我迁就与她／他合作的真实（非理性）的理由是_____。

不成功的自我中心主义

当自我中心思维不成功的时候，不仅会对受思考者影响的人造成问题，也会对思考者自己造成问题（见图 10–3）。请让我们再次短暂地回到麦克斯和玛可欣租赁电影碟片的问题。请想象，在很多个月中，麦克斯和玛可欣一如既往地经过这家影碟商店。在这家店里面，麦克斯通过自私自利的论点，能够操纵玛可欣同意他对光碟的选择。

但是有一天，玛可欣决定不再简单地迁就麦克斯对所要租赁影碟的选择。她开始对麦克斯感到怨恨。她开始认为麦克斯也许不是真的关心她。她对此想得越多，就越能从他们关系的很多方面看到麦克斯更多的自私，他不仅仅不愿意迁就她对影碟的选择，而且试图控制他们每天去哪里吃午饭、什么时候吃午饭、什么时候去拜访朋友等。

玛可欣开始感到被麦克斯所操纵和利用，而她怨恨情绪的爆发则导致她对麦克斯采取了一种防御性态度，她开始反抗了。她不再简单地迁就麦克斯的单方面决定，并开始告诉他什么时候不同意他的选择。

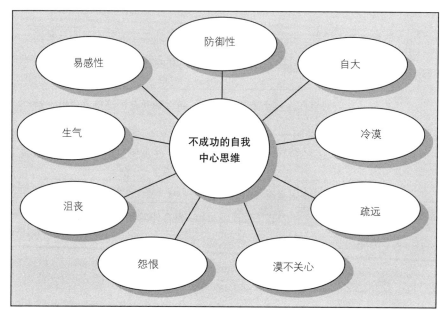

图10–3　这些是可能会伴随着自我中心思维而出现的诸多情绪，它们往往发生于自我中心思维不成功的时候

在这个时候，局面对麦克斯而言反转了。他的自我中心思维对他而言不再起作用。当这条路走不通的时候，他感到愤怒，因为他缺乏对自己扭曲思维的洞察，而且没有意识到他的做法实际上对玛可欣不公平。

玛可欣的怨恨情绪导致产生了来自玛可欣的报复行动。麦克斯的生活相较从前就不那么成功，玛可欣可能会最终决定将来不再愉快地认同麦克斯有关影碟的选择。她的怨恨情绪可能会导致她寻求不可思议的方式去惩罚麦克斯对她的不公正待遇。如果她迁就他有关影碟的选择，她可能会在看电影的整个过程中闷闷不乐。由于玛可欣的反抗，最终他们两个可能都会感到不开心，并且导致玛可欣处于一种长期的、与之相关的反抗状态。

这只是自我中心思维导致个人或在社会上失败的大量可能的形式中的一种。自我中心思维以及它的社会孪生姐妹"社会中心思维"能够导致社会偏见、社会冲突、战争、种族灭绝以及一系列失去人性的形式。尽管某些人或群体偶尔可能会"成功"，因为他或他们能够使用至高无上的权力，但是很快，这一结果对他们而言就会变得非常消极，也同样影响到他们的受害者。请考虑一帮人随机地选择一个人去骚扰，这个被骚扰的人穿着同这帮人的"群体颜色"相同的运动衫。这帮人的成员一开始对他使用语言暴力，但是很快就发展成人身攻击，依次对该受害人产生了严重的侮辱。结果，这帮人中要对这次攻击负责的成员因涉嫌犯罪被捕了，并紧接着被发现其所犯的罪行严重，进而导致他们被关押。

即使没有对他人造成直接的伤害，自我中心思维也可能导致慢性的顾影自怜或沮丧。当问题显现的时候，很容易不断出现以下思维方式。

> 我不知道为什么总是一直倒霉。当我刚刚在想事情对我而言会转好时，我又要去面对另一个问题。人生似乎除了一个问题着接一个问题之外什么都不是。我的老板不相信我会将我的工作做到足够好；我的妻子老是不断地抱怨我所做的一些事情；我的孩子老是在学校找麻烦；而现在我必须想清楚我该如何处理这辆车。生活就像脖子上令人痛苦的项圈。我不知道为什么自己总是破事缠身。

自我中心的顾影自怜的人不能认识到人生的积极面。为了迎合他的顾影自怜，他看不见生活的积极面。他们对自己施加没有必要的伤害。他们对自己说"我有权去体验我想要体验的所有与自己有关的悲伤"。在诸如此类的情境中，由于他们的心智不能自我矫正，他们实际是自己的牺牲品。他们选择去聚焦消极面，而且陷入自我惩罚的行为中（见图10-4）。

那还不是全部。在成人自我中心的背后存在着重要的道德意涵。请想想，忽视他人的权利和需要将必然违背那些权利和需要。因此，当人类处于高度社会中心思维方式的支配中时，那种思维会将该群体的欲求和渴望置于较其他群体优先的位置。由这种思维所导致的结果之一就是，其他群体的需要和欲求被全面地忽视了，因为群体内部将这种方式行事正当化了。"群体内部"的双重标准是个幌子。确定的是，历史中充满了社会中的某些群体强加给其他群体的痛苦、苦难和剥夺的例子，而这些如果被施加在他们头上是会被反对的。当我们处在社会中心主义的支配下时，伪善的、不一致的特征可以很容易避开我们的注意。

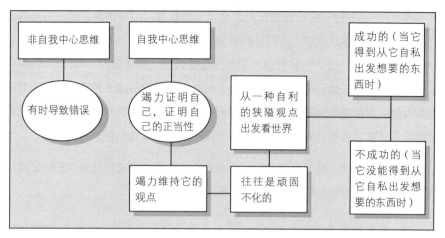

图 10-4　思维中的问题可以是源自自我中心的，也可以是源自非自我中心的

观念检核与实践　不道德的、畸形的自我中心思维

　　尝试想出某个情景，由于你的自我中心行为，你那时自私地想得到所想要的东西的欲求没有获得满足。请完成这些陈述。

1. 这一情景是_____。
2. 当我没有获得我想要的东西时，我想了_____，

　　而我做了_____。
3. 一种更加理性的思考方式应该可以是_____。
4. 一种更理性的行动方式应该可以是_____。

理性的思维

　　尽管非理性在人类的生活中扮演了重要的角色，人类还是能够从原则上理性地思考和行动。人类能够学会关注证据，即使它不支持他们自己的观点也是如此。我们能够学习对其他人的观点进行换位思考。我们能够学习注意我们自己推理和行为的意涵。我们能变得有怜悯心。我们能为他人做出牺牲。我们能与他人一起合作解决重要的问题。我们能发现自己的自我中心倾向并开始矫正这种倾向。

因此，即使自我中心主义导致我们陷入错误的视角，我们也能通过练习将他人看问题的角度考虑在内进行思考，以超越这些错误。就像我们能将他人看问题的角度吸收进自己的视角，所以我们能学习扮演从他人的角度看问题。就像自我中心主义会让我们忽视引导自己行为的思维过程，批判性思维能帮助我们学会明确地认识到其中的思维过程。就像我们能将自己的观点当成是绝对的，我们也能认识到自己的观点总是不全面的，并且有时公然地自私自利。就像即使它们是不符合逻辑的，我们也能对自己的信念维持完全的信心。我们能学习寻找我们思维中的过失，并认识到这些过失是个问题（见图 10–5 ）。

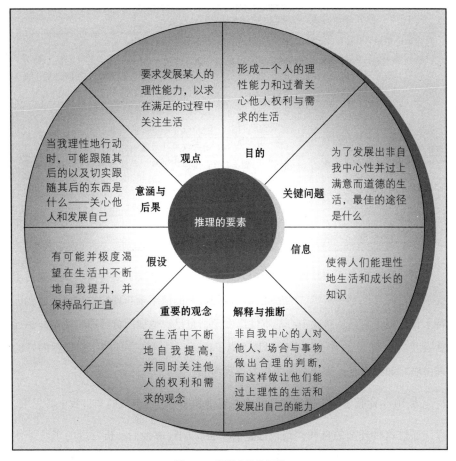

图 10–5　理性大脑的逻辑

我们不要总将自己看待世界的角度与世界的本质相混淆。我们要学会考虑和理解他人的观点。我们要学会评估自己思维的正确性。随着我们形成了自己的第二本性，我们要尽力做到能认识到它。

我们每一个人至少有发展出理性头脑的潜质和运用这一发展来对抗或矫正各种自我中心思维的各种形式的能力（见表10-1），这要求对自己的心智进行一定水平的训导，当然能做到的人很少。它要求思维训练有素，这意味着我们在行动之前要弄清楚思维的意涵。它涉及鉴别和仔细检查自己的目的和规划以及外显的检查自我中心倾向。它涉及识别非理性的思维和将非理性的思维转变成合理的思维。

表 10-1　自我中心思维 VS 非自我中心思维

自我中心思维	非自我中心思维
以牺牲他人的权利和需要为代价来追求自己的私利，并要求他人同时阻止理性心智的发展	在追求自己的需要和欲求的同时关心他人的需要和欲求，并被激励去发展自身、去学习以及在智力上得到成长
寻求自我的正当性	灵活的、适应性的
会顽固不化（除非它能通过灵活性实现私利）	竭力去准确地解释信息
自私的	竭力收集并考虑所有相关的信息
做出全面、彻底的非积极的（即消极的）概括	通过控制情绪和有效地利用情绪的能量来理性地处理情境
扭曲信息或忽视重要信息	
当没能满足它的欲求时，引起负面的、存在不良后果的情绪	

请让我们想象托德和特里萨两个人正在约会。托德发现当特里萨和其他男子交谈的时候自己感到嫉妒。然后托德认识到嫉妒的情绪是非理性的。现在他能进行干预，阻止自己从自我中心的本性出发评估自己。他能问自己那些使他开始远离自我的问题。"为什么她不能和其他男子说话，我确实有任何不信任她的好的理由吗？如果没有，为什么她的行为令我烦躁？"

表10-1比较了与生俱来的自我中心思维和那些已经养成的非自我中心思维。

通过这种仔细的自我检查，理智的人会试图理解他们动机背后的东西是什么；他们与自己的自我中心主义"达成协议"；他们建立起由合理性和相互关心而塑造的人际关系。而理性思维在它的运作过程中则是灵活的、训练有素的和内心公平的。

　　因而，正如无意识的、自我蒙蔽的思维是实现非理性目标的驱动力一样，有意识的、自我觉知的思维是实现理性目标的驱动力（见图 10–6）。因此，理性思维的一个固有层面，就是将所有固有的非理性思维提升至意识水平。在忽视自身坏习惯的情况下，我们无法提升自己，只有将无视和坏习惯进行分割才能做到。这就要求我们承认有坏习惯，而这也要求我们有一种积极进行自我分析的姿态。

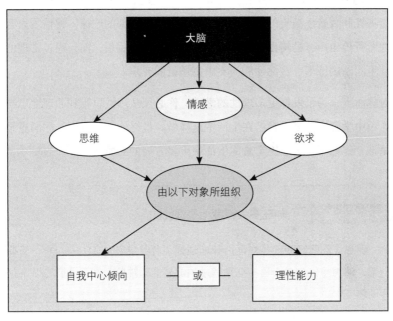

图 10–6　在任何给定的时刻，依据当时的情景，大脑的三大功能只能由自我中心思维或理性思维中的一者所控制

　　跟随这个推理的方向，一种理性的行动就是，当被放在一种完全开放的条件下时能够经得起合理批评的行动。所有那些不能完全袒露的思维都值得我们怀疑。就像一份打印精美但条款众多的厚合同，合同的撰写者并不希望阅读者能准确无误地理解一样，自我中心的心理是通过操纵以隐藏事情的实际面貌。它同时向自己也向他人隐藏真相，自始至终都让自己呈现出公平合理的样子。

　　不同的是，理性思维是通过良好的推理予以证明的。它不自我蒙蔽，也不是一个隐藏行动事项的覆盖物。当有其他相关的观点时，它不会只陷入一种观点之中。它会竭力收集所有的关联信息，并且保证自己的一致性和完整性。理智的人试图尽他们所能去见识各种事物、去完全、彻底地理解和体验这个世界。理智的人积极参与生活，他们犯错的时候愿意承认，并从错误中吸取教训。确实，当他们犯错的时候，他们愿意认定自己是错误的。

那么，为了发展你的理性能力，你必须理解，在任何给定的时刻，你的思维、情感和欲求只能由自我中心思维或理性思维中的一者进行控制。为了让你理性的头脑超越你的自我中心倾向，你将像一个管弦乐队的指挥一样发挥你的作用，指挥控制着音乐演奏的过程，维持着管弦乐队内部的纪律，评估着声音的品质，注意听传出声音的错误，并指出这些错误和予以矫正，而且通过常规的、仔细的、不间断的练习，最终才能演奏出高质量的音乐。

对你而言，为了发挥更多理性的潜质，你必须从理性思维和非理性思维间的相互作用中学习，并激励自己在生活中这样做。最终你必须看到，你的思维控制着你是谁、你在干什么，决定着你生活中重要方面的品质。

观念检核与实践 你在多大程度上是理性的

现在，你已经阅读了对理性和非理性（自我中心主义）间的一个简要介绍。请想想你在多大程度上是理性的或是非理性的，然后请回答以下这些问题。

1. 如果你将自己分成两部分，一部分是自我中心的，另一部分则是理性的，那么你会说自己在多大程度上属于这两个部分中哪一个？你会说自己是 100% 理性，50% 是理性的和 50% 是自我中心的，或者你会对自己做怎样的划分？

2. 在第一个问题上，你能给出什么理由来支持你的回答？从你的生活中举例说明。

3. 根据你的自我中心的程度，自我中心主义给你带来了什么问题？

4. 你的自我中心思维可能会为自己和他人带来更多的问题吗？请对你的回答予以解释。

两种自我中心的功能

我们已经为你介绍了如何区分理性和非理性。现在我们将讨论两个明显不同的自我中心思维的形式，两者均代表着运用自我中心的心理获取想要的东西的一般策略和非理性的攫取权力的方式。

请让我们聚焦于权力在日常生活中所扮演的角色。你需要认识到，我们所有人都需要拥有特定的权力。如果我们毫无权力，我们就无法满足自己的需求。没有权力，我们就依赖于他人的怜悯。实际上，无论权力大小，我们都要求行使特定的权力。因此，获取权力对人类生活而言至关重要。但是我们追求权力既可以通过理性的手段，也可以通过非理性的手段。我们已经到手的权力也可以用来满足理性和非理性这两种不同的目标。

获取和使用权力的两种非理性的方式被界定为两种不同形式的自我中心策略：

- 支配他人的艺术（一种获取我们想要的东西的直接手段）；
- 使他人服从的艺术（一种获取我们想要的东西的间接手段）。

在我们按照自我中心的方式进行思维的范围内，我们寻求满足自己的自我中心欲求。要么是直接的，也就是通过行使公开的权力和公然地控制他人；要么是间接的，也就是通过服从于那些能做的事情，以服务于自己的利益。说得直白一点，"自我"要么恃强凌弱，要么卑躬屈膝。它要么威胁那些弱者，要么让自己屈从于那些更有力量的人，或者两者同时采用。

这种追求自我利益的方法都是非理性的，而且两者从根本上来讲都是错误的，因为两者都建立在不合道理的思维的基础之上。两者都会产生这样的假设，那就是：一个自我中心的人的需求和权利，比那些利用自己的优势开发需求和权利的人更重要。我们将简要地揭示这两种形式的非理性思维，展示它们中每一个的基本逻辑。

在我们探讨这两种形式之前，需要事先给出一个预告。正如我们已经提到的，很多生活中的情景都涉及运用权力，但是运用权力并不意味着滥用权力。比如，在一种商业场景中，等级制度的契约要求经理在做决定时可以不征得员工的同意。经理这个职位自然包含的责任要求经理运用其权力去做决策。确实，那些不能运用他们既定权威的经理在其位置上经常是低效的。他们要对确保完成特定的任务负责。因此他们必须运用他们的权力去监督这些任务的完成。当然，这并不能说明他们运用自己的权力不正当地满足自己的私人目标也是正当的。

因而，权力的运用是且必须是人类生活的一部分。其中，最根本的要点是权力可以被理性地使用，也可以被非理性地使用。这取决于驾驭它的人的动机和方式。因此，如果权力被用来服务于理性的目标，并在追求以此为目标的过程中的方式是合理的，那它就是正当合理的。相反，如果权力被用来控制或操纵其他人，以实现非理性的、自私自利的目标，那它就完全是另外一种情况。

请让我们将讨论转到两个突出的非理性思维形式上来，即我们所有人都习惯于自己自我中心的程度这个话题。首先，我们讨论自我支配性的功能："通过自己的方式奋斗至金字塔的顶端，我能获得我想要的。"其次，我们讨论我们称之为自我服从性的功能："通过取悦别人，我能得到我想要的。"自我中心心理使得人们选择让其中的一个优先于另一个；要么通过习惯进行选择，要么通过对情境的评估进行选择（见图10–7）。比如，他要么自己处在金字塔的顶端可以强有力地摆布他人，要么取悦那些处于金字塔顶端的人并通过其来实现自己的欲求。当然，我们必须记住，这些选择以及伴随它们的功能都是处在潜意识水平的。

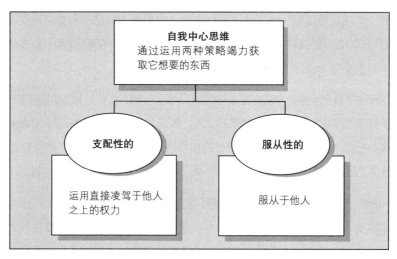

图10–7　无论我们什么时候用自我中心思维服务于自己的利益，我们都会要么尝试支配他人，要么服从于他人

支配性的自我中心主义

在自我中心思维的两个功能中，也许一个更好理解的功能就是支配性功能或者支配性自我，因为我们出于本章的写作目的要经常提及它。当我们在这种思维模式下进行操作的时

> **自我中心的支配性**：通过不合理地运用直接凌驾于人的权力或威胁去寻求一个人想要的东西的一种自我中心的倾向。

候，我们首先或首要关心的是，通过以我们凌驾于他人之上的权力为手段，让别人精确到位地做我们想要的事情。因而，支配性的自我运用体力、语言威胁、威压、暴力、进攻、"权威"以及任何其他形式的、公开的权力去实现它的步骤。它是通过这样的基本性信念所驱使的，即为了得到我们想要的，我们必须用这样一种方式去控制其他人。那就是如果他人反抗，我们就能强迫他去做我们想要他做的事。当然，在很多时候，支配可以是很微妙的和间接的，可以通过柔和的声音和看起来温和的方式。

比如支配性自我在起作用，我们只需要去留意那些被他们的配偶的语言或身体虐待的很多人，以及被他们的父母用上述同样方式虐待的孩童。其未宣之于口的基本形式是"如果别人不做我想要的，那么我就强迫他去做"；或将人看成是在酒吧陷入一次争斗，以迫使另一个人离开他的女朋友的人。表面来看，他的目的是保护自己的女朋友，但实际上，他的目的可能是确保她不会被其他人诱惑以致陷入一场浪漫的关系中，或在他的同伴面前拥抱另外一个男人。

对他人的支配一般会产生力量感和自我重要感（见图 10–8）。通过自我蒙蔽，它也通常使人形成一种高度的自我正当感，支配者一般是自大的。对支配者而言，控制其他人似乎是正确而高尚的，支配者是"为了被支配者好"才对他们使用武力和施加控制的。重要的是，在运用权力并强迫他人服从的过程中，存在着一种自我证实和自我增益的效应。其中最关键的是，它会导致被支配者必须忍受不相称的困难、痛苦、苦难或剥离感。

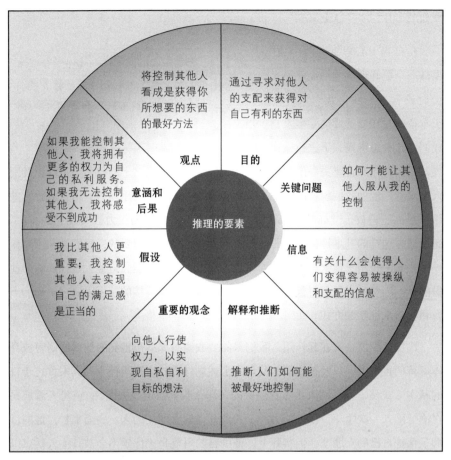

图10-8　自我中心支配者的逻辑

考虑到这些相互支持的心理结构的存在，要让那些成功控制其他人的人认识到，他们自己的行为或推理过程中存在的任何问题都是困难的。在你的心里，如果你正在做你应该做的事情，为什么要改变？因此，只要支配性的自我是"成功的"，它将体验到的会是积极情绪，只有到了它并"不成功的"程度——不能控制、支配或操纵其他人——它才会体验到消极情绪。

当控制本身是目标的时候，消极情绪会频繁地从控制失败的沮丧情绪中产生，包括愤怒、狂怒、激怒、敌意、抗拒、沮丧和悲伤。请想象，一个有施虐倾向的丈夫长年累月地成功控制了他的妻子。当妻子决定离开他的时候，他可能会陷入狂怒并极有可能杀死她，而且甚至也包括杀死他自己。只要他认为自己可以控制她，他就会感到满足。但是当他不能控制她的时候，他非理性的愤怒可能会导致他实施极端的肢体暴力。

支配性的人用来证明他们非理性的控制行为属于正当行为的思维类型的例子有：

- "我比你知道的要多。"
- "既然我比你知道的要多，我就有责任来掌控局面。"
- "如果我使用武力把事情做对了，我就应该这样做，因为我对应该做什么有更好的理解。"
- "我有权为首，因为我对情景有更好的理解。"
- "你正在做愚蠢的事情，我不能让你伤害自己。"
- "我是个专家，因此，对于我所不知道的或我需要知道的，你无法教授我任何事情。"

这些无意识中的信念和思维的存在导致的结果会是，那些优先从支配性自我出发行事的人就有可能会对人与人之间的关系感到困难，特别是当他们与另一个支配性自我或一个理性强大的人发生对抗的时候，更是如此。

支配性自我的另一个衡量标尺就是，它在衡量别人时比衡量自己时的标准要高。比如，它可能会要求别人将某些事做到极致，同时却忽略自己身上明显的错误。举一个日常生活中的简单例子，我们可以看经常发生的交通堵塞，人们在驾驶的时候往往认为他们的"权力"是神圣不可侵犯的（"任何人都不应该插在我前面"），然而他们却往往插在他人前面（"我必须要进入这个道路——如果别人要等在那里就太糟糕了"）。简而言之，支配性的自我希望他人守规矩、遵守规则，而自己却有权随意地将规则和规矩扔到一边。

从一种道德的角度出发，那些试图控制其他人的人往往侵犯了他人的权利，忽视了别人的需求，自私自利和野蛮在这些人身上很常见。当然，要获得任何一条基线，以推断某人正受到他们支配性自我的统治是困难的，因为他们有不计其数的诡计用来逃避他们的行为需要承担的道德责任。

观念检核与实践 你在多大程度上属于自我中心的支配者

请想想你与你的朋友、家庭成员、同事以及其他人互动的典型形式，然后完成以下陈述。

1. 在如下类型的情景中，我倾向于施加最具有（自我中心）支配力的＿
＿＿＿＿＿＿＿＿＿＿＿＿＿＿＿＿＿＿＿＿＿＿＿＿＿＿＿＿＿。

2. 我身上存在的一些支配性行为的例子是＿＿＿＿＿＿＿＿＿＿＿＿。

3. 我在支配他人时通常是成功的 / 不成功的。我的策略是＿＿＿＿＿。

4. 我的支配性行为产生了问题，因为＿＿＿＿＿＿＿＿＿＿＿＿＿＿。

在下一节中，我会展示自我中心的服从思维的逻辑。请思考那些试图通过依附于那些拥有支配性或野蛮权力者以寻求权力和安全感的人。再一次强调，我们并不认为每一个有权力的人都是通过控制他人来获得权力的。他可能是通过合理手段实现了这一目标。记住这个警告，让我们从对服从性自我的基本描绘开始。

服从性自我中心主义

如果说支配性自我的标志是控制他人的话，那么服从性自我的标志就是奉承策略（见图 10–9）。当人们处于这种思维模式的时候，他们并非通过直接奋斗去获取权力，而是通过奉承那些有权力的人来获取权力。他们服从其他人的意志，以使得那些（有权力的）人去做符合他们自己利益的事情，并通过这种方式来获取间接的权力。为了成功，他们会学习谄媚和个人操纵之术。他们必须成为娴熟的演员，实际上在通过他人追求自己利益的时候，他们要表现出发自内心地对他人的福祉和利益感兴趣。同时，他们必须向自己隐藏这种模式的作用，因为他们

> **自我中心的服从：**在心理上联合和服务于"有权势的"人以获得自己想要的东西的非理性倾向。

必须维持一定水平的自尊。如果他们必须在意识水平上承认，他们是依据自己的意志服从于其他人，他们就会在正当性感觉上出问题。

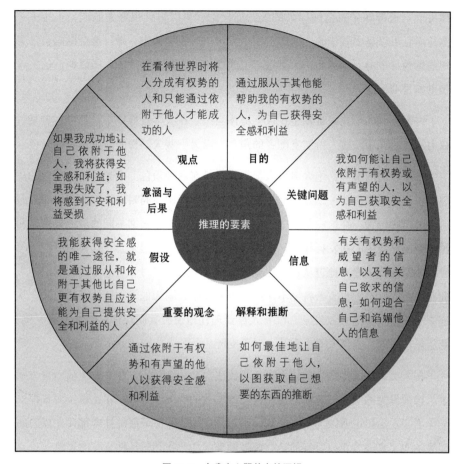

图 10-9　自我中心服从者的逻辑

这种模式在日常生活中起作用的例子数不胜数。假装喜欢钓鱼（然而内心对此很烦），以使得她的男朋友喜欢她更多一点的小女孩采取的就是这种思维方式。她服从他的欲求和意志，只因为她想达到特殊的目的（想有一个有声望的男朋友，获得他的关注，在相互的关系中有安全感等）。尽管她欣然同意与他一起去钓鱼，但是日久天长，她可能会因怨恨曾经这样做而结束关系——特别是在她获得他对自己的安全承诺之后。依靠服从性自我策略中暗含的糟糕信任，在那些一直用这种心态行事的人中最终生出怨恨的现象很常见。

如果我们刚刚想象的服从性自我的思维形式在年轻女性身上生根，那么她最终可能会选择嫁个有金钱保障的人，那样她就可以得到很好的照顾，不用去工作，而且可以享受奢华的生活却不用个人付出。在意识中，她可能会欺骗自己去相信她爱那个男人。然而，由于她与他建立的关系是非理性的，所以他们的关系很可能是畸形的。

一种类似的形式经常发生在社会群体当中。在大多数群体中，都存在着某种权力结构，其中一些人扮演支配者的角色，而另一些人则扮演着服从者的角色。

根据不同的情境，绝大多数人都会同时扮演两种角色。例如，纳粹德国的法西斯思想体系提供了一个极佳的例子。在这种制度中，同时培养着支配性的和服从性的两种行为。在这一制度中，几乎每个人都要学习根据不同的情境分别让两种类型的自我中心都发挥作用，一种等级制就此度建立起来。在这种制度下，每一个人都被要求绝对地遵从那些比他们地位高的人，同时又对地位低于他们的人拥有绝对的权威。只有希特勒不用使用服从策略，因为他无须服从于任何人。从理论上来说，在这种制度下，没有人需要理性地说服其同在这种制度中的下属。期望是清晰的：任何人对上服从，对下支配。

在人类文化的多数思想体系中，相比法西斯社会而言，在人类生活中官方赋予了推理更大的空间。然而，任何社会大多数的官方思想体系相比现实而言都被美化了，它足以说明因为所有的社会都是分层的，所有分层的社会都存在权力的等级结构。迄今为止，所有的社会都鼓励支配性自我和服从性自我的思维。

在与工作相关的情境中也发现部分的分层。在很多工作情景中，男人和女人都同样地被操纵用一种服从性的方式来对待他们的主管，允许他们被他们的主管支配和操纵。这样他们才能愉快地待下去，保住他们的工作或晋升机会。

因而，服从性自我通过诡计和娴熟的自我欺瞒来保障人们的安全、利益和满足。它涉及屈从的、奴性的、退缩的和勉强同意的行为以实现人们的目标——尽管所有这些特征可能都是高度伪装的。人们不断地屈服、顺从、投降、屈服以及屈从他人的意志，以获得利益和维持其虚假的自尊。

为了避免因屈从主管而产生的消极情感，一种最有效的形象维持策略就是接受主管的观点。在这种情况下，服从看起来变得只是简单地同意："他没有强迫我，我同意他。"

只要服从性自我实现了"成功"，人们就会体验到积极情绪——满足、快乐、充实、愉悦等。然而，一旦服从性自我到了通过服从没有实现它的目的和没能获得它的目标的程度，就会让人们体验到某种类型的消极情绪，其中包括挫败感、怨恨、敌意和嫌恶。不仅如此，在不同的情境中，失败的认识可能导致不安全感、害怕、无助、沮丧以及焦虑。

当不成功的时候，服从性自我与支配性自我相比，倾向于向内惩罚它自己。与支配性自我在体验到痛苦的时候倾向于通过将痛苦加害于他人的反应不同，自我中心的情感反映着自我中心思维。因此，当向自己施加痛苦的时候，服从性自我处于糟糕情绪中会被视为是正当的。当它想起任何一种理由去体验消极情绪的时候，它会同时体验到一种病态形式的愉悦。

比如，请想想女人相信她的丈夫应该去处理所有不愉快但必须要做的决策。如果他让她去处理那些决策中的某部分，她遵从他去做决策，但是最终却满腹怨恨。她可能会有诸如此类的想法：

> 为什么我要处理这种令人不快的决策？这些是他的责任。我总要去做他不愿意做的事情。他并不是真正关心我，如果他关心我，他就不会让我做这种事情。

在产生这些消极想法时，她感到这样想是正当的。而且在某种程度上，她享受这种与这些想法相伴而来的怨恨情绪。服从性自我往往与表现出支配性自我心态的人有一种"成功的"关系。这些现象的范例可以从婚姻中找到。在婚姻中，男性支配、女性服从。她服从于他的意志。他可能会要求她做所有家务，且作为回报，他要么潜在地、要么明确地同意照顾她（充当着首要负责家计的人）。尽管她有时会抱怨他的支配性。对此她是理解的，而且在某种程度上接受这一协议。通过合理化，她相信自己可能不比其他人做得更好。正是这一点提供了她要求的舒适感，实质上她能为他支配性的行为提供空间，是因为她感到放弃是值得的。

因而，只要服从性自我感觉它的欲求得到满足，它就可以体验到一种畸形的

"成功"。举一个员工与经理的例子。一名员工在行为上逢迎具有言语虐待倾向的经理，以图获得职位晋升。只要那个经理在照顾那个员工——通过照顾他的利益，通过给他正在竭力得到的提升——那个员工就会有更积极的情感。然而，当那个经理停止做这些的时候，并且因此似乎不再关心那个员工的需要和欲求，那个员工可能就会感到丢脸，并对经理怀有怨恨，而且逢迎的角色对他来说就变成被迫扮演了。如果提供一个机会，那么他可能会反对他的主管。

因为服从性自我与其他的心理相关，所以它的情感、行为以及思想受到了信念的控制。而它的信念则源自其潜意识中的自卑感。为了证明它服从另一个人的欲求和意志是正当的，它就必须将自己看成比那个要服从的人低劣。否则，它就不能将它的逢迎合理化，还有可能被迫认识到它的畸形的思维和行为。请考虑如下驱动服从性自我进行思维的信念。

- 我必须顺从这一决策/情境，即使我不同意也是如此，否则我就不会被接纳；
- 因为要得到我想要的，所以我必须服从那些比我更有权势的人；
- 既然我不是很聪明，那么我必须依靠其他人为我打算；
- 既然我不是一个有权有势的人，那么我必须运用操纵策略以通过其他人获得我想要的。

上述信念对所有的自我中心思维来说都是正确的，因此这些信念没有一个是以意识的形式存在的。它们需要自我蒙蔽，否则大脑会立刻认识到它们是非理性的、畸形的和荒谬的。结果，大脑在意识水平描述它们与信念在自我中心正在起作用的运作是很不同的。请考虑第一条信念，"我必须顺从这一决策/情境，即使我不同意也是如此，否则我就不会被接纳"。与此同时，存在于意识中的思想可能会是类似这样的："我对自己要进行决策的情境了解并不充分，尽管我并不确定这是正确的决策，但是我确定他人与我自己去做决策相比，处在一个更佳的位置。"这一思想就是大脑相信的它所活动的基础。在这种逻辑下思考，人会"不诚实地"遵从了决策，某种意义上看起来像是同意它，但是从始至终，做这些只是推进了接纳的步骤。

除了充当理性关系追求中的主要障碍以外，服从性自我还迟滞了理性心智的发展，限制自我洞察的能力。服从性自我能通过数不胜数的自我防御性信念来做这些：

- 我太笨了，学不了这个；
- 如果我提出质疑，别人可能会认为我傲慢；
- 我不如他人精明；
- 无论我多么努力地去尝试，我都不能比我现在做得更好；
- 我永远也搞不清楚这一点；
- 既然我知道我太傻学不了这个，那么尝试就没有意义。

因而，服从性自我和支配性自我类似，对发展造成了明显的障碍。当它在没有帮助的情况下缺乏足够的能力承担任务时，它向他人的求助会表现得太过频繁。当它失败的时候，服从性自我体验到沮丧、焦虑甚至抑郁。然而，支配性自我相信自己已经知道所需要知道的，服从性自我则往往相信自己学不会。

观念检核与实践 你在多大程度上属于服从性自我中心者

请想想你与你的朋友、家庭成员、同事以及其他人互动的典型形式，然后完成以下陈述。

1. 在以下类型的情景中，我倾向于表现出最具有（自我中心）服从性的_____。

2. 我身上存在的一些服从性行为的例子是_____。

3. 我在服从他人以便对他们进行操纵时通常是成功的 / 不成功的。我的策略是_____。

4. 我服从性的行为产生了问题，因为_____。

你自我中心的支配和服从的比重如何

请想想你与你的朋友、家庭成员、同事以及其他人互动的典型形式。大多数时候，当你处于自我中心状态的情景中时，你是更倾向于支配还是服从？你的朋友、家庭成员在这方面又如何呢？他们是更倾向于支配还是服从？根据你的经验，人们按支配性的方式或按服从性的方式行事会出现什么问题？

人类心理的"病理"倾向

我们现在可以用语言明确地表达人类大脑中一系列相互关联的自然性情，其中有些性情是原始大脑的病状所导致的结果。为了显著地提升我们的思维，当这些倾向在我们的生活中运转的时候，我们必须公开地识别它们，而且必须通过批判性思维矫正它们。在你通过阅读对它们有所了解之后，问问你自己，你是否认识到在你心里存在这样一些有规律地出现的过程？（如果你下的结论是"我没有"，请再想想。）

● **自我中心性记忆**。忘记那些不支持我们思想的证据和信息，同时记住那些支持我们思想的证据和信息的天然倾向。

● **自我中心性短视**。以一种极度狭隘的观点为基础，并用一种机械的方式进行思考的天然倾向。

● **自我中心的正确感**。在没有掌握真理的时候自以为掌握了真理，并由于不真实的信任而产生优越感的自然倾向。

● **自我中心性虚伪**。忽视不能容忍的不一致性的天然倾向。比如，在我们公开宣称相信和我们的行为所暗含的实际信念之间的不一致性；或者在我们自己所持的标准以及我们希望他人所坚持的标准之间的不一致性。

● **自我中心的过度简单化**。当考虑复杂性会要求我们修正自己的信念或价值观时，忽视这个世界上现实的和重要的复杂性，以迎合简单化的想法的天然倾向。

● **自我中心性视盲**。不关注那些与我们信奉的信念或价值观相矛盾的事实和证据的天然倾向。

- **自我中心性的即刻固化**。将即时的情感和经验做过度的概括化，导致在我们生活中发生一个令我们极度有利或极度不利的事件会被当成终生都极度有利或极度不利的天然倾向。
- **自我中心性荒诞**。注意不到思维会有"荒诞"结果的天然倾向。

挑战心理的"病理性"倾向

仅仅抽象地认识到人类的心理存在可预见的"病理症状"是不够的。作为胸怀大志的批判性思维者，我们必须采取具体的步骤来矫正它。这就要求我们养成在行动中识别这些倾向的习惯。这是一个长期的课题且永无止境。在某种程度上，它就类似于剥洋葱。当我们剥掉一层，会发现还有一层。在某种程度上，我们必须先剥掉外面的一层才能知道里面还有一层。因而，下面每一条告诫都不应该被当作简单的建议，而且这些建议也不是任何人都能即刻且有效地投入行动的；相反，它们是一种构建长远目标的策略。我们所有人都能进行这些矫正，不过只有在经过日积月累和相当可观的练习之后才可能有效果。

- **矫正自我中心性记忆**。人有"忘记"那些不支持我们思想的证据和信息的天然倾向，与此同时，还有"记住"那些支持我们思想的证据和信息的天然倾向。通过有目的地寻求不支持你思想的证据和信息，并且引导自己有意识地注意它们，你就能矫正我们上述对证据和信息的记忆中所存在的天然倾向。如果你尝试了，却没能发现这种证据，你就应该认定自己没有采取合适的搜寻方法。
- **矫正自我中心性短视**。有些观点与你的观点是相冲突的，通过定期从这种观点出发进行思考，你能够矫正自己以一种极度狭隘的观点为基础，并用一种机械的方式进行思考的天然倾向。比如，如果你是个自由主义者，那么你可以花点时间去读有洞见的保守主义者的书。如果你是个保守主义者，那么你可以花点时间去读有洞见的自由主义者的书。如果你是个北美洲的人，你可以研究南美洲人、欧洲人、中东地区的人或非洲人的观点。通过这一过程，如果你未发现自己存在明显的个人偏见，你就应该质疑自己是否力求忠实地鉴别自己的偏见。

- **矫正自我中心性的正确感。** 人存在这样一种自然倾向，那就是在自己没有掌握真理的情况下自以为掌握了真理，并根据这种虚假的信心而产生优越感。通过常常提醒自己实际上是多么地无知，你可以矫正这种自然倾向。在这种情况下，你可以要求自己去明确地陈述一些问题。至于这些问题，它可以是你任何可能拥有与之相关的知识却未获解答的问题。在对这些问题的陈述过程中，如果你未发现自己未知的要比自己已知的多得多，你就应该质疑自己在搜寻这些问题时的方式。

- **矫正自我中心性虚伪。** 人存在这样一种天性，那就是在不能容忍一些不一致性时便忽视它的存在。这一天性与自我中心性相结合，便会令我们忽视在自己公开宣称相信的东西和自己的行为所暗含的实际信念之间的不一致性；或者会忽视在自己所持的标准与我们希望他人所坚持的标准之间的不一致性。不过，这种现象是可以矫正的。而要矫正它，你可以通过定期地比较自己用来判断别人的准则和标准与用来判断自己的准则和标准之间的差异。如果你在自己的思维和行为中没能找到不能忍受的不一致性，你就应该怀疑你挖掘的深度是否足够。

- **矫正自我中心的过度简单化。** 通过定期地关注那些复杂的东西，并通过用明确的语言来建构它和不断地接近它，你可以矫正忽视现实的和忽视事物重要的复杂性的天然倾向。如果随着时间的推移，你未发现自己将很多复杂的议题过于简单化，你就应该质疑你是否真的面对了深植于议题中的复杂性。

- **矫正自我中心性视盲。** 人存在忽视那些与自己信奉的信念或价值观相矛盾的事实和证据的天然倾向。通过外在地寻求相关的事实和证据，你可以对其予以矫正。如果你发现自己在搜寻到这些事实时，并没有体验到明显的不舒服，你就应该质疑你是否认真对待了它们。如果你发现自己所有的传统信念从始至终都是正确的，你就可能进入了一种新的且水平更高的自我蒙蔽当中。

- **矫正自我中心性的即刻固化。** 通过充分理解将积极事件和消极事件放大的习性，我们可以矫正我们将即时的情感和经验做过度概括化的天然倾向。通过提醒自己拥有多少别人所没有的东西，你可以缓和消极事件的影响；通过提醒自己有多少事已经做了、又有多少事还待努力，你可以调节积极事件的影响。如果你发现自己在积极或消极的环境中行动都有干劲儿，你就知道自己正在保持一种平衡。如果你发现自己被某种倾向所固着，你就知道自己正成为情绪的牺牲品。

- **自我中心性荒诞。**如果你能让自己思维的结果变得外显化，并且对它们的现实性进行评估，你就能矫正注意不到思维会有"荒诞"结果的天然倾向，这就要求你频繁地追踪自己行为中暗含的信念和后果。比如，你应该频繁地问自己："如果我真的相信这一点，那么我会怎么做，我真的按照那种方式做了吗？"

另外，在个人道德领域揭露自我中心性荒诞是能获得丰硕成果的——考虑到我们对自己所相信事物的坚持。如果你认为在认真地搜寻之后，并没有发现自己生活中存在所谓的自我中心性荒诞，那么请再思考一次，你可能只是因为在欺骗自己方面的能力提升了。

理性的挑战

如果人类的大脑存在一种趋向非理性的自然倾向，并以支配性自我和服从性自我的方式起作用，那么它也存在一种理性能力，并以自知力的方式出现。我们所有人都存在一种虚伪和不一致的倾向，尽管如此，我们还是能越来越趋向正直和一致。通过发展认知谦逊的能力，我们能对抗认知傲慢的天然倾向。换言之，我们能学习不断地质疑我们所"知"，以确保我们不接受未加批判的且事实上没有基础的信念。

此外，我们能通过学习如何设身处地地从他人观点出发考虑问题，来抵消我们可能会局限于自己观点的倾向。我们能通过学习如何测试自己结论的有效性和合理性，以抵消我们会不假思索地直接得出结论的倾向。我们能通过学习如何让自己认识到自己正处在支配倾向和服从倾向中，以抵消这两种倾向所起的作用。我们能开始看清为什么支配和服从是存在固有问题的。我们能学习找出避免这两种作用模式的手段。我们能练习自我分析和自我批评模式，正是这两种模式使得我们去学习并让我们往自我中心性越来越弱的方向发展。我们将在第 15 章中更广泛地关注学习如何控制我们的自我中心性的问题。

▶ **内省时刻**

总结你从本章以及前面章节中学到的关键思想。按照以下方式写下答案。

❶ 通过对本章的理解，我所内化的主要思想是＿＿＿＿＿＿＿＿＿。

❷ 这些观点很重要，因为＿＿＿＿＿＿＿＿＿＿＿＿＿＿＿。

❸ 按这种方式下去，我将来的生活将会很不同，因为我内化了并开始在我的思维中运用这些观点＿＿＿＿＿＿＿＿＿＿＿＿＿。

❹ 我正通过如下方式来汇总我从本书中学到的观念＿＿＿＿＿＿＿。

❺ 这很重要，因为＿＿＿＿＿＿＿＿＿＿＿＿＿＿＿＿＿＿＿。

CRITICAL THINKING

11

监控你的社会中心倾向

TOOLS FOR TAKING CHARGE
OF YOUR PROFESSIONAL
AND
PERSONAL LIFE

人类在生活中必须属于很多群体并成为它们的一员，其中典型的群体包括诸如国家、民族、文化群体、职业群体、宗教群体、家庭以及同辈群体。我们发现，个体在注意到自己是个活生生的存在之前，就已经属于某个群体了。我们发现，个体在不同群体和不同情景中扮演着不同的角色。不仅如此，我们所属的每一个群体对自己都存在着某种社会性定义，并通常存在某些潜规则来约束所有成员的行为。每一个我们所属的群体都会迫使我们同它保持某种程度的一致性，以作为接纳我们的条件，其中包括一系列的信念、行为和禁忌。

社会中心主义的本质

> **社会中心性：** 某个人所属群体或文化的信念所固有的优越性；一种从自己所属的群体或文化的角度去判断群体外的人或非本文化之人的倾向。

各个社会群体中都会形成各种行动和行为方式，我们所有人尽管程度不同，但都将自己所属社会群体的上述行为与行动形式不加批判地作为正确的方式，并予以接受（见图11-1）。

比如说，当一个青少年加入了城市街头帮派的时候，如果我们去反思发生了什么，那么这对我们来说是很清楚的。根据这一举动，青少年会被预期将通过以下方式认同他们自己。

- 一个识别他们是谁和是什么的名称；

- 一种交谈的方式；

- 一群朋友和敌人；

- 他们必须参加的帮派仪式；

- 在面对帮派伙伴时被预期的行为;
- 针对敌对帮派时被预期的行为;
- 一种帮派内部的权力等级结构;
- 一种穿戴和说话的方式;
- 每个帮派成员都必须维系的社会要求;
- 一系列的禁忌——在严重惩罚的威胁下,每一个帮派成员都必须小心地避免遭到禁止的活动。

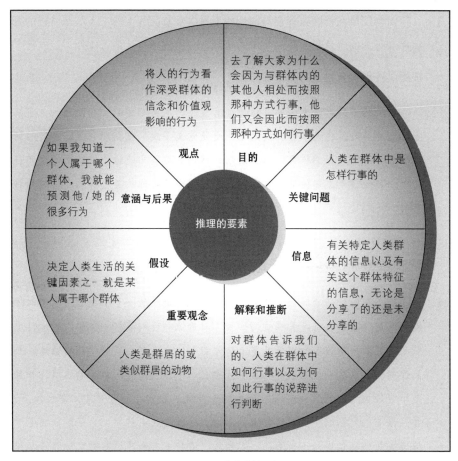

观点
将人的行为看作深受群体的信念和价值观影响的行为

目的
去了解大家为什么会因为与群体内的其他人相处而按照那种方式行事,他们又会因此而按照那种方式如何行事

关键问题
人类在群体中是怎样行事的

信息
有关特定人类群体的信息以及有关这个群体特征的信息,无论是分享了的还是未分享的

解释和推断
对群体告诉我们的、人类在群体中如何行事以及为何如此行事的说辞进行判断

重要观念
人类是群居的或类似群居的动物

假设
决定人类生活的关键因素之一 就是某人属于哪个群体

意涵与后果
如果我知道一个人属于哪个群体,我就能预测他/她的很多行为

推理的要素

图 11-1 社会学的逻辑

对绝大多数人来讲,对群体约束的盲目顺从是自动的且不进行反思的。大多

数人不遗余力地顺从且认识不到自己在顺从。他们将群体的准则和信念内化了，接受群体的同一性，并且按照群体的期望去行事——对自己所做的应该受到合理质疑的事情缺乏最起码的认识。在面对一系列的相似信念、态度和行为时，在他们所顺从的街头帮派的权力结构中，大多数人在社会群体中都起着一个不会反思的参与者的作用。

这种思想、情绪和行动上的顺从并不局限于普通大众或地位低下者或穷人。这是人的一般特征，与他们的社会角色、社会地位和威望无关，与他们的受教育程度无关。这对大学教授与学生以及大学教授的主任和学生的保管员都是一样的真实；这对参议员和首席执行官与他们的下属以及装配线上的工人都是一样的真实。思想和行为的顺从是人际关系中的法则——少数独立性强者例外。

根据《美国大百科全书》（1950年版，卷7，第541页）记载：

> 人类的行为存在无限的多样性，有良善的也有邪恶的、有健康的也有病态的，随着时间、地点和环境的不同更是意义多变。被墨斯卡灵药麻醉的僧侣参加一次印度教的仪式，根据活动的规则会被认为是适应性的和健康的行为。在其他情景或其他地方，他的行为可能会导致他被关进警局或送进精神病院。

没能遵从社会的期待会被群体剔除出去。下面是《汤姆求学记》（*Tom Brown's School Days*，托马斯·休斯，1882年）中描述的这样一个人：

> 那个人的外表着实让温特夫人吓了一跳。她正从一个小桶中为他们取啤酒。这是一个老迈且瘦骨嶙峋的妇女，有着像一台刈草机一样褐色的干枯皮肤。她戴着一顶男人的帽子且穿着一件男人的夹克衫，有着刺耳的噪音，并且这些全部凑在一起很不讨人喜欢。她在一个教区的曾用名是考埃尔，并且是个曾经被放逐好几年的人。她生活在荒地，经常在田野劳作，寄人篱下，并且抽一个陶制烟斗。这些古怪的习惯，再加上她半男性化的穿着，使得她被当成与那些非法分子生活在一起的人。温特夫人和其他英格里堡的好人相信她能犯下任何罪行，并且小孩被教育不要和她说话与玩耍，当她走近他们的时候就跑开。

社会中心思维就如同病状

按照我们想要的来表述社会中心思维，它就是被提升至群体水平的自我中心思维。由于含有社会群体的支持，因此它的破坏性如果不比自我中心思维大，那么至少也和自我中心思维是一样的。在自我中心思维和社会中心思维中，我们都发现有一种与生俱来的且不加批判的教条主义暗含于它们的原则之中，那就是它的病因所在。和自我中心思维相似，当将社会的中心思维提升至意识水平进行表述时，就会显得很荒唐。如果社会中心思维在思考者的大脑中得到外显的表述，它的不合理性就会显现。

请注意表 11-1 中有关自我中心和社会中心思维方式的对比。

表 11-1　自我中心的和社会中心的思维形式	
自我中心的标准	**社会中心的标准**
"它是真实的，因为我相信它。"	"它是真实的，因为我们相信它。"
"它是真实的，因为我想相信它。"	"它是真实的，因为我们想相信它。"
"它是真实的，因为从我的私利出发要相信它。"	"它是真实的，因为从我们的私利出发相信它。"
"它是真实的，因为我一直相信它。"	"它是真实的，因为我们一直相信它。"

正如个体通过自我中心思维蒙蔽他们自己一样，群体也通过自我中心思维蒙蔽他们自己。正如自我中心思维起着服务于某人私利的作用一样，社会中心思维也起着服务于本群体利益的作用。正如自我中心思维运作以试图让个体未加批判的思维得到确认一样，社会中心思维的运作也是试图让群体未加批判的思维生效。

观念检核与实践 **思考你所属的群体**

列出一个你所属群体的清单，然后选出对你的信念、价值观和行为产生过最大影响的群体，并请完成以下陈述：

1. 对我有过最大影响的群体很可能是＿＿＿＿＿＿＿＿＿＿＿＿＿＿。

2. 这个群体的主要功能或议事日程是_____。

3. 通过考虑你对所选群体的分析，尽可能多地对下面这些你所能界定的变量进行评论。在多大程度上，你在群体中的成员资格涉及：

- 一个界定你是谁和是什么的名称；

- 一种交谈的方式；

- 一群朋友和敌人；

- 你必须参加的群体仪式；

- 涉及群体伙伴时被期待的行为；

- 针对群体的"敌人"时被期待的行为；

- 群体内部的权力等级结构；

- 穿戴和说话的方式；

- 你必须遵从的社会要求；

- 一系列的禁忌——被禁止的行为，即一旦违背就会受到惩罚的行为。

4. 这个群体的核心"要求"之一是_____。

5. 一个重要的禁忌（我被禁止去做的）是_____。

6. 一个我们群体看不起的群体是_____。

   我们认为这一群体是低下的，原因是_____。

社会中心思维的概念并不新鲜。在某一个或多个标签下，很多书籍的写作主题都与此有关，而且它已经是社会学研究的重要焦点。早在 100 年前，在威廉·格雷厄姆·萨姆纳的开创性著作《民俗论》中，就广泛涉及了社会期待和禁忌的问题。萨姆纳作为社会学的奠基者之一，论述了群体的思维渗透进实际生活各个方面的方式。他是用这种方式来介绍族群中心主义的概念的：

> 族群中心主义是一个专有术语。它是指某人认为自己的群体是每一件事的中心，并且其他所有与之相关的事物都要用它来衡量和评定……每一个群体都滋养着自己的骄傲与虚荣，吹嘘自己的优越性、需要自己的神圣的东西并且轻视群体外的人。每一个群体都认为自己的风俗是唯一正确的，并且如果发现其他群体有其他的风俗，就会引起对其他风俗的嘲笑。（第 13 页）

萨姆纳将风俗看成根据群体的准则和标准被社会认为符合所有人利益的"正

确"方式。他叙述在每一个社会：

> 都存在举办活动的正确方式，迎娶妻子、打扮穿戴、对待友谊或陌生人、在小孩出生的时候如何行事……正确的方式就是先辈使用并传下来的。传统是自我证明的，它不需要经验去证明……在风俗中，任何东西都是正确的。（第 28 页）

在有关社会对其成员的期待上，萨姆纳写道：

> 无论是哪个类型的每一个群体，它们都会要求自己的成员帮助维护它们自身的利益。群体的力量也被用来加强成员投身群体利益的义务。由此导致的结果是，独立的判断受到妨碍，批判遭到嗓声……（第 15 页）

甚至在儿童身上也会表现出社会中心的思维和行为。请考虑这段从皮亚杰为联合国教科文组织开展的一项研究中的文字，这段文字是访谈者与三个被访谈的儿童之间就导致战争的问题所展开的一段对话：

> 迈克尔．M（9 岁 6 个月）：你有没有听过一些外国人？是的，法国人、美国人、俄国人、英国人……非常正确。所有的这些人存在区别吗？哦，是的，他们说不同的话。那么还有吗？我不知道。比如，你怎么看待法国人？法国人非常严肃，他们不会为任何事情担忧；他们很脏。那你怎么看俄国人？他们总是想挑起战争。那么你对英国人的看法是？我不知道……他们人很好……现在请想想，你告诉我的所有这些东西是如何得知的？我听说的……都是人们讲的。

> 莫里斯．D（8 岁 3 个月）：如果你没有国籍，并且你可以自由地选择任何一个国籍，那么你会怎么选？瑞士国籍。为什么？因为我生在瑞士。现在请想想，你认为法国和瑞士一样好吗？还是其中一个好于另外一个？瑞士要更好些。为什么呢？法国人总是很险恶。哪个国家的人更聪明？是瑞士人还是法国人，抑或瑞士人和法国人一样聪明？瑞士人要更聪明些。为什么呢？因为瑞士人学法语很快。如果我让一个法国的小孩从任何一个国家中选择一个他喜欢的国籍，那么你认为他会选哪个国家？他会选法国。为什么呢？因为他生在法国。他会说法国人好些还是瑞士人好些？还是他会认为瑞士和法

国一样好？他会说法国好些。为什么？因为他生在法国。那么他会认为哪个国家的人更聪明？法国人。为什么呢？他会说法国人学东西比瑞士人快。现在你看，你和法国的小孩实际上给出的答案是不一样的。你认为谁回答得最好？我，因为瑞士一直都更好。

玛丽娜.T（7岁9个月）：如果你没有生在任何地方，你现在有机会自由地选择，你会选择哪个国家？意大利。为什么？因为这是我的祖国。我喜欢它的程度胜过我父亲工作的地方阿根廷，因为阿根廷不是我的祖国。意大利人和阿根廷人一样聪明吗？意大利人比阿根廷人更聪明，还是不如阿根廷人聪明？意大利人更聪明。为什么？我能看到的和与之生活的，就是意大利人。如果我给一个阿根廷的小孩自由选择国籍的机会，那么你认为他会怎么选？他会选择留在阿根廷。为什么？因为那是他的祖国。而如果我问他，阿根廷人和意大利人哪个国家的人更聪明，你认为他会怎么回答？他会说阿根廷人。为什么？因为那里没有战争。现在谁做的选择真正正确？是那个阿根廷男孩还是你，抑或你们两个都正确？我正确。为什么？因为我选择意大利。

很明显，这些儿童在思考的时候存在着社会中心性。社会中心性已经被他们当成自己信念体系中的信条，已经与思想体系、与他们的文化和他们的国家相结合。他们不能明确地说出为什么他们的国家比其他的国家要好，但是他们对此深信不疑，认为自己所在的群体比其他群体优秀，这既是人类心理的天性，也是我们所生活的文化的衍生品。

社会阶层化

在复杂的社会中，社会中心体系被用来证明社会、国家和文化中不同的对待和不公正性是合理的。复杂社会体系的这一特征已经被社会学家记录在册，也正是这些人对社会阶层化的现象做了详细说明。实际上，当今的每一个社会都很复杂。下面社会阶层化的特征大概可以在所有的复杂社会中找到。普洛特尼科夫和图登（1970年）认为，每一个社会群体都：

- 存在等级结构；
- 维持等级结构中各方面地位的相对稳定；
- 对权力资源以及重要的政治、经济资源存在不同的控制；
- 社会群体由文化所区隔，并且有害的区别也被用来维持群体间的差距；
- 通过至高无上的思想体系的系统阐述，为已经建立起来的等级制度提供合理性。

考虑到这种现象，对社会中的任何群体，我们都应该能识别出统治阶层大概在哪里；统治阶层通过什么得到权力或实施控制；体现他们既定社会地位的区分之物是什么？群体间的社会距离通过什么得以维系？为事物的现状提供合理性的、至高无上的思想体系是什么？

观念检核与实践 **识别社会阶层**

尝试勾勒出你最熟悉的一个文化下的各社会亚群体间的等级制度。首先识别出最有权力和威望的亚群体，这些亚群体各自存在怎样的特征？然后由权力从高到低的顺序对群体逐一进行识别，直到权力最低的那个群体为止。权力最高的群体是如何维持他们的权力的？权力最低的群体在多大程度上存在提升自己权力的可能性吗？他们在多大程度上接受了他们有限的权力？为什么你认为他们确实在那一程度上接受了他们有限的权力？

社会中心思维是无意识且存在潜在威胁的

社会中心思维类似于自我中心思维，会出现在那些自认为思维方式是合理且正当的人的头脑中。因而，尽管群体经常歪曲概念的意义以追求他们的私利，但是他们几乎从来发现不了自己在滥用语词。尽管群体几乎总是能找到其他群体思想体系中的问题，它们却很少能发现自己群体思想体系的错误。尽管各个群体通常能识别其他群体用来与之对抗的偏见，它们却很少能识别自己群体用来对抗其他群体的偏见。简而言之，正如自我中心一样，社会中心思维也是自我蒙蔽的，这就是社会中心思维。

尽管自我中心思维和社会中心思维都是畸形思维，且形式是相似的，但是两者之间至少存在一点重要的区别。我们在第 10 章中指出，自我中心思维是潜在的威胁。通过自我蒙蔽，个体能将最过分的行动正当化，但是个体单独运作的特性导致伤害通常只局限于他们能做到的范围。一般来说，群体涉及社会中心思维能对非常多的人造成巨大的伤害。

比如，请想想西班牙宗教法庭时期，在这个时期，由于天主教教条的控制，处死了成千上万有良好声誉的异教徒；或者请想想德国，他们折磨和谋杀了数百万的犹太人；或者想想美国的"奠基者"，他们奴役、折磨和谋杀了大量的美洲土著和非洲人。

简而言之，从古至今，社会中心思维已经直接导致了无数无辜者罹受痛苦和灾难。对群体而言，这一切可能都是因为在他们社会中心的心理倾向下，在大量不加思考的、虐待性的方式中使用权力的后果。一旦他们将一套自我服务的思想体系内化，他们就能罪恶昭彰地违背他们所宣称的道德，却在这一过程中意识不到任何冲突和不一致。

在群体中以社会中心的方式使用语言

社会中心思维是在群体使用语言的方式中养成的，群体通过概念或观念的使用将不正当的行为和思维方式正当化。比如，正如萨姆纳所指出的，社会中心主义能够通过群体为它们自己所选择的正式名称来体现，也能通过它们用来区分自己与它们自认为不如它们的那些群体的方式来体现：

> 当加勒比人被问到他们从哪里来时，他们答道："只有我们才是人。"美国凯欧瓦族人的族名的意思是"真正的或首要的人"。拉普兰人称他们自己为"人"或"人类"。格陵兰岛的因纽特人认为欧洲人被派到格陵兰岛去学习格陵兰岛人真正的和好的行为方式……加利福尼亚社会底层的塞里人……

用一种怀疑和敌对的态度看待外界，并且严禁自己族群的人与外界通婚。（第14页）

在社会中心思维者的日常生活中，我们能找到很多自利性质的语词运用方式，并借此掩盖不道德的行为。在欧洲人第一次移居美洲的时候，他们迫使印第安人成为奴隶，并以人类进步和文明化的名义折磨和谋杀他们。通过将印第安人看成奴隶，他们将自己非人的行为正当化。与此同时，他们将自己看成文明人，将自己看成为野蛮民族带来某种宝贵东西的人——他们将其称为"文明"。

进步、野蛮、文明和真正的宗教，这些词被用来服务于对美洲印第安人的剥夺，以获取物质财富和财产。欧洲人的思维通过聚焦于这些观念，掩盖了那些被剥夺者基本的人权以及他们对自己已经占领几千年的土地的所有权。

萨姆纳说道，社会群体所使用的语言通常是被设计用来确保他们特殊的和优越的地位的：

> 犹太人将所有人分成他们自己和异教徒。他们是"被挑选出来的人"。希腊人称他们以外的人为"野蛮人"……阿拉伯人认为他们自己是最高贵的人，而除他们之外的所有人或多或少都有点野蛮……1896年，在中国的相关典籍中出现了如下陈述："中华帝国何其壮哉、盛焉，呜呼，天朝上国！"……世界上最显赫的人出自天朝上国……在所有国家的所有文献中，类似的表述时有发生……在俄罗斯的书籍和报纸上，有关俄罗斯文明化的使命被谈及的方式，和法国、德国以及美国的书籍与报纸上谈及它们自身文明化的方式毫无二致，那些国家的文明化使命被假定和推断成已被充分理解。每个国家现在都将自己当成文明化的先锋，自己是其中最好的、最自由的以及最英明的，而其他国家与其相比都是稍逊一筹的。（第14页）

通过概念上的分析揭示社会中心思维

概念是人类思维的八大基本要素之一，我们的思维离不开它。通过它们，人类得以形成类别体系并对理论潜在地进行表述，以及解释自己的所见、所尝、所听、所闻以及所触摸到的东西。我们的世界是一个由概念所建构的世界。而社会中心思维正如早前所提出的，是由群体运用概念的方式所驱动的。

如果我们用中世纪欧洲农奴头脑中的概念进行思考，就能体验到那时欧洲的世界。如果我们用一个奥斯曼土耳其将军头脑中的概念进行思考，就可能体验到他所体验到的世界。

按照类似的方式，如果我们将一个电学家、一个建筑师、一个毛毯商人、一个灯光特效师以及一个水道工人带入同一座建筑，并要求他们每个人描述一下自己看见了什么，那么我们最终会获得一系列描述，而这些描述十之八九会暴露出观察者的特定"偏见"。

再举一例，如果我们在来自不同国家、文化以及宗教的代表间组织一次关于世界性问题的讨论，我们就会发现，不仅仅是在问题的潜在解决方案上，而且有时甚至对什么是第一位的问题上也会存在一系列不同的视角。

很难想象，一个娴熟的批判性思维者不擅长进行概念分析。概念分析在广泛的情境中都是重要的。

- 对学习过某种语言的人而言，在可以企及的范畴内，准确地识别和分析该门语言中一系列语词间区别的能力（能够区分词汇间的意义，给出被教授的用法）。
- 识别基于特定思想体系运用语词和概念与超越具体思想体系运用语词和概念间区别的能力（当人们基于他们自己的思想体系给出特定的不正当的词汇含义时，能够将其指出）。
- 准确地分析词汇的专有含义所构成的意义网络的能力（能够分析各个学科内或各个技术领域中词汇的含义），此处所指的那些词汇是指其专有含义界定着特定学科或思维领域的基本性概念的词汇。

如果对很多思维中的问题进行溯源，那么结果都可以归结为对词汇和词汇所蕴含的概念缺乏训导力。比如，当人们不清楚如下三个区别时，在他们的浪漫关系中会存在问题：（1）自我中心性地依附于人和发自内心的爱之间的区别；（2）友谊与爱情之间的区别；（3）误用"爱"这个词汇（正如很多好莱坞电影所提供的示范）和由受过良好英语语言训练的说话者分享的"爱"这个词的真正含义间的区别。

大众传媒培养着社会中心思维

一个国家的大众传媒和出版物倾向于预先假定这个国家中主流的但带有自利性的世界观是正确的，并用这种描述形式来呈现世界上的事件。作为一个大众传媒的批判性消费者，我们必须学习去认识什么时候语言被按照意识形态在使用（并因此违背了这些语词它们自身的基本含义）。我们必须学会去认识社会中心偏向，并且无论我们在什么地方找到它都应该如此。

在大众传媒中可以找到大量社会中心思维的例子。对大众传媒来说，一定程度上这是正确的，因为传媒是它发挥作用的范围内的文化所固有的一部分。因为在任何特定文化中很多思维本质上都是社会中心的。我们会期待文化中的社会中心思维通过大众传媒这一大规模的社会沟通机器得以放大。

比如，大众传媒通常使某人认为自己的国家在世界中的交易属于"正确的"或"道德的"看法的正当化，这是在培养单向立场的国家主义思维。其基本观念是，我们所有人都是用一种极大的自利形式去自我中心性思考自己的。作为自我中心性思维者，我们用一种极大的自利形式思考自己所属的国家和群体。因此，随之而来的是，媒体将用一种极其不利的形式去呈现那些明显反对我们的国家和群体。

比如，对大多数美国公民来说，似乎成为世界上所有国家的领导者是正确的和美好的。大众传媒极力地培养着这种观点。当我们批判性地看一个国家主流的大众传媒，很容易就可以列举出它在用有偏见的方式呈现世界上重要事件的例证。

随之而来的是，主流新闻媒体偏向于它们自己国家及其盟国的，并用存有偏见的方式反对它们的敌人。因而，媒体在呈现有关它们盟国的事件时会用尽可能自利的方式进行，并高度突出积极事件，与此同时还会对消极事件不予重视。对于它的敌人，相反的处理则是可预期的。因而，在一个敌对国家发生的积极事件不是被忽视就是很少被注意，而与此同时，在敌对国家一旦发生消极事件，则被高度地突出和扭曲。一个人在行动中识别这些偏见，并在心理上重新认识或进行更客观的表征的能力，是一种重要的批判性思维技能。

比如，在美国，由于以色列是美国的盟国，他们的媒体通常就会对以色列人虐待巴勒斯坦人予以忽视或给予最少的注意。在另一方面，由于古巴领导人菲德尔·卡斯特罗是美国的敌人，主流媒体的新闻记者就利用一切机会呈现卡斯特罗和古巴的负面信息，并忽视古巴政府最大的成就（比如，在那一地区实现了教育普及与全民医疗）。

请让我们思考一些从报纸中得到的例子，来为新闻中这种社会中心偏见的形式提供例证。

美国公布的有关皮诺切特时代对人施虐的文件（源自《纽约时报》，1999 年 7 月 1 日）。

历史背景： 在 1973 年，一群军官推翻了智利民选政府总统萨尔瓦多·阿连德（Salvador Allende）的统治。他们所声称的正当理由是阿连德正试图用共产主义来替代民主。在政变期间，美国政府反复地否认与政变有任何牵连，否认获知了任何有关政变领导人折磨与谋杀被他视为敌对者的做法的信息，以及将这一做法强加于政治结构中去的相关信息。相应地，主流的新闻媒体将美国官方的立场（与它的官方解释保持一致）当成了事实并予以报道，政变领导人被报道成一股反抗共产主义的积极力量。民选的民主政府被报道成对美国人的生活方式构成了威胁。换言之，政变被报道成令人愉悦的事情，对人权的侵犯被放在一边。

文章内容： 在这篇写在政变后约 27 年的文章中，主流媒体最终承认美国在智利政变中扮演了重要角色。文章是这样叙述的：

美国中情局和其他政府机构对智力军方广为人知的践踏人权的做法进行了详细报告，包括杀戮和虐待左翼的异议分子，根据已经解密的当时的秘密档案，几乎在 1973 年右翼发动政变的同时，美国政府就予以了支持……由于现在皮诺切特将军（在政变中的掌权者）遭到逮捕，克林顿政府声称次年 12 月将解密一些档案。

另一篇 1999 年 7 月的《纽约时报》写道（文章名称为《法官希望在美国看到秘密文件》）："尼克松政府公开地对政变予以支持，并为反对萨尔瓦多·阿连德的社会主义政府而进行的军事干预帮助做了大环境上的准备。这些准备包括撤回贷款、金融打击以及支持反对方的出版物。"

重要性：这一报告阐述了事件的社会中心性演变如何成功地在它发生的时候乃至发生后的很多年中都未被新闻媒体所反映出来。它还指出，通过它的失败提议——甚至到现在也是——它对我们的道德开始发生某些严重侵害，或者说更糟，它对我们所宣称的价值的侵害已经很普遍。在媒体发现并刊出美国与政变有牵连的事实时，人们并没有发现媒体对它们当年失败的报道进行批判。

治疗已经成为新的保护手段，打击毒品的改革家：法庭、选民开始赞成靠治疗的方式，而不是靠监禁去打击快克可卡因（源自《旧金山纪事报》，1999 年 6 月 11 日，摘自《纽约时报》）。

历史背景：文章本身的内容已经给出了充足的历史背景。

文章内容：当年，美国快克可卡因快速来袭的警报拉响，用治疗手段对付毒品的方式逐渐减少，用惩罚性法律来对付毒品的手段受到欢迎，然而这一转变使得美国制造了世界上最大的监狱系统；在这一转变的十几年后，反毒品的政策正在经受另一个转向。治疗手段正在回归……原因是在快克可卡因泛滥的 20 世纪 80 年代，也是在法律手段受到青睐的时间里，治疗项目被釜底抽薪，与此同时，抗击毒品的预算高达原先的四倍。当时的新闻报道说，快克可卡因是人类目前所知的最容易上瘾的物质，因而监狱开始人满为患，但这些监狱中的人应该受到帮助，而不是让他们坐牢。美国因在毒品上犯错而被关起来的人数从 20 世纪 80 年代的 50 000 人增长到了今天的 400 000 人。然而，即使在监禁手段蓬勃发展的高峰期，在某些人因少量吸食毒品而被判终身监禁的时候，一些治理中心持续地获得成功。虽然治疗并不是对所有的成瘾起作用，但是这些项目显示，快克可卡因比某些其他的街头药物容易成瘾的程度要低，甚至比尼古丁还低，并且很多快克可卡因的吸食者都对常规的治疗有回馈。

重要性：这篇文章通过例子证明了，媒体在培养社会的歇斯底里症并进而影响社会和法律政策方面扮演了强有力的角色。由新闻报道所推广的"快克可卡因是人类所知的最容易成瘾的物质"这一观点是当时的流行观点。在20世纪80年代同样流行的观点是，对待吸食快克可卡因的人最好的方式是监禁，而不是通过对药物滥用问题的治疗来解决。新闻媒体强化了一种深植于美国文化中的简单化的禁欲传统：世界可以分成良善的和邪恶的。根据这一社会思想，好人通过使用武力和超能力击败坏人，坏人只有被严厉地惩罚才会接受教训。

观念检核与实践 识别新闻中的社会中心偏向 1

在一个星期内，每天坚持浏览报纸，并努力探寻出至少一篇文章，这篇文章暴露了新闻中的社会中心思维。完成这一任务的一种最佳方式就是，认真地阅读所有对本国权力机构"友好"或"敌视"的文章。你应该能识别出这种倾向于坚持国家主义观点的偏见。任何一篇报道负面事件的文章，只要这个负面事件发生在与你们国家友好的某个国家中，那么报道中对事件的负面程度都将予以贬低，并会在这一事件的报道中给出偏袒性的理由。另外，你鲜能发现有关你们敌对国家的积极文章，因为在国家主义思想体系中，那些邪恶的国家不会干好事。

运用你已经发现的我们在写作中所运用的格式，包括历史背景（如果可能的话）、文章的内容以及重要性。如果某篇文章没有反映社会中心偏向，而你想清楚了那篇文章为何会被写出来也将是有用的。

有时，一篇新闻中的文章没有体现出我们的社会中心主义，但是暗含着引用了其他群体的社会中心主义。比如，在1999年7月20日的《纽约时报》中，包含了一篇题为《阿拉伯荣誉的代价：一个妇女的鲜血》的文章，它聚焦于约旦阿拉伯宗教群体的社会中心思维。所包含的事实如下。

● 约旦的一名阿拉伯妇女被她16岁的弟弟枪杀了，因为她在自己的丈夫怀疑她不信神的情况下逃离了自己的家。

● 在她的丈夫与她离婚以后，她逃离了并再婚。

● 她的家族曾经寻找她六年，目的是为了杀死她。"我们是最显赫的家族，有着最好的声望，"她的母亲阿穆·泰西尔说，"然而我们丢脸了，我的兄弟以及他家的人甚至都不再与我们说话，甚至没有人拜访我们。他们只会说'你必须杀了她'。""现在我可以挺直腰杆说话了。"阿曼，她的18 岁的妹妹说。

观念检核与实践 识别新闻中的社会中心偏向 2

探寻出至少一篇报纸上的文章，文章中要包含某一群体社会中心思维的证据，并请完成如下陈述。

1. 那篇我识别出的文章的标题是_____。

2. 这篇文章的概要如下：_____。

3. 这篇文章中所描述的社会中心思维如下：_____。

4. 如果这个群体没有以社会中心的方式进行思考，而是反之进行理性的思维，他们可能会按照以下方式行事：_____。

大众传媒会贬低那些突出自己国家负面的信息

媒体不仅仅报道青睐自己国家的新闻，它还贬低那些突出自己国家负面的信息。美国的新闻媒体就是这方面的典例。

当联合国大会全体一致地反对美国的时候，美国的媒体就贬低这样的信息，要么根本不会报道，要么用小字体印制或给它起个晦涩的标题来加以掩盖。比如，大多数美国人都没有注意到美国在多大程度上处于孤立地位，或在联合国大会投票的时候实质上是被孤立的。根据联合国的记录（2001 年），美国是世界上对如下议案唯一投反对票的国家。

● 试图禁止测试和发展生化武器的议案（1981 年、1982 年、1983 年、1984 年）；

● 试图禁止测试和发展核武器的议案（1982 年、1983 年、1984 年）；

● 责成并呼吁结束南非种族隔离的议案（1981 年 5 次、1983 年 4 次）；

● 呼吁将教育、医疗以及护理作为基本人权的议案（1981 年、1982 年、1983 年）；

● 肯定每个国家自主决定其经济与社会制度，不受外界干预的议案（1981 年、1983 年）。

在 1981 年的一项议案中，要判定以色列是否因对抗巴勒斯坦人而违背了人权。其中 11 个国家对此没有异议，美国和以色列则是仅有的投反对票的国家。而且在 1987 年 12 月 7 日，在要求支持就儿童权益签订一项协议的议案上，美国是唯一投弃权票的国家（联合国，2001 年）。

当然，美国不仅在国内，在国外也鼓吹它是自由世界领袖的观点。如果"事实上没有国家服从美国的领导"这一信息被美国国内广为报道，那么该观点势必受到极大的动摇。

在另一方面，美国媒体鼓吹"美国是世界上最适宜生活的地方"这样的观点。然而与此同时，"美国囚禁的人比世界上其他任何国家都多（《亚特兰大月刊》，1998 年 12 月）"。仅仅加利福尼亚一个州，"已经拥有西方工业世界中最大的监狱系统……这个州的拘留所和监狱中关押的罪犯比法国、英国、日本、新加坡以及新西兰加起来的总和还多（《亚特兰大月刊》，1998 年 12 月）"。

摆脱社会中心思维：真正良知的开端

本章的主题是，我们天生是以社会为中心的，就如我们天生是以自我为中心的一样。如果对我们的社会中心倾向没有清晰的了解，在面对处于主导地位的被尊奉者的思想时，我们就会成为社会群体中的牺牲品，并且我们会成为使其他不同意我们群体思想体系的人变成牺牲品的人。因此重要的是，我们要开始去识别自己的思维和生活中的社会中心思维。我们所属的每一个群体，都可能是我们开始识别自己以及他人在工作中的社会中心主义的所在。一旦我们看到自己生活中存在很多类型的社会遵从性，就能开始质疑这些类型。随着我们变得越来越理性，我们就不会为了遵从而遵从、为了反叛而反叛，取而代之的将是，我们对价值有清晰的认识，并且彻底而理性地想清楚了各种信念，认为这些价值和信念值得我们自主地付出，我们才会有所行动。

认识不道德行动的能力

只有当我们能够区分社会中心思维和道德思维的时候，我们才能形成一种良知。这种良知与我们在社会的框栏下形成的价值观是不同的。下面是一些处于不道德中的或本身就不道德的行为类型。

- **奴役人**：使人成为奴隶，无论是使个体成为奴隶还是使群体成为奴隶。
- **种族屠杀**：有组织地屠杀大量平民。
- **折磨**：利用折磨来获得"坦白"。
- **拒绝法定的诉讼程序**：拘押人却不告诉他们对他们的指控，或不给他们提供一个为自己合理辩护的机会。
- **有政治动机的监禁**：拘押人或惩罚人，仅仅因为他们的政治或宗教观点。
- **男性至上主义**：因他人的性别而不公平地对待（以及伤害）他人。
- **种族主义**：因他人的种族或种族特征而让人受到不公平的对待（以及伤害）。
- **谋杀**：因仇恨、快乐乃至获取自己的利益而有预谋地杀人。
- **施暴**：以造成严重的身体伤害为目的而攻击无辜者。
- **强奸**：强迫一个不愿意的人性交。
- **招摇撞骗**：有策划地进行欺骗以使得某人放弃自己的财产或某些权利。
- **编织谎言**：在自己实际上知道某些事情是错误的情况下，报告某些事情是真实的，以图获得自己的私利或伤害其他人。
- **胁迫**：迫使某人采取违反自己利益的行动或通过威吓和暴力行动阻止某人做符合自己利益的事。

▶ 生活中的批判性思维

不可避免地，人类在生活中要继承一系列人类群体的成员关系，而这些成员关系几乎总会产生社会中心思维。它不因我们讲什么语言，来自怎样的文化，有怎样的专业、宗教信仰、家庭或同伴群体而消失。我们发现，我们在能意识到自己是个鲜活的存在之前就已经属于某个群体了。社会中心思维是对社会概念和价值不加批判地内化的天然副产品。考虑到我们所保有的社会中心性的程度，我们不能成为一个独立的思考者，而且我们不能形成真正的良知。批判性思维这一工具在我们日复一日进行思考的基础上，能让我们实现对社会和文化的洞察。摆脱单向思维的限制存在着一些准则，批判性思维能使我们在给予单向思维这些准则的基础上，对那些准则做出判断。它能使我们去探寻概念、标准和价值，这些概念、标准和价值是超越我们的社会和文化所赋予的概念、标准和价值的。它使得我们形成真正的良知。它使得我们在自己所属群体的范围内思考的同时，超越自己所属的群体去思考。

▶ 内省时刻

总结你从本章以及前面章节中学到的关键思想。按照以下方式写下答案。

1. 通过对本章的理解，我所内化的主要思想是＿＿＿＿＿＿＿＿＿＿＿＿＿。

2. 这些观点之所以很重要，是因为＿＿＿＿＿＿＿＿＿＿＿＿＿＿＿＿＿。

3. 按这种方式进行下去，我将来的生活将会很不同，因为我内化了并开始在我的思维中运用这些观点＿＿＿＿＿＿＿＿＿＿＿＿＿＿＿。

4. 我正通过以下方式来汇总我从本书中学到的观念：＿＿＿＿＿＿＿＿。

5. 这很重要，因为＿＿＿＿＿＿＿＿＿＿＿＿＿＿＿＿＿＿＿＿＿＿＿。

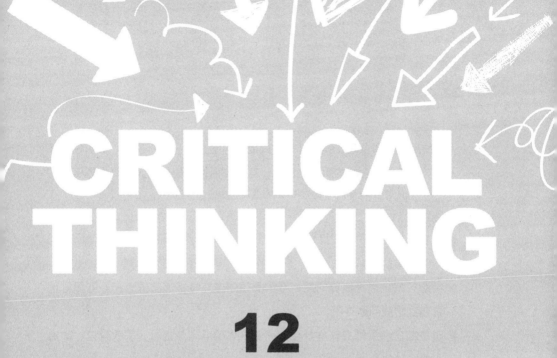

CRITICAL THINKING

12

道德推理的发展机制

人类使用自利和自我欺骗的推理方式的倾向是其自身通向公平心最明显的障碍。人们对于道德概念的本质越是困惑，这种倾向性就越是明显。要想理解道德推理，需要掌握下列的基础事实。

- 道德原则并不是主观偏好。
- 所有理智的人都应该尊重明确的道德概念和原则。
- 要想很好地思考道德问题，我们必须知道怎样把道德概念和原则很好地应用到这些问题当中。
- 道德概念和原则应该与社会和同辈群体的准则与禁忌、宗教学说、政治思想和法律不同。
- 进行良好道德推理的最大障碍是人类的自我中心主义和社会中心主义。

首先，我们需要澄清存在于人类生活中的道德问题：道德是什么，它的基础是什么，它通常与什么混淆，什么是道德的陷阱以及怎么理解道德。

根据以上的问题，我们需要强调在良好的道德推理当中有三个必要的组成部分：（1）该原则的道德基础；（2）要避免的道德假象；（3）人类心理的异常状态。

> **道德推理：** 思考有助于或有害于有感知能力的人意图的问题或难题。

为什么人类对道德感到困惑

人类道德的最终基础是明确的：人类的行为与他人的幸福有关。我们能通过自己的行为方式提高或者降低别人的生活质量。我们能帮助别人也能伤害别人。

而且，我们能理解——至少在大部分情况下，我们知道自己是在做帮助别人的事，还是在做伤害别人的事。我们之所以这样，是因为我们天生具有换位思考的能力，能够理解如果别人用我们对待他们的方式对待自己，我们会有何感受。

甚至连孩子都知道什么对别人有利，什么对别人有害。孩子根据以上的道德观念意识做出道德推论和判断，培养出生命中具有道德意义上的善恶观点。但孩子似乎对别人给他们造成的伤害，比自己给别人造成的伤害具有更清晰的意识。

- 不公平！他得到的比我多！
- 她不会给我一个玩具的！
- 我没有惹他，他打我，他太残忍了！
- 她答应过我的，可她现在不把玩具娃娃还给我！
- 骗子！骗子！
- 现在轮到我了，你刚才都轮过了，这不公平！

通过榜样示范和鼓励，我们可以培养孩子的公正心。孩子可以学会尊重别人的权利，而不仅仅只关心自己的权利。在培养孩子公正心的过程中遇到的主要困难不是确定什么是有益的、什么是有害的，而是人类天生的自我中心倾向。很少会有人深入地思考由于自己对金钱、权利、遗产、财产的自私追求给他人带来的影响。结果是，尽管大部人，不管受到什么社会、种族、宗教的支配，至少在口头上承诺践行核心的民族道德原则，但是很少有人在行动上一直履行这些原则。所有人都会认同欺骗、欺诈、剥削、虐待、伤害或者偷窃是不符合道德的。所有人也都认同要尊重别人的权利，包括他人的自由和幸福，这些都是每个人道德上的责任。但是除了追求自己的利益或自我中心的快乐以外，很少有人会贡献自己的生命去帮助那些急需得到帮助的人或贡献生命去追求公众利益。

就像我们在上一章提到的那样，有些理智的人能识别出自身对人类有害的行为，包括奴役、种族灭绝、折磨、拒绝正当程序、有政治动机的监禁、性别歧视、种族歧视、谋杀、袭击、强奸、欺诈、谎言以及恐吓。

由全球几乎所有国家共同签署的《世界人权宣言》清晰地表达了普遍的道德原则，也清晰地表达了在世界范围内，用来界定一个理性的人是否符合伦理以及是否符合道德的几个核心观念。然而，很多人的道德实践与道德原则相悖。在理论层面讨论时，大家没有不一致的地方。事实上，没人会认同仅因为一个人想去欺骗、诈骗、剥削或用粗暴的方式去虐待、伤害他人，他的行为便存在道德上的正当性。但仅仅只在口头上赞同这些普遍原则，并不会产生一个尊重人权的世界。在行动层面上，人们会用很多方法使自己的贪婪欲望合理化，觉得利用弱者或没有什么能力保护自己的人很合理。在人类生活中有太多势力，例如，社会群体、宗教、政治思想意识会产生对与错的标准，这些标准会忽视或者扭曲道德原则。而且，只在口头上承诺把抽象的道德原则转变为道德上正义的现实世界时，人类又太擅长使用自我欺骗的艺术了。

令情况更加复杂的是，要履行的道德问题并不总是不证自明的，甚至对于那些不怎么自我欺骗的人来说也是如此。在复杂的情况下，表面上友好的人经常不同意把相应的道德原则应用于对应的情形中。同样的行为经常会得到一些人的道德赞扬，却受到另一些人的指责。

我们可以用另一种方法来陈述这方面的问题：无论人们具有多么强烈的动机来做道德上正确的事情，只有当他们知道什么是符合道德的才可以这么做。如果因阶级特权、个人愿望、政治思想或社会习俗，又或者因缺少在道德领域内进行有技巧和有原则的推理能力，他们将不能理解这一点。

由于道德推理具有这样的复杂性，所以有技巧的道德推理都以自我批判和道德自我检查为前提。我们必须学会对自我中心、社会中心和自我欺骗的思维进行反思。反过来，这就要求我们具有在本书前面章节所提到的心智品质，包括认知谦逊、认知一致和公平心。良好的道德推理需要一个人去识别以及避开道德判断的陷阱：道德不宽容、自我欺骗以及无批判性的遵从。良好的道德推理要求我们能识别出道德推理什么时候只是社会教条的反映。良好的道德推理需要我们常常换位思考，而不是只从自己的观点出发看待问题，需要我们从不同角度收集事实，用不同的方法来思考有争议的问题。

日常生活的道德问题本身是复杂的，然而，很少有成年人具有技巧或洞察力去识别这种复杂性。很少有人能认清他们自己身上的道德矛盾，或清楚地把自己的既得利益和利己欲望与真正的道德分开。很少有人考虑存在于道德理智和推理中的假象，或者很少有人会用一致的道德观点对复杂的道德问题和道德陷阱进行道德推理。结果，日常的道德判断就成了真道德和伪道德的无意识混合物。在某种情况下，道德领悟在另一种情况下就成了偏见和虚伪，每一种情况都是推理者以大量的不证自明的信念为基础的。

在不知不觉中，我们把自己的伦理盲点、对道德的歪曲以及封闭思维传递给我们的孩子。结果，强烈要求学校传授道德规范的那些人，不管这些信念和观点有多大的瑕疵，仅仅只想让学生接受他们自己的信念和观点。他们自己定义真理，他们把自己的观点当成所有道德真理的典范。这些人最怕的就是把其他的道德观念也当成真理来教授：保守的人害怕变化的自由主义者，自由主义者害怕保守的人；有神论者害怕无神论者，无神论者害怕有神论者；等等。

所有这些担心都是合理的，人们——除了在极罕见的情况下，都有把他们所相信的和真理混淆的强烈倾向。正如我们刚才强调的那样，"这是真的，因为我相信它"是存在于我们大部分人中的无意识心理定式。我们的信念仅仅是感觉"真相"，它们对心理来说便是真理。对"正常人"的心理来说，别人总是邪恶、自欺、自私或者思想保守的，而我们自己不是。因此，教师不是在培养学生掌握真正的道德准则，而是在无意识地教给他们教条，是在整体上让学生持有和教师一样的信念和观点，并将之强化。在这一点上，他们是教化而不是教育学生。

观念检核与实践 **区分教化和教育**

作为一个有志于发展自己思维的人，你一定要能清楚地区分教化和教育。这两个概念经常被混淆。借助一部好字典作为参考资料，完成下列句子（为了更全面地理解这些术语，你可能会用到不止一部字典进行查阅）。

1. 根据字典，教化的含义与教育的含义不同在于＿＿＿＿＿＿＿＿＿＿。

2. 根据字典，单词教化与教育基本含义的不同在于＿＿＿＿＿＿＿＿。

3. 因此，教化和教育的主要差别是＿＿＿＿＿＿＿＿＿＿＿＿＿＿＿。

你一旦在思想上弄清了这两个术语的本质差别，就去想想你以前接受的教育，找出那些在一定程度上只是受教化的情况（与受教育相比），完成下列句子。

1. 作为一个学生，我相信我一直受的主要是（教化或教育），我得出结论的理由是＿＿＿＿＿＿＿＿＿＿＿＿＿＿＿＿＿＿＿＿＿＿＿＿＿＿＿＿＿。

2. 例如＿＿＿＿＿＿＿＿＿＿＿＿＿＿＿＿＿＿＿＿＿＿＿＿＿＿＿＿＿＿＿＿。

道德推理的基础

为了在一个领域内进行熟练的推理，我们必须理解限定那个领域的原理。为了在数学领域进行熟练的推理，我们必须理解数学领域的基本原理。为了在科学领域进行熟练的推理，我们必须理解基本的科学原理（物理原理、化学原理、天文学原理等）。同样地，为了在道德领域进行熟练的推理，我们必须理解基本的道德原理。只有好心肠是不够的，我们必须有良好的道德观念和原理基础。道德原则是道德推理的核心。

人们思考道德问题必须能识别与特定道德领域相关的道德原理。他们必须能集中所需要的智能并把这些道德原理应用到相关的适当情况或情境中去。然而，只有道德原则并不能解决道德问题。例如，有时候道德原则能应用于伦理上非常复杂的不同情况。

例如，思考一下这个问题：美国应该和违背人权的国家维持外交关系吗？与这个问题最密切相关的道德观念是正义和诚实，然而关于实际性和效用的问题也必须考虑清楚。正义和诚实可能需要与那些任何违背基本人权的国家断绝关系。但是孤立这些国家以及与这些国家对峙是实现高层道德目标的有效方法吗？更何况历史提醒我们，几乎所有的国家都在某一个或多个方面违背人权。我们在什么程度上有权利要求别的国家实现我们自己也经常不能达到的标准呢？这些都是具有挑战性的道德问题，一方面它会经常被天真和善良的人忽视，另一方面也会经常被自我欺骗者以及见利忘义者忽视。因为道德推理很复杂，所以我们必须学会策略性地处理这些难题。我们认为以下三个基本任务对道德推理来说是最重要的：

● 掌握道德问题中本身所蕴含的最基本的道德观念和原理；

● 学会区分与道德推理经常容易发生混淆的其他领域的思维推理；
● 当人类天生的自我中心和社会中心阻碍一个人的道德判断时，要能够辨别出来（也许这是三个任务当中最有挑战性的一个）。

如果一个人的道德推理缺失了三个基本任务中的任何一个，那么道德推理就不完善。让我们再反过来看看进行道德推理所需要的能力（见图 12–1）。

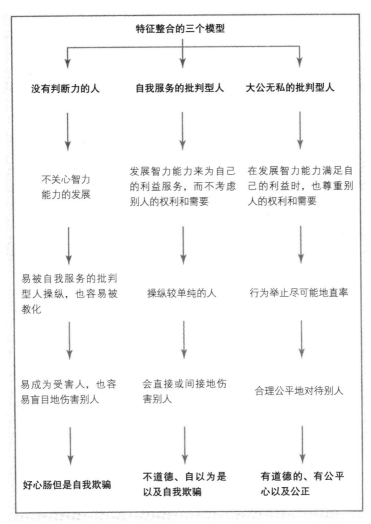

图 12–1　特征整合的三个模型（分列三类的目的是为了在理论上更清楚地描述。事实上，它们的差异只体现在程度上）

道德概念和原理

对于每一个道德问题而言，我们都必须理解一些道德观念或者与这个问题直接相关的成套概念。一个人在没有清楚地理解道德术语以及这些术语的区别时，是不可能对道德问题进行良好推理的。诚实、正直、正义、平等和尊重是一些最基本的道德观念。在很多情况下，运用这些概念的原则很简单；而在有些情况下，想运用则很难。

想想一些简单的情况。为了获得比别人更多的物质利益而撒谎、误传或者曲解事实，这些都是对诚实概念固有内在特征的明显违背。我们往往期望别人达到某些标准，但我们自己却经常违背那些标准，这显然是对正直概念固有的内在基本原则的违背。爱自己胜过爱别人，是对正直、正义、平等概念固有原则的违背。每天，人们的生活中充满了对基本道德原则的明显违背。当一个人用微波炉烘烤老鼠仅仅是为了好玩时，没人会否认这种行为在道德上是恶劣的。同样地，我们不能因为自己认为一个人有罪，或者一个人应该坦白他有罪而把他杀了，或因此去拿走他的钱或者折磨他，这在道德上也是不能接受的。

然而，除了明确的复杂案例需要我们进入一种道德对话之中外，我们还需要从不同观点来考虑对立的观点。例如，试想这个问题，安乐死在道德上究竟是否合理？当然，会有安乐死不合理的一些情况。然而，当我们考虑安乐死这个问题究竟合不合理的时候，我们必须考虑各种安乐死似乎有理的情况。例如，晚期患者被无情的病痛折磨的情况。在这种情况下，患者恳求通过结束其生命来结束自己的痛苦（虽然他们很受折磨，但他们在没有别人的帮助下自己没有办法结束自己的生命）。

然而，鉴于一个人处于晚期病痛的巨大折磨中这样的事实，与这个问题显著相关的道德观念就是残酷。《韦伯新世界词典》这样定义残酷："导致或某种程度上导致痛苦、悲痛等，残酷暗含着对别人所承受的痛苦的冷漠或把痛苦强加给别人。"在这种情况下，残酷意味着"造成某种"不必要的痛苦。残酷意味着当你有能力——而没有付出相应的努力去减轻一个人的痛苦和折磨，而让一个无辜的人遭受不必要的痛苦和折磨。

一旦残酷被认为是一个与道德相关的概念，一个道德命令就产生了："努力去减少或结束那些无辜的人和动物正遭受的不必要的痛苦和折磨。"有了这个道德原则，我们就可以在任何特定的情况下，认为拒绝援助一个受苦的人都可以被认定是残酷的，而从某种意义上说，这是不应该的。

另一个与这个问题可能相关的道德观念是"生命本身就是好的"。该原则源于这个观念："生命应该受到尊重。"有些人可能会提出，基于这个原则，生命在任何情况下都不应该被人类自己终止。

作为一个能做推理的人，你应该得出自己的结论。同时，你也必须准备陈述你的推理细节，解释怎样的道德观念和问题对你来说可能是相关的，并说出为什么。你也必须准备好阐述与这个问题有关的、经过认真考虑的其他可代替的观点，确保你没有忽略这个处于争论中的问题的其他合理方法。在这种情况下，你必须准备好陈述你认为最具有相关性和重要性的事实。你必须具备一个好的思维者对任何思维领域的任何问题都能支持自己推理的能力。事实上，道德问题也需要受过训练的理性思维。

再思考一下：若存在的话，在什么情况下，动物实验是合理的。再者，一个与之相关的道德观念是残忍，因为了解动物实验的人都知道，有时候在科学研究的名义下，动物会遭受极度的痛苦、焦虑和折磨。来自善待动物组织的成员——一个先进的动物权利组织——关注了动物实验的负面影响。善待动物组织的成员在他们的网站上发表了如下声明。

- 每年，为了确保化妆品和生活用品的安全性，成千上万的动物在试验中遭受痛苦或痛苦地死去。尽管，事实上这些试验结果并不能帮助减少或治疗人类的疾病或伤残，从眼影膏、肥皂到家具油漆再到烤箱清洁剂的试验，都是用兔子、老鼠、小白鼠、狗和其他动物做的试验。在这些试验中，使用液态的、薄片的、小颗粒的或者粉状的物质滴入有白化病的小兔子的眼睛里。这些动物被困在只有头能动的笼子里。在试验中，不会给它们打麻醉……它们对这些物质的反应是眼睛肿胀，兔子的眼皮被夹子撑得很大，很多兔子在试图逃跑的过程中摔断了脖子。

● 尽管黑猩猩的免疫系统并不会被艾滋病病毒侵害，但它们却是现在艾滋病研究者最爱用的实试。黑猩猩同时也被用于残忍的癌症研究、肝炎研究以及心理学实验。黑猩猩还被用于人工授精、生育控制方法、血液疾病、器官移植以及实验外科研究。黑猩猩也可能被用于军事实验，但是这种信息通常会被保密以致很难被证实。黑猩猩极其活跃并且高度社会化，当它们被孤立地关在实验室里没有和人类或黑猩猩做定期的身体接触时，很快会患上精神病。因为成年黑猩猩很强壮而且很难管理，又因为被感染的黑猩猩不能放在动物园或现存的避难所，所以很多黑猩猩在10 岁前就被杀害了。

● 睡眠剥夺被认为是折磨人类的一种方式。几十年来，睡眠剥夺被镇压型政府用来榨取机密信息或折磨提供虚假供认的政治犯。但有些人却非法地对其使用睡眠剥夺，这些人不能被称为是拷打者，因为他们的被试是动物，他们被称为科学家。超过 1/4 个世纪以来，芝加哥大学一位名叫艾伦·特洛夏芬（Allan Rechtschaffen）的实验家，一直从事着动物睡眠剥夺的实验。开始时，他让小白鼠 24 小时连续清醒着；然后，让它们恢复正常睡眠；之后就开始进行彻底的睡眠剥夺，他让小白鼠一直醒着，直到它们的身体难以承受至耗竭而死。从 11 天到 32 天，死亡会发生在这期间的任何一个时间点上。为了给这些温和的小白鼠准备这段漫长的、噩梦般的死亡之旅，特洛夏芬把酶电极刺入小白鼠的头颅里，把电线缝到小白鼠心脏里，通过外科手术把温度计埋到小白鼠的胃里，这样他就能记录温度和脑电波了。为了方便抽血（对他来说），他把导管放在小白鼠的颈静脉中，经过脖子到它们的心脏。临床研究已经表明，剥夺人类的睡眠会导致注意力涣散及幻觉，但只要短暂地休息，人们就能恢复。那么，特洛夏芬希望发现什么呢？用他的话说，"我们创立了小白鼠经过17 天的睡眠剥夺后死亡的实验，因此，至少对小白鼠来说，睡眠是绝对有必要的"。

● 与这个问题相关的知识是在什么程度上、在什么条件下，动物实验在道德上是合理的。有些人认为，动物实验只对人类有潜在的好处时才在道德上是合理的。有些人认为，动物实验是不道德的，因为还有其他的可替代的方法，例如，计算机模拟可以得到所需要的信息。在其网站上，来自善待动物组织的成员发表声明：

> 每年，超过 205 000 种新药进入全球市场。大部分药仍然都在使用最古老的、不可靠的测验方法：动物研究……很多医生和研究者公开反对这些过时的动物实验研究。他们指出，不可靠的动物测验不仅会使危险的药物进入公众市场，还会阻止潜在有用的药物被发现。如果在小白鼠身上进行青霉素测验（一种常见的实验被试），那今天我们将没有青霉素可以使用，因为青霉素会杀死小白鼠。同样地，我们也不会有阿司匹林，因为阿司匹林会杀死猫。然而，吗啡这样一种对人类起着镇静作用的物质，对猫、羊、马来说却是兴奋剂。人类对药物的反应不能用动物实验来预测，因为不同物种甚至同一物种的不同个体对药物的反应也不同。

● 负责医药委员会的医生报告说，成熟的、非动物的研究方式比传统的、以动物为基础的研究方法更准确、费用更低、更省时间。

有些人认为，在有些实验中动物遭受的痛苦是不可避免的，这种痛苦在道德上是合理的，因为从长远的角度来看，从这些实验中获得的知识会减少人类所承受的痛苦和折磨。支持这些实验的人认为，减少人类的痛苦和折磨是更好的道德选择。

当思考一个复杂的道德问题时，一个有技巧的道德推理者能识别与这些问题相关的道德观念和事实，然后以良好的推理方法把这些概念应用到道德事实中。在得出结论前，他们会尽可能地以其他可取的方法考虑这个问题。经过这样的智力操纵之后，他们就能发展出区分明确的道德问题与不明确的道德问题的能力。当道德问题不明确时，对于我们来说应用最好的判断力就显得非常重要了。

道德原理的本质

每一个道德问题都存在需要区分和思考的道德观念和原理。这些原理中包含的观念是《世界人权宣言》中明确表达的权利。1948 年 11 月 10 日，联合国大会建立了这套权利，部分内容如下：

在世界上，尊重人类家园中每个成员的固有尊严、平等而不可剥夺的权利是自由、正义、和平的基础。不尊重、蔑视人权已经导致了野蛮的行为，这些行为引起了人类良心的愤怒。在将要到来的世界里，人类应该享有言论和信仰的自由，免于恐惧和匮乏，这是大多数人的最大愿望。

《世界人权宣言》被认为是"全世界人类的普遍标准"。这是对重要的道德原理进行明确陈述的一个范例。我们相信，世界上的每个国家签署这个宣言都是有意义的。

下面是宣言中提到的 30 个原则其中的几个：

- 人人生而自由，在尊严和权利上一律平等；
- 人人享有生命、自由和人身安全；
- 任何人不得为奴隶或被奴役；
- 任何人不得被加以酷刑，或被施以残忍的、不人道的或侮辱性的待遇或刑法；
- 人人有权享有为维持本人和家属的健康和福利所需的生活水准；
- 人人都有受教育的权利；
- 人人享有和平集会和结社的自由；
- 人人有资格享有本宣言中所载的一切权利和自由，不分种族、肤色、性别、语言、宗教、政治或其他见解、国籍、社会出身、财产、出生、其他身份等任何区别；
- 法律面前人人平等，并有权享受法律的平等保护，不受任何歧视。

想要做出一个良好的推理，就必须具有识别与手边问题相关的道德原则的能力。在下一个观念检核与实践活动中，对于特定的道德问题，你应该考虑区分和应用这些原则。

观念检核与实践 基于普遍性的道德原则识别违背人权的做法 1

在这个活动中，我们简要地描述一下在《纽约时报》一篇文章中的一个问题，"伊拉克共和国是儿科医生的地狱：没有办法阻止死亡"。我们将会让你识别事件本身存在的违背人权的情况。

这篇文章关注的是伊拉克患病儿童的医疗问题。"当一个国家的医疗系统因八年前联合国的经济制裁而完全瘫痪"，这篇文章描述了伊拉克医院内的患者从难以医治的大病到容易治愈的小病都得不到应对的医疗设备和供给这样一种情况。例如，这意味着在伊拉克所有患有白血病的儿童实际上都会死亡。这篇文章提到了一个患有白血病的三岁女孩艾若·艾哈迈德（Isra Ahmed），她的鼻子、牙龈和直肠里经常流血。医院的总住院医生贾西姆·麦影（Jasim Mazin）说："医院里没有给她做手术的设备，我们很无助。"他继续说，伊拉克曾经是阿拉伯地区科学和医疗条件最好的国家，而现在因为杂志都被禁止阅读，我甚至读不到医疗杂志。麦影医生说，1998年4月是最困难的时期，那时75名儿童死于胸部感染和胃肠炎。他相信如果可以像邻国那样使用抗生素，那么所有的孩子都可以得到救治。

假设这篇文章陈述的事实是精确的，请完成下列句子：

1. 如果联合国的制裁对这篇文章所讨论的问题负有责任的话，联合国就违背了下列的人权：＿＿＿＿＿＿＿＿＿＿＿＿＿＿＿＿＿＿。

2. 如果你认为在这种情况下违背了一个或更多的人权，完成下列句子：

   • 对人类道德原则的违背是＿＿＿＿＿＿＿＿＿＿＿＿＿＿＿；

   • 为了尊重人类道德原则，在这种情况下，我们应该号召下列行动

   ＿＿＿＿＿＿＿＿＿＿＿＿＿＿＿＿＿＿＿＿＿＿。

尽管《世界人权宣言》所列出的道德原则在理论上是普遍被接受的，但专制国家实际上并不履行这些原则。例如，1998年10月5日，《纽约时报》（国际特赦组织发现美国违背人权的"普遍模式"）报告了国际特赦组织曾引用美国违背基本人权的情况。在国际特赦组织的报道中，对警察机关和法律司法系统中存在的持久且广泛违背人权的模式进行了描述。

在报告中，国际特赦组织反对美国没有实现对人类人权的基本承诺。报告说，整个国家成千上万的人在警察的手上遭受着持续且蓄意的残酷暴力。残酷、贬低甚至有时候威胁生命等强制方法仍然是美国刑事司法系统失败的特征。

在国际特赦组织工作了六年的总秘书皮埃尔·珊（Pierre Sane）说："我们觉得这是一个讽刺，世界上最强大的国家用国际人权法律去批判其他国家，却不把这个标准适用于自己本国。"

每个国家在理论上都认同基本人权的重要性。然而，在实践上它们经常无法实现这些权利。

观念检核与实践 基于普遍性的道德原则识别违背人权的做法 2

至少找出一篇报纸上的文章，它的内容直接或间接地暗示了某个政府违背人权，找到后请完成下列句子。

1. 这篇文章的主要内容是＿＿＿＿＿＿＿＿＿＿＿＿＿＿＿＿＿＿＿＿＿＿。

2. 这篇文章说至少有一个国家违背人权的理由是＿＿＿＿＿＿＿＿＿。

3. 被违背的普遍的道德原则是＿＿＿＿＿＿＿＿＿＿＿＿＿＿＿＿。

区分道德和其他领域的思维

除了要学会识别与道德问题相关的道德观念和原则，有技巧的道德推理者必须能区分道德和其他领域的思维，比如社会习俗、宗教和法律。在绝大多数情况下，道德和这些思维模式也容易混淆。例如，社会价值和社会禁忌被当成道德原则，这很常见。

因此，宗教思想、社会"规则"、法律经常被错误地当成道德的固有本质。如果我们接受让这些不同领域混合起来的做法，就将导致宗教系统的任何行动都必然是道德的，每条社会规则都将是道德上的义务，每部法律在道德上都将是合理的。那么，我们就不能判断任何宗教行为，例如折磨不信上帝的人是不道德的。

同样地，如果道德和社会习俗是同一个东西，每种文化中的社会活动就必然是道德的，包括纳粹德国的社会传统也将如此。那么，无论在道德上有多么腐败，我们都不能谴责任何社会传统、规范、风俗以及禁忌。如果道德和法律不分，那么按照定义，任何法律系统的每部法律都是道德的，包括那些公然违背人权的法律也将如此。

那么，学会区分道德和其他与道德容易混淆的思维，会使我们普遍接受但对不道德的社会传统、宗教行为、政治思想和法律进行批判，缺少这种能力的人不可能真正过上真实的生活（见图 12-2）。

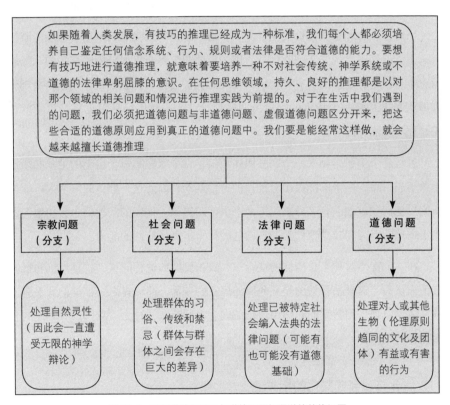

如果随着人类发展，有技巧的推理已经成为一种标准，我们每个人都必须培养自己鉴定任何信念系统、行为、规则或者法律是否符合道德的能力。要想有技巧地进行道德推理，就意味着要培养一种不对社会传统、神学系统或不道德的法律卑躬屈膝的意识。在任何思维领域，持久、良好的推理都是以对那个领域的相关问题和情况进行推理实践为前提的。对于在生活中我们遇到的问题，我们必须把道德问题与非道德问题、虚假道德问题区分开来，把这些合适的道德原则应用到真正的道德问题中。我们要是能经常这样做，就会越来越擅长道德推理

宗教问题（分支）	社会问题（分支）	法律问题（分支）	道德问题（分支）
处理自然灵性（因此会一直遭受无限的神学辩论）	处理群体的习俗、传统和禁忌（群体与群体之间会存在巨大的差异）	处理已被特定社会编入法典的法律问题（可能有也可能没有道德基础）	处理对人或其他生物（伦理原则趋同的文化及团体）有益或有害的行为

图 12-2　区别道德问题及与道德问题相混淆的其他问题

道德和宗教

为了举例说明一些使道德与其他学科相混淆的问题，让我们再回顾一下这个

问题，在什么情况下安乐死在道德上是合理的，人们不是把它理解成一个道德问题，而是理解成一个宗教问题。因此，他们用宗教原则来思考这个问题。他们把宗教原则——也就是他们相信的信条，当作道德的基础。

例如，他们认为安乐死在道德上是不合理的，因为《圣经》上说，自杀是错误的"。因为他们没有把神学和道德分开，他们可能没有"残忍"的相关概念。他们可能不会与问题做斗争。这可能意味着，对他们来说，在这种情况下感受安乐死争论背后的任何意义，或者感受什么是无止境的绝望折磨是很困难的。

当道德观念和宗教信仰发生冲突时，对一系列宗教信念的承诺可能会阻碍他们认识到道德观念优先于宗教信念。因为道德观念是全世界范围内存在的，宗教信念本身也是有争议的。有理智的人会优先拥护道德观念和原则，无论这些观念和原则是不是被一个特定的宗教所明确地承认。宗教信仰最多也只是道德的补充，而不可能支配道德。

思考这个例子，如果一个宗教团体相信，每个家庭第一个出生的男孩必须把他杀了当祭品，由于不能做出对抗性的道德判断，因此这个群体的每个人可能都认为，他们在道德上有义务杀死第一个出生的男孩。他们的宗教信念会使他们做出不道德的行为和减少他们感受自己这种行为本身残酷性的能力。

在一个宣传这种宗教信仰的社会中，真正要做的道德的事，就是反抗和抵制其他人认为"这种宗教信念是义务"的想法的传播。简而言之，神学信念不应该践踏道德原则，因为我们必须用道德的观念来判断宗教行为。我们没有其他的合理选择。

宗教信念与社会或文化的相关性

宗教相关性源于人们有无限的、可替代的方法来构想和说明"精神"的本质事实。例如，《美国百科全书》中列举了300多个不同的宗教信念系统。这些被社会团体或文化所吸收的、传统的思考方式呈现出习惯和风俗的力量，他们被一代代地传递下去。对于一个在特定群体中的个人来说，尽管有很多可能，他们独特的信仰被看成是想象神的唯一信仰或者唯一合理的信仰。对于大部分人来说，宗教信念影响一个人从出生到死亡的行为。宗教要回答这样的问题：

> 事物的起源是什么？世界上有神吗？世界上有不止一个神吗？如果有神，他或她的本质是什么？有神定的法律来指引我们的生活和行为吗？这些法律是什么？神怎样与我们交流？

我们怎样对待违背神的法律呢？我们必须怎样按照神的意愿生活？

宗教信仰对一个人生活的各个方面都产生了影响——从规范要求、禁忌和社会仪式。这些规则既不能说对也不能说错，只不过仅仅代表着社会偏爱和主观选择。然而，有时我们并没有意识到社会行为，包括宗教信念或行为违背了基本人权。但这些行为一定要受到批评。例如，如果一个社会接受任何形式的奴役、折磨、性别歧视、种族歧视、迫害、谋杀、攻击、强奸、诈骗、欺骗或恐吓，都应该受到道德上的谴责。例如，在宗教冲突中，人们经常会犯下道德罪行。那么，问题最终就沦为社会偏爱和相关性了。没有宗教信仰可以用来为人类违背基本人权辩护。

观念检核与实践 **区分道德和宗教**

关注一个宗教信仰系统（是大众认同的），区分存在于神学信仰和道德原则之间的可能困惑，看看你是否能识别出存在于宗教里的被认为是不道德的行为，也看看你是否识别在宗教上认为是不道德的行为其实与道德没有关系。选出任何一个你所熟悉的宗教，找出我们刚才提到的问题。比如，记住这样一个事例，宗教信仰者认为一个女人犯了通奸罪就应该用石头砸死。

道德和社会传统

让我们回到道德和社会传统的关系。在100多年以前的美国，大多数人认为奴隶制是合理的、可取的，它是社会习俗的一部分。一直以来，没有人对奴隶制是否道德提出质疑。而且，纵观整个人类历史，很多群体，包括不同国籍及肤色的人，还有妇女、儿童以及残疾人，因把社会传统当作道德义务而成了社会歧视的受害者。然而，不管有多少人支持，所有违背道德原则的社会行为都应该被在道德上有悟性和理性的人所拒绝。

除非我们学会彻底批判从我们出生时就强加在我们身上的社会习俗和禁忌，否则，我们将会认为这些传统是"正确的"。我们所有人都被社会深深地条件化了。因此，我们不是天生就具有批判社会标准和禁忌的有效能力的。

与社会或文化相关的行为

文化相关性源于这样的事实，对于不同群体的人来说，有无数种可替代的方法去满足他们的需要，或去实现他们的愿望。在一个社会群体或文化中，这些传统生活方式呈现出习惯和习俗的力量，他们从一代传到下一代。对一个特定群体中的个体来说，这些习惯和习俗是唯一或最合理的做事方法。对于大部分人而言，这些行为指导着他们从出生到死亡的行为。他们回答这样的问题。

- 婚姻应该怎样产生？谁被允许结婚，在什么情况下结婚，结婚要用什么仪式或礼节？一旦结婚，男人扮演什么角色？女人扮演什么角色？可能有多个婚姻伴侣吗？可能离婚吗？在什么情况下有可能？

- 谁应该照看孩子？他们怎样教给孩子合适以及不合适的行为方式？如果孩子不按照父母期望的方式做出行为，他们又该怎样对待孩子？

- 什么时候把孩子当作成人对待？孩子多大时可以结婚？他们应该和谁结婚？

- 孩子什么时候发展出情欲和性欲？允许他们怎样表达？如果可以，他们能和谁从事性的探索和发现？什么样的性行为是可以被接受和有益健康的？什么样的性行为是堕落和罪恶的？

- 男人和女人怎样穿着？他们的身体在公众条件下可以暴露多少？怎样看待裸体？违背了这样的标准会被怎样对待？

- 怎样获得食物？怎样准备食物？谁负责获得食物？谁负责准备食物？怎样端上食物？怎样食用？

- 社会阶层（权利阶层）是怎样形成的？社会是怎样被控制的？什么信念系统用来调整稀有资源和服务的分配以及仪式和实践的执行方式？
- 如果社会有敌人或受到外界威胁，谁来保卫国家？他们怎样参加战斗？
- 社会允许什么样的游戏、运动或娱乐？谁被允许参加？
- 传授给社会成员的宗教是什么？谁被允许参加宗教仪式或解释神学、给群体教授神学？
- 社会怎样解决不满？谁来决定谁对谁错？背叛者是怎样被对待的？

社会实际上规范着一个人生活的各个方面——从规范、禁忌到社会仪式。很多社会规范既不能说对也不能说错，它们仅仅代表了社会偏好和主观选择。然而，有时候我们并不知道，社会实践违背了基本人权。那么，这些社会行为应该受到批评。例如，如果一个社会接受任何形式的奴役、折磨、性别歧视、种族歧视、迫害、谋杀、袭击、强奸、诈骗、欺骗或恫吓，那么这些都要受到道德的批判。这最终就成了社会偏好与相关性的问题了。

学校经常成为传统思想的辩解者。学校成员经常在无意之中助长传统和道德之间的困惑。因为他们自己本身被纳入了社会传统。教育，确切地说，应该培养智力机能，使学生能够区分文化习俗和道德观念，区分社会戒条和道德事实。在任何情况下，当出现了与道德观念冲突时，道德观念就应该成为规则。

观念检核与实践 区分道德和社会传统

在美国内战之前及期间，很多白人认为非洲裔美国人在智力上比他们低下。这个信念导致了在法律上否定非洲裔美国人的基本人权，想找到一个明确的被传统社会接受、而被社会不道德地捍卫的例子是非常难的。

找出一篇报纸文章能体现社会传统和道德原则之间的混淆。我们要找的是一篇能够表述社会信念导致一些人或一个群体的基本人权被否定的文章。

1. 这篇文章的内容是_____。

2. 这篇文章提到违背至少一项人权的理由是_____。

3. 违背的普遍道德原则是_____。

道德和法律

因为人们喜欢培养道德推理能力，所以你不仅要区分道德和社会传统，还要区分道德和法律。不合法的可能在道德上是合理的；在道德上是义务的可能是非法的；不道德的可能是合法的。

法律通常源于社会传统。任何社会团体接受的和期待的就会变成法律的基础。但是，我们不能假定社会传统是道德的，也不能认为人类法律是道德的。

而且，法律最终是根据政治家的原始动机制定的，通常是权力、既得利益或者利己的。一个人不应该对当政治家对道德原则不敏感，或把道德原则与社会价值和禁忌相混淆而感到惊讶。

道德和性禁忌

这里的问题是，禁忌通常都带有很强的情绪色彩。如果某个人触犯了禁忌，就会被人们厌恶。对人们来说，这些人的厌恶举止就是不道德行为。他们忘了社会不接受的可能并不违背道德原则，但是不同的是，它可能会违背另一种或其他社会传统。

基于这种常见的困惑，一个明显要被考虑到的领域是人类的性。社会群体经常对不符合传统的行为，包括有关人身体方面不符合传统的行为进行强有力的制裁。有些社会群体会对衣着暴露地出现在公众面前的女人实施很严厉的惩罚，衣着暴露的女人被认为是不体面的以及具有性挑逗的。那么，我们的问题是，一个人的行为什么时候被某个社会认为是非法的性行为，其实是一种道德谴责；什么时候被认为是恰当的，其实是不符合社会规则的。

我们的整体目标——我们希望这一章的内容鼓励读者追求非常熟练的道德推理——在区分道德原则与社会禁忌、法律事实、神学思想时变得非常娴熟，以便你在生活中的这些领域里很少会产生混淆。而且，当这些领域出现在你的生活中时，给予每种情况应有的考虑和特定的权重。在接下来的观念检核与实践活动中，你可以在培养这些重要技能上得到一些练习。

道德、社会禁忌和刑法

在这篇练习中，我们简要地描述了两篇报纸文章的内容。两篇文章都描述了一个特定的社会群体建立了法律，严厉地处罚了违背被这个群体判定为不道德行为的几个案例。想想你会怎样用这一章讨论到的不同领域的概念来分析和评估文章中提到的行为。

读了这篇文章的总结后，考虑下列问题。

1. 讨论中的社会群体是否合适地对待了每个案例中受道德谴责的性行为，你能得出结论吗？

2. 这些行为在什么程度上会被看成是严重的犯罪？

3. 从道德和理性上说，你是怎样判断这两个案例的？

读每篇文章的总结，回答每篇文章的 1~3 题，解释一下你的根据。在每个案例中，你可能要对不在文章总结中的案例的重要细节做出详细的总结。你假定的细节不同，你的判断就可能不同。

例如，依据是否有暴力和直接的身体伤害，你可能会得到一个不同的判断。当你在完成这个活动时，考虑一下可能反对你对现在情形的推理情况（例如，你可以说"有人会说……来反对我的推理，对他们的说辞，我的回答是……"）。

文章 1（1999 年 2 月，《旧金山纪事报》）

我们读到，"菲律宾 23 年来第一次处决了一个罪犯。该嫌犯是一个名叫利奥·埃切加赖（Leo Echegaray）的房屋油漆工，38 岁，他被指控强奸了自己 10 岁的继女。经过几个月的合法延期，他最终通过注射致命性注射剂的方式被执行死刑，这在全国引起了一场有关死亡刑罚的情绪性讨论"。尽管罗马教廷、欧盟还有人权组织都为他求情，但菲律宾总统乔瑟夫·埃斯特拉达拒绝停止对利奥·埃切加赖执行死刑。国际特赦组织说"埃切加赖的死刑'是菲律宾走向错误人权方向的一大步'"。总统埃斯特拉达说，执行死刑意味着"显示政府维护法律和秩序的决心"。

思考这个问题之后，我们要求你思考两篇文章，做出最佳判断，确定这个刑法是否能打击犯罪。然后，完成下列句子。

1. 你觉得做出这个处决的法律是否符合道德，因为_____。

2. 如果你认为法律本身违背人权或道德原则，完成下列句子：

    a. 这个例子包括至少一个违背人权的原因是_____。

    b. 违背的普遍道德原则是_____。

    c. 从严格的道德角度看，这种情况需要下列行为_____。

3. 如果你相信法律是符合道德的，完成下列句子：

    a. 这个例子没有违背任何人权的原因是_____。

    b. 证明这个行为正当的道德原则是_____。

文章 2（1999 年 10 月 21 日，《纽约时报》）

这篇文章的标题是《11 岁男孩被指控乱伦，抗议接踵而至》。它叙述的例子是 "一个 11 岁的瑞士裔美国小男孩被指控严重乱伦，在美国司法系统引起了全国争议"。这个小男孩 "被指控和他 5 岁的妹妹在院子里有不合适的性接触"。根据这篇文章，在传讯之后，小男孩被释放看护。"小男孩在埃弗格林一直和妈妈、继父、13 岁的姐姐，还有两个同母异父的妹妹（一个 5 岁，一个 3 岁）住在一起。他家邻居劳拉·曼莫特（Laura Mehmert）在听证会上作证，5 月份的时候，她看见这个小男孩用脸和手触摸妹妹的生殖器。她对小男孩的妈妈说过之后，就把这件事报告给了当局。8 月 30 日，小男孩被逮捕，在家里就被戴上手铐。从那时起，他被无保释待在青少年中心。"根据华盛顿的瑞士驻美大使馆的发言人曼妮儿·赛格（Manual Sager）叙述的男孩被逮捕的情形，"对我们来说这个指控太夸张了"。他说，这个男孩被带到法庭时，手上戴着手铐，脚上带着脚链。根据瑞士裔美国人友谊协会主任布里格尔·斯伯勒的说法，"这只是个拙劣的模仿。对瑞士和欧洲人来说，扮演医生或进行其他的模仿行为是重要的，因为这是成长的一部分。如果他确实不正当地摸了她，这件事也应该由他的父母来管理"。出于担心他们的三个女儿也会被带走，小男孩的父母现在带着其他三个孩子回到了瑞士。

思考我们给你的两篇文章的问题后，用最佳的判断力判定它们当中是否存在道德与宗教思想、社会传统或与所关注的法律问题相混淆的情况。供你考虑，我们简要地分析了两个可能在文章中间接提到的基本不同的观点。

对儿童性行为的传统观点

儿童本身没有性存在。如果他们忙于性行为，他们的行为在心理上就是不健康的。而且，如果一个年龄较大的孩子对一个年龄较小的孩子有性行为，年龄较小的孩子将会被永久地伤害，年龄较大的孩子将会被当成罪犯一样被处罚。如果孩子的父母进行性行为，而没有采取严厉的措施来反对孩子的行为，会使孩子的心理继续按照不健康的方式成长下去，而且这样的父母也不适合培养孩子。

一个对立的观点

进行性行为是人类的本质部分，这很自然、正常，对孩子经历、探索及适当地表达性欲望来说也是健康的。孩子经常发明游戏（如扮演医生）作为一种和其他孩子探索表达性感觉的方式。人类能够理解生物构成要素及孩子探索性欲望的自然需要，这样的父母不会因孩子有或者不恰当地实施了性想法和感觉而惩罚孩子。而且，他们应该把孩子探索性行为看成大部分儿童生活的一部分。后者文章里的观点似乎在瑞士裔美国人友谊协会主任汉斯彼得·斯伯勒（Hanspeter Spuhler）的文章中提到过，"这只是个拙劣的模仿，对瑞士人和欧洲人来说，出现扮演医生或其他的模仿行为对他们来说是重要的，因为这是成长的一部分。如果他确实不正当地摸了她，这件事也应该由他的父母来管理"。在这个观点中，如果孩子出现了关于性方面的行为问题，父母就应该帮助孩子克服这个问题，因为父母本身期望孩子发展成一个负责的人。那么，当局的角色就是协助父母形成尽可能有效地处理孩子的问题的能力，而不是作为一个惩罚者。

现在考虑到两个不同的观点，你怎样回答下列问题。

1. 从道德角度看，鉴于你对所阅读的这篇文章的了解以及自己的思考，这两个观点哪一个看起来更合理？

2. 这个案例中，你认为在司法当局的心里多大程度上把道德和社会传统混淆了？

3. 你认为宗教思想在多大程度上在上述两个观点中起了作用？

4. 你认为在多大程度上法律支持这个例子中的道德方面，或相反，在这个例子中多大程度上反映了极差的道德推理？

5. 鉴于处于有争议的孩子以及父母的道德立场，你认为怎样处理这个案例？你赞成当局对孩子的处理方式吗？或者，如果你负责处理这个案子，你会有不同的行动吗？解释你的原因。

观念检核与实践 文化实践和道德

1999 年 6 月 12 日，《纽约时报》报告，在黎巴嫩的穆斯林西贝鲁特，男人和女人不能在一起沐浴阳光，除非他们已经订婚或者结婚。在一个海滩上，只能看见一群女人，而且她们还是全身穿得严严实实，在帐篷或沙滩伞下遮阳。那些游泳的人只是在水里漫步，直到宽松的裙子开始在她的旁边漂浮……"我没有把未婚妻带来，因为如果有人说一些比如'多漂亮的女孩啊'之类的话，就可能会有一场冲突。"哈沙姆·卡拉基（Hassam Karaki）说，他坐在另一个全是男人的沙滩上。

兰达·哈本（Randa Harb），27 岁，穿着一条适度的短裤和一件背心装，与她裸着上身的丈夫和小儿子在沙滩上坐着。"如果你穿着泳装，就会吸引更多人的注意，"哈本夫人说，"因此，丈夫就不让我穿，因为他不喜欢我被人看着并议论着。"

当然，黎巴嫩不是唯一一个反对妇女露太多皮肤的文化之地。在伊朗，反对女性暴露意味着妇女可能都不准进入酒店游泳池。在大多数阿拉伯国家，除了社会上层，一个妇女标准的游泳套装是裙子。

现在回答下列问题。

1. 不允许妇女在海滩和游泳池穿泳衣却允许男人这样做的文化行为，对你来说在多大程度上是道德的或者不道德的？
2. 你的推理根据的是什么道德观念和原则？

确定文化行为的道德层面

1999 年 3 月 6 日，《纽约时报》报道：

在缅因州，一个来自阿富汗的难民被发现亲吻他的小儿子的阴茎，在阿富汗这是表达父爱的一种传统方式；而对于他的邻居和警察来说，这是虐待儿童，他们的孩子被带走了……（一些社会学家和人类学家）说道，美国的法律和福利服务总会让移民感到政府干涉权力的可怕。这位在缅因州的阿富汗父亲因下级法院的裁决，不得不把自己的儿子丢给了社会服务行业。直到这个案子上诉到州最高法院，并且法院调查了阿富汗的传统文化，澄清了这个案子在美国是个例外，这位阿富汗父亲才赢得了这场官司。

这篇文章也关注了女性割礼，就是人们常说的女性生殖器切割。

"我认为我们是在受折磨，"理查德·谢伍德（Rechard A. Shweder）说，他是一名人类学家及包容文化差异的主要倡导者，"现在对我们来说，出现了'我们该怎样对待美国所存在的文化差异，及这种差异对美国人来说意味着什么'这样一个尴尬的问题。"

有些人像谢伍德先生一样提倡：如果有必要的话，只要这个行为对社会和文化有利，就赞成对美国法律进行根本的改变，让法律去容纳一个不同社会的任何有效行为。

这篇文章陈述了谢伍德先生和其他人为很多争议性行为的辩护。他们为之辩护的这些争议性行为包括在非洲很常见的一种仪式，反对者称之为女性割礼，这种割礼通常要割去女性少量的阴蒂，但是想要包容这些看起来使人烦恼的文化行为的声音使历史学家、援助专家、经济学家和其他人感到不安。瑞典人乌尔万·琼森（Urban Jonsson）在联合国儿童基金会工作，他说关于文化行为应该有个"全球道德底线"。它是一种"没有种族中心主义的全球伦理"，而"学者最好做好接受它而不是否定它的准备……人类学家的兴趣在于令已经被我们解密的东西神秘化，对于这一点我很难过，所有的文化都是既有精华又有糟粕"。

现在回答下列问题。

1. 分别关注这篇文章的每个例子，并思考：每个例子在多大程度上含有道德要素？

2. 每种文化都有"坏"和"好"的文化行为，你认为它们在多大程度上是正确的？或者你认为一种文化中的所有行为都应该受到尊重吗？

3. 如果存在一个道德案例，它的观点与这篇文章描述的立场对立，当为每个立场进行最合理的辩护时，要考虑怎样的道德观念和原则？

4. 这篇文章中的案例的关注点是，一种文化中可接受的行为在另一种文化中是否道德。你认为每个案例在多大程度上存在违背人权的行为？解释你做出判断的理由。

对于你来说，培养自己鉴别每一种信仰系统、行为、规则或法律本身是否符合道德的能力很重要。擅长道德推理可以培养一种对不道德法律、变动的社会习俗或有争议的、神学的信念系统不盲目跟从的意识。

但是一贯良好的道德推理就像每种类型一贯良好的推理一样，它是以对道德问题的思考练习为前提的。当你在生活中遇到道德问题时，遇到的挑战可能是如何应用合理的道德原则来解决这些问题。你越是经常这样做，就会越擅长道德推理。

理解我们自身的自私

除了我们上面所说的，道德推理需要我们超越的自身自我服务立场来看世界这一点之外，在第10章中，我们详尽地阐述了人类的自我中心问题。在这里，让我们来应用这一章的一些观点去解决道德推理的问题。

人类天生就心胸狭隘、以自我为中心。我们能感受到自己的痛苦，却感受不到别人的痛苦。我们思考自己的想法，不思考别人的想法。随着我们年龄的增长，我们自然地就失去了同情别人的能力，不能考虑与我们相冲突的观点。我们经常不能从一个真正的道德观点出发进行推理。因此，同情别人并不是人类的本性。然而，通过思考道德问题也可能培养出批判性思维。只要进行正确的练习，我们就可以获得从对立的道德观点来考虑问题的技能。

我们在前面章节已经讨论过了，人类以狭隘的、自我服务的方式判断世界的倾向是非常强大的。人类非常擅长自我欺骗以及合理化。我们经常保持没有事实证据的信念，也喜欢从事明显违背道德原则的事。而且，我们觉得这样做非常合适。

在每一个不道德的行为之下，都有某种形式和程度的自我欺骗。在每一次自我欺骗之下，都有一些考虑上的缺陷。例如，希特勒认为对犹太人做出残忍的行为是正确的。他的行为是在"犹太人比雅利安人低等"的信念下产生的，也是在认为"犹太人是德国存在的问题的根源"的信念下产生的。为了使德国摆脱基督教，希特勒认为自己做的事最符合德国人的利益。因此，他认为自己的行为是完全合理的。他的不道德的道德推理给数以亿计的人带来了数不尽的伤害和折磨。

为了熟练地进行道德推理，我们必须明白，在强度大的私欲面前，坚持进行道德推理也就意味着做正确的事。要想过有道德的生活，就必须克服我们自身的自我中心倾向。拥护过有道德的生活并不够，我们在不损失任何东西的情况下才做正确的事也不够，我们必须愿意牺牲自私的欲望来实现道德义务。因此，了解我们不合理的欲望是过上道德生活所必需的条件。

观念检核与实践 识别你的不道德行为

每个人都会有不道德的行为，但是很少有人意识到自己的不道德行为。为了非常熟练地进行道德推理，我们必须每天观察自己的思想和行为。在接下来的几周内，密切观察自己的行为，以便"看到"自己所做的不道德的事情（像自私或者不合理地伤害别人）。

完成下列五个"不道德行为"的句子。

1. 在这种情形下，我表现出不道德的行为是＿＿＿＿＿＿＿＿＿＿＿。

2. 我做出的不道德行为是＿＿＿＿＿＿＿＿＿＿＿＿＿＿＿。

3. 这个行为不道德的原因是＿＿＿＿＿＿＿＿＿＿＿＿＿＿。

4. 我违背的最基本人权是＿＿＿＿＿＿＿＿＿＿＿＿＿＿＿。

5. 为了避免在这种情形下再做出不道德的行为，我应该＿＿＿＿＿＿。

为了发展成一个道德推理者，我们必须内化基本的道德原则。这意味着要学会区分和准确地表达道德观念和原则。这也意味着，要学会怎样把这些原则应用到相关的道德情境中，以及学会区分其他与道德相混淆的思维模式。最后，这也意味着利用认知谦逊来克服一个人的自我中心。如果缺少有组织的、整合良好

的、批判性的道德方法，一些伪道德就可能会出现。至今，在全世界范围内，道德还一贯地与其他领域的思想相混淆，道德的应用与误用几乎成了一回事。

▶ **内省时刻**

总结你从这一章及前几章学到的主要内容，写出下列问题的答案。

❶学完了这章，我所学到的主要内容是_____。

❷这些内容之所以重要是因为_____。

❸我的生活在下列方面应该在将来会有所不同，因为我已经学会了并在思考时用到这些观念_____。

❹我正在依照下列方式组织我在这本书学到的内容_____。

❺这很重要，因为_____。

CRITICAL THINKING

13

分析和评估企业与组织生活中的思维

TOOLS FOR TAKING CHARGE
OF YOUR PROFESSIONAL
AND
PERSONAL LIFE

正如我们所知，在人类生活中，我们会与很多团体形成种种血缘关系或成员关系。我们所属的团体以及我们与团体的关系都会对我们的思想、情感和愿望的形成产生深远的影响。在第 11 章中，我们对这一事实的广泛影响进行了阐述，而对社会中心的影响，这样一个强调人类生活中群体导向思维的术语，更是做了详细的阐述。在本章中，我们将关注范围相对更窄一点的问题，就是如何在企业和其他组织结构中进行有效的思考和应对变化的问题。

为了在企业和组织环境下进行有效的思考，考虑这些组织的逻辑结构和明确在其中工作时应该怎样询问面对的问题会很有帮助。我们对环境的逻辑结构越了解，行动就会越高效。

我们的计划是首先详细地论述一些组织的逻辑结构，然后从很多不同观点出发，了解它们的潜在变化，包括三个可预测的障碍——争权、群体的现实定义和官僚主义。我们将会了解"误导性成功"、竞争以及良好思维与成功的关系。我们也将阐明一些个人在企业和组织情景中工作时都应该问的问题。最后，在本章节的结尾，我们将会分析七个虚构的案例，这七个案例阐述了在企业和组织环境中将批判性思维应用于决策的几种方法。本章结尾我们将列举有助于培养批判性思维的一些条件。我们列举的条件是可以让组织或企业通过应用批判性思维促使组织自身获得长远成功的一些方法。

我们在考虑组织和企业结构时，会涉及很多因素，这些因素在不同的情形下会以不同的方式起作用。通常，我们缺少做出良好决策的重要事实，因此，我们必须根据概率而不是确定性进行判断。我们通常不能给出所有想回答的答案。任何情况下，批判性思维都不能保证我们掌握绝对事实——只是，它给了我们做出更佳选择的一个机会。

批判性思维和渐进的改善

任何一个组织的成功，在很大程度上取决于一个组织内的思维质量，但是成功只是部分的而不是完全的。我们做好了一件事，但可能做坏了另一件事。我们在一个情景中考虑周详，在另一个情景中可能考虑欠妥。我们可能以失去长远的成功为代价来实现眼前的目标，我们的成功可能仅仅因为表现得比竞争时的水平高一点。在人类生活中，我们很少有绝对的成功。批判性思维实质上是一种在思维上获得持续进步、有组织、有纪律的方法。因此，只要坚持运用批判性思维，随着时间的推移，我们就会获得更圆满的成功。批判性思维存在于逐渐进步的高水平思维中，而思维的质量要靠有意识地实践。

观念检核与实践 **自我评估**

给出一个你认为自己会进行良好推理的领域或情景（例如，专业领域），然后把这个领域与另一个你认为自己会进行较差推理的领域进行比较（例如，亲密关系），解释一下让你这样认为的根据，并使用下列格式。

1. 在我的生活中，我认为有一个我能进行较好推理的领域是_____。
2. 我是用下列证据来支持我的观点_____。
3. 在我的生活中，我认为有一个我不能进行较好推理的领域是_____。
4. 我是用下列证据来支持我的观点_____。

组织内进行批判性思维的第一个障碍：隐蔽的权力争斗

在什么程度下，组织和机构能进行批判性思维？任何组织或组织结构，其不仅是由许多个体构成，也是由这些个体的权力等级构成的。无论这个组织的终极目标多么高尚，背后都会有权力争斗。在争斗的过程中，激发个体行为的思想可能非常复杂、晦涩，使用的个人策略可能心照不宣，也就是说，正在使用这些策略的人可能自己都没有意识到。在权力斗争中，有些策略是极有欺诈性的。

例如，畅销书《权力的 48 个规则》（*The 48 Laws of Power*）的作者罗伯特·格林（Robert Greene）曾于 1998 年夸口说，他宣称的 48 种策略对于追求和获得权力的人来说是非常有效的，下面列举了书中的一些策略：

- 不要让领导难堪；

- 不要太信任朋友，要学会利用敌人；

- 隐藏你的意图；

- 尽量少说话；

- 让别人为你做事，但要自己邀功；

- 让别人来找你——如果有必要的话要用诱饵；

- 学会让人们依靠你；

- 实施少量的忠诚和慷慨来安抚你的受害人；

- 当寻求帮助时，吸引别人的内在兴趣；

- 平时表现像朋友，工作时像间谍；

- 彻底打败敌人。

格林继续提出了一个尽管论证精巧却见不得光的、致力于诡诈的观点：今天的社会，表现出太强烈的权力欲望及公开你的权力行动是非常危险的，我们得在表面上看起来公平和体面。因此，我们得表现得微妙一点，适宜但要狡猾，民主但要邪恶一点……一切都要看起来文明、体面和公平。但是如果我们严格按照这些原则行动、按照字面执行，就会被身边没这么愚蠢的人打倒。

权力需要玩弄外表的能力。为了达到这一点，你得学会戴着面具以及带着一满袋的欺诈诡计……欺骗是发达文明的艺术形式，是权力游戏中最强有力的武器。没有欺骗，你不可能成功，除非你冷漠地对待自己，或者你可以扮演很多人，在需要的时候就戴上相应的面具……玩弄外表和掌握欺骗的艺术也在人类的审美之列，也是人类获得权力的重要组成部分。

我们认为，除了在极少的情况下以及无法控制的原因，格林所推荐的大部分方法都不符合道德标准。格林说，大部分完全采用这些策略的人，在何种程度上都不会产生良心上的折磨，我们对这一点表示怀疑。然而，我们认为有些人，那些被称为"自私的"或者"诡辩的"批判性思考者——确实使用了与格林所推荐的相似策略。

<u>观念检核与实践</u> 权力游戏

你在多大程度上赞成罗伯特·格林所说的断言:"……我们所有人都渴望权力,而且,我们几乎所有的行动都是为了获得权力……"想想你对这个观点的看法,以及他所说的观点的意涵(例如,从事激烈的权力争斗而不产生良心折磨)。

我们认识到,全人类都在从事自我欺骗和操纵,每个人都有矛盾和冲突。因此,培养识破一个人故弄玄虚和诡计的能力是明智之举。这就要求我们不仅学会从外在明确地陈述和"公开"的行为来理解意图,而且还要从容易被忽略的决策和行为中来理解意图。我们必须变成人类自我和阴谋的学生。我们必须清醒地意识到这样的事实,人类的大部分动机都在意识水平之下,破译人类行为下的动机和每个人的个性是一个有挑战性的活动。然而,如果我们想在充满操纵、权力争斗和既得利益的现实世界中保护自己,就应该发展自己的能力。

在所有的组织机构中,我们会认为某些人比其他人有更多的权力和权威。在一个等级结构中,职位高的人就意味着别人要服从于他。而且,在有等级的团体中,对那些职位高的人来说高职位是个奖励,他们认为自己的思维比职位低的人更优越。在某种程度上这很自然,如果我的权威和权力比你大,承认你的思维比我的好,我就会产生这样的疑问:你是否应该拥有更多的权威,而我应该少拥有一些;我认为自己在思维上的错误越多,获得的信任就越少。

<u>观念检核与实践</u> 又一个权力游戏

你有没有看到,我们表达的权力观点和格林所表达的观点的不同?或者,还是你认为这两者最终的差别其实不大?例如我们认为,不采用不道德的策略,你也可以在权力游戏的过程中有效地保护自己。我们不认为因为你的对手在打倒你的过程中采用了不道德的策略,你就也采用不道德的

策略来保护自己。当然，在现实生活中，这是有很大争议的问题。例如，像计算机辅助教育机构用这样的机构来进行暗杀和推翻国外政府（在那种情况下以有人输出罪恶为借口），人们对其一直都很有争议。

我们的主要观点是，必须学会考虑我们与之合作的企业和组织中的人的权力和职位。当分享我们的个人想法时，特别是那些可能冒犯当权者的想法时，我们一定要谨慎。如果我们的观点在任何方面都与大家普遍接受的观点不同，那么我们要谨慎地避免我们的观点被当权者视为威胁才是明智之举。

第二个障碍：群体对现实的定义

在所有的组织中，很自然地会产生一个"有利的自我描述"或者"自我服务的陈述"。这包含着这个组织代表的自己内在的和外在的形象。对于这些陈述的准确性和开放程度，不同组织会有所不同，恰如报告的和事实的矛盾程度。

根据他们的独特本性，组织在对外界呈现他们最受欢迎的一面时都有某种既得利益。而且，通常一个积极乐观的外部状态要比一个实际上内部争斗的事实要好。即使在组织内部，通常都会有不可言说的事实和禁忌，作为一个内部人，并不意味着你可以对另一个内部人说任何事。

例如，一些医生知道的医疗失当比他们愿意在公众面前谈论的要多，律师会淡化这样的事实：有些律师通常会向客户索要比实际多的钱；有时，法官判断案例是根据个人信念、对当事人外貌和态度，而不是按照相关案例的事实、法律的意义和目的进行的。社会学家在"群体内和群体外"的框架下来研究这个现象；社会心理学家在社会自我欺骗的框架下来研究这个现象。

观念检核与实践 **群体的现实定义**

当我们研究一个人时，我们首先不是把这个人看成一组独立的特征，然后再把各个部分综合成整体，而是通常把人立即看成一个整体，然后根据整体去解释相应的部分。在这些一眼就形成的判断背后，通常对事物是怎样发生的有一套有组织的"定义"。因此，一个管理者往往会带有很多先入为主的看法去了解某个部门的全体人员，这与某个部门的全体人员也会带有先入为主的看法去了解管理者是一样的。选择你在其中扮演某一角色的某个职业或专业领域，在内心回顾一下，看看你是否能区分任何隐含的（有偏见的）"定义"来指导你工作上的行为和观念。你应该怎样行动？别人应该怎样行动？你能想出任何"抵制"某个隐含的定义对你的观念形成造成影响的情景吗？还能记得你是怎样觉察到这种"抵制"的吗？

═══════════════════════

这些现实问题在任何组织或机构寻求建立批判性思维文化时都应该被考虑。这并不意味着培养批判性思维文化的努力不现实，但是确实，批判性思维的优势不是在所有方面都很明显。从短期来看，批判性思维在现实中会暴露出缺点，那些从现状中获得好处的人可能会被这个缺点所威胁，个体可能会把批判性思维和负面思维相混淆，或者错误地认为批判性思维就等于他们个人随意想到的所有事情。要是讨论与他们或他们工作上有关的潜在问题时，一些人就可能感受到个人的威胁，人们在这种环境中前进时必须保持警惕。

第三个障碍：官僚主义问题

任何组织无论现在多么成功，也不能保证其未来的成功。这些组织面临的挑战是如何打破这样自然的假设：未来的成功是有保证的。例如，在公司和组织由小规模向大规模转变时，我们要清醒地面对出现的官僚主义问题。官僚主义化就是员工渐渐地按照固定程序工作，而不通过智力判断。在官僚主义影响下会产生狭隘思维，不可违抗的规则和固定的程序也会随之增加，然而人们还自认为会有助于控制效率和质量。当官僚主义盛行时，一个组织原来的目标就会被淡忘。这个组织的个体就开始建立小的权力堡垒和寻找方法挡住对他们的权力构成的潜在威胁，任何变化都会被当作威胁。

事实上，官僚主义的问题存在于每个大组织中。例如，司法系统牺牲公正来换取权力和私利；公共卫生系统给市民的健康提供很差的服务；学校不能很好地进行教育；政府部门只为那些当权者而不是大众谋取利益。大的官僚机构用大量的规则和"心照不宣"的策略网络来界定"适当"的行为，他们扼杀创造力和新观念，冷淡地对待重要的问题。想挑战现状是不可能的，创新性思维被驳回，因为这种思维被认为是不负责任、荒谬、不合理或不切实际的，制定规章和制度成为他们的目标而不是做出合理决策的工具。

所有的组织，即使是小组织都有走向停滞的自然倾向。这也包括倾向于忘记他们原来的目标，倾向于开始为操纵他而不是支持他的人服务。但是大型组织有自身的特殊问题，他们虽然不需要面对任何实际的竞争，但有变成官僚主义的双倍风险。例如，政府官僚主义就因政府为那些操纵的人而不是为该为之服务的人谋取利益而臭名昭著。他们通常只会对公共丑闻做出反应，或者对有内部权力的人施加的政治压力有反应，死板和丧失使命感是他们的常规状态。

观念检核与实践 官僚主义思想

你能想出自己遭遇的某个由"官僚主义思想"导致的问题情景吗？在这种情景下，你是怎样发现阻止一个人理智判断的陈规的？你能理解法律思想和官僚思想的关系吗？以你的经验，在你的文化中官僚思维问题的影响有多广泛？

误导成功的问题

欠佳的思维自己并不会立即显示出来。事实上，即使是最荒谬的思维，如果它迎合了人们的自我中心和偏见，适应了一个已建立的权力逻辑结构，在一定时间内也可能是成功的。如果我们审视一些法西斯思维就会发现，尽管这些思维有很大的缺陷，但却会被高智商的人接受，包括20世纪三四十年代德国工厂的领导者们，我们在历史中可以清楚地看到这一点。

1948 年，温斯顿·丘吉尔总结了阿道夫·希特勒在《我的奋斗》(*Mein Kampf*) 一书中提到的理念：

> 男人是好斗的动物；因此，国家应该成为一个好斗者的集合，是一个战斗集体。任何活着的有机体不为生存战斗就会注定灭亡，一个停止战斗的国家或种族注定也是要灭亡的。一个种族的战斗力取决于它的纯洁性，因此就需要消除外来的污染。犹太种族由于存在于世界的各个角落，当然是和平主义者和国际主义者。和平主义者是最致死的罪恶，这意味着这个种族在生存斗争中会投降。因此，每个国家的首要义务就是将这些民众纳入国家公民之中。个人的智力不是最重要的，最重要的是意愿和决心，天生爱领导的人比成千上万乐于服从的人更有价值。只有军队才能确保种族的生存；因此，必须要有军队。
>
> 一个民族必须战斗；一个不战斗的民族一定会变迟钝和灭亡。如果德国民族适时地团结起来，就会成为世界的主人。新帝国必须收集所有在欧洲分散的德国元素，一个经受过失败的民族可以通过恢复自信进行挽救，最重要的是要让军队相信，他们是不会被打败的。为了使德国民族恢复强大，就要让人们相信必须靠军队才能重获自由。贵族原则是根本上的原则，理智主义则不符合需要。教育的最终目标是，使一个德国人经过很少的训练就能成为一个士兵。

尽管希特勒在书中表达的思想很荒谬，但大部分德国人开始接受它，包括我们应该强调的德国企业的带头人。德国企业的领导人相当愿意按照纳粹思想体系办事——只要能带来利益。几年之间，这种思想似乎带来了经济上和军事上的成功。德国在工业上繁荣了。德国的侵略成功了。法西斯的思想活跃起来了。

历史给我们提供了很多成功的例子，但往往是建立在"眼前的利益胜于一切"的思想上的糟糕思维。例如，基于奴隶制的种植园制度，基于童工的工厂制度，近期存在的石棉工厂、大烟工厂以及核工厂等。其中更值得注意的是，美国的石油企业成功利用石油输出国组织的垄断来获得巨大利益，以及全球都在破坏环境来获得短期经济利益。牺牲公共利益的短期思维可能带来巨大的短期利益，但其思维的长期代价是巨大的，经常完全背离经济生活的方方面面。

例如，历史学家普遍赞成，要是希特勒没有企业巨头的支持是不会成功的。他们——连同跟随他们的德国人的思维价值——包括多达 50 000 000 人丢掉性命且无数人生活遭难。我们决不能假设个人会自动地进行批判性思维，即使是社会地位和高智商的人也不会。

追求短期既得利益的思维问题既可以大规模出现，也可以在日常琐事中出现。举一个例子，美国弗吉尼亚州的诺福克地方法院的法官发现，美国最大的所得税申报公司用阶段性"快速资金偿还"的虚假广告和其他广告语，故意伪装布莱克公司让人们参加收入税收资金来偿还他们的高额贷款。法官发现布莱克公司竭尽全力去"掩盖事实，顾客不是获得现金偿还，而是被说服接受高利率贷款，并相信几天后就会收回自己的钱"。他指出一些贷款"被控告年平均百分率超过500%"。他也严厉谴责了一些公司在"承诺服从相关法令，不制作虚假宣传"方面的做法。在他们同意服从一个州的法令后（并没有停止相关行为），只是简单地将类似的广告转移到一个新的、没有颁布这个法令的行政区去，然后继续进行这些违法宣传（《纽约时报》，营业日，2001 年 2 月 28 日）。

观念检核与实践　短期思维

你能想出任何由于你的短期思维而导致问题的情况吗？你在这种情况下能否认识到，短期思维怎样阻碍人们去识别未来的重大问题？在你的经验中，短期思维问题的影响有多大？有些人认为，甚至在布莱克公司高管的上述引言中也暗含着这样的想法：如果短期思维能有效避免丑闻的话，那么这也是个好的商业思维。

无论组织的规模大小，都要考虑怎样避免有缺陷的思维，例如刻板思维、短期思维、官僚思维、神学思维，或者仅仅是简单的不道德思维等。也就是说，就可预见的障碍，大的组织怎样才能把批判性思维培养成自己的价值观？就我们所处的环境来说，我们怎样说服一个在我们生活和工作的组织中的领导接受批判性思维是长期发展的关键以及是促进发展的有效动力？我们将在本章的结尾处分析

这些问题的答案。

我们可以通过探索竞争、合理思维与成功的关系来促进对这个问题的讨论。

竞争、合理思维和成功

与政府机构相比，商业机构有赚钱谋生的"优势条件"，它们不像政府官僚机构靠自身就能形成一个大的世界，商业机构必须不断地经历各种竞争，类似几家大的石油公司才能在世界范围内制定石油的基本价格，能够强迫其他人服从他们的要求，大部分商业都需要面对真正的生存竞争。

例如，在新的（小的）商业机构中，4个中有3个会在一年中失败，10个中有9个会在10年内倒闭，在商业界失败比成功更常见。商场中充满了各种严酷的考验，这就逼迫着公司至少要运用批判性思维保证自己在竞争中生存。

然而，即使商业机构享有20～30年的长期成功，也不能保证未来的成功。当商业规模扩大时，它们就会变得官僚化。由于官僚气息会阻碍发展，并影响组织在适应环境过程中做出调整的政策和程序，导致组织思维变得僵化，所以当商业机构变得官僚化时，它们就接近组织停滞。

当官僚思想统治组织时，组织就会失去市场竞争力和发展潜能，组织的收入也会卜降，组织会变得越来越没有竞争力，刻板印象就成了司空见惯。例如，美国的汽车行业（1960—1980年）有伍尔沃斯、摩城唱片、西尔斯百货，以及劳斯莱斯等企业。这些企业尽管在市场中有很高的地位，但是都有所下降，它们都失去了创新观念。当西尔斯百货没能成功参与邮购潮流时，它的地位开始显著下降。通用汽车公司忽视了对小型汽车的改革，导致大部分市场被日本汽车制造商占据。

停滞的组织和行业

大部分停滞的组织和行业，都拥护不做改变的思想——倾向于维持现状而不是改变现状。内在障碍则是有缺陷的思维：拒绝认真考虑可能有问题的证据，并认为这样做很合理，最终导致收入微薄、士气低落和生产线上生产的产品过时，这些都是意料之中的事。糟糕的思维被否认，思维需要改变的迹象被搁置一边或被拒绝，被困在思维不良的组织中工作的批判性思维者很难有高效率，这也是很多优秀的、有批判性思维的人容易被较小的组织吸引的众多原因之一，在那里他们不用致力于一个党派路线，可以有更多的创新观念和新的思想路线。

尽管以下情况不会立刻出现，当然也不会从一开始就出现——企业糟糕的思维会产生糟糕的政策、刻板的官僚程序、对改变的抵制、自鸣得意和内部冲突。只有当批判性思维成为企业的价值观时，这个组织才能保持长久活力。当作为组织价值观的批判性思维被用来重新思考那些常规的政策、程序和思想时，改变是一定的，但并不是为了改变而改变。而且，改变是新思想的产物，这个新思想有效地分析和评估了很多已存在的思想，保留有良好基础和相关的思想，去除过时和不准确的思想。有批判性思维作为工具，就不会跌入深渊，一个人将学会从多个角度理解相关的证据。

组织的现实问题

随着本章分析的深入，为了反思我们工作上的限制，有许多我们应该询问的基本问题。

- 组织在多大程度上存在权力争斗？
- 我们在多大程度上要应付"权力饥渴"的个体？
- 组织中的权力等级是什么？那些位高权重的人在多大程度上会被不同于自己思想的人所威胁？
- 组织对内、对外是怎样表现自己的？在这两个方面有什么重大的矛盾或者不一致吗？组织在多大程度上存在表现自己和实际表现自己方面的不一致？
- 在组织中，狭隘思维在多大程度上占主导地位？
- 组织在多大程度上存在着效率低下的官僚气氛？
- 问题"思想"在多大程度上阻碍了改变？
- 组织在多大程度上被迫用卑鄙的方式与其他组织竞争？

- 组织在多大程度上遭受停滞的损害？
- 恶劣的短期思维在多大程度上误导了一个组织的领导？
- 一个组织在多大程度上为了既得利益而忽视或拒绝进行道德上的考虑？

观念检核与实践 **处理现实问题 1**

　　想想刚才列举的集中在你现在的工作或以前的工作组织中的问题。现在，使用思维的要素，我们可以完善或坚持完成刚才所问的背景问题。

　　目标：这个组织宣布的目标或使命是什么？这个宣布的目标或使命在多大程度上是这个组织的真正功能的准确体现？你在这个组织里的个人使命是什么？该使命与组织的真正功能有怎样的联系？你在这个组织中目前最重要的个人规划是什么？这些规划在多大程度上服务于组织宣布的目标？组织目标在多大程度上与你的规划一致？

　　问题：为了工作效率，组织需要解决什么样的问题？关于这些问题，你需要什么样的专业知识或特殊技能？你在多大程度上能够帮助组织解决问题？组织要关心的主要问题是什么？这是组织在多大程度上要面对的最重要的问题？

　　信息：组织要想有效地运行或者解决存在的问题，需要哪些信息或关键数据？在信息采集过程中，你要扮演什么角色？你在分析和评估收集到的信息时有多熟练？在了解组织现在的情况时，你需要考虑什么信息？哪些信息是非常明确的？有多少信息隐藏在事实的背后？在组织中公开的权力分配是什么样的？这些公开的权力分配在多大程度上符合这个组织实际的功能特征？你在这个组织中有多大权力？在组织中，你怎样获得更大的权力和影响力？如果有，哪些重要的信息被当权者所忽视？哪些问题被忽视或低估？

　　主要概念：在组织使命或每日活动下的核心概念和思想是什么？冲突的观念和思想在多大程度上会减少成员对组织的忠诚？这些观念与组织中大权在握的人有怎样的关系？

　　结论：考虑到组织每天的运行方式，促使组织运行的思想是什么？什么"结论"或"解决方案"参与了组织实践？

假设：处于组织主导思想之下的一些主要假设是什么？你在组织中的思想之下的核心假设是什么？哪些假设是最有问题的？

意涵：如果组织按照现在的方向发展，它的长远发展会怎样？如果你继续留在组织中，你会怎样？

观点：组织中的主导观点是什么？还有看待事情的其他可能观点吗？领导对考虑其他可替代思想方法的态度是开放的吗？你的观点与组织的主导观点有怎样的联系？

如果认真考虑每一个问题，将能使我们更准确和现实地考虑组织以及我们要扮演的角色。这些问题能使我们形成一个蓝图，用更大的视角来看待事物，采用那些有意义的目标和策略，这样就能更好地保护自己。

观念检核与实践 处理现实问题 2

花一点时间来思考你刚才阅读到的方框内的问题。如果我们花更多的时间来分析我们工作中组织的逻辑结构，我们就能更好地工作（假定在我们分析中不包含离开组织）。

评估一个组织生活中的不合理思维

我们都以多种方式参与生活。我们扮演很多角色。我们参与很多团体、组织和机构。对我们的工作环境来说，批判性思维大部分时间都不是其中的基本价值观。我们经常会与在生活不同方面有自我中心和不理性的人相处。我们经常会与那些奋斗争取更多权力和愿意牺牲基本价值观来获得短期利益的人相处。我们经常会与那些很容易认为只要别人有不同想法自己就会受到威胁的人相处，或者与处于笼罩在官僚的繁文缛节、功能失调的规范中的人相处，或者与很容易自我欺骗的人相处。我们有时还会与那些用批判性思维掩盖事实而不是揭示事实的人相处，这些人都主要关注自己的私利。有时，我们会发现自己工作中的工厂会给我们的生活质量带来负面影响，比如烟草行业。

然而，把自己培养成为一个思考者，把我们最好的思维应用到生活中，成为终身学习者，这是符合我们的长期利益的。批判性思维成为一个社会组织结构的文化组成部分也是符合我们的长期利益的。问题是，我们怎样在经常不予鼓励智慧的思想、有时还可能惩罚那些思想的情景下，发挥思维的最大功能呢？

对于这个问题没有简单的答案。在一个组织结构中善于分析和评估我们的个人环境需要远见和实践。我们必须问正确的问题，但是也必须发现必要的事实。最后，我们的判断仍然充满不确定性。让我们看看一些假设的情况，考虑他们做决策的一些基本思维逻辑。我们计划的思想仅仅是说明性的，我们没有把它当成确定性的，大部分要依靠情境的准确事实。我们会把分析尽可能真实及合理地呈现出来。你可能在一种或不止一种情况下不同意我们的分析。你的分析可能比我们的更好，或者至少也是一个可供选择、可能更正确的分析。

案例 1：一个 20 世纪七八十年代的美国汽车制造商执行官或经理

你可能认识到，目前你的公司（或其他美国公司）意识到汽车制造商的市场份额正往日本市场流失。公司没有否认这种趋势，而是这样解释这个事实：日本工人比美国工人（在美国工会保护下）工作努力、效率更高。在可接受的管理观点内，这个问题的解决方案是，因为日本的汽车竞争是不公平的，所以应该限制日本汽车进口。对你来说似乎是这样的，在美国（使用美国劳动力）由日本操作的公司从汽车工厂收集到的数据可以支持这个结论，问题不是因为美国人懒，而是因为（美国人）管理不善所致。你认识到，你的观点不被上层管理者所接受，你在这家公司的未来会因为表达这类观点而受到损害。此时你该怎样选择呢？

案例 1 分析：像这种情况下的选择将会因某个情景下的特定事实的不同而有不同，要按照情境来定，一些事实可能很难获得。例如，要预测一个你在缺乏观察的情境下的人的行为可能会很难。而且，个人的反应取决于他们怎样解释环境；反过来，部分取决于环境呈现给他们的是什么，以及他们的兴趣是什么。考虑到一些人的可能反应，你可能不能很好地做出准确预测。

很明确，你的整体选择是留下还是离开。如果你留下，你就必须决定是否影响目前的公司政策，或者仅仅只是在公司里尽量做好本职工作。如果你想影响公司政策，你就必须决定怎样用最小的风险来陈述你的观点、呈现给谁、在什么情况下陈述。如果你决定离开，你必须决定你的时间期限和转换到另一个工作环境中，还要考虑你应该确保不仅仅是从一个不适应的环境到另一个不适应的环境。

除此之外，你的价值观和需要也很重要。对你来说，感到自己在何种程度上被关注很重要？如果你压抑了自己的真实观点，并且在一个你认为以不正确观念作为决策基础的公司里工作，你会在多大程度上感到自己受挫？如果你在一个不能控制、只能尽自己最大努力的环境中工作，你会获得多大程度上的满意？你在多大程度上会间接或背后鼓动公司按照你认为很重要的方向发展？你的长远期望和计划是什么？在5年内、10年内你决定做什么？所有这些加起来在你心中代表什么？

案例2：一个教授认识到学术改革的需要

> 你是一个州立大学学术部门任期内的教授。你发现很多问题都不被这所大学重视。你发现评估教授时一方面依据他们与这个部门的其他教授搞好关系的能力，另一方面依据他们受学生的欢迎程度——而不是靠他们的专业地位和实际的教学能力。你认识到一些教学能力差、学术水平低的教授都得到了高升。你认识到一些教学能力强、科研能力强的教授却不被重视。而且，你发现一些将要毕业的高年级学生缺少基本的阅读、写作和思考技能。你也认识到，向职工委员会反映大学里存在严重的教学问题有政治风险。你也渐渐认识到，通过非正式对话，行政部门不会采取任何使员工之间产生严重冲突的政策。

案例2分析：像案例1一样，这种情况下的选择会因某个情景下的特定事实不同而不同，要按照情景来定。就像案例1，很多事实很难获得，要预测一个在你没有观察的情景下的、特定人的行为总会很难。在案例2中，问题主要是政治性的而非学术性的。政治问题是通过有权力的人让改革获得有力支持，才能使改革顺利进行。很明显，只要看到自己的利益受到威胁，那些受到改革威胁的人就会组织起来维护自己的利益。政治问题成为一个决定怎样鼓动那些思想足够开明的人看到改革的需要——然而尽量不威胁那些尽可能反对它的人。当然，像大部分组织的政治问题，大部分问题要在幕后而非公开解决。很少有人会公开反对使用更有效的方法来评价教授，或者设定能产生更有效的教学措施。然而，在大型组织中，总会有很多人用诸多方法来维持现状，试图破坏改革，以维护自己的利益。

这其中会面临多种选择。第一种选择是做长远的考虑，勤勤恳恳地坚持工作。第二种选择是把自己的精力集中在提高自己的研究和教学能力上，将那些由别人引起的要解决的问题搁置一旁。第三种选择是成为更大领域改革的参与者，从而避开解决"当地"的问题，努力以全球性的眼光来看待问题。此时你可能会撰写事关全人类的普遍性问题的文章或书籍。第四种选择是离开学术界，进入商业界。

像往常一样，你的个人价值、喜好和需要是非常重要的。哪一种选择可能使你在其中充满动力或更好地实现自己？有些人似乎在政治环境中比较成功，而有些人却觉得政治没有意思和意义。有些人似乎能在一个有重大问题的系统中出色地工作，而有些人则认为在这样一个系统里工作很难忽视或搁置那些系统性问题。

案例3：在一个有重大个人冲突的环境中工作

> 你在一个有很多个人冲突的地方工作，你发现尽管自己没有身处冲突之中，但深受冲突之苦。冲突双方都试图拉拢你站在自己一边。

案例3分析： 下面有很多关键问题：这个冲突在多大程度上，只是个性冲突，还是风格冲突？个人冲突的背后在多大程度上有重大问题？你会怎样评估冲突双方的理性水平？冲突与权力结构或权力问题在多大程度上是相关的？一方或另一方赢得了争斗后会有什么样的结果？这个结果对于个人意味着什么？对组织又意味着什么？你在多大程度上能改变自己的思维，即导致你感到冲突的思维？你在多大程度上能集中注意力专注于自己手上的工作，以避免卷入冲突？解决这个冲突的理想方法是什么？被采取"最好"的方法的机会是多大？你怎样做能使冲突的解决方案变得简单？

案例 4：给一个不可理喻的老板打工

你工作的环境中有一个你必须服从但不理性的人，他是个情绪极不稳定、因自己不顺利就会责怪别人的人。尽管他大部分时间都不理性，但他始终认为自己是一个不会犯愚蠢错误的理性人。

案例 4 分析： 首先，由于你必须为其打工的人是非常不理性的，使用他的推理将导致工作效率低下。其次，因为他明显地比你有权力，你只好迎合他的自尊心，从而避免他发怒或重新找工作，或者两者兼顾。如果你犯了想去证明他不理性的错误，你会后悔，因为他会以一种消极的方式来定义你的行为，然后找办法来惩罚你的"不敬"行为。

案例 5：一个不可理喻的员工（拥有一个失败的自我）

你管理着一个有着失败自我感的员工，他经常因为犯错而责备自己，但是他从来都没有取得过实质性进步。他总是否定自己，但似乎从来不能有所进步。他持续地做出承诺，但从未付诸行动。

案例 5 分析： 既然为你工作的人有自卑情结以及缺少对自己的洞察力，那么迎合他的推理便是无效的。最好的解决办法或许是解雇他，然后再雇用一个理性的人来代替他的位置。如果你决定继续雇用他，那么你就必须给他设定一个具体的时间线，然后让他在规定的时间线内取得相应的进步。你必须在这个时间线上坚持到底，在他没有改善的情况下，你必须遵守你所设定的后果。一个习惯于用批评自己来代替改变自己的人，要改变自己原有行为模式的可能性是非常小的（除非在他很理性的时候认识到自身的这种行为模式，并强烈地想改变自己）。

案例 6：一个不可理喻的员工（有强烈的支配欲）

你管理着一个很自大的员工，但同时他的批判性思维技能又很差。他经常因自己的过错而责怪别人，对于每一个失误他都有理由。即使不责怪别人，那要么归咎于资源匮乏，要么归咎于设备陈旧，要么归咎于其他不可控因素。他擅长在任何问题和错误面前推卸自己的责任。

案例 6 分析：既然为你工作的人有至尊情结以及缺少对自己的洞察力，那么迎合他的推理便是无效的。最好的解决办法就是解雇他，然后再雇用一个理性的人。如果你决定继续雇用他，那么你就会因他凡事都自我合理化的"技术"而遭受很多困难。因为他已经认定自己的水平很高，这是他自我身份认同的一个重要部分，让他认识到自己的缺点是非常困难的。

案例 7：一个学院院长在妹妹的要求下用学校资金投资一个项目

你是一个需要对院长负责的大学学院的行政人员。一所当地的学校向大学学院申请教科书封面，学院要求设计的教科书封面要带有学院的标志，并在封面上标明学院提供的需要印刷的方案信息。这样学院既能给学校提供所需的教材，又能给学校提供销售方案。由于你是社会关系部的副部长，这个请求转到了你的办公室。这个请求看起来很合理。但是，如果你仔细研究这个请求，会发现申请人是学院院长的妹妹。当你和院长讨论这个问题时，院长表示自己完全知情。而且，院长表示，既然学院通过授权这个请求，能用相对便宜的方式来推销项目，他会支持这个请求。对此你提出的顾虑是，同意这个请求可能会让别人觉得是因为院长想帮助家人。你还告诉院长，如果是别的学校提出相似的请求，只考虑为一个学校做出这样的决定，会让院长觉得很为难。你又说道，学院不能在所居住的城市为所有学校都做同样的事。院长听后表示不用担心，其他学校是不可能提出这种请求的。他还说他不是因为是自己的妹妹才同意的，而且他认为这的确是为学院营销的好方法。他还告诉你，不要为这件事情太过伤神。

案例 7 分析：一个选择是接受院长的决定，因为教科书的封面将会呈现学院提供的方案信息，你可以很合理地用市场预算来资助这个项目。另外，很显然，计划背后的真正目的就是用学院的钱来帮助院长的妹妹，若再与院长理论也是徒劳，因为他似乎已明确下定决心来履行自己的承诺。而且，从以前与他打交道的经验来看，当他在一个项目中有了既得利益后，如果你想说服他就这件事情再考虑一下其他办法，他会非常不满。

你必须回答的问题是，继续这个项目是否符合你的利益及价值观。你需要凭良心确定，你是否能在院长设定的环境和当下的权力结构中工作。如果你离开这所大学到一所新大学，你会再碰到类似的情况吗？由于你知道"老的校友关系"怎样运转，你是否能在另一所大学找到工作？或者，由于院长的关系网，他会阻止你找其他工作吗？你还会有其他的职业生涯吗？

如果你告诉院长，你凭良心不能支持这个项目，将会有什么结果？他会找机会来惩罚你吗？例如，他会拒绝给你增加年收入吗？他会不让你获得晋升的机会吗？他会给你在校园内安排那些职权更小且不至于给他造成麻烦的职位吗？

观念检核与实践 **分析形势**

自己想出一个案例进行分析。先描述一个工作中的问题情景，然后分析情景。你会选择怎样行动？

良好思维的力量

任何以批判性思维作为唯一价值观的公司和企业都需要具有建设性改变的能力，因为只有批判性思维才能为目前的思想、政策和策略提供不断思考和评估的动力。一个组织文化中不注入批判性思维，狭隘思维就可能占据主导地位。当然，狭隘思维可能起到短暂的作用。在一段时间内它可能是新的。它可能代表本质的改变。但是，如果新颖的思维最终不能进行批判、调整、提炼、转变，那么它迟早会成为有问题和死板的思维。

我们把批判性思维带到一个组织结构中所要面对的困难是，当问到组织内的人时，大部分人都认为自己已经进行了批判性思维，因此他们觉得没有必要再进行学习了。如果你问屋子里的所有人："没有进行批判性思维的人请举手！"那么肯定没人举手。人们的大脑中普遍有这样一个天生的错觉，导致我们所有人都认为，即使思维不现实——事实上，特别是思维不现实的时候，我们的思维能很好地转换成现实，只有当人们开始培养自己的思维时，他们才能普遍发现自己的思维是有缺陷并需要改变的。

任何真正的新企业的领导必须冲破世俗思想本身和自我欺骗的束缚，必须克服所谓的"天生的态度"。因此，以批判性思维为基础的企业领导不仅要定义和传达一个目标，而且这个目标在工作的各个水平上都要体现出批判性思维。一个组织只定义和传达目标是不够的，还必须充分考虑目标；只调动鼓励工人的动力是不够的，还必须有一个适当的机制来确保工人的动力被明智且有效地应用。例如，控制和授权之间的平衡就是必须考虑的事情，因为良好的思考和分析才会产生良好的平衡。

政策和自治的平衡也是如此。员工和经理都要锻炼这两方面的判断力，任何一方面的判断力较差都会使工作陷入瘫痪。由此类推，"倾听员工和顾客的心声"应该批判性地听。总之，充满活力的变化和成长是以正确的变化和成长为前提的。同样，判断力的培养也需要批判性思维。不幸的是，批判性思维是不能预设的，必须要系统地培养。一旦政策和自治、控制和授权之间获得了平衡，批判性思维就得到了系统性培养，它就能联合组织中的各个党派释放出更强大的能量。

当死板的思维变得突出时，组织中的个人不能再感觉到目标的重要性或者与组织活动是整体的关系，消极气氛就会产生。员工尽管是公司的一部分，但是会与公司貌合神离。他们可能会说出，也可能不会说出这种不和。他们会觉得上级对他们和他们的需要不够重视，制度似乎缺乏意义，或者只关注他们每日工作的琐事。他们会隐藏自己的观点，认为他们的观点可能会被拒绝或嘲笑。他们与工作的唯一联系就是工资，或者可能与他们有共同观点的几个同事。

一些个人意义

应用下列建议评估你对本章内容主要观点的掌握情况，以及把这些观点转换成行动的意愿。

1. 培养定期评估自己在工作上的思维的个人习惯。包括回答和更新你对下列问题的答案：就你所有的工作或你在工作中扮演的角色，你的中心目标是什么？在完成工作或实现目标的过程中，遇到的障碍或困难是什么？你最擅长什么？你得出这些结论的依据是什么？你做得最差的是什么？你得出这个结论的依据是什么？为了提高工作表现，你将采用什么策略？

2. 确定你的权力水平。你的职位有什么权力？与其他人相比，你用批判性思维面对不愉快的事情时会有什么有利因素？

3. 确定和你一起工作的人的思维水平和质量。你怎样评估同事的思维的强项和弱项？他们的思维对你有怎样的影响？

4. 确定"内部"对现实的定义。你认为工作上有什么"路线"或"宣传"是自我服务的，当然也是虚伪的？你在什么程度上必须赞扬这种要认真对待的"宣传"？

5. 确定你们公司的官僚主义水平。这与自身的现实定义和受欢迎的"秘密"有关。记住，官僚主义就是员工渐渐按照固定程序工作，而不是用智慧的批评来工作。有了官僚主义，短期思维就会产生。硬性规则和固定程序会越来越多，这使得改变也越来越难（当没有必要时）。

6. 评估你们公司的短期思维水平。

7. 评估你们公司的停滞水平。

8. 评估和你一起工作的人的自我中心思维水平（这个问题与列出的问题3有关）。

9. 作为一个思考者，评估你参与"自身"定义现实、路线、宣传还有官僚主义、短期思维以及自我中心的程度。对这个问题的分析要与列出的问题1一致。

▶ **生活中的批判性思维**

人类群体中的关系既是福也是祸，屈服于群体中主导思想的压力是一个不可避免的问题。当不得不与那些本身思维很差却自认为思维很好的人一起工作时，我们很难提高自己的思维水平。而且，我们应该记住，在一个充满各种感情、动机和兴趣的企业中工作以及在其他类似的组织中工作，会使自己精疲力竭。群体内的群体缺点和个人缺点是以多种方式相互作用的，在所有的作用方式中，权力的争斗总会发生。(在群体中)群体自我欺骗和个人的消极个性都会对企业和组织内的生活产生影响。

为了在组织和企业情境下有效地思考,我们不仅必须理解这些机构内的一般逻辑结构,而且还要理解我们工作和生活中特定组织的特定逻辑。在我们的心里,必须学会问正确的问题。我们必须关注重要事实。我们必须确定我们的个人优势。我们必须采用长远的观点。我们必须面对现实并勇于实践。我们必须对不确定性保持镇静。我们必须测试自己的思想,并愿意依据批判的分析经验来改变我们的思想。

如果我们能说服组织领导致力于创造一个批判性思维的文化环境,我们自身都能终身获益。以下是成功创造批判性思维文化环境的一些重要条件。

1. 领导集体必须是由本质上属于理智的人组成,并且坚持这样一种认知,组织中的其他人以及他们自己要比现在更能进行更高水平的思考和表现。

2. 领导必须在智力上保持谦虚,这样才能承认以前犯的错误、自己知识的限制以及渴望成长为一个思考者。

3. 领导必须有在组织内培养批判性思维的长远想法。短期思维只能是一个权宜之计,不应该成为组织内的典型思维。

4. 领导应该开除那些拼命抵抗把批判性思维发展成组织使命里必要成分的人。

5. 一段时间之后,所有重要的核心员工都要善于进行分析和评估思维。

6. 所有的核心员工要努力追求思维上的精确(特别是假设)。由于他们是做出重要决定的人,所以他们要以一颗公正的心来考虑每个可能方案的利弊。

7. 所有员工都要积极地找出其他可替代的观点,并努力体现这些观点的优势和见解。

8. 批判性思维中的语言必须被积极地应用到制度的讨论和决策中。

9. 批判性思维将被应用于会议上的所有问题,如我们的目标是什么?主要问题是什么?做出这个决定需要什么数据?有没有其他方法来解释这个数据?我们会把什么当成理所当然？我们要对理所当然的事表示质疑吗？我们还考虑其他的观点吗？

10. 所有的员工和部门都会有这样的假设，无论我们现在做什么以及我们目前的水平有多高，我们都可以表现得更好（明天、下星期、半年内）。

11. 所有的制度、规则、规章和程序都可以被公开质疑，而且要能够被更好的制度、规则、规章和程序代替，不能仅仅因为是传统的就要保留，它们要保持在最低限度，并且都要为清晰的目标服务。

12. 要抵制所有想在组织内建立权力领域而又不明确支持组织目标的企图。

13. 组织内的所有交流都要成为清晰、准确、简洁和相关的模范。

14. 所有员工都要保持投资组合的自我评估，里面要有个人的强项和弱项，以及提高一个人表现和效率的策略。

15. 在雇用人事方面，要强调候选人是否思维开阔、是否愿意考虑建设性的批评，在工作和关系中是否能保证低水平的自我参与。在试用期，要采取必要措施来测试这些品质。

显然，用批判性思维设计优秀的规划和良好的员工发展计划，并在把这些制度转换成现实的过程中起到重要的作用。在组织思维中没有优秀的规划、长期的投入和转变的专业的技能，要想发生显著的变化是很让人感到怀疑的。正如史蒂芬·柯维所说：

> 我一直在提倡一个自然的、渐渐的、一天天的、一步步的、连续的个人发展方法。我的感觉是，任何产品或程序——不管是关于减肥还是掌握技能——想要快速、自由、立即和容易地获得可能都不是以正确的原则为基础的。

彼得·圣吉（1990年）这样说过：

> 意识到管理中的最新思想跟上时尚周期的思想活力会产生一些明确的问题。如果理解、应用和同化这些新思想包含的新能力所需要的时间比时尚周

期长怎么办？如果一个组织只有一年或两年的"注意的持续时间"（有些可能是一个月或两个月），那么需要用五到六年学习的东西还有可能完成吗？

在任何情况下，无论一个组织是否对重大改变持有开放态度，我们的首要责任都是必须要成为诚实生活的个人和思考者。我们诚实地对待自己，也会更好地对待别人。当我们是组织中的一部分时，我们必须起到积极作用。但是当死板思维成为组织中的主导思维时，我们可以起到的积极作用可能就只有离开，然后走自己的路了。

▶ **内省时刻**

总结在本章和之前其他章节中学到的主要思想，写出以下问题的答案。

❶ 通过本章的学习，我学到的主要思想是＿＿＿＿＿＿＿＿＿＿＿＿。

❷ 这些思想很重要，因为＿＿＿＿＿＿＿＿＿＿＿＿＿＿＿＿。

❸ 我将来的生活在以下方面会产生不同，因为我已经学到了并在思考中使用了这些思想：＿＿＿＿＿＿＿＿＿＿＿＿＿＿＿。

❹ 我正以以下方法组织在本书中学到的思想：＿＿＿＿＿＿＿＿＿。

❺ 这很重要，是因为＿＿＿＿＿＿＿＿＿＿＿＿＿＿＿＿＿。

CRITICAL THINKING

14

策略性思维：第一部分

TOOLS FOR TAKING CHARGE
OF YOUR PROFESSIONAL
AND
PERSONAL LIFE

策略性思维存在两个阶段。第一阶段涉及理解一个重要的批判性思维的原则。第二阶段涉及将第一阶段的理解运用在我们身上，以策略性的促进心理上的改变。在本章和下一章中，我们将在理解重要的原则以及建立在理解基础上的策略之间来回切换。策略性思维是对这一实践的调节，从理解到策略——以及从策略到自我提升——就是我们所寻找的模式。运用批判性思维策略，从而系统地提升我们的生活，是行进中的思维提升者的特征。

理解并运用策略性思维

如果我理解了心灵存在着三大功能——思维、体验以及产生欲求或需要——并且这些功能之间相互依存，根据其间的意涵，我意识到，它们当中任何一者的变化都将导致另外两者同步的改变。由此自然就可以想到的是，如果我改变自己的思维，我的情感体验和欲求水平也应该存在某种变化。比如，如果我认为你对我傲慢无礼，我将体验到某种程度的怨恨和一种要对这一无礼举动做出反应的欲求。

由此类推，如果我体验到某种情绪（比如悲伤），我的思维将受到影响。由此自然还可以想到的是，如果我体验到一种非理性的负性情绪或非理性的欲望，原则上，我应该能够识别导致这一体验和欲求产生的非理性思维。

一旦我发现了非理性思维，通过更理性的思考，我们应该能修正自己的思维。在发现自己的思维属于非理性思维的过程中，我应该能建构起一个更合理的替代性思维。随着新的合理的思维变得巩固，我将体验到的情绪和欲求应该存在某种改变，更合理的情绪和欲求应该会从更合理的思维中浮现出来。

现在来考虑一种更具体的情景。假定你正在和一个你不怎么喜欢的同事竞争提升的机会，再假定事后你的那位同事获得了提升，并且成为你的主管，此时他正在批评你的工作。你从自己的角度出发，对他和这一情景所做的解释很自然地将会导致自己对他的怨恨情绪，并且你希望看到这位同事最终失败。

很多人类的思维都是被压抑在潜意识当中的。然而，通过积极的努力，你将能把它引入到心灵的意识层面。你可以通过认识到在每一种非理性的情绪背后都隐藏着一种非理性的思维过程，从而做到上面的要求。通过准确地指出你此刻所体验到的情绪是什么，你将能追踪到导致这一情绪的思维。因此，在早期的情况下，你应该能说出点燃你对自己同事非理性妒火和愤怒的思维，并且这一思维可能是存在于潜意识中的。

你往往会发现，被压抑的思维都是高度自我中心的和幼稚的。这种隐蔽的思维就是通常导致负面情绪的东西。如果你能明确激起自己的情绪和驱动自己行为的非理性思维，那么通过对导致这一情绪和行为发生的不合理思维进行操纵，你将获得改变它们的更佳机会。

无论什么时候，你感到自己非理性的妒火燃起，请你从容不迫地弄清楚嫉妒背后的自我中心性逻辑。请你一次次地练习这样做，直到发现有建设性的、理性的情绪和欲求浮现。既然很多强大的思维、情绪及欲求都是处在潜意识当中的且是原始性的，那么你就不应该期望自己能够彻底地丢弃所有的非理性思维。然而，通过让你的非理性思维外显化，你将能通过推理和良好的感觉来抗击它们。如果你学会了如何破坏并进一步减少你的非理性的情绪和欲求，你将能体验到更健康的情绪和欲求。

现在让我们看看，在前面这个例子中，我们从对策略的理解到通过策略来提升经历了怎样的过程。

理解： 人类的心灵存在三种相互依存的功能：思维、体验和产生欲求或需要，这三大功能相互关联且相互依存。

策略： 无论你什么时候发现自己存在着可能属于非理性的情绪和欲求，请弄清可能产生那些情绪和欲求的思维，然后用形成的理性思维去代替你在这一情景中正在使用的非理性思维。最终，无论你在什么时候体验了这种非理性的负面情绪，请按照以下格式再次调出你的理性思维：

- 外显地陈述你所体验到的和欲求的东西；

- 弄清导致这些情感体验和欲求的非理性思维；

- 弄清如何将非理性的思维转换成理性的思维——在该情景中能够讲得通的思维；

- 无论你什么时候提到负面情绪，向自己重复确定需要用来替代非理性思维的理性思维，直到理性的情绪伴随着合理的思维能够产生为止。

在本章和第 15 章，我们随之举一些策略性思维的例子，在这些例子的基础上，我们会简要地回顾一些我们在本书中很早就讨论过的重要的概念、原则以及理论。

我希望你在自我提高的基础上，能发展出一些自己的思维。世间不存在得到简单而快乐人生的公式。和你一样，我们也正在为锁定的问题和去除我们自己思维中的缺陷而努力。和你一样，我们也正在努力让自己成为一个更理性和公允无偏的人。我们必须认识到在这一发展过程中可能会出现的所有挑战。

因为在所有形式的个人发展中，思维的发展意味着要深度转换根深蒂固的习性。所以只有当我们为自己作为一个理性的人负起责任的时候，思维的发展才会出现。学习策略性的思维必须成为终生的习惯，它必须代替我们大多数人所存在的冲动性思维的习性，以及替代让自己的思维跟着直觉走的习性，这一习性通常是无意识的且遵从自我中心性的。

你是否愿意让自我反思成为终生的习惯？你是否愿意成为一个策略性的思维者？你是否愿意揭示出潜伏在你心灵黑暗角落的非理性思维、情绪情感体验以及欲求？你是否愿意培养自己的同情心？如果你愿意，你应该会发现这两章关于策略性思维的内容很有用。

策略性思维的成分

在举策略性思维的例子之前，请注意，策略性思维存在两个额外的成分。随

着你去寻求本章简要介绍的任何策略性工具，你要让这两个成分添加到你的全部
认知技能列表中去。

- **一种识别成分**：你必须能指出什么时候你的思维是非理性的或有瑕疵的。
- **一种认知活动成分**：你必须积极地参与和挑战自己大脑的活动。

在认知活动成分中，你必须能够对以下四项有所明确。

- 在特定情景中依据认知活动的状态，实际上将会发生什么。
- 你行动的选项。
- 选择其中一个选项的正当依据。
- 当你正处在非理性当中时规劝自己的方式，或者削减自己大脑中非理性
  状态的强有力的方式。

观念检核与实践 **策略性思维概论**

识别出一个在你个人生活或职业生涯的领域，在该领域，你可能运用
了非理性的思维。如果你正处在麻烦当中，请想出一个情景，你在这个情
境中感觉到了负面情绪的力量和在处理这种负面情绪时所存在的困难，然
后请写下这些问题的答案。

1. 在这一情景中依据它的状态，实际上将会发生什么？请给出详尽的
   细节。
2. 你行动的选项是什么？
3. 哪一个选项看起来最佳？你是怎么判断的？你能用其他替代性的方
   式来看待这一情景吗？
4. 当你再一次陷入这一情景或相似情景时，请构建出你需要反复审视
   的推理过程。如果你在完成这项活动时存在困难，请阅读下一节的
   例子。

策略性思维的开端

现在让我们来考虑一些批判性思维基本的概念、原则和理论，为这些原则中蕴涵的策略性思维提供一些例子。在每种情况下，我都将先从一个重要的观念开始，然后基于这一观念探索提升思维的策略。我将用一种更正式的方式来解读本章一开始给出的例子。

重要观念 1：思维、情绪情感体验和欲求相互依存

正如前面已经提及的，认识到心灵由三个功能组成很重要：思维、情绪情感体验和产生欲求（或需要）。无论什么时候，这三个功能的其中一个出现了，其他两者也会出现，而且这三者是不断地相互影响着的。我们的思维影响着我们情绪情感的体验和欲求，而我们的情绪情感体验影响着我们的思维和欲求，我们的欲求也影响着我们的思维和情绪情感体验。我们不能立刻改变我们的欲求和情绪情感体验。只有思维是我们能够直接触及的。某人要求你去体验你所没有的体验或渴求你并不渴求的东西是行不通的。我们用其他情绪情感体验来代替现有的情绪情感体验，现有的情绪情感体验并不会改变；我们用其他的欲求来代替现有的欲求，现有的欲求也不会改变。但是某人可以建议我们考虑一种新的思维方式。我们可以运作一种新的思维，但是新的情绪或欲求不行。通过反思我们的思维，我们能改变自己的思维。而当我们的思维改变的时候，我们的情绪情感和欲求也将相应地改变。

策略性观念

在对思维、情绪情感体验和欲求间的相互关系有了基本理解以后，我们应该能定期地关注和评估我们自己的情感。比如，我体验到在某种程度上的自我感觉属于不合理的愤怒，我应该能确定愤怒是否理性。我应该能通过评估激起愤怒的思维是否合理，来评估自己的愤怒是否合理。某些人的行为真的对我不正当吗，还是我误解了当时的情景？这种不正当的行为是有意的还是无意的？与我看待这个情境时的方式是否存在不同？通过追问这些问题，我们就能接近对这一情景的

理性观点。

即使我看待这一情景的方式是正当合理的，我确实也有充分的理由感到愤怒，但考虑这一情景中的全部事实，这并不意味着我们的行事也是理性的。我可能有足够的理由感到愤怒，却不意味着因此做任何事情都是理性的，我有可能因愤怒而采取了不理智的行动。

这一策略可以做以下简要的描述。

- 识别一种你所体验到的情绪情感，它是你所怀疑的可能属于非理性的情绪情感（一种诸如易怒、怨恨、傲慢或抑郁这样的情绪）。
- 这一情绪情感可以归因到什么思维上？其中可能存在着不止一种可能性。如果这样的话，弄清哪一种最有可能。
- 确定思维在多大程度上是合理的。请你细致地关注、证明这一思维的正当性的理由。它们是否有可能不是你的真正理由？你能否想出可能存在的任何其他的动机？请考虑对这一情境的替代性解读。
- 如果你认定这一情绪是非理性的，请精确地表达出你为何有此想法？
- 请建构出一种思维，它是对这一情景理性反应的体现。请主动地用理性的思维否定自己的非理性思维。

比如，我阅读了一篇有关致命疾病的文章并得出结论，依据所读到的症状，我可能患了这种疾病。然后，我就变得抑郁了。在深夜，我思索着自己多久会死，而结果便是感到越来越抑郁了。毫无疑问，非理性的情绪就是我所体验到的抑郁。除非医生对我做了仔细的检查并确诊，否则我没有理由相信自己是否患了这种存在疑问的疾病。我的非理性思维就类似于：

> 我有文章中所描述的所有症状，所以我必定患了这种糟糕的疾病，我很快就要死了，现在我的人生变得没有意义了。为什么这一切会发生在我身上？为什么是我？

在相同的情景下，理性的思维可以是：

> 是的，考虑到我似乎表现出了这一疾病的症状，我可能患了这种疾病，

但是往往相同的症状与很多不同的身体状态是兼容的。考虑到这一点，我可能并没有患上这种罕见病。而且无论怎么说，直接就跳到自己患病的结论上对我没有好处。我仍然持有审慎的态度和平常心，应该尽快去看医生以获得专业的诊断。在诊断之前，我应该将自己的思维聚焦于其他事情，与在想其他一些捕风捉影的事情相比而言，我可以想一些更有用的事情。

无论我什么时候发现自己感受到了文章中所说的抑郁，我都能通过自己的心智给予自己一种良好的开端以回归理性思维：

> 嘿，不要陷入困境。记住，你周一会去看医生，不要让自己陷入不必要的痛苦。记住，你的症状可能存在许多可能的解释。回到实际中来。记住鹅妈妈的童话，"对阳光下的任何问题，要么有解决的办法，要么没有。如果存在一种解决办法，那你就去寻找它，直到找到它为止。如果没有解决的办法，那你就别将它放在心上"。当没有任何好处只会降低你现在的生活质量的时候，请不要堕入迷思。

而现在，约人在这个下午打一场网球怎么样？或者晚上约人看场好电影？

观念检核与实践 聚焦于思维、情绪情感与欲求间的关系 1

聚焦于某种你有时或经常体验到的负面情绪，逐一按照你刚刚读过的本节所描述的五点策略，详细地写下你的回答。

以下类似的方法可以用来改变基于非理性欲求或动机的非理性行为。

- 识别令人存疑的行为，如导致你陷入麻烦的行为、为你带来问题的行为或对某些其他人带来问题的行为。
- 识别导致这一行为的精确的思维，是什么思维激发了动机去按这种方式行事？
- 在没有遗漏任何重要相关信息的情况下，分析你的思维在多大程度上是恰当的。

- 如果思维是非理性的，那请你形成一种在这一情景下趋于理性的思维。
- 积极地用理性的思维否定非理性的思维。

我们在这里会用很多例子来阐述我们的观点。但是，让我们选择一个能应对人类大部分非理性行为的例子，改变习惯所带来的痛苦或不适感，是很多人不愿意面对的事情。下面是人们在因为不愿意面对它而放弃要改变坏习惯的承诺时，不止一次想起过的东西。以下便是那些非理性的行为如何出现的过程。

- 我们注意到，我们养成了一些坏习惯，并且想改掉它们。我们非常理智地意识到，我们的行为应当改变，其中可能涉及改掉如下习惯：吸烟、酗酒、吃垃圾食品、缺乏锻炼、将大量时间用来刷短视频、过度消费、不临近考试不学习等。
- 我们制定一个改掉自己坏习惯的方案。
- 在很短的时间内，我们的确改变了自己的行为，但是在我们体验到痛苦和不适期间，这些消极情绪令我们气馁，所以选择了放弃。

这些非理性的情绪并非对痛苦和不适的感知。它们是令人期待的，是一种从不适感中涌现的"劝阻"，并导致我们放弃自己要有所改变的方案。这种情绪是非理性思维（也许是潜意识中的）所导致的，对此我们可以组织如下词语来描述：

> 没体验到任何痛苦或不适的话，我应该能改变自己的任何行为，即使是多年养成的老习惯也没问题。这种痛苦的感觉太强烈了，我无法忍受它。不止如此，我真的没有发现这对自己改变后的行为有多大帮助。考虑到我做的所有牺牲，我却没看到多大的进步。忘了它吧，不值得。

这种思维是讲不通的。为什么我们在改变习惯的时候会期待不用感到痛苦和不适？确实，反过来是正确的。这些不适和痛苦之类的东西几乎是摆脱任何习惯过程中不可避免的副产品，恰当而理性的思维是类似如下这样的：

> 无论何时我试图改掉一种习惯，我应该会预感到不适，甚至痛苦。改变

习惯对任何人来说都是困难的。那么，在用理性行为去替代某种习惯的过程中，我能期待的唯一方式就是忍受改变带来的必要痛苦。如果我不愿意忍受这种在坏习惯决裂过程中带来的如影随形的不适感，我就并没有真正地下定决心去改变。与其期待没有痛苦，我不如将其作为一种改变的信号来积极对待。与其在想"我为什么应当忍受这些？"不如试着想"忍受这些是我为成功所必须付出的代价"。我必须告诉自己这句格言：没有付出，就没有收获。

观念检核与实践 聚焦于思维、情绪情感与欲求间的关系 2

关注你在某一时间内采取的某一值得怀疑的行为，然后逐一按照你刚刚读到本节所描述的五步策略，详细写下你的答案。一旦你有机会，尝试对你曾经想改变的行为做一些改变。看看你有了运用自如的新思维之后，现在能否成功。别忘了预期中会有的要素以及将不适合痛苦改变过程中需要跨越的障碍予以接纳。

一个警告：强大的情绪看起来似乎与思维没有联系

有时我们发现，自己在与和思维似乎没有联系的各种情绪和激情作斗争。至少，我们可能不知道情绪可以追溯到怎样的思维上去，无论其中具体的思维是什么，它似乎都存在于潜意识中，原始而强大。

正如弗洛伊德所说，无意识层面的思维可能会非常难以探究。要去挖掘和将深埋于潜意识的思维提升至意识水平，可能要耗费数年时间。而且即使如此，也可能难以确定我们分析的正确性。面对这样的情况，我们就需要试验大量的策略。如果那种渴望导致了一种伤害他人的结果，那么我们应当用意识中的思维来约束它，让那种伤害对自己来说变得尽可能地明确，并在头脑中保持道德理性，就如念佛教的梵语一般，特别是那些我们所体验到的渴望在躁动的时候更要如此。如果遵从这一渴望，除了违背社会常规以外，并不会导致任何明显的伤害性后果，那么解决方案可能就是依照这一渴望行事，但只能是在私密的情况下进行。在过去的多种社会里，很多非国教派者都是在私密的情况下违背了社会的准则和常规。

重要观念 2：一个逻辑存在，你就能理解它

作为一个批判性思维者，要求其能在大脑中建构出一个合理的意义系统，并能根据这一意义系统就自己关注的主题进行理性的推断，所以你需要触及学习的每一个层面。我们运用"……的逻辑"这样的表达来指代这个意义系统。作为一个批判性思维者，你会认识到对学术主题而言都存在一种逻辑（一种化学的、物理的、数学的以及社会学的逻辑），对疑难、问题和议题也存在着一种逻辑（一种对经济难题、社会问题、争议性议题以及个人问题的逻辑）。存在着一种对情境的逻辑；存在着一种对个人行为的逻辑；存在着外显的和内隐的逻辑；存在着承认的和隐藏的逻辑；存在着一种对战争的逻辑和对和平的逻辑；存在着一种侵犯的逻辑和防卫的逻辑；存在着一种政治逻辑、社会逻辑、机构中的逻辑以及文化中的逻辑。

存在着一种符合人类大脑运作方式的逻辑；存在着一种对权力、对支配、对大众说服、对宣传活动的逻辑和对操纵的逻辑；存在着一种对社会常规的逻辑和对社会道德观念与原则的逻辑；存在一种神学的、生物学的和心理学的逻辑，甚至存在一种病理学的逻辑（疾病的逻辑和机能失常的逻辑）。每种逻辑都可以被训练有素的批判性的大脑判别清楚。

利用思维的要素去弄清某事物背后的基本逻辑，是一种我们希望你能变得习惯的练习。它是一种去实现洞察和获得四两拨千斤效果的有力策略，或是获得训导能力的有力策略。在本节中，我们会极大地聚焦于个人生活中的逻辑。

在人类所处的每一种情境中或背景下，通常都会呈现出多重意义系统。作为一个批判性思维者，我们会去弄清这样一个过程，那就是为什么我们的伙伴、朋友、客户、孩子、配偶以及雇主们会按照他们各自的方式与我们产生联系。之所以这样，是因为我们都会按照某种方式去理解自己生活中的情境。为了做到这一

点，我们必须至少内隐地利用思维的八大要素。如果我们能识别他人思维中的要素，我们就能更好地理解它们出现的原因。

以下所有的陈述都是可以被认定的：

- 每一个与你存在互动的人都有着他们试图实现的各种意图或目的；
- 每一个人都有与这些意图有关的问题；
- 他们的推理都建立在某些信息的基础上；
- 他们会基于那种信息得出各种结论，而结论在那一情境下可能是符合逻辑的，也可能是不符合逻辑的；
- 他们会将一定的事情当成无需证明的，或者会做出一定的假设；
- 他们会在自己的思维中用到特定的重要观念或概念；
- 他们的思维是基于特定观点、特定推断框架的，这些观点或推断框架可能会令他们无法客观地看待事物；
- 他们的思维会导致特定的后果。

通过假定，不仅在这个世界上所发生的事情背后总是存在着特定的逻辑，而且那些在这个世界上活动着的意识内部所发生的事情背后也存在着特定的逻辑。你能获得更强的理解力。因而，你也就被引导着去质疑特定的解释，并寻求更深入的解释。

以下方面都是可以被引导去质疑的：

- 那些与你存在互动者的意图或目标；
- 他们界定自己疑难和问题的方式；
- 他们所做的假定；
- 他们用来支持自己论断的信息；
- 他们所得出的结论或推断；
- 引导着他们思维的概念；
- 根植于他们思维中的意涵；
- 他们看待情境的出发点。

正如你质疑自己周围人的思维的逻辑一样，你也可以质疑自己思维的逻辑。

策略性观念

当你意识到任何事物背后都存在着特定的逻辑以后，你就能想清自己所处情境背后的逻辑。你可以将这一原则运用于很多方面，只不过这取决于你具体的目标或目的罢了。请考虑以下最活跃的思考者在聚焦于理解自身思维的逻辑，或者其他人思维背后的逻辑时进行质疑的"内部声音"。

1. **质疑目标、意图以及目的**。这个人的核心意图是什么？这个群体呢？我自己的呢？我意识到思维中的那些问题往往是由基本意图层面的一个错误导致的。我意识到自己必须发展转换目标和意图的能力。我意识到必须弄清自己的意图、他人的意图以及可能存在的别的意图。我意识到我总是能质疑自己的意图，也总是能质疑他人的意图。

2. **质疑疑难被框定的方式、问题被设定的方式以及议题被表达的方式**。在这一情境中应该确定什么议题？我应该提的主要问题是什么？我意识到，如果问题被错误地建构，那么就得不到解决；如果我误解了问题，那么我就找不到问题的答案。不仅如此，我理解聚焦于手头的价值所在，也理解在有效地解决当前的议题之前不转移到其他议题上去的价值所在。我需要去注意其他人没能聚焦于当前问题的情景。

3. **质疑信息以及信息的来源**。为了弄清将要发生的事情，我需要收集什么信息？我从哪里能得到这些信息？我如何对信息进行检验？别人在使用什么信息？这些信息准确吗？信息与当前的议题相关吗？我意识到如果我缺乏有效解决这一议题所需的信息，我的论证力度将受到削弱。我也理解在推理中运用不准确信息所存在的问题。

4. **质疑解释或结论**。对这一情景来说，什么样的解释、判断或结论是重要的？我将得出怎样的结论？他人将得出怎样的结论？我往往理解对情景进行解释的方式不止一种。我认为在做出决策之前，用多种方式解释情景的能力很有价值，权衡正反双方解释的能力也很有价值。我也需要能评估他人得出结论的质量。

5. 质疑所做的假设。什么东西被当成无需证明的？其间存在一个合理的假设吗？我认识到，因为假设通常在思维中是处于无意识水平下的，要确定什么东西被视作无需证明是很困难的。我需要能够识别并校正自己的错误假设。我也需要能够准确地评估他人所使用的假设。

6. 质疑所采用的概念。被采用的主要观点或概念是什么？这一观点背后的意涵是什么？对理解这一情景来说，重要且主要的观点或概念是什么？我懂得，无论我们什么时候思考，都会使用概念，并且我们使用概念的方式不但决定了我们在这一情景中的思维方式，思维方式也被这一情景所决定。因而，我必须不断地将概念被使用的方式提升至意识水平，所提升的对象不仅仅是自己的，也包括他人的。

7. 质疑被考虑的观点。什么观点得到了考虑？我是否没能将一些与理解和弄清议题相关的观点考虑在内？我认识到良好的推理往往需要考虑看待事物的不同方式。因此，我懂得从不同观点出发考虑议题的价值。我能认识到什么时候其他人没能或不愿意从另一个观点出发去看待事情。

8. 质疑意涵。对于我正在进行的推理而言，其可能的意涵是什么？它是积极的还是消极的？如果我推理出这一结论而不是那一结论，其间的意涵是什么？我懂得，无论我什么时候进行推理，我的推理总会产生一些意涵。因而，我需要想清楚自己正在考虑要做的决策的潜在结果是什么？

正如我们能寻求对自身逻辑的理解一样，我们也能寻求对他人逻辑的理解，也许下面的这个例子会有所帮助。请想象一个在日常生活中以如下思维为基础的人：

> 简单的乐事是快乐的关键：睡觉、修剪花园、散步、亲近自然、讲笑话、听音乐、读书。不要去追求过多的权力和金钱，除非有必要。不要试图让世界发生翻天覆地的变化，因为无论你做什么，世界都不会改变太多。站在高处的人终究会堕落，而且他们总是有权力去伤害你。大多数民众是懒惰而不负责任的，并且会一直如此。不要牵扯到他人的事务中去，不要去传播流言蜚语。不要担心别人有什么，不要担心不公正。那些行事不公正的人终究会自然遭到报应，顺其自然地去处事。

不要总是太把自己当回事，准备嘲笑自己吧。要避免冲突。在做一件事时，就要把它做好。看重自己的朋友，并支持他们。他们会在你需要的时候帮助你。

如果出于任何社会的、政治的或道德的理由，试图劝说这个人去变得活跃起来是没有用的。如果你理解了他的思维背后的逻辑，你就会认识到他的反应将一直会是一样的："你不要同小官僚去做显然无望取胜的斗争。不要为此担忧，那些人将会得到他们应有的报应，请置身于战斗之外。你所做的事情不会有任何益处，反而可能会对你自己造成某种程度的伤害。"

这一思维背后的逻辑有着诸多意涵——一些属于积极的，一些属于消极的。在积极的方面，这种思维导致这个人在生活的满足感方面远远超过大多数人，因为他不断地将普通的事件看作快乐的源泉，而这些事件会被大多数人当成无关紧要的或不突出的。例如，简单如这样的一个动作，即看着窗外的一只鸟站在树梢上，就会在她心里形成一股暖流。而在另一方面，他认定，对没有即刻处于他直接控制下的任何行动，他都没有道德责任。他的思维背后的逻辑导致他漠视那些与他没有直接联系者的命运。尽管他也阅读，但是他只阅读小说，并且阅读小说对他来说只是打发时间或消遣而已。

现在，让我们在这种思维的逻辑后面插入我们的评论，评论的方式就是使根植于逻辑中的各个要素逐一受到检视。

1. 这个人的主要目标或意图就是享受生活，并避免卷入任何痛苦的抗争当中。这一意图的第一部分是完全正当的，因为人们有权利享受生活。第二部分则是值得商榷的，评价它可以有多种不同的方式，以下便是一种合理的方式：一方面，当他受到不公正待遇的时候，这个人会期待其他人去关心他，从这个角度而言，他就有义务去帮助其他那些正体验到不公正的人。另一方面，如果他对自己体验到的任何不公正都根本不会期待其他人关心，那么当他自己对其他人做了不公正的事情时，他也不会对其表示关心并会将其正当化。

2. 与这个人有关的主要问题或议题如下：我如何安排自己生活中的事务，使得自己对生活中简单事物的享受得以最大化，并且对我的家庭直接成员任何没有体验到的问题都能避免涉及其中？在评价这一问题的过程中，（在第 1 点中）对意图所给出的推理可以同样被运用于此。

3. 这个人在追求他的目标的过程中，所使用的主要信息是与他日常生活中的当下事务有关的信息。类似地，对信息的使用是部分公正的。其公正之处在于，这一特定的信息使得思考者实现了他的意图。但是，有些信息的使用能让他为这个世界变得更公正做出贡献，但是思考者没能在他的思维中使用那些信息（有关一大批人每天做事以改善世界的条件的信息，有关一大批人通过一些基本的善行就能得到帮助的信息，等等）。

4. 这个人的思维中使用的主要假设是：简单的快乐对每个人来说总是可以得到的，并且相比那些能得到社会赞许的东西来说更重要。在世界的权力中，从来就没有发生过任何实质的改变。并且只有家庭的直接成员对我们才存在道德的要求。再一次地，基于已经在意图（第 1 点）中陈述过的理由，第一个假设是正当的。第二个假设是纯粹错误的，即使权力的结构难以改变，通过致力于此并努力工作，它确定是能改变的。要支持这一点有很多例子可以引用。关于第三个假设，这个人可能会非常期待他人，如果他遭到某些不公正的待遇，那么其家庭成员以外的人会去帮助他。因此，在他的思维中可能存在一个未被意识到的假设是：如果我受到一些不公正的对待，我期待其他人帮助我摆脱困境，毕竟我有权获得公正的对待。

5. 这个人在思维中使用的一些主要观念是这样一些原则：最好的生活方式就是享受生活的简单快乐。无论你做什么，你都无法改变市政厅（的做法）。而那些行事不道德的人会自然而然地受到制裁。第一个观念或原则，关心"简单的快乐"的运用方式是公正的，因为它帮助这个人享受到生活中的简单快乐，去欣赏很多简单的日常乐趣。第二个观念或原则，"你无法改变市政厅（的做法）"是不合逻辑的，因为每一天通过勤奋和坚持，人们可以帮助各种机构内部进行提高。第三个观念或原则，有关"自然而然的制裁"也是不合逻辑的，因为很多人每一天都在做不道德的事，却根本没有遭受到同他们对那些无辜者所造成的伤害一样的惩罚。通过在思维中使用这一观念，这个人让他不愿意帮助这个世界变成一个更人道的地方的做法被非理性地正当化了。

6. 这个人得出的主要结论（或推断）是：通过维持自己和自己家庭成员的现状，通过做自己喜欢的事，通过每天花时间去享受生活带来的乐趣，能够享受到最佳的生活状态。考虑到这个人在他的思维中所使用的信息，他得出这样的结论是符合逻辑的。因为他有道德责任去帮助减少不公正的信息，但是他却没有考虑那些信息的意涵。他认定自己对自己家庭成员以外的人没有道德义务。

7. 这个人的观点是：将每一天都看成是不复杂且充满简单快乐的一天，并且认为他只对自己的家庭成员存在道德义务。这个人只关心他及其家庭成员的观点，却不关心其他人的观点。

8. 这个人思维的主要意涵是，他将享受到生活中的很多快乐，但是却对人类生活没有任何贡献。这个人只关心能带来生活享受的意涵。他不关心自己没有做任何事去让自己所生活的世界变成一个更公正和更人道的地方。

观念检核与实践 聚焦于某人思维背后的逻辑

想出一个你很了解的人，比如配偶、父母、小孩、雇主或朋友。通过聚焦于某个人思维中的八个要素，尝试去弄清楚他或她思维背后的逻辑。人类在很多环境或背景下都是按照一套隐藏的行动方案行事的，结果导致人类的行为往往与看起来的样子很不同。在弄清这个人思维背后的逻辑以后，尝试去评估这个人基于每个要素而做出的思维，然后请完成以下模板。

1. 这个人的主要目的是＿＿＿＿＿＿＿。我认为这个人追求这一目标
   是正当的或不正当的，因为＿＿＿＿＿＿＿＿＿＿＿＿＿＿＿。

2. 对这个人来说，与之相关的主要议题或问题是＿＿＿＿＿＿＿＿。
   我认为这一问题是值得/不值得探究的，因为＿＿＿＿＿＿＿＿。

3. 这个人在追求她/他的目标时所使用的主要信息是＿＿＿＿＿＿＿。
   这一信息应当/不应当在这个人的思维中被使用，因为＿＿＿＿＿
   ＿＿＿＿＿＿＿＿＿＿＿＿＿＿＿＿＿＿＿＿＿＿＿＿＿＿＿。

4. 这个人在思维中所做的主要假设是＿＿＿＿＿＿＿＿＿。这些假设是
   正当的/不正当的，因为＿＿＿＿＿＿＿＿＿＿＿＿＿＿＿＿。

5. 这个人在思维中采用的主要概念是＿＿＿＿＿＿。这些概念有/没有

得到正当的使用，因为＿＿＿＿＿＿＿＿＿＿＿＿＿＿＿＿＿＿＿＿。

6. 这个人得出的主要结论是＿＿＿＿＿＿＿＿＿＿。这一结论是符合 / 不符合逻辑的，因为＿＿＿＿＿＿＿＿＿＿＿＿＿＿＿＿＿＿。

7. 这个人的观点是＿＿＿＿＿＿＿＿＿＿。这个人充分考虑了 / 没有充分考虑其他人的相关观点，因为＿＿＿＿＿＿＿＿＿＿＿＿＿＿＿＿。

8. 这个人思维的主要意涵是＿＿＿＿＿＿＿＿＿＿。这个人关心 / 不关心这些意涵，因为＿＿＿＿＿＿＿＿＿＿＿＿＿＿＿＿＿＿。

重要观念 3：为了有高品质的思维，我们必须定期对思维进行评估

维持高品质的思维，我们需要一贯且定期地评估它自己，以图发现自身的错误，然后用更高品质的思维来代替原先较低品质的思维以获得提升。作为一个具有强烈提升自身思维的理智者，我们不仅要思考，而且要从一种批判性的优势点出发反思自己的思维。我们往往会将普适性的思维标准用于自己的思维。也就是说，我们坚持不懈地努力按照清楚的、精确的、准确的、有关联的、符合逻辑的、有广度的、有深度的、突出的并且可以防御的方式去思考。我们学习如何用这些准则定期地检查自己的思维。

策略性观念

作为训练有素的思考者，我们往往将思维标准运用于自己的思维，以便评估和提升其品质。请考虑关注一个将思维标准运用于自己的思维者的"内部声音"。

● **聚焦于思维的清晰性**。我对自己的思维清楚吗？我能精确地将其说出来吗？我能详细地阐述其细节吗？我能从自己的经验出发给出一个例子吗？我能通过一个类比或一个比喻来阐述它吗？我应该寻求要点吗？我需要一次精细阐述吗？我需要一个例子吗？还是需要一个解释？

- **聚焦于思维的精确性**。我向其他人提供了充分的细节，以便他们理解我的意思吗？像如此这般的思维，我需要更多的细节和具体性吗？

- **聚焦于思维的准确性**。我确定自己使用的信息是准确的吗？如果不确定，我如何能检查它是否准确？我如何能检验这本书中所提供的信息的准确性？

- **聚焦于思维中的关联性**。我的观点如何与当下的议题相关？或它与当下的议题相关吗？我的陈述如何与他刚刚所说的产生联系？他的问题如何与我们正在讨论的问题产生联系？

- **聚集于思维中的逻辑性**。考虑到我所搜集到的信息，在这种情况下，我所能得出的最具逻辑性的结论是什么？我能确定他所说的是否符合逻辑吗？另一个适宜的结论是什么？另一个更讲得通的结论是什么？这一决策之后符合逻辑的结果是什么？

- **聚集于思维的广度**。在做出结论之前，我想知道自己是否需要考虑另一个观点或其他关联的观点？在我想清楚当下的议题的过程中，如果我按照一种训练有素的方式进行推理，我有必要考虑的观点是什么？

- **聚焦于思维的深度**。深植于当下议题的复杂性是什么？我是否在不经意间用了一种肤浅的方式来处理一个复杂的议题？我如何能深挖掩藏在这个情景表面之下的东西，并处理其中最有问题的东西？

- **聚焦于思维的正当性**。他的意图正当吗？考虑到各种情境，我的意图正当吗？或者考虑到所发现的事实，我的意图是否在某种程度上不公平、自相矛盾或自我欺骗？他如何使用这些术语？他对它们的使用与既有的使用一致吗？他是否将关键词语的含义拓展至它们原有的意义之外？

观念检核与实践 聚焦于质疑过程中的思维标准

为了提升你在日常生活情景中自己问出重要问题和关联性问题的能力，请每个星期聚焦于一个思维标准，并以日常生活为基础尝试尽可能多地问自己与这一标准相关联的问题。请聚焦于早前阐述过的对问题的每一个分类。

这个方法就是，在那个星期频繁地问自己这些问题，以至于开始能使这些问题外显地出现在自己的思维中（那样对你而言，就会变得不用多思考就会问出这些问题）。在一个星期中坚持问自己这些问题。当这些问题与你所处的情境相关的时候，你就更有可能会对自己问出这些问题。

比如，你正聚集于思维中的清晰性这一标准，你可以问类似下面这些问题：我对自己的思维清楚吗？我能精确地陈述它吗？我能详细地阐述它吗？我能从自己的经验出发给出一个例子吗？我能否用一个类比或比喻来阐述它呢？向我表达的是思维的什么东西？我应该问要点是什么吗？我需要一个详细的阐述吗？我需要得到一个例子吗？我需要一个解释吗？

▶ **内省时刻**

总结你从本章以及前面章节中学到的关键思想，按照以下方式写下答案。

❶ 通过对本章的理解，我所内化的主要策略是＿＿＿＿＿＿＿＿＿＿＿。

❷ 这些策略很重要，因为＿＿＿＿＿＿＿＿＿＿＿＿＿＿＿＿＿。

❸ 按这种方式下去，我将来的生活会很不同，因为我内化了并开始在我的思维中运用这些策略：＿＿＿＿＿＿＿＿＿＿＿＿＿＿＿＿。

❹ 我正通过以下方式来汇总我从本书中学到的观念：＿＿＿＿＿＿＿＿
＿＿＿＿＿＿＿＿＿＿＿＿＿＿＿＿＿＿＿＿＿＿＿＿＿＿＿＿＿。

❺ 这很重要，因为＿＿＿＿＿＿＿＿＿＿＿＿＿＿＿＿＿＿＿＿＿＿。

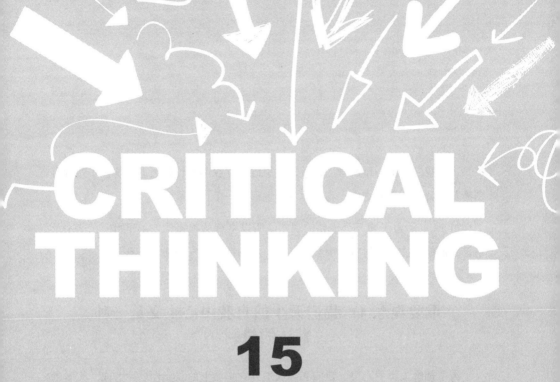

CRITICAL THINKING

15

策略性思维：第二部分

TOOLS FOR TAKING CHARGE
OF YOUR PROFESSIONAL
AND
PERSONAL LIFE

正如我们在前一章所学的，策略性思维建立在两个过程之上。这两个过程分别涉及理解一个重要观念，与在此基础上形成一个行动策略。

第 14 章涵盖了前三个重要的观念，所以本章从重要观念 4 开始。在这一章中，我们将专注于探讨自我中心主义——批判性思维发展的最大障碍。

重要观念 4：我们天生的自我中心主义是一种默认的机制

为了理解人类的心灵，我们必须认识到它本质上的二元性。一方面，人类的大脑有着一种趋向非理性的本能倾向；另一方面，它天生就具备理性的潜能。为了有效地训导我们的大脑，我们必须形成能力做到：（1）监控大脑趋向自我中心或非理性的倾向；（2）用具有矫正作用的理性思维去抗击它。

我们非理性的大脑并不关心他人的权利和需求，对它而言不存在道德的维度。而我们的理性思维得到恰当发展的话，它不仅让人聪慧，而且是道德的。它对自己有认知上的训导力，也有道德上的敏感性。在它身上，认知技能和公平心结合成一个完整的思维模式。当我们理性的头脑没有被开发或没有得到运用的时候，我们天生的自我中心主义就会被当成一种默认机制在起作用。如果我们不控制它，它就会控制我们！

策略性观念

我们运用自己所得到的有关自我中心性思维的知识去击败它是有可能的。我们对人类的自我中心主义知道得越多，就越能认识到自己身上的自我中心性，那么就越能抗击或控制它。实现这一目标的方式之一就是，养成分析我们自己思维逻辑的习惯。下面我们对运用这一策略的批判性思维者的内心的思维过程进行模拟，并研拟了以下几个问题。

1. 我们能分析自己的目标和意图：在这一情景中，我真正追寻的是什么？我的目标合理吗？我做事诚恳吗？我存在掩藏着的工作日程吗？

2. 我们可以质疑自己界定问题和议题的方式：在议题中我表达问题的方式合理吗？我表达问题的方式有偏差，或者对其部分做了过分的强调吗？我是否用了一种自利的方式在框定问题？我问问题只是为了追求自己的私利吗？

3. 我可以评估自己思维的信息基础：我的思维建立在什么信息基础上？那是一种合法的信息源吗？是否存在自己需要考虑的其他信息源？我考虑了所有的相关信息吗？还是只考虑了能支持自己观点的相关信息？我是否用了一种自利的方式扭曲了信息的分量？我是否在贬低其他相关信息价值的同时，不对等地去除了一些信息？如果我发现某些信息不准确，会被迫改变自己的观点，所以我自我会中心地拒绝去检验一些信息的准确性吗？

4. 我们可以反思自己的结论和解释：因为得出某个结论符合我的利益，所以我做出一个不合逻辑的结论了吗？我拒绝用一种更符合逻辑的方式去看待这一情景，只是因为如果我这样做，将要做出不同的行为吗？

5. 我们可以分析自己思维中所使用的观念和概念：我是如何使用自己思维中最基本的观念的？我在运用词语的时候，按照所学的正规方式去使用了吗？还是我存在倾向性地使用或歪曲使用了某些词语去为自己的私利服务？

6. 我可以识别并检查自己的假设：我所做的假定是什么，或者我将什么当成了无需证明的东西？那些假设合理吗？它们是否存在任何方式的自利性质或不公正性？我在思维中做出了自我中心性的假设吗（诸如"每个人总是欺骗我"，或者"生活应该没有任何问题"，或者"我做不了任何事，我掉入了陷阱"）？我对别人的期待合理吗？或者我设定了双重标准吗？

7. 我们能分析自己的观点：我拒绝去考虑另一个相关的观点，以使得我能维护自己的自利性观点吗？我是充分考虑了其他人的观点，还是仅仅将其当成耳旁风，并没有真正地听取其他人究竟说了什么？换言之，我是试图真诚地理解其他看待这一情景的视角，还是仅仅试图赢得一场争论，在争论中压人一头？

8. 我们能跟随自己思维的意涵：我是真正地通过思考得出自己思维、行为的意涵或可能的结果，还是宁愿不考虑这些东西？因为我不想知道思维和行为的意涵（因为在此之后，我将被迫改变自己在这一情景中的思维，被迫对这一情景做更理性的思考），所以我避免想清楚它们吗？

现在请让我们大致地来看一个例子。这个例子表明，一个人会如何运用理智的思维去检测非理性的思维。了解这个例子之后，紧接着的是一个虚构人物，仔细分析他最近在生活中面临某个情景时的思维快照，其中的项目还是与以前列表中对应的 1 ~ 8 个项目。

情景如下：周五晚上，我和妻子在一个光碟商店正挑选一张晚上看的电影碟片。她想看爱情片，而我想看动作片。我向她提出了所有我能想出来的理由，以说明我想看的电影为什么要比她想看的好。但是我现在意识到，我只是试图操纵她，让她遵从我的意见。因为我向她给出的所有理由都是为了让她选择我要看的电影，我下意识地想，无论如何我都应该看我想看的电影。我不喜欢爱情片，所以我不想去看它。另外，既然我为电影付费了，我就应当有选择的权力。

1. 在这一情景中，我的意图是让妻子相信，在选择想看的电影理由方面，我的理由比她的更充分。我认识到我的意图是以自我为中心的，因为我现在想到了这一点。我的理由并不在任何方面比她的好，我的真实目的就是得到我想要的，即使我要去操纵自己的妻子来实现它也是如此。

2. 我所提出的主要问题是：我需要说什么才能说服她（或实际上是操纵）遵从我对电影的选择？现在我认识到，这一问题是以自我为中心的，因为向任何人做不诚实的事都是不道德的，特别是向某些自称爱对方的人。我的问题完全是自私的，并且显示我实际上根本不关心妻子要什么。

3. 我在推理中运用的主要信息是"我为电影付费了"这一事实，以及如何能对妻子进行最佳操纵的相关信息，这些信息主要源于我在对她的了解过程中所积累的经验。比如，如果我足够强硬，她通常都会遵从我，因为她喜欢取悦我。我也了解到，如果我告诉她，她最终会喜欢我所选择的电影，这通常能说服她遵从于我。现在想起这些，我不知道她是否真的喜欢这些电影，还是只是嘴上说喜欢来取悦我。我知道我在用一种以自我为中心的方式运用这些信息，因为我甚至不曾试图了解可以支持她所选择的电影的任何信息。我不知道自己是如何将那些支持她立场的相关信息过滤掉的。

4. 我所得出的主要结论是，我们应该选择我想观看的电影，并且她也可能会喜欢。我意识到这一结论是非理性的，因为这些结论完全建立在自利思维基础上的，并且恰好能让我对自己所选的电影感觉良好。

5. 在我的思维中使用的核心概念是操纵，因为我的主要意图是去操纵她，以便让她遵从于我，以及让她遵从"无论谁为电影付费最终都应该选择我要看的电影"的原则。我意识到，在自己的思维中使用这些概念是不公正的，因为它们完全是自利性的，并导致我的行事不够符合道德。

6. 我在思维中使用的主要假设是：如果我能有效地操纵我的妻子，我就能得到自己想要的；如果我的妻子表现得好像喜欢我选择的电影，她就确实喜欢它们；无论谁为电影付费都应该选择我喜欢的。我意识到这些假设是以自我为中心形成的，因为它们都没有合理的推理作为基础，而且它们使得我的不道德行为正当化了。

7. 我的推理的出发点就是将妻子看成某种容易被操纵的人，并且将自己选择电影的行为看成是正当的，因为我为电影付费了。我认识到这一观点是以自我为中心的，因为我根本不能将自己对自己所爱的人偷奸耍滑正当化。

8. 从我的思维中得到的意涵是，我能操纵她，但是她可能对遵从我所选的电影心怀怨恨。另外，她没能享受她想看的电影，因为我坚持自己的行事方式。我意识到，如果我的思维和行为足够理性，这些意涵是不应当发生的。如果我曾经是理性的，我应该关心妻子的期待，并照此去思考和行事。通过看她自己喜欢的电影，她应该在我们一起度过的时光里有更多的享受，并且知道我愿意为她做一些事情，而不是总是期待她为我牺牲。

观念检核与实践 聚焦于你的自我中心性思维的逻辑

识别出你最近曾经所处的一种情景，通过重温这一情景，你认识到了自己在这一情景中可能是非理性的，相关要求与在前面策略中描述的一样，通过讨论你的推理中的每一个要素，对你的思维和行为的公正性进行分析，分析时请尽可能地诚实。要记住的是，我们的自我中心性一直准备着欺骗我们，让我们认为自己是诚实的，而实际上却不是。最后请完成以下陈述。

1. 这一情景是_____。

2. 在这一情景中，我的意图是_____。

3. 我意识到自己的意图是以自我为中心的，因为_____。

4. 我所提的核心问题是_____。

5. 我意识到这一问题是以自我为中心的，因为_____。

6. 我在自己的推理中所使用的主要信息是_____。

7. 我知道我用一种以自我为中心的方式使用的这些信息是_____。

8. 我得出的主要结论是_____。

9. 我意识到这些结论是非理性的，因为_____。

10. 我在我的思维中使用的主要概念是_____。

11. 我意识到我用这种方式使用这些概念是不公正的，并且我对这些概念进行了非理性的歪曲，因为_____。

12. 我在我的思维中使用的主要假设是_____。

13. 我意识到这些假设是按照以自我为中心的方式形成的，因为_____
_____。

14. 作为我的推理的出发点的观点是_____。

15. 我意识到这一观点是以自我为中心的，因为_____。

16. 跟在我思维之后的意涵是_____。

17. 我意识到如果我理性地思考和行事，这些意涵不应该发生。如果我当时是理性的，我应该按照如下方式思考和行事_____
_____。

重要观念 5：我们必须对我们周围的那些自我中心主义敏感

因为人类本质上是以自我为中心的，并且很少有人会关注如何联系、控制他们的自我中心思维，所以发展出识别我们周围的那些自我中心主义的能力很重要。我们必须认识到，即使高度自我中心的人有时也会理性行事，所以我们必须小心不要掉入刻板印象当中。然而，预期每个人都会在某些时间表现出自我中心则是合理的。所以我们必须学会用一种公平心去评估各种行为，而且通过现实的方式。当我们理解了自我中心主义的逻辑，当我们习惯于识别自我中心主义的形式，我们就能开始掌控它。

我们要对抗击自己的非理性和抗击其他人的非理性做一个区分。通常对其他人的非理性，我们必须闭口不言，并且疏远那些从根本上是非理性的人。或者至少，我们必须学会间接地处理他们的非理性，没人会感谢我们指出他们思维中的自我中心主义。人们越以自我为中心，他们就会越顽固地维护它。以自我为中心的人越有权力，他们就越危险。那么，作为理性的人，我们要学会更好地处理其他人的非理性，而不是被它控制或操控。

当人们处于非理性的思维中时，他们会发现，要换一个角度思考是困难的。我们会下意识地抗拒考虑其他与我们的自我中心性观点相冲突的信息。我们会在潜意识中追求不正当的目标和目的。我们的思维中所用的假设是以我们的偏见和偏向为基础的。而我们意识不到的是，我们会系统性地处于自我蒙蔽当中，以避免思维运作过程中发现自己的自我中心主义。

与处理其他人的自我中心性反应有关的另一个问题，则是我们自己的自我中心性倾向。当我们以自我为中心的方式同其他与我们有关联的人互动的时候，我们非理性的天性很容易在行动中被激发出来，或者很容易让它处在一种更活跃的状态。当其他人与我们联系的方式是一种自我中心性的方式，当有人侵犯我们的权利、忽视我们的合理需求的时候，我们的自我中心主义天性可能就会维护自己，自我就会满足自己为权利而奋斗。当这一点发生的时候，每个人都迷失了自己。因此，我们必须预先考虑到我们的自我中心性的反应，并用合适而理性的思维来处理它。

策略性观念

一旦我们认识到人类本质上是以自我为中心的，以及绝大多数人都注意不到自己的自我中心主义的天性，我们就可以认定，在任何特定的情境中，我们很可能要与人们头脑中的自我中心性打交道，而非他们头脑中的理性层面。因而，我们可以质疑，他们是否给出了理性的想法，以及是否追求了理性的目标，或者他们是否陷入了自己所不知道的非理性动机中。我们不会不加考察地假定与我们发生联系的其他人是诚实的。相反，我们将仔细地观察他们的行为，以确定他们的行为究竟意味着什么。

此外，由于我们知道自己非理性的天性是很容易被其他人的非理性所激活的，所以我们会观察和评估自己的行为，以确保我们没有在应对其他自我中心的人时变得非理性。我们将会对自己的自我中心性思维倍加小心，并且当我们认识到它的存在时，我们将采取步骤"将之推翻"，并且拒绝被它拖入非理性的游戏——无论是因为他人的自我中心倾向，还是因为我们自己的自我中心倾向，都是如此。当我们意识到自己是在应对一个非理性的人时，我们将不会让那个人的非理性激发出我们非理性的天性。我们将拒绝被他人的不理智行为所控制。

从策略的角度而言，如果有可能，最好避免和一个高度自我中心的人打交道。当我们发现自己与这类人过分接近的时候，我们应尽量寻找一种方法让自己脱身。当脱身不太可能的时候，我们应该尽可能少与他们打交道，或者尽可能少用一种激起这个人的自我的方式行事。

认识在什么条件下，高度自我中心的反应最有可能发生，我们尽可能不去刺激一个人的自我——换句话说，就是当人们感到威胁、丢脸或羞耻的时候，或者当他们的私利或个人形象受到影响的时候，人们通过习惯在自己的头脑中建构他人的观点，并进一步频繁地从他人的角度出发来思考，可能会预知周围的人有很多自我中心的反应。在此之后，我们就能选择一个行动方案，以避开很多由人类自我中心主义而产生的潜在风险。

应对其他人的自我中心主义

请想出一个最近发生的情景，在这个情景中，你相信某个与你互动的人在其对你的反应中变得非理性了，然后请完成如下陈述。

1. 那一情景是＿＿＿＿＿＿＿＿＿＿＿＿＿＿＿＿＿＿＿＿＿＿＿。

2. 我所做／说的是＿＿＿＿＿＿＿＿＿＿＿＿＿＿＿＿＿＿＿＿＿。

3. 这个人的反应是＿＿＿＿＿＿＿＿＿＿＿＿＿＿＿＿＿＿＿＿＿。

4. 我相信这个人的思维属于＿＿＿＿＿＿＿＿＿＿＿＿＿＿＿＿＿。

5. 我想这个人的反应／思维是以自我为中心的，因为＿＿＿＿＿＿＿。

6. 对这种自我中心行为，我当时应该做出的最佳应对是＿＿＿＿＿。

7. 通过＿＿＿＿＿＿＿＿＿＿＿＿＿＿＿＿，我在第一点所提到的情景中应该能避免刺激自我中心反应。

认识什么时候一个人的自我中心主义引发出了你自己的自我中心主义

想出一个最近发生的情景，在该情景中，你感觉自己在应对某人的非理性时让自己也变得非理性了，然后请完成以下陈述。

1. 这一情景是＿＿＿＿＿＿＿＿＿＿＿＿＿＿＿＿＿＿＿＿＿＿＿。

2. 我通过＿＿＿＿＿＿＿＿＿＿＿＿＿＿＿＿＿＿来应对这一情景。

3. 通过回想这一情景，我认识到当时应对这个人更合理的方式应该是＿＿＿＿＿＿＿＿＿＿＿＿＿＿＿＿＿＿＿＿＿＿＿＿＿＿＿＿＿＿。

重要观念 6：大脑倾向于做出超过我们原始经验的概括

著名心理学家皮亚杰在儿童身上发现的一个重要事实是，他们会将他们的即刻体验一般化。如果一些好的事情发生在他们身上，在他们看来整个世界都是好的。如果一些不好的事情发生在他们身上，在他们看来整个世界都是不好的。他称这种现象为自我中心性的即刻固化。然而，皮亚杰没有强调的是，同样的反应形式也在很多成人的思维中出现。毫不夸张地说，每个人在用一种长远角度看待日常生活方面都存在一定困难。考虑到我们即刻化（情绪化）反应所具备的力量，要用一种合适的角度看待问题并不容易。

一旦我们开始将我们生活中发生的事件或情境解释为负面的，我们就倾向于将这种负面性质一般化，而且即使是偶然发生的情境，也会让我们终生都蒙上一层消极的阴影。当消极或积极事件发生在我们身上的时候，一种无限的悲观主义或盲目的乐观主义会弥漫在我们的思维中。我们从中想到一两件生活中的消极（或积极）事件，很快会转向认为生活中的每一件事都是消极的（或积极的）。自我中心的消极思维会很容易导致放任的顾影自怜，而自我中心的积极思维则很容易导致一种不现实的志得意满的状态。

即使是一个国家也会因一件积极事件的报道而激起一种不现实的志得意满状态。所以，1938 年的英国，威尔特·张伯伦从慕尼黑回到英国，他拿着一份和希特勒签署的协议宣称："我们这一代人的和平有保障了！"绝大多数英国人为成功地获得了希特勒的协议而欢欣鼓舞，在他们的思维中没有将希特勒一贯违反承诺的因素考虑进去，整个国家都陷入一种由自我中心性的即刻固化带来的陶醉之中。

诸如温斯顿·丘吉尔所发出的理性声音，他对希特勒是否会满足于这种让步表达出的一种怀疑，而这种怀疑被当成危言耸听和没有根据的论调而被忽视。但是，丘吉尔用了一种长远的、现实的视角看待事件。

很多人倾向于用一种极度消极的方式看待世界。请你考虑这些人的一个日常问题。他们一早起来，不得不处理少量意料之外的小事。日积月累，随着他们处理了更多的"问题"，每一件事在他们的生活中看起来都是消极的。不好的事情日复一日地累积，就像雪球一样越滚越大。最终，他们看不到生活中任何积极的事情了。他们的思维（当然，通常是他们的特质）是某些类似如下的描述：

> 每件事看起来都是糟糕的。生活真不公平。没有一件好事发生在我身上。我要不断地处理问题。为什么每件不好的事情都发生在我身上？

被这种思维所控制，他们便缺乏用理性思维抗击肆虐的消极事件的能力。他们看不到很多生活中美好的事情。他们自我中心性的大脑让他们看不到全部的事实，那些会改变他们思维方式以使得他们能更真实、更积极的一面的事实。

策略性的观念

如果我们在自我中心的消极性开始的那一刻就用理性思维进行干预，在它完全改变大脑的运作之前，我们就能在抑制或颠覆大脑的运作方式上有更好的机会。其中的第一步要求我们非常熟悉即刻化自我中心性，然后我们应该开始识别我们生活中即刻化自我中心性的一些例子，以及那些发生在我们身边的例子。

第二步要求我们针对自己生活中的事实，发展出一个丰富而全面的清单。在我们形成这一清单的时候，不要处于一种"配合"自我中心性的困境中，而是要从一种理性的角度出发看世界，这很重要。

我们也需要发展出一种长远看问题的角度，去审视什么时候必须给予单个事件以合适的分量。不论事件是消极的还是积极的，我们必须在自己的心里确立什么是最有价值的东西。我们必须在自己的心里建立起一种长远的历史视角。当次要的价值和扭曲的即刻化自我中心性开始主导我们的思维和情感的时候，我们必须将那些价值和这种视角强有力地引入自己的大脑当中。当我们心中有绘制好的"蓝图"时，实际上很小的事件在我们看来就不会被过分夸大。

当我们认识到我们的思维有即刻化自我中心性倾向的时候，我们就能通过全面而理性的思维去积极地抑制它。这会涉及我们对自己进行推断，指出自己思维中的错误，识别并报告我们所忽视的相关信息，指出被我们扭曲了的信息，检查自己的假设，追踪自己思维背后的意涵。简而言之，通过在我们的头脑中形成一幅深入且全面的"宏伟蓝图"，通过在思考自己日常生活的前景时尽可能维持这种全面的观点，我们能将自己即刻化自我中心性倾向压缩到最低限度。我们能在识别自己生活中什么是真正的小事和大事上变得娴熟。我们能更有效地谈论自己的行动方向，我们如同驾驶船舶穿越风暴，并且航行时面不改色。

观念检核与实践 思维的"蓝图"

想出一个你最近所处的情景。在这个情景中你体验到了强烈的负面情绪。这些负面情绪与你头脑中早先的负面状态引发连锁反应，导致了一种一般化的抑郁。在那一刻，你的人生看起来毫无希望且无法释怀。请指出你的头脑当中缺乏的思维的"蓝图"，而正是因为这种"蓝图"的缺乏导致你成为即刻化自我中心性的猎物。

请完成以下陈述。

1. 那一情景的客观情况是＿＿＿＿＿＿＿＿＿＿＿＿＿＿＿＿＿＿。

2. 通过＿＿＿＿＿＿＿＿＿＿＿＿对那一情景进行非理性的反应。

3. 我体验到了这些负面的情绪＿＿＿＿＿＿＿＿＿＿＿＿＿＿＿。

4. 当时没能形成的但是我所需要的"蓝图"是类似以下这样的东西＿＿＿

＿＿＿＿＿＿＿＿＿＿＿＿＿＿＿＿＿＿＿＿＿＿＿＿＿＿＿＿＿。

5. 我在自己的思维中没能考虑到的信息有＿＿＿＿＿＿＿＿＿＿＿。

6. 通过＿＿＿＿＿＿＿＿＿＿＿＿在未来我能极力避免这种情景。

7. 我现在意识到＿＿＿＿＿＿＿＿＿＿＿＿＿＿＿＿＿＿＿＿＿＿。

重要观念 7：自我中心思维在我们的头脑中看起来是理性的

人类难以识别出自我中心思维的重要理由之一，就是自我中心思维在我们的头脑中看起来非常合理，没人会对自己说"我应该理性地思考一会儿"。当我们处在一种最不理性的状态（比如处在一种非理性的愤怒状态之中）的支配下时，我们通常会感到相当愤怒和不公正的压迫。自我中心思维存在很多让我们难以察觉的方式，导致我们经常自我蒙蔽。

当我们是非理性的时候，我们会感到自己是理性的，我们的认识似乎相当地公正。而且，我们发现不了自己思维中的任何瑕疵，给不出任何理由来质疑那些思维，也给不出任何理由去采取不一样的行为。结果就是，我们很少有或没有机会去撤销支配着我们的畸形行为，这一点在我们的自我中心思维试图为我们谋取所得时表现得尤为明显。

策略性观念

一旦我们认识到，自我中心思维在人类头脑里看起来像是理性思维，并且能为这一事实提供自己生活中的具体例证，我们就处在一种可能且可以去为之采取一些措施的位置上。我们可以学习预测自我中心性的自我蒙蔽，其中可以做的一件事就是，我们能警惕自我中心思维出现的信号。我们可以寻找需要停下来当心自我中心思维的信号——并不真正地倾听那些反对我们的人，将那些反对我们的人定型化，忽视相关的证据，用一种非理性的情绪进行反应，以及将非理性的行为合理化（认为与自己真实的动机毫无关系的行为是正当的）。

请考虑以下这些例子。

情景 1：你正在开车上班的路上。你没注意到出口匝道附近有一辆车，直到最后一刻才发现，所以你插到某人前面以便进入匝道。被插车的人向你猛按喇叭并向你咆哮，你也向他咆哮以示回敬。然而，就在这短短的几分钟里，你被一辆别的车插到你前面了，而你又向插你车的人猛按喇叭并向他咆哮。

在这一系列的事件中，你从内心感到自己是"正确的"。毕竟，你需要准时赶去上班。你并不是有意地插任何人的车，但是其他家伙很明显没有权利插你的车。当我们处于自我蒙蔽状态的时候，我们用的往往就是这种简单化的思维。我们忽视反对我们观点的证据，突出支持自己观点的证据。

我们相应地还会体验到消极的情绪，而我们对自己的思维、体验和行为会很容易体验到一种真实的正确感。

情境 2：某一天你感觉工作很不顺心。你回到家，发现自己年少的儿子正在厨房大声地弹奏着音乐和唱着歌。你说："你在家里能不能安静点！"你的儿子说："有什么惹到你了？"你拖着沉重的脚步走出这个房间，并回

343

到自己的房间，"嘭"的一声关上了门。你在自己的房间里待了一个小时，感到沮丧且愤怒。你走出房间，发现你的妻子和孩子在厨房里聊天。他们没看到你。你说："嘿，我发现在这个家里没人需要我！"然后你走出房间，又重重地关上了门。

我们有时在类似这样的情况下，平静之后会发现自己的即刻化自我中心性。但是在那个令我们要爆发的事件发生期间，我们感到自己的愤怒是正确的，而我们的沮丧是恰当的。我们要想出维持自己正确性和增强自己愤怒的理由会毫不费力。我们可以从过去的经历中挖掘出不满。我们可以在心里重温这些事情，将其放大到我们想放大的程度。我们做这些的时候根本没有认识到自己正处在自我蒙蔽之中。

从原则上来说，我们处在自我蒙蔽或扭曲的过程中时是能认识到它们的。为了做到这一点，我们可以养成做以下事情的习惯。

- 我们不仅从自己的观点出发看待所有的事件，也从那些不同意我们的人的观点出发看待所有事件。如果我们进行一次交谈，我们可以通过重复自己对这个人的话语以及对他为什么说这些的理解，以便自我检查。
- 我们无论什么时候都感觉自己完全正确，而那些反对自己的人则似乎完全不正确，要能质疑自己对事情的解释。
- 当我们处在紧张情绪的困境中时，不要着急对人和事做出判断，将判断押后一会儿，等到我们能平静地质疑自己以及客观地回顾相关事实时再做判断。

观念检核与实践 **识别并替换非理性思维**

想出一个你最近所处的情景，在这个情景中的时候，你认为自己当时完全正确，但是你现在认识到其中包含着自我蒙蔽的成分，然后请完成以下陈述。

　　1.这一情景是＿＿＿＿＿＿＿＿＿＿＿＿＿＿＿＿＿＿＿＿＿＿＿＿。

2. 我在这一情景中通过_____行事。

3. 在当时，我认为自己是理性的，因为_____。

4. 现在我认为自己是非理性的，因为_____。

5. 我通过告诉自己_____来将自己的行为合理化。

6. 我按那种方式行事的真正原因是_____。

重要观念 8：大脑的自我中心倾向在本质上是自动的

自我中心思维和理性思维不同，它是以高度自动化、无意识的和冲动的方式运作的。它以原始的、通常是幼稚的思维形式为基础，对情境的反应方式是程序化的和机械化的。因此，我们必须认识到，在我们有机会回避或阻止它出现之前，它经常会在行动中冒出来。它会抗争、会逃避、会拒绝、会潜抑、会合理化、会歪曲、会否认、会转置，而它做的所有这些都是在一眨眼的工夫完成的，让我们注意不到它的欺骗性伎俩。

策略性观念

由于我们知道大脑的非理性成分是用一种可以预料的、按照预排程序的以及自动化的方式运作的，所以我们便成了有兴趣观察大脑的自我中心机制的人。我们开始观察心理机制所产生的活动。正如皮亚杰所做的，与其让思维完全处在无意识水平的运作，不如我们积极地努力将它们提升至意识水平。我们能努力将其完全带入意识水平，这一般是在上述目标实现之后——特别是在发展为一个批判性思维者的起始阶段更是如此。在一段时间以后，当我们变得能敏锐地注意到自己的个人自我如何起作用时，通过事先进行的理性思维活动，我们就能经常对自我中心反应进行先发制人的动作。

比如，正如在重要观念 7 中已经叙述过的，当我们的大脑通过定型化的方式加以合理化时，我们就能将其识别出来，我们也能熟悉自己的头脑倾向于使用合理化的类型。比如"我没有时间做这些！"就可能是一种受人青睐的合理化。我们能通过记住"人们永远有时间去处理对他们来说重要的事情"这一洞见来限制其使用。然后，我们被迫去面对有关我们正在做的事情的事实，比如"我不想让打扫房间成为我优先去做的事情"，或者"既然我不断地说这对我很重要，那么我只是在通过说'我没有时间做这些'来欺骗自己"。

随着时间的推移和不断地练习，我们开始注意到自己在什么时候否认一些关于自己的重要事实。我们开始看到自己在什么时候会拒绝面对一些现实，而非开放地、直接地处理这些现实。我们开始认识到，在试图避免为一个问题的解决方案而工作时，自己在什么时候自动化地用一种不诚实的方式进行思考。

原则性地说，我们能研究自己大脑的伎俩和策略，以确定其自动化的形式。不止如此，更重要的是，我们学会去干预与非理性的思维过程断开联系——如果在它们开始运作之后有必要的话。简而言之，我们能拒绝受原始的欲望和思维模式的控制。我们能积极地工作，用理智的反思替代自动化的自我中心思维。

观念检核与实践 聚焦于作为一种非理性机制的"否认"

尽管大脑的自我中心维度会使用很多自我防御的机制去维持它的自我中心观点，我们只会从中挑出一个作为本活动的对象：否认。请想出你现在拥有的一种关系。在这种关系中，你看待事物的特定方式与你的私利相关联，然而事实可能并不支持你的观点。请让我们假定，你想相信你的配偶真的爱你，尽管他或她对你的实际行为表明他或她可能在利用你（也许是作为他或她自我满足的工具）。

1. 这一情景是＿＿＿＿＿＿＿＿＿＿＿＿＿＿＿＿＿＿＿＿＿＿＿。

2. 在这一情景中我拒绝接受的东西是＿＿＿＿＿＿＿＿＿＿＿＿＿。

3. 通过说以下＿＿＿＿＿＿＿＿＿＿＿＿＿＿并非事实来回避事实。

4. 我意识到自己曾经拒绝关注这种情景中的事实，因为＿＿＿＿＿＿

＿＿＿＿＿＿＿＿＿＿＿＿＿＿＿＿＿＿＿＿＿＿＿＿＿＿＿＿。

5. 跟随我对这一情景的拒绝之后的一些意涵是＿＿＿＿＿＿＿＿＿。

重要观念 9：我们通常通过支配性行为或服从性行为追求权力

当人类的大脑进行非理性的或自我中心的思维时，它要么通过支配性行为，要么通过服从性行为去追求自己的目标。换言之，当处在自我中心主义的影响下时，我们试图通过支配他人，或者通过服从他人，以获得他人的支持来实现自己的欲求。恃强凌弱者（支配者）和卑躬屈膝者（服从者）通常在本质上是不可捉摸的。虽然如此，这种情况却在人类生活中很常见。

权力本身并非坏事。我们所有人都需要一些权力来理性地满足自己的需求。但是在人类生活中，权力本身被当成是追求目标或被用以不道德的目的是很常见的。一个自我中心性的人或一个社会中心性的群体获得权力的常见的方式之一，就是通过控制弱小的个体或群体来实现；另一种方式是通过向更有权力的人扮演一个卑躬屈膝的角色去得到想要的。人类的大多数历史都可以通过个体或群体的这两种自我中心性作用来讲述，很多个体行为都能将其看成这两种自我中心类型的体现。

尽管每个人在使用这两种类型的行为时都会有倾向性，对其中一种类型的使用过程会胜过另一种，但是这两种类型的行为都会得到每个人某种程度上的使用。比如，一些小孩对他们的父母扮演屈从者的角色的同时，却对其他小孩扮演恃强凌弱的施虐者角色。当然，当一个更强大和更粗暴的人出现时，更弱者往往会屈从于更强者。

当我们表现出自我中心的支配性或服从性时，我们并不乐意认识到自己在这样做。比如，根据推测，人们会参加摇滚音乐会来欣赏音乐。但是观众中的成员往往对乐手表现出高度的服从性（崇拜的、痴迷的）。很多人简直是向这些名人乞哀告怜，或者让自己对自身意义的定义远远地依附于某个名人，即使依附的只是他们自己的想象也依然如此。类似的方式，体育运动迷往往痴迷他们的偶像，并将他们的偶像理想化，令这些偶像看起来要比他们在真实生活中强大。如果他们痴迷的体育俱乐部或偶像成功了，他们便替偶像体验到成功和感到更强烈的"我们真的对他们着迷！"的感觉。换言之，我是重要的和成功的，因为我的偶像是重要的和成功的。

理性的人会欣赏他人，但是不会对这些人痴迷或将其理想化。理性的人会形成联盟，但不是以一者控制另外一者的方式进行。他们希望没有人盲目地服从于他们，他们也不会盲目地服从于任何人，尽管我们没人能令这种理性的观念彻底地根植于心，但是批判性思维者会在所有的关系中不断地努力接近它。

顺便提一下，传统性别角色中的设定使得男性对女性处于支配地位，女性则扮演着对男性服从的角色。女性通过让自己依附于有权力的人来获得权力，男性展示权力以图支配女性。这种传统的性别角色在现有的男女关系中还远未消亡。比如，媒体仍然通过多种方式按照传统的性别角色来刻画男性和女性。由于这些或其他社会的影响，相对于服从性而言，男性倾向于表现出更多的支配性。反之，女性倾向于表现出更多的服从性，特别是在亲密关系中更是如此。

战略思想

如果我们认识到了自我中心的支配性和服从性在人类生活中扮演的突出角色，我们就会开始观察自己的行为，以确定自己什么时候处在对他人非理性的支配或服从当中。当我们理解了我们的大脑会自然地使用大量的方法，以图掩盖它的自我中心性的时候，我们就会认识到，我们必须仔细检查自己的心理所起的作用，以探测我们支配和服从的形式。随着不断地练习，我们开始识别自己支配和服从的形式。与此同时，我们也能观察其他人的行为，寻找出类似的形式。我们可以仔细地观察我们的主管领导、朋友、配偶、孩子、父母的行为，关注他们什么时候倾向于非理性地支配他人或服从他人的意志。

简而言之，我们研究的人类生活中的支配和服从行为越多，就越能从自己的生活和行为中探测出它们。而且，只有当我们习惯于探测它们的时候，我们才能采取措施改变它们。

观念检核与实践　识别我们身上的服从性和支配性行为

在下一周中，仔细地观察自己的行为方式，以确定在追求自我中心性的欲求时，是倾向于按照支配性还是服从性的方式行事。在下一周中，记录下自己的行为。在这周结束的时候，完成以下陈述。

1. 我观察到自己的行为在以下情境中表现出一种支配性的方式_____

   _____。

2. 这一行为的一些意涵是_____。

3. 在未来的情境中，我将会通过以下方式改正自己的行为：_____

   _____。

4. 我观察到自己的行为在以下情境中表现出一种服从性的方式_____

   _____。

5. 这一行为的一些意涵是_____。

6. 在未来的情境中，我将会通过以下方式改正自己的行为：_____

   _____。

重要观念 10：人类本质上是社会中心的动物

人类本质上不仅是自我中心的，而且还容易陷入社会中心思维和行为。群体为我们提供了安全保障，以至于我们将它们的规则、诫命以及禁忌内化了，并不加思考地遵从。同辈群体特别容易主导我们的生活。我们对群体价值下意识地接受，导致了无意识水平的标准："它是真实的，因为我们相信它。"信念似乎没有如此荒唐，但确实有一些人类群体非理性地将其当成是理性并予以接受。

我们不仅接受我们所属群体的信念体系，而且，也是最重要的，我们是按照这些信念系统行事的。比如，很多群体从本质上是反智的，群体会期望其成员坚持任何数量的畸形行为。比如，一些青年群体期望其成员用言语和身体虐待群体外的人（以作为具有力量和勇气的证据）；而有些群体在工作周内一起分享午餐，传播同事的八卦或他人的流言蜚语。

除了我们所处的面对面的群体之外，我们还被更大规模的社会力量间接地影响着，这些社会力量在很大程度上反映了社会中的成员关系。比如，在资本主义社会，支配性的思维就是人们应该尽可能多地挣钱。尽管这种形式的思维可能会

349

引发争论，它鼓励着人们去接受富人与穷人之间存在的巨大鸿沟，鼓励人们将其当成是正确的和正常的。

或者，请考虑这一点：在大部分社会中，对于多数公共议题和问题的本质与解决方案，新闻媒体都是用耸人听闻的方式来予以报道的。结果，人们往往会将一个复杂的问题用一种媒体所提倡的简单化的方式加以解决，很多人会被引导着去相信诸如"对犯罪要强硬起来"或"事不过三"这样的表述，这些叙事代表了处理社会复杂问题时某种貌似行得通的方式。

不止如此，好莱坞电影对生活的描述对我们如何建构我们的问题、生活以及我们自己施加了重要影响。社会中心性的影响存在于工作中以及社会生活的方方面面，其影响方式不仅是微妙的，而且是公然进行的。

策略性观念

人类从本质上是社会中心性的。我们必须具备这样的观念，那就是因为我们所有人都是各种社会群体的成员，我们的行为折射了所属群体的诫命和禁忌。我们所有人在不同程度上都不加批判地遵从了我们所属群体的规则和期望。当我们认识到这一点时，我们就可以开始分析和评估我们所遵从的是什么了。我们可以积极地分析我们的同辈群体，以及那些与我们所属群体存在联盟关系的群体的规则和禁忌。我们可以理性地弄清楚群体的期望，以确定它们在多大程度上是理性的。

当我们识别出了非理性的期待时，我们便能拒绝坚持那些期待所形成的要求。我们可以将自己归属的群体从那些臭名昭著的非理性群体转换成更理性的群体。确实，我们可以积极地创造出一个新的群体——强调正直且具有公平心的群体，鼓励其成员养成独立思考的意识和能力，并一起工作追求共同目标的群体；或者我们能将自己对群体的归属程度降到最低——我们无法摆脱的社会群体除外。通过关注影响我们的大众传媒所施加的巨大的社会中心性的影响，我们可以形成一种需要不断批判的敏感性，将我们沦为群体影响牺牲品的程度降到最低。简而言之，通过理解我们的个人与社会中心性之间的关系，我们可以尝试掌控群体对我们所施加的影响，尽管这种影响是我们自己所允许的，我们仍然可以明显地抑制这种影响。

观念检核与实践 **认识社会中心思维的问题**

界定一个你所属的群体，它可以是诸如工作场所的同事群体、朋友群体、一家俱乐部、一个宗教群体，也可以是并非面对面的成员构成的文化群体，但你属于其中的一部分，然后请完成以下陈述。

1. 我所聚集的群体是＿＿＿＿＿＿＿＿＿＿＿＿＿＿＿＿＿＿＿。

2. 这个群体的禁忌或不允许出现的行为有＿＿＿＿＿＿＿＿＿＿＿。

3. 群体的指令或要求有＿＿＿＿＿＿＿＿＿＿＿＿＿＿＿＿＿＿＿。

4. 通过分析这个群体的行为，我意识到它对自己而言＿＿＿＿＿＿。

5. 在分析这个群体的禁忌和指令之后，我认为涉足这个群体符合 / 不符合我的利益，理由如下：＿＿＿＿＿＿＿＿＿＿＿＿＿＿＿＿＿。

重要观念 11：理性的养成需要努力

一个人的理性能力要取得显著发展，需要花费数年时间。我们文化中"现在就得具备它"的态度，为人类高层次的能力发展制造了明显的障碍。如果我们想要收获一些经过开发后的大脑的益处，便不存在任何捷径。如果我们想在弄清自己显然要去面对的复杂议题的过程中有哪些好的表现，我们就必须承诺善始善终。正如棒球运动员一样，他们必须一次次地练习适应运球，以图能在比赛中发挥高超的技术，一个思考者的发展也是如此。

策略性思维

因为我们理解日常的练习对发展我们的理性能力至关重要，所以我们能养成问自己"今天做什么"以促进自己的认知技能增长这样的问题。我们意识到，我们必须将识别自己的私利变成一种习惯，以及矫正它们对我们思维的影响。当我们认识到我们自私的本性往往会牵制自己做出决策时，我们就能通过真正地对替代性的观点进行换位思考来进行干预。

我们能养成这样的习惯，就是评估自己在多大程度上使用了清晰性、准确性、逻辑性、重要性、广度、深度以及正当性这些思维标准去评估和提高我们的思维水平。比如，为了养成检查自己思维清晰性的习惯，当我们向其他人报告自己的观点时，我们可以按部就班地对其进行详细阐述，并给出例子和解释。而当其他人向我们表达他们的观点时，我们也可以要求他们按部就班地就其内容进行详细阐述、给出例子并予以解释。关于其他标准的使用问题，我们可以通过养成类似的习惯，并定期地评估自己的状态，以确定那些习惯是否养成以及养成到何种程度来实现。我们可以也应当通过练习发展出一种大脑内部的监控力量（往往以内部声音的方式出现），这种监控力量要能引导我们对他人和自己进行常规性的质疑。

观念检核与实践 **对日常的批判性思维变得习惯**

在接下来的七天内，写下某些你每天都在做的事情。这些事情必须是能让你发展出进行良好思维能力的东西，然后每天完成一遍以下陈述。

1. 今天我进行了以下思考／采取了以下行动，它们能证明我致力于成为一个批判性的思考者：＿＿＿＿＿＿＿＿＿＿＿＿＿＿＿＿＿＿＿。

2. 在我开始学习批判性思维之前，碰到类似的情景我通常会按以下方式行事，而不是我在第一点里描述的行事方式：＿＿＿＿＿＿＿＿＿

＿＿＿＿＿＿＿＿＿＿＿＿＿＿＿＿＿＿＿＿＿＿＿＿＿＿。

3. 我的新的思维／行事方式更好，因为＿＿＿＿＿＿＿＿＿＿＿＿＿＿＿。

▶ 生活中的批判性思维

培养出一个训练有素的头脑——一个为它自己的内部运作质量负责且不断寻求自身能力提升的头脑——要以两个存在重叠但也存在区别的原则为前提。我们对自己大脑的机制必须形成深度的理解，概念、原则以及为这一目标服务的理论在本书中都予以关注。然而，只阅读这些概念、原则和理论是不够的，我们必须将其内化到这样一种程度，那就是在常规情况下，为了保证和提升自己思维的质量，我们能发展出各种独特的策略为其服务。当我们并没有将其内化到足以有效地提升自己思维的良好程度，它们对我们来说用途就不大，甚至是没用的。

可靠的策略性思维是这样一种思维，即从理论层面选择一个原则或观念，追踪它在实践层面的意涵，发展出一套行动方案，这一行动方案必须是设计用来提升我们所思、所感以及所为的质量的方案。逐步随着你弄清现在主宰自己生活的行为和思维类型，那么接下来重要的问题则是：你将如何选择重要的观念，然后使其在自己的思维中发挥作用，使你的行为和情感生活变得更好？你该如何将抽象的理解变成具体行为的提高？只有当你按部就班地完成策略性思维——在本章中所描述的那些策略性思维——你才能开始在作为一个思考者方面有明显的提升。

▶ 内省时刻

总结你从本章以及前面章节中学到的关键思想。按照以下方式写下答案。

❶ 通过对本章的理解，我所内化的主要策略是＿＿＿＿＿＿＿＿＿＿。

❷ 这些策略很重要，因为＿＿＿＿＿＿＿＿＿＿＿＿＿＿＿＿。

❸ 按这种方式下去，我将来的生活会很不同，因为我内化并开始在我的思维中运用了这些策略：＿＿＿＿＿＿＿＿＿＿＿＿＿＿。

❹ 我正通过以下方式来汇总我从本书中学到的观念：＿＿＿＿＿＿＿。

❺ 这很重要，因为＿＿＿＿＿＿＿＿＿＿＿＿＿＿＿＿＿＿。

北京阅想时代文化发展有限责任公司为中国人民大学出版社有限公司下属的商业新知事业部，致力于经管类优秀出版物（外版书为主）的策划及出版，主要涉及经济管理、金融、投资理财、心理学、成功励志、生活等出版领域，下设"阅想·商业""阅想·财富""阅想·新知""阅想·心理""阅想·生活"以及"阅想·人文"等多条产品线，致力于为国内商业人士提供涵盖先进、前沿的管理理念和思想的专业类图书和趋势类图书，同时也为满足商业人士的内心诉求，打造一系列提倡心理和生活健康的心理学图书和生活管理类图书。

阅想·心理

《理性思辨：如何在非理性世界里做一个理性思考者》

- 英国畅销哲普大师、畅销书《你以为你以为的就是你以为的吗？》作者朱利安·巴吉尼最新力作。
- 以一种更温和的理性去质疑和思辨，会更有力量，也更有价值。

《思考，让人成为人：人类思想的起源》

- 大胆挑战当今世界广为流传的心智计算理论，以哥白尼式革命的视角，揭开人类思想起源与发展之谜！
- 回到生命之初，探索人类是如何在与他人的互动中、在社会摇篮中，一点点、一步步发展出自我意识，发展出语言和思维、道德和文化这些人类特有的品质和能力的。

《利他实验：人类真的只关心自己吗》

- 深耕利他主题研究近 40 年的权威心理学家倾情之作，探微人性千年之辩的终极追问，破除利他与利己的认知迷障。
- 以侦探小说般的写作手法，探索利他行为动机的心理机制，直击人性古老问题——我们关心他人是发自内心，还是出于私利？

《好奇心：保持对未知世界永不停息的热情》

- 《纽约时报》《华尔街日报》《赫芬顿邮报》《科学美国人》等众多媒体联合推荐。
- 一部关于成就人类强大适应力的好奇心简史。
- 理清人类第四驱动力——好奇心的发展脉络，激发人类不断探索未知世界的热情。

《思维病：跳出思考陷阱的七个良方》

- 美国知名思维教练经全球数十万人验证有效的、根除思维病的七个对策；
- 拆解一切思维问题，助你成为问题解决高手。

《人性实验：改变社会心理学的 28 项研究》

- 人性真的经得起实验和检验吗？
- 一本洞察人性、反思自我、思考社会现象的醍醐灌顶之作。
- 影响和改变了无数人的行为和社会认知的 28 项社会心理学经典研究。

《妙趣横生的认知心理学》

- 这是一本通俗易懂且知识点较全面的认知心理学入门读物，作者深入浅出地剖析了人类认知加工的注意力、情绪力、记忆力和思考力，理论介绍和实操方法完美结合，为读者提升学习和工作效率提供了认知心理学的核心路径。
- 中国科学院心理研究所所长傅小兰、北京大学心理与认知科学学院教授苏彦捷、复旦大学心理学系教授张学新、北京大学心理与认知科学学院副教授陈立翰、中国指挥与控制学会认知专委会常委林思恩联合推荐。

《说谎心理学：那些关于人类谎言的有趣思考》

- 樊登读书 2018 年度好书《好奇心》作者又一力作。
- 多视角剖析说谎行为在人类进化史中的作用与意义。
- 有趣有料，彻底颠覆你对人为什么要说谎这件事的认知。

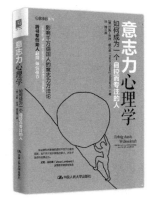

《意志力心理学：如何成为一个自控而专注的人》

- 影响千万德国人的意志力方法论。
- 让你比别人多一些定力和自控力，在成功的路上走得更远。
- 著名心理咨询专家汉斯 - 乔治·威尔曼将帮助我们通过学习 12 个"意志力好助手"，逐步理解并掌握增强意志力的方法，更有针对性地运用意志力，从而将计划付诸实践。

《心由境造：人人都能看懂的环境心理学》

- 用意象对话揭示环境与人心的微妙关系，学会与环境和谐相处。
- 苏彦捷作序推荐，訾非、吴建平、田浩、徐钧联袂推荐。

《幸福的重建：回归疗法入门（第2版）》

- 著名心理学家、意象对话疗法创始人朱建军和意象对话督导师曹昱创建的回归疗法，探索烦恼的本质、存在焦虑的来源，希望能帮助人们找到通往快乐、幸福的路径。
- 回归疗法把人的心理和行为的步骤分为六个环节，从根本上探讨了烦恼的渊源与流变，提出了回归本来、物我两忘的路径，内容深刻，语言简要平和。

《情绪词典：你的感受试图告诉你什么》

- 用中国人更容易理解的方式解读160多个人类的感受和情绪。
- 帮你更好地识别情绪的语言，准确捕捉内心体会，让人际交往更从容。
- 张伯源、贾晓明、丛中、张焱联袂推荐。

我得承认，我们所讲过的书是有层次区别的。有些书轻松、活泼、愉快，给我们提供一个工具或者让我们能够莞尔一笑；有的书深沉、厚重，让我们不断地反思、不断地反省、不断地进步。这本《思辨与立场》，我认为就属于后者。

这本书是两位享誉全球的批判性思维研究领域专家理查德·保罗和琳达·埃尔德的权威力作。他们把通俗易懂和实用的批判性思维方法与实际社会情境和问题相结合，并且在书中列举出了大量真实的案例供我们参考、学习。这本书能让我们了解什么是真正的批判性思维、我们为什么需要批判性思维，以及如何培养批判性思维等核心知识和方法。

当我在2018年第一次读到这本书时，就觉得它很有可能是我当年读过最能引发我反思的一本书，所以我特别希望也坚信它能够成为一本重要的书籍。

我相信很多人都曾听说过批判性思维，但是当我跟身边很多受过良好教育的人聊起批判性思维的时候，我发现他们和曾经的我一样，都对批判性思维有着天大的误解。

什么是批判性思维？这个问题我问过很多人，他们的回答通常是不要轻易接受别人的意见。比如，当别人和你说一件事的时候，你需要批判性地接受，需要反思，需要看对方有没有逻辑上的漏洞，等等。所以，在如此理解批判性思维之后，很多人就把自己变成了一个"杠精"，一个特别喜欢跟别人抬杠、找缺点、找毛病的人。

事实上，批判性思维的核心是要批判自己的想法，不断地反思自己的想法，即：在任何情境中都能采取恰当的自我引导、自我训练、自我监控、自我矫正的思维。与其说批判性思维是我们每次思考时要额外增加的东西，不如说它应该是我们做每件事时最好能够采取的方式更恰当些。

为什么这么说呢？因为当我们产生思想伊始，我们的大脑就已经出现了文化的遮蔽性。比如说我出生在陕西，我天然地认为陕西的面条最好吃。结果我上大学时遇到班上一位四川的同学，非得跟我争论说四川的面条最好吃。我当时就怒不可遏地说："你难道不会吃东西吗？陕西的面条这么好吃你吃不出来？"这就是文化的遮蔽性。

当我们带着这样天然的惯性思维时，当我们的大脑中有很多自己完全没有意识到的遮蔽性想法时，你就失去了思维的公正性。

也就是说，同一件事情，你会用双重标准，对待别人和对待自己的尺度是不一样的。这乍看起来似乎没错，好像大家都是这样做的。但事实上，这不是高级的思维方式，真正高级的思维方式——批判性思维告诉我们的才是一切正确思维的根本。

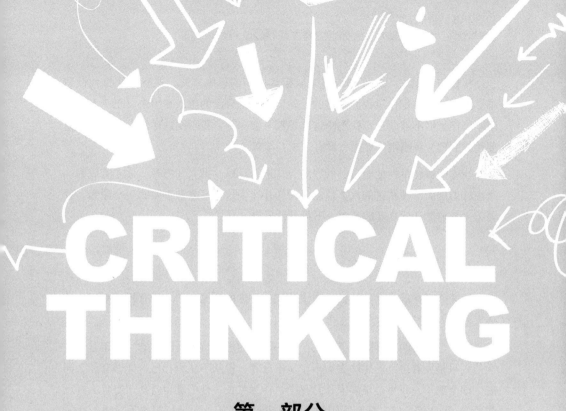

CRITICAL
THINKING

第一部分

什么是批判性思维

TOOLS FOR TAKING CHARGE
OF YOUR PROFESSIONAL
AND
PERSONAL LIFE

在任何情景之中，你都能够采取极其恰当的思维方式，这就叫作批判性思维。批判性思维是针对我们自身的，是要经常把自己的想法拿出来反思一下：我刚刚这样想够不够公正？我刚刚这样想够不够深刻？我刚刚这样想是不是满足重要性的原理？我刚刚这样想有没有逻辑？等等。

当你能够经常性地对自己的思维方式进行反思、批判和提升，你才能成为一个在智力层面不断精进的人。这就是我为什么说这本书非常重要的一个原因。我希望大家能够认认真真地了解一下批判性思维。

1. 思维的三个层次

无论你现在的水平如何，你应该认识到，你的思维水平永远有提升空间。总体来看，人的思维可以分为三个层次。

第一个层次叫思维的较低层次。这一层次的思维特点是无反省。处于这一层次的人只是凭着自己的想法去做事，从不反省，也从不认为自己这样做有什么问题。举个例子，我见过很多家长打孩子。作为家长，他们觉得打孩子有什么好反省的："我打孩子肯定是有原因的，难道还打错了吗？"他们根本不觉得打孩子有问题，根本没有思考过自己该不该去实施这样的暴力行为？类似这种低技能混合而成的水平，做事经常依赖直觉，具有很大程度上的自利特征和自我蒙蔽性，这就是我们说的思维的较低层次。

第二个层次叫思维的高级层次。这一层次的显著特点是选择性反思。具有这种思维的人会怎么做呢？尽管他们有着比较高的思考技能水平，但是他们缺乏一贯的公平合理性，很有诡辩方面的技巧，这种人通常有自我蒙蔽性，对待自己和别人是采用双重标准的。

在对待别人的时候，他们特别讲究逻辑，特别讲究公正，特别讲究自己这套思辨性的体系。但是对待自己的时候，他们有各种各样的理由说自己跟别人不一样，反复强调自己不是这样的。所以，他们虽然具备思维的能力，但他们并不具备真正的批判性思维。

第三个层次叫思维的最高层次。这一层次的特点是反省外显化。什么叫反省外显化？"我如果做错了，我要告诉别人，我知道自己这件事做得不对，我不怕公开认错，我得让别人都知道"，这就叫作反省外显化。举个例子，稻盛和夫在经营公司时总是遵循一个原则——做一家透明的公司。透明的公司是什么？就是什么事都可以被大家看到，包括财务、人事、任免、安排、经营理念、企业文化等，都要告诉大家，这就称为反省外显化。同时具备最高水平的思考技能，一贯的公平合理，这就是我们所说的真正的批判性思维。

所以，在我们后面提到批判性思维的时候，不再特意说明指的就是思维的最高层次——批判性思维的方法。我们可以给大家简单地描述一下达到这种思维层次的人是什么样的人。

第二次鸦片战争时期，英法联军到中国大肆搜掠，洗劫了圆明园。当时有一个参与抢劫的人回国后写信给大作家维克多·雨果，说："我们这次收获太大了，你没跟我们一起，你真是吃大亏了，你看我得了多少好东西。"他甚至给维克多·雨果列了一份抢得财物的清单。他以为雨果会对他的行为表示赞许和羡慕，结果雨果在给他的回信中说："你们做的这件事情让法兰西特别丢脸，你们是在做强盗，你们非常无知，而且极其无耻。你们给一个伟大的民族造成了巨大的伤害，你们竟然还有脸到处宣扬！"

作为中国人，我们听到雨果表达的想法，如果我们从中国人的角度理解，会觉得雨果是个好人。那如果从法国士兵的角度理解，很可能认为雨果的言论是胳膊肘往外拐。如果你认为雨果的言行是胳膊肘往外拐的话，那么你就不具备批判性思维，因为你考虑的是私利，是狭隘的立场问题。但是从一件事的是非角度来讲，你会发现雨果是一个具有高级的批判性思维的人。他能够从是非曲直角度来看待这件事，而不是单纯地站在法国人或者中国人的视角来看待这个问题，这就是最高层次的批判性思维的特征。

2. 批判性思维的认知特质

那么，我们的目标就是要通过逐步的训练，让我们的思维水平达到高层次的批判性思维的水准。要做到这一点，首先要清楚批判性思维包含哪些特点，即批判性思维的认知特质。这里我们就清晰地界定一下，具备哪些认知特质才能被称为具备真正的批判性思维。这里我们将列举七个典型的认知特质。

（1）认知谦逊

首先你要做到认知谦逊，你就得承认自己的无知，承认自己不是什么都知道。当你能够做到这一点的时候，你才有进步的可能性。在这里我要恭喜各位书友，当你们决定要通过阅读或听课来学习的时候，这就说明你是具备认知谦逊的。

那与之相对的是什么？是认知自负，就是凡事秉持"你不用跟我说，这事我都知道"的态度。比如，"我做生意都多少年了，这点事我还不懂吗？"我见过很多企业家，一开始跟我们沟通的时候，就说"读那些书都没用，那些书都是骗人的，那些写书的人还没我有钱。你看，我做生意赚这么多钱，还让我读他们写的那个商业的书，不可能"。这就是认知自负。认知自负与公正性水火不容，因为当你对对方抱有成见时是不可能做出公正判断的。

当你处于认知自负状态的时候，你是不会认为自己有错的。你相信自己懂得的东西比实际知道的东西更多，不会认为自己需要进步，或者需要提升自己的思维。所以，批判性思维的认知特质中的第一条就是认知谦逊。

（2）认知勇气

认知勇气就是我们愿意挑战自己的信念。当我们拥有某个信念后，就特别希望它是真的，特别希望它不要变，但事实上你需要经常性地发现自己过去哪里做得不对，或者过去哪里说得不对。同时，我们能够意识到，对于那些我们过去抵触或不愿意倾听的信念、观点，敢于面对并且能公正地对待它们，这是非常有必要的。

我在读完了这本书以后，再去跟公司员工沟通的时候，我觉得自己有了一个巨大的进步，就是我曾经跟员工讲，之前我一直强调要大家维护公司的利益，我现在发现这种做法并不妥。当我们让大家维护公司利益的时候，其实就失去了公平性，那样会导致为公司树立众多敌人。跟你合作，你总是维护自己公司的利益，就没法公允地对待我们的合作方，这显然颠覆了我过往对于公司管理的认知。我认识到这一切的核心就是我觉得你要有勇气去做这件事。

与之相对应的是认知怯懦。认知怯懦就是因为我们在面对和我们不一致的思想时，可能会对那些在我们看来存在危险的信念，或者与我们个人所认同的思想存在严重冲突的思想，感到恐惧而不敢质疑。对我们过去知道的事不敢或不能问，像"地心说"和"日心说"，在教会认为世界以地球为核心的时候，没有人敢于挑战，没有人敢于想象，即使知道了也不敢说，或者有怀疑也不敢说。

但你知道谁敢挑战吗？先驱并不是哥白尼。我最近看了一本书发现，达·芬奇在他的笔记上曾经写过太阳不动，然后其他星星绕着太阳转，这是达·芬奇最早提出来的。而对于这件事情，达·芬奇仅仅是写在了他的手稿上，并没有公布于众。当他在笔记上记录的时候，哥白尼还是个孩子，所以这也叫作认知勇气。你有认知勇气，你才能够去挑战自己过往已经建立起来的认知，这非常需要勇气。

（3）换位思考

换位思考就是你能够拥抱对立的观点。自己需要并且能够设身处地站在他人的立场考虑问题，从而真诚地理解他人。

与之相对的是思维的自我中心性，就是一个人思考任何问题都是从自身角度出发，此时会发现自己永远是对的，永远可以把自己做的所有错事合理化。一切以自我为中心思考问题，你是没法接受跟自己完全不一样的观点的，尤其是对立的观点。别人的需求在我们自己的需求和欲望得到很好地满足之前是不会被重视的。

试图准确地从别人的观点出发进行思考是很困难的，你能够换位思考的程度直接影响着你的生活质量。

（4）认知一致

认知一致就是确保自己思维的理性，对自己跟对他人持有相同的标准。

与之相对应的叫认知虚伪性，用一句俗语形容就是"只许州官放火，不许百姓点灯"。认为我可以这样做，你做就绝对不行。所以，认知虚伪性常常意味着在思维和行为背后起作用的是自我中心思维。

我有一个朋友特别有意思，他每次跟别人做生意就经常指责那个人没道德。我说生活中你不能随便说别人没有道德，不要做这种前提性的评判。为什么说别人没有道德呢？不就是他没能从别人那里多赚一点钱嘛，他说自己多赚别人钱是因为要生存，别人多赚他的钱就变成了："我这个需要钱，那个也需要钱，被别人多赚了钱，我还怎么活不下去！"你看，这就是两套标准，典型的认知虚伪性。

（5）认知坚毅

认知坚毅是指能够认识到要解决的问题存在着令人沮丧的因素和复杂性，但是我们并不放弃，即使面对他人非理性的反对也能坚定地遵循理性的原则。

与之对应的叫认知惰性，就是一种天生的自我中心倾向。"这么复杂，算了算了，这太难了，一天到晚活得累不累"。当我们要求说"你需要有批判性思维，你要认真地思考这个问题"的时候，他会觉得不用那么费劲，凭感觉就行，只要自己感觉对了什么都是对的，这就是认知惰性。他们不愿意去追求科学，不愿意去追求公正，也不愿意追求逻辑。所以，你要知道在我们学习的过程当中，一定会伴随复杂性和沮丧感。你得有一股勇气，你得有一股坚毅的力量才能做得到。

（6）依赖理性推理

依赖理性推理就是我们相信依靠推理就能够形成有深刻见解的观点，得到合理的结论，形成清晰、准确、中肯且符合逻辑的思路，让我们成为理智的人。

与之相对的就是怀疑推理和情绪化，他们信赖自身信念系统中有瑕疵的事实。面对问题时，依赖本能的指引。比如说邪教，邪教的典型特点就是局外人一眼就能看出来那是骗人的，整天教你长生不老，可他自己都死了，他却教你长生不老，这个逻辑根本说不通。但是信众就觉得"我热爱他，我追随他，我愿意如何如何"，完全丧失了对于理性的认知，对于推理的这个依赖性就没有了。

（7）思维自主

思维自主就是成为独立的思考者。就是在思考时坚持相应的标准，不依赖于他人的目的和方向，能够独自对抗那些反对证据和合理推理要求的人群。这样的人不会去非理性地依赖他人，也不会被情绪所控制，更不会被动地接受他人的观点和信念。

与之相对应的就是思维从众或认知的依赖性。认知的依赖性致使人们像镜子一样简单地反映身边人的信念和价值体系，缺乏按照自己的方式去思考的认知驱力和技巧。他们是思维上顺从的思考者。

我现在经常发现，在线下见面的很多书友会过来跟我说："樊老师，你说得特别对，我现在就听你的，你说什么我都信。"我说："你可千万不要这样说，我讲这么多书的目的就是希望你能够不要见谁都信。"所以我们做帆书，我们讲书，我们一本一本地介绍与科学、心理学相关的精品书，就是希望大家不要依赖任何一个人，不要觉得最好能有个人告诉我答案。

为什么生活中有那么多人遭遇诈骗，而且被骗那么多钱？为什么发一个帖子说不转这个帖子就怎么样，然后就有无数人转发？这就是因为缺乏独立自主思考的能力，才会过度地依赖那些所谓的权威。但是，思维自主和成为独立思考者是一件非常困难的事。你得把前面那些事都做好，才有可能做到这一点。

以上七个认知特质不是单独存在的，它们是相互依存的：你得有认知谦逊，才可能有认知勇气，才能做到换位思考、认知一致和认知坚毅，同时你能够学会依赖理性的推理，并且做到思维自主。这是每个人都需要的一套体系，只有这样我们才能够做到具备批判性思维。

更详细的批判性思维认知特质，可参考图1–1。

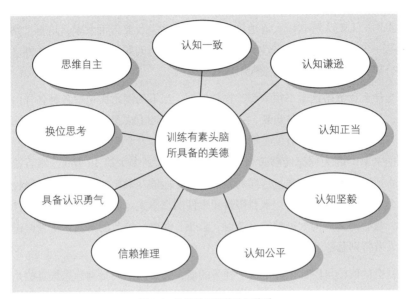

图1–1　批判性思维的认知特质

那么如何突破培养批判性思维的挑战呢？第一步的方法，就是监控自我中心主义。如果你能够监控自我中心主义，对公平性做出评判，对你自己思维的公平性做出承诺，那么你就能够逐渐走出自我蒙蔽者的套路。

这里有一段很令我警醒的话，我当时看完，就把它记录在了我的微信上。有的人经常会这样想："我的思维不至于那么糟糕，实际上很长时间以来，我的思维都很良好，我质疑过很多事情，我没有偏见，另外我很具有批判性，并且我与很多我所知的自我蒙蔽者是不一样的。"如果我说这些话时你心里也有同感，你觉得"樊登老师是在说别人，而我不是这样的人"，那好，我告诉你，如果你按这种方式推理自己，你就会成为大多数自我蒙蔽者中的一员。如果每个人都像我说的那样思考，这个世界将会变得更美好，这样的观点是主流观点。

拥有这种思维的人，无论是否受过高等教育，在人群中是广泛的存在。没有证据表明，人们的反思性和受教育程度相关，反过来你会看到很多受过高等教育的人，照样去跟别人搞传销，那些搞传销的骗子经常去大学里拉人头。大学生学过很多知识，受过很好的教育，但他们在思维方式上没有受过专门的训练。所以，我们首先要知道，我们的思维是很不容易变得具有批判性的，我们的思维通常是有惯性的，因为我们的大脑有一个特点就是省力，我们称之为认知吝啬鬼。

我们的大脑能不用力就不用力，能用惯性就用惯性。所以，查理·芒格在其所著的《穷查理宝典》一书中会总结出一个人类误判心理学，所列举的内容就是告诉我们，人们太喜欢随大流地给出结论了。这里我要告诉大家，培养批判性思维的第一步就是要承诺公平性。以后自己思考任何问题，首先要考虑这件事究竟是否公平？这件事是不是我意气用事？

为什么我觉得这本书很重要？你看一下，当下的网络舆论中各种各样的热点事件，只要一个热点事件出现，一定会有大批人冲上去扔砖头。这个扔砖头的过程，有的是发泄情绪，有的是浑水摸鱼，有的纯粹就是为了写一些让人内心产生愤怒的文章。因为愤怒能够带来大量的转发，达到多少篇10万＋，然后就开始打广告或卖货，变现赚钱。这样的人为了自己能够获取广告收益，不惜牺牲当事人的公平性，甚至扭曲事实来对待新闻事件的当事人。似乎每一个新闻事件的当事人，最后都会成为大家嘲笑、调侃、恐吓、讽刺、挖苦的对象，这种舆论环境让人看着特别悲凉。

社会的舆论氛围如果都是这个样子的话，那我们距离批判性思维真的是越来越远了。所以，我在这里大声疾呼，大家要好好地思考一下公平性，这是迈向批判性思维的第一步，也是极其重要的一步。

发展我们的思维中最重要的一项技能组合就是对思维要素的理解，也就是说，当我们将自己的思维看成一个个要素时，我们就能更好地发现自己思维中存在的问题。接下来让我们看一看思维都包括哪些要素。

3. 思维的八个要素

每一种思维都具备以下一些要素，哪怕你只是简单地说一句"我爱你"，也是一种思维的产物。这里可以提炼出思维的八个要素，如图1-2所示。

这八个要素其实并不难理解。

你讨论任何一件事，都是基于某些数据和信息，所以信息就是第一要素。你做事、说话或做评判，必然有你的目的和目标。我们讨论的议题是什么？这就是关键问题。你要得出什么样的结论，这就是解释与推断。而这些解释与推断必然是建立在一些重要概念之上的，这就涉及你的假定和前提。

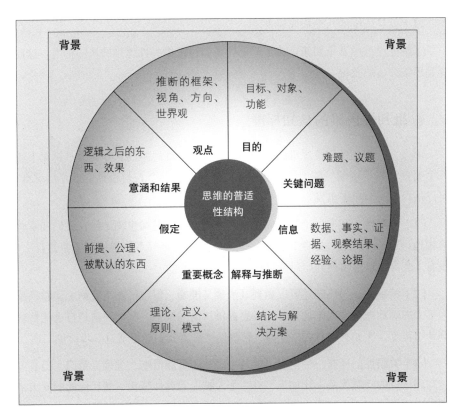

图 1–2 思维的八大要素

举个例子，你看到水沟里躺了一个人，有人说那是个流浪汉。当他说那是个流浪汉的时候，他的前提是什么？他虽然没有说出口，但他之所以这么说的前提是只有流浪汉才会躺到水沟里。而其他人看到水沟里躺了一个人，他说那个人需要帮助。那么他的前提是什么？他的前提是无论谁躺在水沟里，都是需要帮助的。这就是两个完全不同的前提所得出的不同结论。

所以，在每个人的脑海当中，其实都有很多隐含的前提。尽管别人不知道，自己也没有感觉，却轻易地得出了结论。所以说，前提是一个极其重要的要素。

再者是意涵和结果。意涵就是意义和含义。这件事情隐含的意义是什么？比如"我爱你"，它隐含的含义就是我愿意跟你生活在一起，我愿意长时间地跟你待在一起，我愿意把我的钱给你花，我愿意跟你成为一个经济共同体，甚至我们可以生一个孩子，这就是意涵和含义。

最后就是输出你的观点，告诉别人你的观点是什么。

以上就是思维的八个构成要素。

了解完思维的八个要素，接下来就让我们讨论批判性思维的认知标准，这同样是思维评估的关键。

4. 批判性思维的认知标准

那么，什么是批判性思维的认知标准呢？批判性思维的认知标准是针对上述八个要素需要了解的一些思维特征。我们今后评判一个人是否具备批判性思维，可以从以下几个角度出发。

（1）**清晰性**。我们讨论某个问题是否清晰，是不是稀里糊涂的？我们经常会模糊地讨论一个问题，结果讨论来讨论去，我们甚至都不知道问题究竟是什么。没有人去界定这件事便开始讨论，就很容易发生争吵。

（2）**精确性**。一段陈述可以做到既清楚又准确，但很可能不够精确。精确是为某人准确地理解某段陈述是什么意思提供所需的细节。我们要清楚自己能精确到什么程度，比如有没有数据支撑。精确性关系着我们能不能进一步讨论问题。

（3）**关联性**。还有一种情况，就是一段陈述可能清晰、准确且精确，但有可能却和讨论的问题无关。比如说，有一个人被人起诉性骚扰，然后他的朋友出来帮腔说这个人不会性骚扰。为什么呢？因为他业务能力很强，他是个好人。这两件事显然没有任何关联性。

那我们在日常生活中讨论问题，经常会说"谁谁说的话我觉得是不对的"。为什么这么认为？因为我觉得他人品不好。孔夫子在《论语》中曾说"不因人废言，也不因言废人"，讲的就是这个道理。你不能够因为一个人的私德有什么问题，或者你听说过这个人曾经做过什么坏事，就断言说这个人的观点是不对的。这两者之间没有关联，所以关联性也是非常重要的。

（4）**准确性**。这就是说你表达的是不是事实，是不是按照事物本来的面貌呈现的。比如，当我们看到一个帖子，让你觉得很愤慨——有时候我也会这样，会觉得这是人干的事吗？你忍不住就会被那个文字撩动，你会觉得这人太不像话了，不行，我得转发一下，觉得不转发不足以平民愤，你实在太生气了。但这个时候如果你能够冷静地想一下：这个帖子说得准确吗？万一不是真的呢？万一这里有什么出入呢？所以，准确性跟精确性还不一样。精确性是再往下深一步，我们去看看那个具体的数字，而准确性就是真的假的你都不知道，说不定根本没有这回事，是子虚乌有还是添油加醋地炮制出来的。所以，我们都不是新闻当事人，我们也不是机关单位，当我们没法了解细节的时候，如果我们轻易地去谩骂或人肉搜索，就丧失了公平性，也丧失了我们所说的准确性。没有准确性就谈不上公平性。

（5）**深度**。一段陈述可以清晰、准确、精确且具有关联性，但是却很肤浅，缺乏深度。只有你的思想足够深邃，才能识别出复杂问题并指出问题每个层面的复杂性，此时我们才会更好地思考一件事。在生活中这样的情况很多，比如说这个孩子不听话怎么办？教训他？肤浅。我们会觉得，只要不听话就应该教训，这是理所当然的事情。作为一个父亲怎么能不教训孩子？但如果你稍微深入想一想，你去学习一些关于教育孩子的知识，学习一些心理学的基本理论，你才有可能深入地了解这个孩子为什么不听话。他是缺爱，不是缺教训。有可能你越教训他，他长大了越叛逆，但是因为你不愿意了解，你无知，你缺乏去深入讨论问题的能力，你就只能够停留在肤浅的表面。

（6）**广度**。跟广度相对应的就是狭隘。如果我们思考一个问题，只从最小、最窄的角度去考虑，我们就没法看到更广阔的范围。我经常对一些年轻人进行就业辅导，他们对待就业问的第一个问题通常是这份工作累不累。找工作首先考虑累不累，其实是很狭隘的；或者有人会问做这份工作能挣多少钱，衡量一份工作的标准首先看薪酬高低。

那天我表妹在北京找工作，她去了好几个地方面试，我问她结果怎么样。她说选中了一家做传统行业的外企。我就问她："你为什么选这家企业呢？"她说："办公室的装修特别豪华！"年轻人会觉得办公环境豪华就特别了不起，但实际上如果你能够把思维的广度稍微拉开一点——不是说我们不能够考虑工作累不累，也不是说我们不能够考虑薪资待遇，或者不能够考虑办公室好不好，而是希望能考得得再更广阔一点，你会发现发展机会很重要，能不能学到东西很重要，行业的发展方向很重要，你自己对从事这份工作的意义感和价值感很重要。这些东西就是增加了我们讨论问题的广度。所以，如果广度不够，只在狭隘的方面去讨论，我们就会陷入诸多纠结和烦恼之中。

（7）**逻辑性**。就是你的思维要相互支持且有意义，你不会自相矛盾。与之相对应的就是思维互相不支持，就是推理不通，用什么大前提、小前提、三段论根本推理不过去，最简单的逻辑推理都说不通。

苏格拉底当年在古希腊时得罪了很多人，他用这样的方法不断地揭示出别人观点中逻辑不通的地方，就是我用你的话打击你后边所说的话，你会发现你自相矛盾。所以苏格拉底为什么招人恨呢？就是他让很多人都看到了自己思想肤浅的一面。

（8）**重要性**。某个问题虽然是可以讨论的，但这个问题是不是目前的重点问题？是不是有更重要的话题需要讨论？在工作和生活中，我们过于频繁地围绕那些紧迫的事务了，导致不能围绕重要的事务开展工作，从而为此付出了代价。在生活中你会发现，比如说高铁占座这样的事，在今天看来就特别重要。为什么呢？因为出了一个奇葩的人，一下子吸引了大家的关注，觉得那些占座的人太没道德了。但是高铁占座这件事真的有那么重要吗？在众多的社会生活中为什么会被放大呢？这就是我们在心理学上讲的鲜活性原理。当这件事刚刚成为新闻热点，鲜活地出现在我们面前的时候，我们会觉得这件事更重要，比那个没有在我面前出现的事要重要得多，这是鲜活性导致的认知偏见。所以，这会导致我们在一些不重要的事情上浪费太多笔墨。

（9）**公平性**。跟公平性相对的就是偏见。当我们想要弄清楚问题的时候，要依据理性进行思维，因为人类思维中自我蒙蔽的天性力量太强大了。

我们可以根据以上几条标准的释意得到一幅关系图，如图1-3所示。

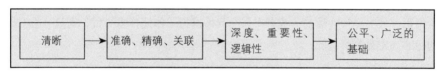

图 1-3　思维要素关系图

那么，为了搞清楚这些标准，我们需要学会问自己一些问题。这里我们列了一份问题清单，我希望大家能够收藏下来，作为参考。

当你要了解清晰性的时候，你可以问：

● 你能详细阐述吗？

● 你能阐释你是什么意思吗？

● 你能给我举个例子吗？

● 准确性呢？

● 我们能如何检查那些东西？

● 我们能如何找出那些是否正确？

● 我们能如何澄清或检验那些事？

当你想了解精确性的时候，你可以问：

● 你能否更具体一些？

● 你能否给我进一步的细节？

- 你能否更准确一些？

当你想了解深度的时候，你可以问：

- 是什么因素让这些变成了一个难题？
- 这个问题的某些复杂性是什么？
- 我们需要处理的一些困难是什么？就是不要只看表面现象，我们要想到这深度的东西是什么？

当你想了解关联性的时候，你可以问：

- 那些事情跟这个问题是如何关联在一起的？
- 那些事情对问题有什么影响？
- 那些东西怎样才能在我们的议题上有所帮助？

当你想了解逻辑性的时候，你可以问：

- 所有这些放在一起讲得通吗？
- 你的这一节和后面一节能衔接吗？
- 你所说的与相关的证据吻合吗？以此来检验逻辑性。

当你想了解重要性的时候，你可以问：

- 这是需要考虑的最重要的问题吗？
- 这是需要聚焦的中心思想吗？
- 这些事实之间哪些是最重要的呢？

当你想了解广度的时候，你可以问：

- 我们是否需要从另一个不同的角度来看待它？
- 我们是否需要考虑另一个观点？
- 我们是否需要用另一种方式来考察它？多去想想过去、现在、未来，多去想想我们身边、整个社会甚至国际环境，这就是拉开广度。

当你想了解公平性的时候，你可以问：

- 在这个情景中我的思维公正吗？
- 我的假设获得证据支持了吗？
- 在给定的情景中我的目的公平吗？

这份问题清单会对我们提高思维的批判性有很大帮助。当你跟别人讨论一个问题的时候，你可以慢下来，不需要那么着急地回应，你可以按照这份清单一个一个地捋一下，你就能够看到这个问题应该朝哪个方向去讨论。如果发觉是自己错了，你可以大方地承认，这才是真正的讨论。

这里我们可以将批判性思维的标准、要素和认知特质之前的关系整理如图1-4所示。

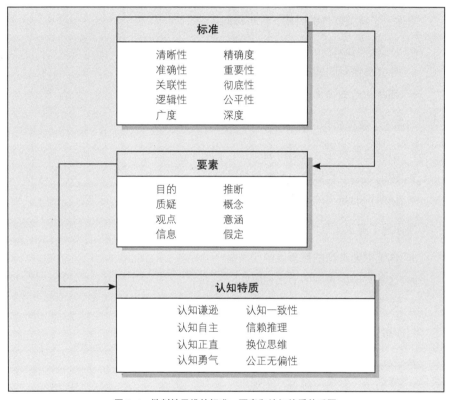

图 1-4　批判性思维的标准、要素和认知特质关系图

大家都知道，我参加过国际大专辩论会，还得过冠军。现在想想，其实那时我们都是在诡辩，明明知道这个论题不对，这个论题被极端化地变成了两个对立的命题，然后为了捍卫自己一方的正确性，就不断地去攻击对方。作为一种思维训练，这样做并不算错，这是一种练习的方法，就好像打乒乓球一样，你需要不断地训练。但是，如果把这种辩论的方式变成我们生活中的习惯，那将成为一场灾难。因为你总有理由证明自己没有错。我扭转这个思维路径花了很长时间，慢

什么是批判性思维

思维的层次
- 低层次：无反省、直觉、自我遮蔽
- 高层次：有选择反省、高技能、诡辩技巧
- 最高层次：反省外显化、最高水平技能、一贯公平合理

批判性思维的认知特质
- 认知谦逊：承认自己无知
- 认知勇气：愿意挑战自己的信念
- 换位思考：拥抱对立的观点
- 认知一致：不双重标准
- 认知坚毅：消解复杂性和沮丧
- 信赖推理：认识自身推理的价值
- 思维自主：成为独立思考者

思维的要素
- 目的：理解对象的理由
- 观点：推断的框架和聚焦角度
- 概念：赋予某物的观念
- 关键问题：待解决议题
- 信息：一些事实、数据
- 推断：心智活动的步骤
- 假定：对对象的初步认识
- 意涵：思维背后引申的部分

思维的标准
- 清晰性
- 准确性
- 精确性
- 关联性
- 深度
- 广度
- 逻辑性
- 重要性
- 公平性

自我理解
- 现有思维限制我们的发展
- 思维：判断趋势

生活中无处不在的批判性思维工具

- **为何要培养批判性思维**
  - 心智的三个功能
    - 情感：定性
    - 欲求：激发行动
  - **决策的艺术**
    - 评估自己的决策：即刻满足和短期收益
    - 决策的备选项
    - 错误地认为某对象是备选项
    - 没能认识到某个备选项的存在
    - 不当决策导致习得性无助
  - **掌控你的自我中心倾向**
    - 自我中心思维
    - 成功的自我中心主义：伤害他人，加剧紧张
    - 失败的自我中心主义：沮丧、顾影自怜
    - 两种自我中心策略：支配他人和服从他人
  - **警惕你的社会中心主义**
    - 你属于什么群体
    - 群体非理性带来的恶果
    - 解决方式：回溯阅读

- **如何培养批判性思维**
  - **做一个进行中的思维提升者**
    - 利用浪费的时间
    - 将思维标准内化
    - 保留一份思维日志
    - 训练认知策略
    - 重塑你的性格
    - 面对你的自我
    - 重新鉴别自己看待问题的方式
  - **道德推理的发展机制**
    - 检验批判性思维的标准：确保公平性
    - 道德原则：己所不欲，勿施于人
    - 道德推理：三大任务
      - 掌握最基本的道德观念和原理
      - 学会区分容易发生混淆的其他领域的思维推理
      - 能够辨别自我中心和社会中心对道德判断的阻碍
    - 被混淆的道德：宗教、社会习俗、法律
  - **企业和组织中的思维**
    - 企业内进行批判性思维的障碍
    - 评估组织中的不合理思维
    - 良好思维的力量

慢地去调整。我见过身边很多朋友是扭转不过来的，因为他长期习惯于对方说什么就反驳什么，对方说什么就下意识地去找一个点去攻击。实际上，这并不一定是具有批判性思维，这往往是缺乏批判性思维的表现。

很多人以为攻击别人、反问别人就是批判性思维。这显然是错误的。如果你不能客观公正地接受一个你搞错了的观点，或者你搞错了而对方是正确的观点，那就不能称为具备批判性思维。

这里介绍一种可以帮助我们打破被共享的错误观念的方法，叫作回溯阅读法。

这里本书作者提供了一个特别有意思的建议，他说如果你只看一个时期的书，比如说你在帆书里看的全是你喜欢的书，或者你看的都是近几年的书，你的思维就停留在近几十年的范围内了。那么不用问，你一定有文化的遮蔽性。因为这个历史阶段就已经遮蔽了你的思维方式。这几十年上下的人通常都有一种思维的惯性和趋同性。

怎样做才能打破这个思维的惯性和文化遮蔽性呢？这里作者给了一份书单，这个书单是从苏格拉底开始，每隔100年就有一批值得看的特别了不起的人物。

这份书单里都包括哪些人呢？全都是很厉害的人物。在此我就列举一下这些杰出人物和作品的书单。

代表人物：柏拉图、色诺芬、亚里士多德、但丁、薄迦丘、弗朗西斯·培根、亚当·斯密、本杰明·富兰克林、简·奥斯汀、查尔斯·狄更斯、巴尔扎克、查尔斯·达尔文、马克·吐温、马克斯·韦伯、萧伯纳、让-保罗·萨特，还有萨特的爱人西蒙娜·德·波伏娃、阿尔伯特·爱因斯坦、伯特兰·罗素、温斯顿·丘吉尔、路德维希·维特根斯坦、皮亚杰、波普尔等，就是每隔一两百年可以列出一份名单。

📖 附书单

1.（至少2000年前）柏拉图（在苏格拉底时代）、色诺芬（在苏格拉底时代）、亚里士多德、埃斯库罗斯、阿里斯托芬的著作。

2.13世纪（超过800年前）托马斯·阿奎纳和但丁的著作。

3.14世纪（超过700年前）薄伽丘和乔叟的著作。

4.15世纪（超过500年前）伊拉斯谟的著作。

5.16世纪（超过400年前）马基雅维利、切利尼、塞万提斯、弗朗西斯·培

15

根以及蒙田的著作。

6. 17世纪（超过300年前）约翰·弥尔顿、帕斯卡、约翰·德莱顿、约翰·洛克以及约瑟夫·爱迪生的著作。

7. 18世纪（超过200年前）托马斯·潘恩、托马斯·杰斐逊、亚当·斯密、本杰明·富兰克林、亚历山大·蒲柏、埃德蒙·伯克、爱德华·吉本、塞缪尔·约翰逊、丹尼尔·笛福、歌德、卢梭以及威廉·布莱克的著作。

8. 19世纪（超过100年前）简·奥斯汀、查尔斯·狄更斯、爱弥尔·左拉、巴尔扎克、陀思妥耶夫斯基、西格蒙德·弗洛伊德、卡尔·马克思、查尔斯·达尔文、约翰·亨利·纽曼、列夫·托尔斯泰、勃朗特姐妹、乔治·艾略特、弗兰克·诺里斯、托马斯·哈代、埃米尔·杜尔凯姆、埃德蒙·罗斯丹、奥斯卡·王尔德、马克·吐温的著作。

9. 20世纪（最近100年）安布罗斯·比尔斯、古斯塔夫·梅耶、亨利·路易斯·门肯、威廉·格雷厄姆·萨姆纳、威斯坦·休·奥登、贝尔托·布莱希特、约瑟夫·康拉德、马克斯·韦伯、阿道司·赫胥黎、弗兰兹·卡夫卡、辛克莱·刘易斯、亨利·詹姆斯、萧伯纳、让-保罗·萨特、弗吉尼亚·伍尔芙、威廉·亚伯曼·威廉斯、阿诺德·汤因比、查尔斯·赖特·米尔斯、阿尔贝·加缪、薇拉·凯瑟、伯特兰·罗素、卡尔·曼海姆、托马斯·曼、阿尔伯特·爱因斯坦、西蒙娜·德·波伏娃、温斯顿·丘吉尔、威廉·J.莱德勒、万斯·帕卡德、埃里克·霍弗、尔文·戈夫曼、菲利普·阿吉、约翰·斯坦贝克、路德维希·维特根斯坦、威廉·福克纳、塔尔科特·帕森斯、让·皮亚杰、莱斯特·瑟罗、罗伯特·莱奇、罗伯特·海尔布隆纳、诺姆·乔姆斯基、雅克·巴尔赞、拉尔夫·内德、玛格丽特·米德、布罗尼斯拉夫·马林诺夫斯基、卡尔·波普尔、罗伯特·莫顿、皮特·伯格、米尔顿·弗里德曼、雅各布·布朗诺夫斯基以及阿尔伯特·艾利斯的著作。

你如果能够下功夫把人类历史长河中这些伟大人物所写的著作——当然它这里边只有西方的，我们可以添加上东方的代表作，东方可以从先秦到近现代，每个时期我们都能够摘一些代表人物的著作来阅读，这时候你思维的厚度和你想问题的角度必然会丰富很多。因为你知道不同时代的人物，以及他们思想中各自的局限性。

我有一个同事，在看完了这份书单以后，就在我们的群里立下志愿，说我这辈子一定要把所有人的书至少读一本，这是一个很有效的锻炼思维的方式。

第一部分中，我们明确了什么是批判性思维。接下来我们要讲述的是为什么要培养批判性思维。

CRITICAL THINKING

第二部分

我们为什么要培养批判性思维

TOOLS FOR TAKING CHARGE
OF YOUR PROFESSIONAL
AND
PERSONAL LIFE

接下来，让我们进入自我剖析阶段。

1. 自我理解

（1）现有思维限制我们的发展

我们的生活是趋向于由自我中心思维以及与之相关的情绪所主导的，这成为大多数人成长中面临的一个根本性挑战。这种自我中心主义是人与生俱来的，我们唯有发展外在的能够让我们抑制自我中心主义的习性，才能限制自我中心主义。

（2）心智的三个功能

培养思维就需要认识我们心智的功能，概括来说可以总结为三个功能，即思维、情感、欲求。

- 思维：弄懂生活中各种事件的意义。
- 情感：评估事件对我们的影响。
- 欲求：激活能量，发起行动。

2. 决策的艺术

我们日常的生活就是由一个又一个的决策构成的，当决策方式是理性的时候，我们的生活就是理性的。当批判性思维被用于决策时，它通过将决策方式提升至意识水平和深思熟虑的程度，增强所做决策的理性，没有人会在深思熟虑的情况下去过非理性的生活。

（1）评估自己的决策。所有人都有基本的需求和价值观，从而容易做出即刻满足和短期收益的非理性决策，我们称之为"坏习惯"。我们通过反思，发现某些坏习惯，并通过理性的决策方式替代非理性的，就是用一种好习惯替换坏习惯。

（2）决策的备选项。我们在做出决策时，因为对可以考虑的备选项认识和判断不准确，从而扭曲了最终做出的决策。比如错误地认为某对象是备选项，但其实不是；或者由于个人思维的狭隘，没能认识到某个备选项的存在。

（3）不当决策导致习得性无助。我们都过着目标导向的生活，试图去满足和实现这样的生活。而批判性思维者会定期地修正他们有关什么目标值得追求的概念，也就是修正生活的目标。

了解了决策的艺术，我们需要再了解一下自己的非理性。想要让大家认识到自己的非理性并不是一件容易的事，因为你需要不断地看到自己的缺点。非理性中有两个关键点，第一个关键点是自我中心主义。

3. 掌控你的自我中心倾向

人很难避免自我中心主义，因为每个人都是多年来习惯于做任何事、考虑问题都是从自己的角度出发，考虑自己会不会受伤。但你要知道，如果一个人能够远离自我中心主义有多么了不起吗？那你就是圣人，是苏格拉底，是孔子，是佛陀，达到无我的境界。所以，批判性思维的最高境界，在我看来就是无我，就是你不为自己的私利不断地去争取，你就没有那么多的痛苦。当你看别人痛苦的时候，你会觉得一会儿就过去了，因为你不会觉得有多痛苦，但如果这个痛苦发生在你身上，你会把这种痛苦放大得不得了了，这种情况的原因正是"我"，这就是自我中心主义所带来的痛苦。

（1）自我中心思维

自我中心是将任何事物都看成与自己相关的倾向，混淆即刻的感知（事物看起来是怎样的）和现实，以自我为中心，或者只考虑自己和自己的利益。自我中心思维源于这一事实，就是人类不会自然地考虑其他人的权利和需求，我们既不会自然地欣赏别人的观点，也看不到自己观点的局限性。

这里我们通过表 2–1 可以看到自我中心思维和非自我中心思维的对比。

表 2–1 　　　　　　　自我中心思维 VS 非自我中心思维

自我中心思维	非自我中心思维
以牺牲他人的权利和需要为代价追求自己的私利，同时阻止他人理性心智的发展	在追求自己的需要和欲求的同时关心他人的需要和欲求，并被激励去发展自身、去学习以及在智力上得到成长
寻求自我的正当性	灵活的、适应性的
会顽固不化（除非它能通过灵活性实现私利）	竭力去准确地解释信息
自私的	竭力收集并考虑所有相关的信息
做出全面、彻底的非积极的即消极的概括	通过控制情绪和有效地利用情绪的能量来理性地处理情境
扭曲信息或忽视重要信息	
当没能满足它的欲求时，引起负面的、存在不良后果的情绪	

在书中有这样一句话，我特别欣赏，它说："如果你在生活中，有任何时候感受到负面情绪，请相信我，那一定是因为你的思维方式出现了问题，才把话说得如此绝对。"

后来我思考了一下，还真是这样。你想苏格拉底都已经要被别人杀死了，给他拿来了毒芹汁让他去死，像我们人生当中所遭受的委屈能比死更厉害吗？没有。苏格拉底依然谈笑风生，跟大家讲完最后的话，毅然决然喝下毒芹汁。他是自愿赴死的，他明明可以跑。别人给他安排了后路他都不走，就为了捍卫雅典的法律。他说，"法律是需要捍卫的，那么虽然他们判错了，但是我死不要紧，捍卫雅典的法律更要紧，我要回报我的国家"。

所以，如果我们能够减少自己的自我中心主义，哪怕只是减弱一点点，你都会幸福很多。

这里有一个重要概念，叫作合理化。当我们为了自己的私利做错一些事情的时候，我们会很容易地给它一个合理化的借口。就像我的一个朋友讲的，还不是为了养家糊口，还不是为了给公司争取更大的利益，还不是为了给大家发工资。你看，他有很多理由。

尽管自我中心思维本质上是非理性的，但是它还是能够用它扭曲的逻辑发挥一定的作用。这种情况可以被称为成功的自我中心主义。

（2）成功的自我中心主义

成功的自我中心主义就是他成功了，他用这个自我中心主义给自己谋得了很多的利益，让自己变得很棒，成为很牛的人，或者是大领导，或者是有钱人，或者是明星，等等。这种成功的自我中心主义，它最大的理由和借口就是人人都要面对现实。

你看，电影里的大反派，一般讲话时就这样说，社会就是这么残酷，你有什么办法？你如果不面对现实，你就要被淘汰。这是他的前提和条件，甚至很多人内心中都相信这一点，觉得就是这样的。公平性不重要，世界的运行遵循弱肉强食的丛林法则。你看，这是第一个前提，叫作人人都要面对现实。

当他不需要考虑别人的时候，他就不会考虑别人一丝一毫。他觉得没有别人自己也能活得很好。什么时候被迫需要考虑别人了，如果他不去取悦别人，或者不去想办法给别人谋福利，别人就不会跟他干了，这时他会被迫地去帮助别人。这就是成功的自我中心主义。

这种情况有时候看起来相当伪善，他会捐很多钱，会做很多好事，但他内心的目的是为了能够让自己获得更高的收益。他按照丛林法则在做事，尽管他看起来很成功，但是这种人的成功很容易带来更大的负面结果，有可能会坠落，有可能会给自己带来更多的伤害，也有可能有一个比他更狠的人推翻他，然后成为一个更厉害的自我中心主义者。

有成功自然有失败，接下来介绍的就是失败的自我中心主义。

（3）失败的自我中心主义

失败的自我中心主义者的最大特点是顾影自怜。他们会觉得自己真倒霉，真是遇人不淑，真是怀才不遇，总有特别多的感慨。所以，你会发现失败的自我中心主义者会不断地抱怨、不断地指责。他的人生中是一个问题接着一个问题地发生。

我相信我只要这么一讲，你就能想到身边的很多人。他人总是在面对各种各样错误的问题时，总觉得是自己倒霉所造成的。其实是因为他是一个失败的自我中心主义者，他考虑问题都是从自己的角度出发，他永远都是自己只能沾光，不能吃亏，工作做不好，生意也做不大。我们见过太多这样的案例。任何一个微小的生意都锱铢必较，想方设法要让自己沾点光，绝对不能够吃亏，甚至占不到便宜就感觉吃亏了，所以他的事业永远都做不大。保持公正是很重要的，你欺负别人一下还可以，你长期欺负别人肯定是不行的。

举个例子，夫妻俩想看电影，就这么一个简单的事，你就能看出来批判性思维。老公想看动作片，老婆想看爱情片。老公每次都跟老婆说："咱们这次看动作片吧，好不容易过个周末。"老婆说："行，你张罗吧"。看起来这个老公对自己很好，典型的自我中心主义，每次都获得了胜利，每次都能够看他喜欢看的动作片。没错，长此以往呢？有一天，老婆说，"我不配合了，我干吗老让你欺负我"，矛盾就爆发了。长期下去，对这个老公其实并没有任何好处，这就是自我中心主义导致的后果。

（4）自我中心主义在工作或生活中往往呈现为两种人格，一种是支配型，一种是服从型

什么是支配型？这里边有一句话，叫作"谄上者必骄下"。你看一个人的品行，你看他对上级的态度。如果这个人对上级特别谄媚，毕恭毕敬，凡事看上级的眼色行事，整天琢磨怎么样能让上级开心。你放心，他对下级一定特别傲慢。因为他觉得上下级关系就应该是这样，所以面对下属必然发飙，或者生气骂人，所以"谄上必骄下"，这就是支配型。

一个支配型的人，就会对别人颐指气使，对别人摆出一副"你听我的，少废话，你要不行我就收拾你"的姿态，这就是支配型的特点。

如果他是服从型呢？他通过服从你，给你拍马屁，间接地达到自己的目的。他依然是一个自我中心主义者，但他所表现出来的行为是不断地谄媚对方，这两者是结合在一起的。

如果你看到一个人不能够公平地对待自己跟他人，要么就支配，要么就服从，或者结合起来，见到这个人谄媚，见到那个人服从，这样的生活状态是很痛苦的。

由此我就能深刻地理解了孟子所说的那个寓言了。该寓言说有一个妻一个妾，看到她们的老公每天早上出门转一圈，回来嘴上都擦的油，说自己过得很好，说"我有很多朋友"。结果她们就悄悄跟踪她们的老公，发现老公每天早上跑到坟场去偷拿祭品，偷吃些祭品还把嘴一擦，再回家。她们俩就哭着说，"我们怎么嫁给这么一个人"。孟子则感慨，一个人在社会上打拼，如果能够令自己的妻妾、子女不觉得羞耻，这实在是一件很难的事。

孟子为什么会发出这样的感慨呢？很多人都是靠着要么支配欺负别人，要么服从谄媚别人在社会上生存的，已经丧失了公平性的思维方式。这是失败的自我中心主义所带来的表现。

上面我们谈到了自我中心主义的两种类别及其在工作和生活中所呈现的两种人格特征。接下来我们来看另一种要警惕的倾向——社会中心主义。

4. 警惕你的社会中心主义

社会中心主义是无意识且存在潜在威胁的。

什么是社会中心主义呢？有一个案例，约旦有一个女孩结了婚以后离婚了，跟第二个老公，结了婚以后又离婚了。第二次离婚，她的前夫就对她的家人说，"她不但不信神而且还离婚离家出走，她是你们家的耻辱。"你们猜怎么着？她的娘家人全家人到处寻找她，六年后她那16岁的弟弟找到了她，并将她杀死了。杀死她之后，当媒体来采访他们家的时候，她的亲妹妹说"我们现在终于可以抬起头来做人了"。

你想想，这种社会中心主义是多么沉重的压迫。弟弟把自己的亲姐姐杀死，原因是姐姐违背了当地的文化，让全家觉得丢脸。而这是什么文化呢？只不过是离婚而已，离了两次婚就要杀掉她。所以，如果我们不能够认清楚社会中心主义的话，我们对于自己所做的错误的事就完全没有感觉。

这里我们要区分自我中心主义和社会中心主义几种不同的思维形式。

第一种说法，它是真实的，因为我相信它，这叫天生的自我中心主义；因为我相信他，所以它是真实的。

第二种说法，它是真实的，因为我们相信它，那这是天生的社会中心主义。

第三种说法，它是真实的，因为我想相信它，这个叫天生的愿望满足。比如很多人信中医的原因，是因为他期待信中医，他期待这个东西是真的。当然，我觉得中医在很多情况下是有效的，也是有帮助的，但你不能因为自己期待它是真的就完全相信它。你还是需要拿出科学的实证，我们要督促中医去做这种科学试验去证明。

第四种说法，它是真实的，因为我一直相信它，这叫天生的自我验证。天生的自我验证，自己一遍一遍地验证，选择性地接收。你当然会觉得它很准，然后认为它是真实的。因为从我自身的利益出发，我想要相信它，这叫天生的自利。我们都不是在思考到底该不该相信，我们所思考的都是我们需要相信，我们希望相信或者我们的利益要求我们相信，这个自我中心主义所带来的问题就很多。

任由社会中心主义泛滥是很恐怖的，有可能带来奴役他人，种族屠杀、折磨，拒绝法定的诉讼程序，男性至上主义，种族主义谋杀、施暴、强奸，招摇撞骗，编织谎言，胁迫，等等。这些可怕的事情都可能发生。

滋生社会中心主义的原因是我们有着共同的利益，我们需要从共同的利益出发去思考问题。这样说你就能理解孔子为什么要说"君子群而不党，小人党而不群""君子和而不同，小人同而不和"。原因就是我们虽然是一群人，但是我们会结党营私，会沿着社会中心主义的倾向不断地思考问题，这样一来，我们是不会发现自己的错误的。

我到公司常跟员工讲，不要维护公司的利益，不要刻意地丧失公平性，为公司争取最大的利益，就是这个道理。如果我们认为，为我们公司争取最大的利益是天然应该的，那么长此以往会给公司带来许多负面的影响。因为你丧失了公平性，丧失了批判性思维的能力。

通过上面两个部分的阅读，我们清楚了什么是批判性思维，也明白了培养批判性思维的重要性，接下来在第三部分，我们就要进入全书的重点内容——如何培养我们的批判性思维。

CRITICAL THINKING

第三部分

如何培养批判性思维

TOOLS FOR TAKING CHARGE
OF YOUR PROFESSIONAL
AND
PERSONAL LIFE

大多数人的思维都还有提升空间，有着巨大的潜能，只是处于休眠状态或有待开发。培养自己成为一名思想者是一个渐进的、长期的过程。首先，我们要让自己成为一名"行进中的思维提升者"——能够认识到定期练习的必要性。

1. 做一名"行进中的思维提升者"

想做到这一点可以遵循以下步骤。

（1）利用"浪费"的时间：利用那些通常被浪费掉的时间，将其用于训练我们良好的思维。

（2）一天只处理一个问题。

（3）将思维标准内化：每隔一段时间，针对思维的标准中的某一个给予突出关注，即在实践中予以应用。

（4）保留一份思维日志。

（5）训练认知策略。

（6）重塑你的性格：定期训练自己，聚焦养成某一认知特质。

（7）面对你的"自我"：观察自己的自我中心思维，并着手用更理性的思维替换它。

（8）重新鉴别自己看待问题的方式：我们如何看待不同的情景，既取决于我们的感受，也取决于我们会如何采取行动。我们的目标应该是在自己力所能及的范围内，让自己看起来比实际上过得更快乐和更满足。

2. 道德推理的发展机制

如果要想破除社会中心主义和自我中心主义，有一个方法叫作道德推理。这需要你从道德的原则出发来思考问题，就是这个事该不该做。我们应该公平地从道德的角度出发思考。

（1）检验批判性思维的标准：确保公平性

人类使用自利和自我欺骗的推理方式的倾向是其自身通向公平心最明显的障碍。道德的最终基础是明确的：人类的行为与他人的幸福有关。培养公正心的过程中遇到的最主要的苦难是人类天生的自我中心倾向。

（2）道德的原则：己所不欲，勿施于人

道德原则说起来五花八门，有各种各样的宣言，但是用孔子的话一言以蔽之，就是"己所不欲，勿施于人"。这是世界伦理学大会总结出来的，这一句话涵盖了一切。当你能够做到"己所不欲，勿施于人"的时候，就是符合道德的。

（3）道德推理有三大任务

第一，掌握最基本的道德观念和原理。

第二，学会区分容易发生混淆的其他领域的思维推理。

第三，能够辨别自我中心和社会中心对道德判断的阻碍。

（4）容易发生混淆的其他领域的思维推理

不要混淆了道德和宗教，比如你违反了我们宗教的教义，那个是宗教，不是道德。

不要混淆了道德和习俗，比如某些装扮，可能你觉得看起来不美观，但这是习俗，不是道德。

不要混淆了道德和政治，法律是更低层次的要求。如果有一个人跟你谈法律，说这事我不干。为什么？因为法律没规定。法律不规定，我就可以不干，这当然可以。从法律的角度讲，它是可以这样做的，但它不符合道德，所以如果你混淆了这个标准的话，你就丧失了真正的公平、公正的思维方式，这是我们认清非理性的过程。

让我们反思一下我们平常的很多思维方式，都陷入到了自我中心主义和社会中心主义中。这个反思是有好处的。我相信，我们每个人所属的团体以及我们与团体的关系都会对我们的思想、情感和愿望的形成产生深远的影响。

3. 企业和组织中的思维

任何一个组织的成功，很大程度上取决于一个组织内的思维质量，但成功只是部分的而不是完全的。批判性思维实质上是一种在思维上获得持续进步的、有组织、有纪律的方法。

书里面有一章专门讲企业和组织当中的批判性思维，你会发现要想在一家企业当中推行批判性思维会遇到很大的障碍。

（1）企业内进行批判性思维的障碍

第一个障碍是隐蔽的权力斗争。就是我们是一派，那么你作为另一派，你做的事情再正确我也不支持你，这就是隐蔽的权力斗争。隐蔽的权力斗争导致办公室政治，办公室政治导致官僚主义，官僚主义导致经营效率下降，最终导致企业出现问题乃至倒闭。面对这种情况，人们的思维如果具有遮蔽性，就感受不到这一点，继而会觉得这样思考问题是理所应当的。

第二个障碍是群体对现实的定义。就是说在所有的组织中，很自然地会产生一个"有利的自我描述"，对外界展示着与组织内部不同的形象。我们见过特别多的创业者，他们之所以创业失败，就在于他们根本没法反思自己的行为。他们觉得自己做的都是对的，产品都是好的，卖不出去很奇怪，也不知道为什么。但如果你能够打破这个群体对现实的定义，不要被一群恭维你的人围着，脱离那些一天到晚说你好话的环境，这时候你就会发现，你根本不知道自己的问题出在哪里。

第三个障碍是官僚主义。就是所有的员工都开始按照固定程序工作，不再通过智力去判断，狭隘思维随之产生，组织行为就形成了惯性，继而形成惯例，甚至大家还以为这样是好的。

书中有这样一段话："官僚主义化就是员工渐渐地按照固定程序工作而不通过智力判断。在官僚主义下，狭隘思维就会产生不可违抗的规则和固定的程序，然而人们还白以为会有助于控制效率和质量。当官僚主义盛行时，一个组织原来的目标就会被淡忘，这个组织中的个体就开始建立小的权力堡垒和寻找方法挡住对他们的权力构成的潜在威胁，任何变化都会被当作威胁。"你就知道想在公司里推行一场变革是一件多么困难的事，因为大家都觉得，我在这已经有既得利益了。

第四个障碍是误导成功。就是你用这种不公正的、缺乏批判性思维的方法去做事，有可能在短期内能够看到成功，最典型的例子就是希特勒。希特勒上台的时候，很多名人都在当时的书信或文章里写道："我们看到了希望。"为什么他们会这样想？因为德国的生产效率从来没有这么高过，先前的社会运转一塌糊涂，现在干什么事都特别快，整个国家迸发着旺盛的活力。当时的一系列举措，令德国人感觉非常棒，这就叫作误导成功。

短期之内看起来成功了，但是它所存在的隐忧，是丧失了更大的公平性。它让很多人丧失生命，根本不认为其他的族群，或者那些残疾人，或者老年人值得活下去，这是多么可怕的原则！但大家选择性地忽略了这个原则，因为大家看到了成功的希望。所以，一个组织当中，如果缺乏了批判性思维就会产生诸多障碍。这时候我们就需要评估不合理的思维。

（2）评估组织中的不合理思维

如果我们要评估不合理的思维的话，就要问自己几个关于我们组织的问题。举例如下。

- 组织在多大程度上存在权力争斗？权力争斗就是障碍。
- 组织在多大程度上要应付权力饥渴的个体？就是很多人只是为了权力。
- 组织中的权力等级是什么？那些位高权重的人，在多大程度上感受到被不同于自己思想的人所威胁？
- 组织对内对外是怎么表现自己的，在这两个方面有什么重大的矛盾或不一致吗？组织在多大程度上存在表现自己和实际表现自己方面的不一致？
- 组织中的狭隘思维在多大程度上占据主导地位？
- 组织在多大程度上存在着效率低下的官僚气息？
- 问题思想在多大程度上阻碍了改变？
- 组织在多大程度上被迫用卑鄙的方式与其他组织竞争？
- 组织在多大程度上遭受停滞的损害？
- 恶劣的短期思维在多大程度上误导了一个组织的领导？

一个组织在多大程度上为了既得利益而忽视或拒绝进行道德上的考虑？

这些问题都是能够帮助我们诊病的问题。问完这些问题，你可能会出一身冷汗，发现组织已经偏离了初心，已经开始出现了大量不公正的缺乏科学、理性和建设性的思维方法。

所以我们应该认识到拥有良好的思维是多么重要。

（3）养成良好思维的力量

- 学会定期评估我们的思维习惯，就像我们讲曾国藩时一样，每天晚上都做日课，要去思考反思：我今天想问题的方法到底对不对？
- 确定你的权力水平，不要过度获得权力，在自己的权力水平之内尽量做到最好。

- 评估团队的思维水平和质量，要经常观察和评估自己的团队，对现实产生共识，带大家准确地认清现实，而不是互相吹捧。
- 减少官僚主义。
- 评估公司的短期思维水平。
- 评估你们公司的停滞水平。
- 评估和你一起工作的人的自我中心思维水平。
- 评估你参与以上评估的程度。

如果想要寻找一个外部信号来提醒自己组织出了问题，就去看组织的发展是不是开始出现停滞、减缓，这就是我们讲的批判性思维在组织当中的应用。

作为人类发展到今天，我们具备了这样的科学系统，我们有如此伟大的思维体系。这里最重要的脉络就是批判性思维在推动着这一切在不断地进步。

在此，我向大家倡议，要努力认清自己身上自我中心主义和社会中心主义——你要小心，这些东西看起来是理性的，看起来是自动的，有时甚至是默认的。它会在我们的脑海中形成一个前提：我不维护我自身的利益，维护谁的利益？我不维护我们家的利益，维护谁的利益？我不为了我的国家去争取利益，我为谁争取利益？如果我们所有的东西都是出自自己的本位考虑，我们就很有可能会丧失公正性。丧失公正性，就缺乏理性批判的能力，我们就不知道这事到底是对还是错，我们到底该支持还是该反对。

帆书APP推荐过很多书，有的书会被人遗忘，有的书能够被人牢记。如果只有一本书能够被人记得的话，我希望就是这本《思辨与立场》。谢谢！